U04462813

权威·前沿·原创

皮书系列为
"十二五""十三五""十四五"时期国家重点出版物出版专项规划项目

BLUE BOOK

智库成果出版与传播平台

东北蓝皮书
**BLUE BOOK** OF NORTHEAST CHINA

# 中国东北地区发展报告（2022~2023）

ANNUAL REPORT ON NORTHEAST CHINA (2022-2023)

主 编／李万军　梁启东
副主编／丁晓燕　闫修成　王 磊

社会科学文献出版社
SOCIAL SCIENCES ACADEMIC PRESS (CHINA)

**图书在版编目（CIP）数据**

中国东北地区发展报告 . 2022-2023 / 李万军，梁启
东主编；丁晓燕，闫修成，王磊副主编 . --北京：社
会科学文献出版社，2023.12
（东北蓝皮书）
ISBN 978-7-5228-2855-8

Ⅰ.①中⋯  Ⅱ.①李⋯ ②梁⋯ ③丁⋯ ④闫⋯ ⑤王
⋯  Ⅲ.①区域经济发展-研究报告-东北地区-2022-
2023②社会发展-研究报告-东北地区-2022-2023  Ⅳ.
①F127.3

中国国家版本馆 CIP 数据核字（2023）第 225281 号

东北蓝皮书
中国东北地区发展报告（2022~2023）

主　　编／李万军　梁启东
副 主 编／丁晓燕　闫修成　王　磊

出 版 人／冀祥德
组稿编辑／任文武
责任编辑／高振华
文稿编辑／杨　莉
责任印制／王京美

出　　版／社会科学文献出版社·城市和绿色发展分社（010）59367143
　　　　　地址：北京市北三环中路甲29号院华龙大厦　邮编：100029
　　　　　网址：www.ssap.com.cn
发　　行／社会科学文献出版社（010）59367028
印　　装／天津千鹤文化传播有限公司

规　　格／开本：787mm×1092mm　1/16
　　　　　印张：26.5　字数：398千字
版　　次／2023年12月第1版　2023年12月第1次印刷
书　　号／ISBN 978-7-5228-2855-8
定　　价／128.00元

读者服务电话：4008918866

# 主要编撰者简介

**李万军** 辽宁社会科学院党组副书记、院长,研究员。长期从事辽宁省经济社会发展重大战略问题研究,为省委、省政府决策提供服务。曾多次参与辽宁省五年规划和建议的制定工作,起草省委主要领导在全省重要会议上的讲话。起草调研报告上百篇,许多调研成果得到省委、省政府主要领导同志的批示,并转化为省委、省政府的决策。主持省级以上各类软科学课题研究几十项,在《人民日报》《光明日报》《学习与研究》《辽宁日报》《辽宁教育研究》等省级以上报刊发表各类理论文章几十篇。其中主持完成省的科技厅软科学课题"辽宁棚户区改造的探索与实践"获得辽宁省科学技术奖励二等奖、省政府哲学社会科学成果一等奖等。现任辽宁"十四五"规划编制专家咨询委员会专家组主任委员、辽宁省科技厅首批软科学智库专家、辽宁省知识产权专家、第六届辽宁省社会科学界联合会兼职副主席等。

**梁启东** 现任辽宁社会科学院副院长,经济学研究员,人文地理学博士,为国家哲学社会科学领军人才、全国文化名家、国务院政府特殊津贴专家、全国优秀科普专家,兼任中国工业经济学会副会长,获辽宁省五一劳动奖章、省劳动模范等荣誉。主要研究成果有《中国城区发展战略研究》《辽宁民营经济发展报告》《加入 WTO 与辽宁经济》《沈抚同城化战略研究》《沈阳经济区综合配套改革研究》《沈阳经济区城市发展研究》《对话金融危机》等专著。

丁晓燕　现任吉林省社会科学院副院长，二级研究员，为吉林省拔尖创新人才（第一层次）、省突贡专家、国务院政府特殊津贴专家，省委省政府决策咨询委员，省委宣传部与省文旅厅、发改委、工信厅、人社厅等智库专家。长期从事区域经济、产业经济、文旅经济研究，是吉林省区域经济重点学科带头人、全国城市经济研究学会常务理事。近年来，主持、承担各级各类课题 100 余项，发表论文和研究报告近百篇，主编出版《吉林老工业基地振兴发展研究》《转变发展方式与区域经济增长》《东北振兴与产业转型升级》《吉林省文化产业发展解析》等。作为课题负责人，主持国家社科基金项目《振兴东北老工业基地战略跟踪研究》，相关研究成果得到中央有关领导批示。先后完成了一批关于吉林省经济社会发展的重要课题，主要有吉林省社科规划项目"吉林省经济布局与区域发展战略研究"和"吉林省城市群的构建与推进城市化研究"、吉林省科技厅科技规划项目"吉林省战略性新兴产业的培育与发展研究"等，多项成果得到省领导的肯定性批示。参与大量决策咨询与研究工作，承担完成了吉林省工业发展"十三五""十四五"规划、四平市工业发展"十三五""十四五"规划、延边工业"十四五"规划、辽源经济社会"十四五"规划的编制工作。

闫修成　黑龙江省社会科学院党组成员、副院长，分管东北亚战略研究院、中俄区域合作战略研究院、振兴发展研究院、俄罗斯研究所、东北亚研究所、犹太研究所、经济研究所、农业和农村发展研究所、院办公室工作。长期从事省市县各层级政策研究工作，牵头或参与撰写的《黑龙江省工业大麻产业发展研究》《黑龙江省土地托管问题研究》等多篇研究报告、对策建议获得省级领导的肯定性批示。

王　磊　博士，中国社会科学院社会学研究所博士后，硕士生导师。现任辽宁社会科学院社会学研究所所长、研究员。国务院就业工作领导小组办公室就业专家库专家。辽宁省经济社会形势分析与预测中心主任。辽宁省直"五一劳动奖章"获得者。辽宁省"百千万人才工程""百"层次人选，辽宁省宣传文化系统"四个一批人才"。社会兼职主要有中国社会学会常务理事，辽宁省社会学会会长，辽宁省科技伦理委员会委员等。

主要研究领域为社会福利与社会救助。近年来主持国家社会科学基金项目4项、国家社会科学基金重大项目子项目1项。2013年和2014年分别获得国家博士后科学基金面上项目一等资助和特别资助。主持完成辽宁省社会科学规划基金项目2项。作为核心成员参与"九五"国家社会科学基金重点项目及国家社科基金一般项目等多项国家级科研课题研究。截至目前出版学术专著3部、合著7部。在《财经问题研究》、《理论与改革》、《理论探索》及《统计与决策》等核心期刊发表学术论文20余篇。科研成果获得省部级以上奖项10余项，其中获得辽宁省政府奖一等奖2项。

# 摘　要

本报告指出，2022 年以来，面对复杂严峻的外部环境和疫情等超预期因素带来的困难挑战，东北地区坚决贯彻落实党中央关于"疫情要防住、经济要稳住、发展要安全"的要求，扎实落实稳经济一揽子政策和接续措施，经济持续恢复发展，国家粮食安全"压舱石"地位持续巩固，服务业生产有所恢复，市场有效需求逐步恢复，改革开放持续深化，创新驱动不断激发，乡村振兴扎实推进，民生福祉日益改善。

本报告认为，东北地区在经济社会发展中面临的一些问题不容忽视：人口萎缩加剧，并从供给端和需求端影响经济增长；产业转型升级滞后，经济增长新旧动能转换需求日益迫切；城市群中心城市辐射能力较弱，中小城市发展活力不足；金融和资本市场长期低增长，对发展的支撑力度亟待加大。

本报告发现，东北地区经济社会发展的机遇与挑战并存。党的二十大报告及中央经济工作会议提出的扩大内需，稳增长、稳就业，确保粮食、能源资源、重要产业链供应链安全，大力发展实体经济，推进科技创新与产业升级，持续加强美丽中国建设等举措为东北地区经济社会健康高质量发展带来了重要机遇。但同时，全球经济或将从滞胀走向衰退，我国外部科技领域存在脱钩断链风险，疫情后的负面效应恐将放大需求收缩、供给冲击、预期转弱三重压力，企业和家庭融资和投资、消费需求或将收缩是东北地区经济面临的重要挑战。

本报告预测，2022 年底以来的以防疫和房地产为代表的若干重大政策调整和变化，为 2023 年的经济复苏带来了更多的希望，市场主体的信心将

渐次恢复，经济增长将实现一定程度的均值回归，逐步向潜在经济增速的合理区间回归。

本报告提出，2023 年东北地区要继续坚持稳字当头、稳中求进，把经济稳增长放在突出位置，积极出台有利于稳定经济运行的政策，加强财政、产业、区域及竞争等多方面的政策协调，确保经济在不断复苏的基础上实现稳定健康发展。为此，需要着重做好以下八个方面工作：一是要对接国家重大战略，统筹区域协调发展；二是要深化体制机制改革，持续优化营商环境；三是要坚持创新驱动发展，促进动能加快转换；四是要加快产业结构升级，构建现代产业体系；五是要坚持高水平开放，打造合作共赢新高地；六是要持续改善生态环境，推动绿色低碳发展；七是要改善就业创业环境，提升整体收入水平；八是要不断增进民生福祉，提高人民生活品质。

**关键词：** 东北地区 全面振兴 高质量发展

# Abstract

This report points out that since 2022, in the face of complex and severe external environments and unexpected factors such as local outbreaks, the Northeast region firmly implements the requirements of the Party Central Committee on "epidemic prevention, economic stability, and development security", solidly implements a package of policies and follow-up measures to stabilize the economy, so the Northeast region economy is continuing to recover and develop, the "ballast stone" status of national food security continues to consolidate, service industry production is recovering, market effective demand is gradually recovering, reform and opening up continue to deepen, innovation drive continues to stimulate, rural revitalization is steadily advancing, and people's well-being is increasingly improving.

This report believes that there are still some issues that cannot be ignored in the economic and social development of the Northeast region, such as the increasingly severe problem of population shrinkage, which affects economic growth from the supply and demand sides. The industrial transformation and upgrading are lagging behind. The demand for the transformation of new and old driving forces of economic growth is even more urgent. The radiation capacity of central cities in urban agglomerations is weak, and the development vitality of small and medium-sized cities is insufficient. The long-term low growth of the financial and capital markets urgently requires strengthening the support for development.

This report reveals that opportunities and challenges coexist in the economic and social development of the Northeast region. The report of the 20th National Congress of the Communist Party of China and the Central Economic Work

Conference proposed the strategy of expanding domestic demand. Stabilizing economic growth, stabilizing employment, ensuring the safe development of multiple fields such as food, energy resources, and important industrial supply chains, as well as vigorously developing the real economy, promoting technological innovation and industrial upgrading, and continuously strengthening the construction of a beautiful China, all bring important opportunities for the high-quality economic and social development of the Northeast region. However, it should also be noted that the global economy is likely to move from stagflation to recession. There is a risk of decoupling and chain breaking in China's foreign scientific and technological fields. After the COVID−19 epidemic ends, it may bring triple pressures, such as demand contraction, supply shock and weaker expectations. The contraction of enterprise investment demand and household consumption demand will also be an important challenge for the economy of Northeast China.

This report predicts that since the end of 2022, the major changes in the COVID−19 prevention and control policies and real estate policy adjustments have brought more hope for the economic recovery in 2023, so the confidence of market players will gradually recover, and the economic growth will achieve a return to the average of a certain limit, and gradually move to a reasonable range of potential economic growth.

This report proposes that in 2023, the Northeast region should continue to prioritize stability and seek progress while maintaining stability, and prioritize stable economic growth. Actively introducing policies that are conducive to stable economic operation, while strengthening policy coordination in various aspects such as finance, industry, region, and competition, to ensure stable and healthy development of the economy on the basis of continuous recovery. Therefore, it is necessary to focus on the following eight aspects of work. Firstly, align with major national strategies and coordinate regional coordinated development. Secondly, we need to deepen the reform of institutional mechanisms and continuously optimize the business environment. Thirdly, we must adhere to innovation driven development and accelerate the transformation of driving forces. Fourth, accelerate the upgrading of industrial structure and build a modern industrial system. Fifth, adhere to high-level openness and create a new highland for win-win cooperation.

Sixth, continuously improve the ecological environment and promote green and low-carbon development. Seventh, improve the employment and entrepreneurship environment, and increase the overall income level. Eighth, continuously improve people's livelihood and well-being, and improve the quality of life of the people.

**Keywords**: The Northeast; Comprehensive Revitalization; High Quality Development

# 目 录 ⤵

## Ⅰ 总报告

## Ⅱ 经济篇

皮书数据库阅读**使用指南**

# CONTENTS ↖↗

## Ⅰ　General Report

## Ⅱ　Economic Articles

# Ⅲ    Social Articles

# Ⅳ    Innovation Articles

# V　Special Articles

# 总 报 告
## General Report

**B.1**

# 2022~2023年东北地区经济
# 社会形势分析与展望*

姜瑞春　姜　岩　程显扬**

**摘　要：** 东北地区是我国重要的工业和农业基地，维护国家国防安全、粮食安全、生态安全、能源安全、产业安全的战略地位十分重要。2022年，东北地区面对复杂严峻的外部环境和疫情等超预期因素带来的困难挑战，高效统筹疫情防控和经济社会发展，扎实落实稳经济一揽子政策和接续措施，实现了经济平稳运行，发展质量逐步提升，社会事业稳步发展。同时，存在着人口加速流出、产业转型困难、新动能培育不足、城市群引领作用不强等长期制约经济社会发展的因素。2022年底以来的疫情防控措施优化为2023年的经济复苏带来了更多的希望，市场主体的信心将渐次

---

* 本报告中的数据除注明出处之外，皆来自国家统计局网站和辽宁社会科学院课题组团队测算。
** 姜瑞春，辽宁社会科学院研究员，主要研究方向为区域经济、产业经济；姜岩，辽宁社会科学院研究员，主要研究方向为产业经济；程显扬，辽宁社会科学院助理研究员，主要研究方向为社会保障。

恢复，东北地区经济增长将逐步向潜在经济增速的合理区间回归。为此，应以优化营商环境为基础，全面深化改革；以培育壮大新动能为重点，激发创新驱动内生动力；科学统筹精准施策，构建协调发展新格局；更好支持生态建设和粮食生产，巩固提升绿色发展优势；深度融入共建"一带一路"，建设开放合作高地；更加关注补齐民生领域短板，让人民群众共享东北振兴成果。

**关键词：** 高质量发展　人口变动　产业转型　稳增长　东北地区

东北地区①是我国重要的工业和农业基地，在汽车、石化、船舶、能源、航空和农业等方面在全国占有重要位置，在维护国家国防安全、粮食安全、生态安全、能源安全、产业安全等方面占据十分重要的战略地位，关乎国家发展大局。自2003年中央提出东北振兴战略特别是2014年实施新一轮东北振兴战略以来，东北地区加快经济转型步伐，推动新旧动能转换，发展活力逐步恢复，装备制造、汽车、石化等传统优势产业加快升级，经济发展内生动力逐步增强。同时也要看到，虽然近年来东北经济增速在波动中有所回升，但在全国的位次仍在下降，经济转型仍处在"爬坡过坎"的关键阶段。随着我国开启全面建设社会主义现代化国家新征程，以及《东北全面振兴"十四五"实施方案》的出台，东北振兴进入新的发展阶段。要充分认识东北振兴面临的新形势和新挑战，以增强保障"五大安全"为核心，坚持深化改革开放创新，着力解决体制性机制性结构性问题，进一步发挥和释放东北的区位优势、生态优势、能源优势和产业优势，推动东北全面振兴高质量发展。

---

① 为保持数据分析的动态完整性，本报告的东北地区为辽宁、吉林、黑龙江三个省级行政区，不包括蒙东地区。

# 一　东北地区经济社会发展的形势分析

2022年以来，面对复杂严峻的外部环境和疫情等超预期因素带来的困难挑战，东北地区上下坚决贯彻落实党中央关于"疫情要防住、经济要稳住、发展要安全"的要求，扎实落实稳经济一揽子政策和接续措施，实现了经济平稳运行，发展质量逐步提升，社会事业稳步发展。

## （一）经济持续恢复发展

2022年前三季度东北地区经济增长总体呈"弱企稳"的特点。首先，前三季度，按不变价格计算，辽宁地区生产总值同比增长2.1%，增速比上半年提高0.6个百分点；吉林同比下降1.6%，降幅比上半年收窄4.4个百分点；黑龙江同比增长2.9%，增速比上半年提高0.1个百分点（见图1）。分产业看，东北地区第一产业同比增长3.0%，较2021年增速下降了3.1个百分点，比2019年增速提高了0.2个百分点；第二产业同比下降0.6%，较2021年增速下降了5.3个百分点，比2019年增速下降了4.3个百分点；第三产业同比增长1.9%，较2021年增速下降了5.2个百分点，比2019年增速下降了3.1个百分点。数据表明，疫情后经济复苏过程中，东北地区第一产业增速趋于正常水平，接近2019年的增速。但第二产业和第三产业增速缓慢，尤其是第二产业萎靡，辽宁、吉林第二产业同比分别下降0.1%和2.7%，黑龙江同比仅增长1.0%，分别低于全国平均水平5.3个百分点、7.9个百分点和4.2个百分点，是导致东北经济增速放缓，且低于全国平均水平的主要原因。其次，受疫情影响，2022年东北地区经济季度增速波动较大，第二季度经济增速下滑明显。分季度看，第一季度同比增长0.1%，第二季度同比下降0.6%，第三季度同比增长1.1%。东北地区第二季度经济增速为负主要受到吉林、上海等疫情的影响，步入多年未有的谷底，在第三季度经济企稳复苏，但仍明显低于正常增长水平。

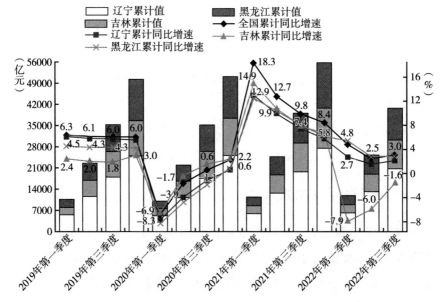

**图1 2019～2022 年东北地区与全国经济总量逐季变化情况**

资料来源：Wind。

## （二）重点领域生产平稳回升

东北地区国家粮食安全"压舱石"地位持续巩固。近年来，东北三省粮食产量占全国的 1/5 以上，商品粮量约占全国的 1/4，粮食调出量约占全国的 1/3。[①] 粮食综合生产能力不断提高，2022 年，东北地区克服疫情和局地极端天气等影响，粮食总产量达 2865 亿斤（见图2），实现"十九连丰"，粮食产量连续多年占全国总产量的 20% 以上。其中，黑龙江粮食作物种植面积达到 22024.8 万亩，占全国的 12.4%，同比增加 197.9 万亩；粮食总产量达 1552.6 亿斤，占全国的 11.3%，连续 13 年位居全国第一。吉林粮食总产量达到 816.16 亿斤，粮食单产居全国 13 个粮食主产区第 1 位。农业现代

---

[①] 《国家发展改革委新闻发布会 介绍区域协调发展有关工作情况》，国家发展和改革委员会网站，2022 年 9 月 20 日，https：//www.ndrc.gov.cn/xwdt/wszb/jsqyxtfzyggzqk/wap_ index.html。

化建设加快推进，东北三省农业机械化水平均达到65%以上，明显高于全国平均水平，其中，黑龙江省综合机械化率达87.7%，居全国前列。①

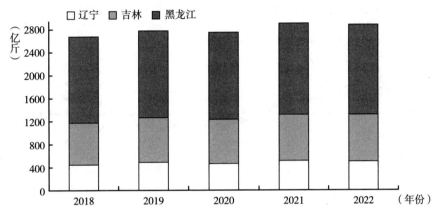

**图2 2018～2022年东北地区粮食总产量情况**

资料来源：Wind。

工业生产走弱，但温和增长态势未发生根本改变。2022年，受疫情的影响，生产循环产销衔接不畅，生产经营困难增多，东北地区工业生产第一季度和第二季度波动很大，但第三季度整体步入企稳阶段。从2022年东北地区工业增加值当月同比增速看，吉林工业生产波动最大，受疫情影响较大，工业增加值4月当月同比下降41.7%，到8月当月迅速提升至同比增长27.2%，到11月当月同比下降22.8%；辽宁工业生产波动较大，工业增加值4月当月同比下降11.2%，之后降幅收窄，到8月当月同比增长1.6%，工业生产企稳态势明显；黑龙江工业生产受疫情影响较小，工业增加值从4月当月的同比下降5.5%，到5月当月迅速回升至同比增长3.1%，但到9月当月又同比下降11.5%，11月当月同比增长1.8%，年底工业生产开始步入企稳阶段（见图3）。从工业增加值逐月累计同比增速看，2022年东北地区工业生产水平整体低于全国平均水平，延续了2021年的发展格局。2022年，辽宁、吉林、黑龙江1～9

---

① 《党领导东北地区振兴发展的历史经验与启示》，"国家发展改革委"百家号，2021年7月18日，https：//baijiahao.baidu.com/s? id=1705552558640591430&wfr=spider&for=pc。

月工业增加值逐月累计同比增速分别低于全国平均水平5.4个百分点、6.4个百分点和2.9个百分点；与上半年相比，辽宁和吉林降幅分别收窄1.0个百分点和8.5个百分点，黑龙江降幅虽扩大3个百分点，但仍处于较高水平（见图4）。

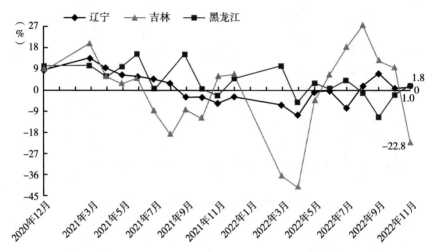

**图3 2020年12月~2022年11月东北地区工业增加值当月同比增速**

注：工业增加值根据可比价计算得出。

资料来源：Wind。

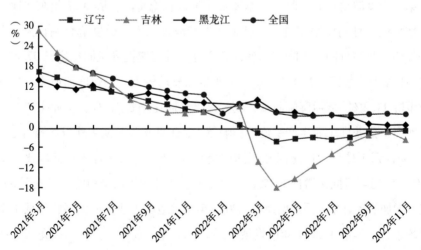

**图4 2021年3月~2022年11月东北地区与全国工业增加值逐月累计同比增速**

注：工业增加值根据可比价计算得出。

资料来源：Wind。

服务业生产有所恢复，但仍在低位徘徊。2022 年以来，东北地区服务业生产受疫情影响较大。从服务业逐季累计增加值同比增速看，2022 年前三季度，辽宁、吉林、黑龙江比 2021 年同期增速分别下降 4.9 个百分点、10.2 个百分点和 4.3 个百分点；辽宁、黑龙江增速分别高于全国平均水平 1.1 个百分点和 1.5 个百分点，吉林受疫情影响较大，第一季度下降 7.5%，之后加速恢复，1~9 月同比下降 1.6%，虽增速低于全国平均水平 3.9 个百分点，但降幅比上半年收窄 2.2 个百分点（见图 5）。

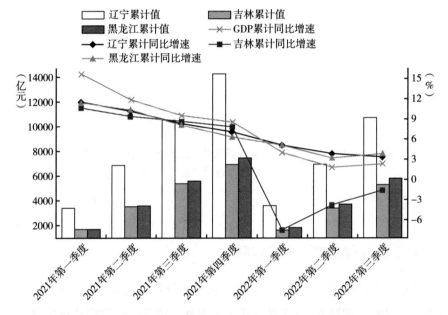

**图 5　2021~2022 年东北地区服务业逐季累计增加值和同比增速**

资料来源：Wind。

从细分产业看，服务业下行压力主要来自以下几个方面。一是房地产市场持续深度调整，房地产业持续萎缩。前三季度，辽宁、吉林、黑龙江房地产开发投资完成额同比分别下降 18.6%、32.0% 和 30.2%，降幅远高于全国平均水平（全国下降 8.0%）（见图 6）。二是受疫情反复的影响，服务业整体处于低位徘徊状态。其中，住宿餐饮业与批发和零售业持续负增长；交通运输、仓储和邮政业增速低于近年来同期水平；金融业与信息传输、软件和信息技

术服务业保持稳定增长，但房地产业长期呈现负增长态势。三是疫情后修复能力变弱。大部分服务业在第二季度都不景气，在第三季度增速趋于回升，但年底随着疫情反复，各行业短期均受到影响，增速大都低于近年来同期水平。

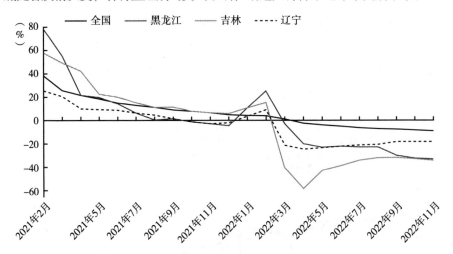

**图6  2021年2月~2022年11月东北地区与全国房地产开发投资完成额逐月累计同比增速**

资料来源：Wind。

## （三）市场有效需求逐步恢复

制造业和基建投资增速保持高位，房地产投资深度调整，固定资产投资增速基本平稳。2022年1~9月，辽宁、吉林、黑龙江固定资产投资累计同比分别增长3.3%、-6.9%和2.4%，辽宁较上半年增速上升0.3个百分点，吉林降幅收窄7.4个百分点，黑龙江回落4.2个百分点。2022年下半年固定资产投资较为稳定，辽宁、吉林、黑龙江分别低于全国平均水平（5.9%）2.6个百分点、12.8个百分点和3.5个百分点，固定资产投资动力仍显不足（见图7）。2022年，东北地区民间投资不足，1~4月，辽宁、吉林民间固定资产投资累计同比分别下降10.5%和47.0%，第二季度和第三季度降幅虽有所收窄，但民间固定资产投资增速仍低于固定资产投资增速。房地产投资持续下滑，2022年11月，辽宁、吉林、黑龙江累计同比增速分别跌至-18.5%、-34.7%和-33.6%。基础设施投资增速明显加快，2022年1~9月，辽宁、吉林、黑龙江同比分别增长48.3%、2.7%和13.6%，增速明显高于固定资产投资增速，这主要得益于适度超前开展基础设施投资、加快布局新型基础设施建设、加快补齐薄弱领域短板的政策支持。高技术产业投资增速增长较快，2022年1~9月，辽宁改建和技术改造投资增长49.3%，新建投资增长17.5%，扩建投资增长1.0%；吉林制造业投资基本恢复到上年同期水平（同比下降0.1%），其中电气机械及器材制造业投资同比增长23.5倍；黑龙江高技术产业投资增长17.5%，其中，高技术制造业投资增长9.8%，高技术服务业投资增长24.4%。一方面经济转型持续推进，高技术产业持续向好；另一方面各地高度关注民生发展，积极增加民生投资。总体来说，2022年基础设施建设投资和制造业投资强劲复苏，但房地产投资的下跌及民间投资的低迷形成拖累，投资复苏相对较弱。

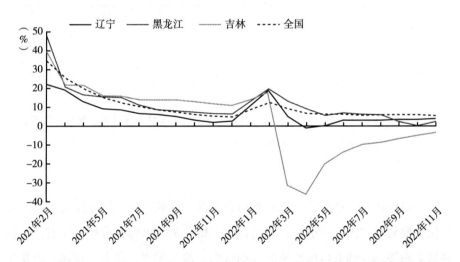

**图7　2021年2月~2022年11月东北地区与全国固定资产投资逐月累计同比增速**

资料来源：Wind。

市场消费持续恢复，但复苏速度明显放缓。受疫情对消费市场短期扰动的影响，线下接触型消费表现低迷，2022年1~9月，辽宁、吉林、黑龙江社会消费品零售总额累计同比分别下降1.5%、8.1%和4.3%，辽宁、吉林降幅较上

半年分别收窄 1.4 个百分点和 3.6 个百分点，黑龙江降幅回落 1.1 个百分点。从全年的消费趋势看，自第一季度开始，东北地区社会消费品零售总额同比增速持续低于全国平均水平，到 9 月，辽宁、吉林、黑龙江累计分别低 2.2 个百分点、8.8 个百分点和 5.0 个百分点（见图 8）。到第四季度，受疫情影响，叠加消费者预期收入和就业等因素的影响，消费者消费意愿和信心明显不足，消费水平不仅没有向长期增长趋势线回归，反而有小幅下挫的态势。

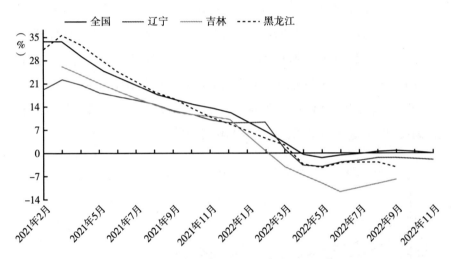

**图 8　2021 年 2 月~2022 年 11 月东北地区与全国社会消费品零售总额累计同比增速**

注：因各地区数据更新不同步，故数据有缺失。下同。
资料来源：Wind。

出口保持高位增长，但稳外贸压力犹存。在党中央、国务院关于推动外贸保稳提质大方向的指引下，东北地区多措并举，出台一系列稳外贸、促发展的实施细则。随着各项政策的贯彻落实，前三季度，辽宁、吉林、黑龙江出口金额累计同比分别增长 12.3%、48.0% 和 17.2%。从 2022 年全年外贸发展趋势看，辽宁与全国出口金额增速发展态势一致，7 月后，随着外需回落，出口金额增速呈现下降趋势，辽宁从 14.8% 缓慢下滑至 11 月的 10.0%；吉林和黑龙江出口金额增速则一直保持较快增长，到 10 月，分别为 51.8% 和 14.0%，高于全国平均增速（11.1%）（见图 9）。

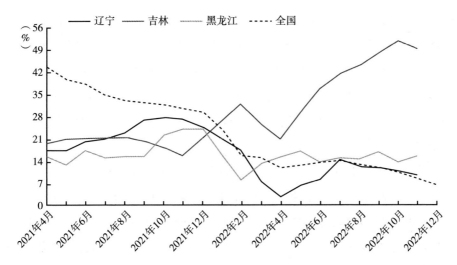

**图9 2021年4月~2022年12月东北地区与全国出口金额逐月累计同比增速**

资料来源：Wind。

从市场来看，对欧盟、日本进出口总值下降。前三季度，辽宁对欧盟、日本、美国进出口总值分别增长-2.4%、-3.4%和2.5%，占同期全省进出口总值的比重分别为16.6%、11.3%和8.3%；同期，对RCEP贸易伙伴、共建"一带一路"国家进出口总值分别增长4.6%和21.4%，占比分别为33.4%和37.4%。吉林对欧盟、日本进出口总值分别增长-19.7%、-21.8%，占比分别为53.1%和5.9%；同期，对共建"一带一路"国家、RCEP贸易伙伴进出口总值分别增长1.2%、-2.2%，占比分别为31.5%和12.0%。黑龙江对共建"一带一路"国家、RCEP贸易伙伴进出口总值分别增长38.5%和20.8%，占比分别为78.8%和8.6%，其中，对俄罗斯增长39.6%，占比为76.1%。

从出口产品来看，东北地区主要以机电产品、劳动密集型产品和农产品为主。2022年前三季度，辽宁机电产品、劳动密集型产品、钢材、农产品、基本有机化学品出口总值分别增长9.7%、22.9%、-4.1%、6.7%、39.8%，分别占同期全省外贸出口总值的49.7%、10.0%、9.1%、7.5%和5.5%。吉林机电产品出口总值增长43.5%，占同期全省外贸出口总值的

40.4%，其中，汽车和汽车零部件出口总值分别增长139.8%、13.9%，分别占同期全省外贸出口总值的13.2%和5%；农产品、基本有机化学品出口总值分别增长15.8%和204.5%，分别占同期全省外贸出口总值的14.0%和16.4%。黑龙江机电产品、劳动密集型产品、农产品出口总值分别增长-14%、7.3%、31.9%，分别占同期全省外贸出口总值的30.5%、17.4%和15%。

从进口产品来看，东北地区主要以原油、机电产品、农产品和金属矿及矿砂为主。2022年前三季度，辽宁原油、机电产品、农产品、金属矿及矿砂进口总值分别增长-0.1%、-7.7%、15.8%和-31.3%，四大类产品合计占同期辽宁外贸进口总值的74.5%。吉林机电产品、农产品进口总值分别增长-23.4%和20.8%，分别占同期全省外贸进口总值的73.1%和10.8%。黑龙江农产品、铁矿砂、机电产品、锯材进口总值分别增长8.6%、12.9%、1.6%和2.6%。

### （四）三大主体收入增速下行

从企业绩效指标来看，由于疫情反复冲击影响生产和消费，企业利润总额出现下滑趋势，亏损额显著增大，资产负债率向上攀升，企业生产经营压力较大。2022年4月，辽宁、吉林规模以上工业企业利润总额累计同比进入下降区间，11月累计同比分别下降19.5%和11.0%；黑龙江虽一直保持正增长，但全年下行态势明显，从4月的同比增速52.6%一路下滑至11月的20.0%（见图10）。2022年3月，东北地区规模以上工业企业的亏损额累计同比增速开始步入上升区间，8月增速虽开始下滑，但到11月，辽宁、吉林、黑龙江累计同比增速仍分别达25.5%、33.3%和29.9%（见图11）。企业收入状况恶化，不利于企业投资复苏并加大了债务风险。2022年11月，辽宁、吉林、黑龙江规模以上工业企业资产负债率分别攀升至61.7%、54.8%和60.72%，均较2月提高1个百分点左右。

从居民就业形势看，就业形势较为严峻，居民收入增速落后于名义经济增速。2022年1~9月，工业企业平均用人数全国累计同比下降1.1%，辽

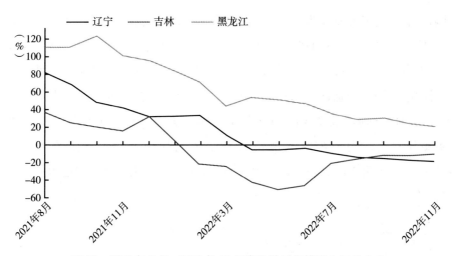

**图10  2021年8月～2022年11月东北地区规模以上工业企业
利润总额累计同比增速**

资料来源：Wind。

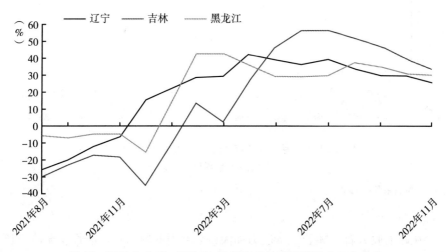

**图11  2021年8月～2022年11月东北地区规模以上工业企业
亏损额累计同比增速**

资料来源：Wind。

宁、吉林、黑龙江累计同比分别下降2.3%、1.7%和1.7%（见图12）。从国家统计局2022年上半年31省份城镇调查失业率来看，东北地区的失业率

排名靠前。辽宁失业率为 6.2%，位列第五；吉林失业率为 7.1%，位列第二；黑龙江失业率为 6.1%，位列第七。就业形势较为严峻，导致居民收入状况不容乐观。2022 年前三季度，辽宁、吉林、黑龙江城镇常住居民人均可支配收入同比分别增长 2.0%、−1.9% 和 4.6%，农村常住居民人均可支配收入同比分别增长 2.3%、0.7% 和 1.2%，大多低于同期全国平均水平（城镇居民人均可支配收入增长 2.3%，农村居民人均可支配收入增长 4.3%）。居民可支配收入没有达到预期，不利于消费恢复及消费潜力的进一步释放。

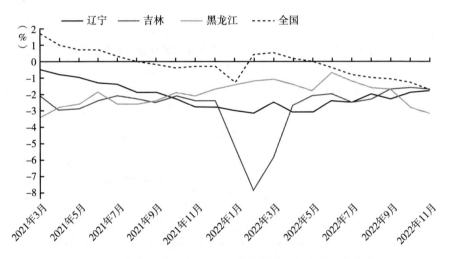

图 12　2021 年 3 月~2022 年 11 月东北地区与全国工业企业
平均用人数累计同比增速

资料来源：Wind。

从政府收入看，随着经济压力加大，公共财政收入和政府性基金收入压力加大。2022 年 4~11 月，辽宁公共财政收入累计同比始终保持负增长，11 月累计同比下降 7.2%，其中税收收入累计同比下降 14.8%；从 2021 年 10 月开始，辽宁政府性基金预算收入累计同比保持负增长，到 2022 年 11 月累计同比下降 58.5%。吉林公共财政收入从 2022 年 1 月步入负增长区间，受疫情冲击影响，至 5 月累计同比下降 44.2%，之后降幅逐月收窄，但到 11

月仍保持27.1%的负增长，其中税收收入累计同比下降29.5%。黑龙江公共财政收入从2022年5月（-2.4%）开始负增长，到9月累计同比下降3.1%（见图13）。政府各项收入的持续下滑，既不利于地方政府债务压力的化解，也进一步缩小了财政政策空间，减弱了未来应对风险冲击的能力。

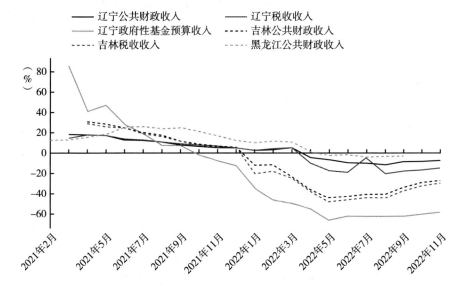

**图13  2021年2月~2022年11月东北地区政府收入累计同比增速**

资料来源：Wind。

## （五）改革开放不断深化

近年来，东北地区营商环境持续好转，"放管服"和"最多跑一次"改革持续深化，企业和群众办事更加便捷，群众获得感明显增强，沈阳、大连、长春、哈尔滨营商环境建设多项指标挺进全国前列，根据国家发改委公布的《中国营商环境报告2021》，沈阳连续两年获评标杆城市，在办理建筑许可、执行合同等6个领域成为全国标杆；大连在政府采购、执行合同、跨境贸易等3个领域入选标杆城市；长春在保护中小投资者、政府采购2个领域入选标杆城市；哈尔滨在开办企业和政务服务领域的优化创新案例入选

"示范引领最佳实践篇"。与过去相比，企业对东北地区营商环境满意度大幅提升，外界对东北地区营商环境预期持续改善。国资国企改革稳步推进，国有企业"三供一业"分离移交、厂办大集体改革任务基本完成，国有林场、林区改革全面完成。对外开放水平不断提升。积极搭建开放合作平台，大连金普、长春、哈尔滨国家级新区加快建设，中德（沈阳）高端装备制造产业园、中韩（长春）国际合作示范区、中日（大连）地方发展合作示范区先后批复设立，沈抚改革创新示范区主要经济指标基本实现"三年再造"，成为新的区域增长点。辽宁自贸试验区试点任务全部落地，黑龙江自贸试验区加快建设。中欧班列畅达全球，黑河公路大桥建成、同江铁路大桥铺轨贯通，中俄东线天然气管道投产运营，"一带一路"向北开放重要窗口作用更加凸显。

### （六）创新驱动不断激发

近年来，东北地区加快构建以企业为主体的科技创新体系，深入实施科技企业培育计划，加快实质性产学研联盟建设，高标准建设枢纽型技术交易市场，促进科技成果本地转化。科技投入不断增加，2021 年，辽宁、吉林、黑龙江 R&D 经费支出占 GDP 比重比 2016 年分别上升 0.49 个百分点、0.45 个百分点和 0.32 个百分点。战略性新兴产业、高技术产业加快发展，2022 年东北地区高新技术企业数量接近 1.8 万家，其中辽宁超过1.1 万家，排在全国第 14 位，吉林、黑龙江高新技术企业数量与 2016 年相比分别增长 5.44 倍和 2.57 倍（见图 14）。科技创新取得一批重要成果，国产首艘航母、跨音速风洞主压缩机等一批大国重器在辽宁问世。"吉林一号"在轨运行卫星达到 83 颗，建成我国目前最大的商业遥感卫星星座。黑龙江科技创新成果为载人航天、嫦娥探月、火星探测、"奋斗者"号深潜等国家重大工程提供了技术支撑。创新平台能级不断提升，沈阳材料科学国家研究中心、国家机器人创新中心等一批"国字号"创新平台在辽宁布局。吉林在东北地区率先获批建设创新型省份，长春获批建设国家自主创新示范区。

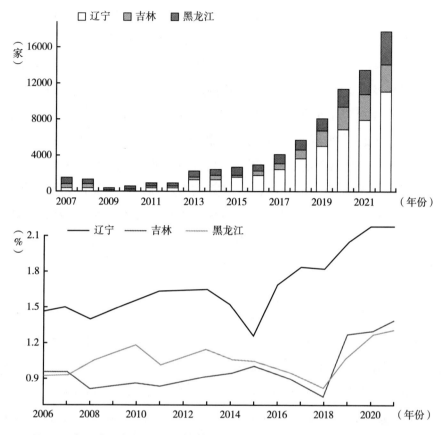

**图14 东北地区高新技术企业数量和 R&D 经费支出占 GDP 比重变化情况**

资料来源：Wind。

## （七）绿色发展成效明显

生态环境明显改善。2021年，辽宁河流水质自有环境监测数据记录以来首次达到良好水平，辽河流域水质首次进入全国七大流域前三名，东北虎豹国家公园入选全国首批国家公园，黑龙江国家级自然保护区和国际重要湿地数量居全国第一位。小兴安岭—三江平原山水林田湖草生态保护修复工程及京津风沙源治理工程等重点生态工程加快实施，北方生态安全屏障持续巩固。空气质量明显改善。2022年，辽宁全年 PM2.5 平均浓度降为31微克/米³，优良

天数比例达 90%。150 个国考断面水质优良率提高到 88.7%。辽河口列入国家公园候选区，辽阳入选国家森林城市，盘锦获评国际湿地城市，本溪县、喀左县获批国家生态文明建设示范区。吉林省空气质量继续保持在全国第一方阵，地级及以上城市空气优良天数比例达 93.4%，居全国第 9 位。在 5 个县（市）和国有森工企业开展首批林业碳汇试点。抚松县、敦化市被授予国家第六批生态文明建设示范区称号，辉南县入选国家第六批"绿水青山就是金山银山"实践创新基地。黑龙江持续打好蓝天、碧水、净土保卫战，污染防治攻坚战成效连续两年位列国家优秀序列，空气优良天数比例达 95.9%，国考断面优良水体比例达 74.8%。统筹山水林田湖草沙系统治理，完成营造林 122.6 万亩，修复治理草原 22.2 万亩，修复湿地 1 万亩。绿色正成为东北地区高质量发展的鲜明底色。

### （八）乡村振兴扎实推进

东北地区按照国家战略部署，积极推动脱贫攻坚与乡村振兴有效衔接，通过加强产业扶持、加大基础设施投入力度与改善农村人居环境等政策措施，全面扎实稳步实施乡村振兴战略。2022 年，东北地区累计新改建、维修改造农村公路 14072 公里，其中，辽宁 6820 公里，吉林 3252 公里，黑龙江 4000 公里。辽宁新建高标准农田 391.3 万亩，实施黑土地保护工程 1000 万亩，新建国家级农业现代化示范区 5 个，新民市、兴城市、凌源市、普兰店区获评国家乡村振兴示范县，新建美丽宜居村 1119 个。吉林深入实施"黑土粮仓"科技会战，保护性耕作面积达到 3283 万亩，新建高标准农田 550 万亩。开展种业龙头企业扶优行动。全省主要农作物耕种收综合机械化水平达 93%。全省肉牛饲养总量发展到 652.6 万头，增长 12.4%，全产业链产值达到 2000 亿元，带动全省农民人均增收 415 元。黑龙江继续保持粮食总产量、商品量、调出量三项全国第一，建设 16 个国家级良种繁育基地，主要农作物良种基本实现全覆盖。绿色有机食品认证面积 9100 万亩，继续保持全国第一。农业综合机械化水平继续保持全国领先。农村人居环境整治扎实推进，提高 280 万名农村居民供水保障水平。

### （九）民生福祉持续增进

2022年疫情再次出现反复，对东北地区的就业形势形成了一定冲击与压力，各地千方百计稳就业、有效施策保民生，就业主要指标任务时序进度完成。东北地区城镇新增就业累计111万人，其中，辽宁省48.4万人，吉林省25.2万人，黑龙江省37.4万人。2022年，辽宁全年拨付稳岗返还资金16.1亿元，稳定岗位341.3万个。教育发展质量稳步提高，辽宁劳动年龄人口平均受教育年限提高到11年，居全国前列，全省普惠性幼儿园覆盖率达到87%，义务教育阶段集团化办学实现全覆盖。医疗卫生环境持续改善，辽宁人均预期寿命达到79岁，居全国前列，东北首家儿童区域医疗中心落户辽宁，4个省级区域医疗中心创建获国家支持。深入实施文化惠民工程，辽宁6部作品获中宣部"五个一工程"优秀作品奖。辽宁男篮再夺CBA联赛总冠军。吉林农村劳动力转移就业299.73万人，零就业家庭实现动态清零。长期护理保险参保人数达1528万人，平均报销比例达71.5%。申报国家区域医疗中心建设项目4个，17个试点县达到国家紧密型县域医疗卫生共同体建设标准。创作推出《人世间》等一批优秀文艺作品，荣获国家级奖项。黑龙江获批2个国家区域医疗中心，国家呼吸区域医疗中心及4个省级区域医疗中心开工建设。北京冬奥会取得4金2铜好成绩，哈尔滨市、七台河市被授予"奥运冠军之城"称号。

## 二 东北地区经济社会发展面临的主要问题

东北地区作为我国重要的老工业基地，为国家形成独立完整的工业体系和国民经济体系做出了巨大贡献，然而，随着改革开放的不断深入，东北地区传统支柱产业竞争力减弱、市场化程度低、人口加速流出等问题日益显现。为有针对性地解决这一问题，2003年中央做出了实施东北振兴战略的重大决策，在国家政策的有力支持和东北地区的积极努力下，东北地区经济一度获得快速发展，尤其是2008~2013年，经济增速在全国四大区域中最高，但 2014 年以后由于国际国内需求变化的影响，加上长期形成的深层次体制性机制性结构性问题，东北地区经济在经历了一段时期的快速发展后再度陷入新的困境，发展速度放缓并滞后于全国平均水平（见图 15）。东北地区生产总值在全国所占比重也由 2013 年的 9.23% 迅速下滑至 2021 年的 4.87%，下降幅度接近一半。

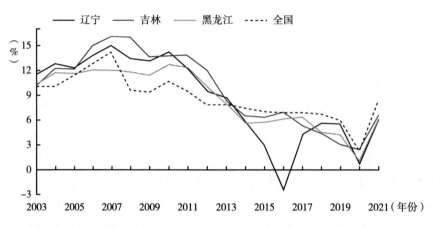

**图 15　2003~2021 年东北地区生产总值和全国 GDP 增长速度**

资料来源：Wind。

## （一）人口萎缩问题日益严峻，从供给端和需求端影响经济增长

人口要素作为经济社会发展的基础，其规模、结构和空间分布直接影响区域经济社会的发展。东北地区近年来经济增速放缓与人口变动密切相关，一方面，随着人口转变进入新阶段，东北地区以劳动密集型为特征的制造业发展优势逐渐丧失；另一方面，人力资本投资不足造成人才流失，对东北地区经济增长产生不利影响。一是东北地区长期低生育率导致人口负增长和有效劳动力供给不足。2003~2021 年，东北地区人口自然增长率①过低，且呈

---

① 人口自然增长率指一定时期内人口自然增长数（出生人数减死亡人数）与该时期内平均人口数之比，通常以年为单位计算，用千分比来表示，计算公式为：人口自然增长率=（年内出生人数-年内死亡人数）/年平均人口数×1000‰=人口出生率-人口死亡率。

现波动性下降态势，2015 年，东北地区人口自然增长率掉头向下，其中辽宁、黑龙江开始步入人口负增长阶段，2018 年吉林也开始步入负增长阶段，之后人口负增长幅度持续加大，到 2021 年底，辽宁、吉林、黑龙江人口自然增长率分别为−4.18‰、−3.38‰、−5.11‰，与全国平均水平 0.34‰相比，存在明显的差距（见图 15）。人口负增长加上人口大量外流导致东北地区总人口持续下降，根据第七次全国人口普查数据，2020 年东北地区常住人口为 9851 万人，占全国人口比重为 6.98%，与 2010 年第六次全国人口普查数据相比，东北地区人口所占比重下降 1.2 个百分点，人口减少 1101 万人，其中辽宁省、吉林省、黑龙江省分别减少 116 万人、339 万人、646 万人。随着东北人口步入负增长阶段，劳动年龄人口出现萎缩，导致劳动力供给不足，给东北地区经济社会发展带来诸多不利影响。

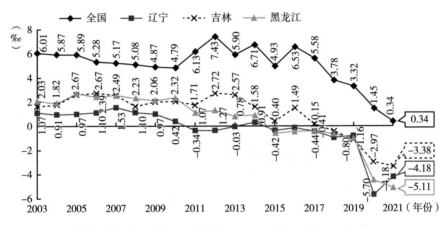

图 16  2003~2021 年东北地区与全国人口自然增长率变动情况

资料来源：Wind。

二是东北地区正面临着老龄化加剧的严峻挑战。低生育率、少子化、人口预期寿命的延长，加上中青年劳动力的大量外流，导致东北地区老龄化的速度更快、程度更深，老年人口抚养比进一步提升。根据 2020 年第七次全国人口普查数据，全国 60 岁及以上人口占比为 18.7%，辽宁、吉林、黑龙江占比分别为 25.72%、23.06%、23.22%，分别排全国第一位、第四位和第三位（第二位上海为 23.38%）；与 2010 年第六次全国人口普查数据相比，辽宁、吉林、黑龙江 60 岁及以上人口比重分别上升了 10.29 个百分点、9.85 个百分点、10.19 个百分点；从老年人口抚养比看，2004～2021 年，东北地区老年人口抚养比逐步上升，且逐渐高于全国平均水平，其中辽宁老年人口抚养比最高，由 12.36% 迅速攀升至 26.70%，吉林由 9.48% 上升至 23.19%，黑龙江由 8.64% 上升至 22.84%（见图 17）。这表明东北地区以劳动力成本为优势的制造业和原材料产业发展优势正逐步弱化，社会医疗、社会养老等社会保障压力正不断加大，社保支出正成为各级财政的沉重负担。2014～2021 年，东北地区社会保险基金累计结余呈下行态势，从 2016 年开始，黑龙江社会保险基金累计结余进入亏空阶段，辽宁、吉林虽有结余，但压力较大，不容乐观（见图 18）。

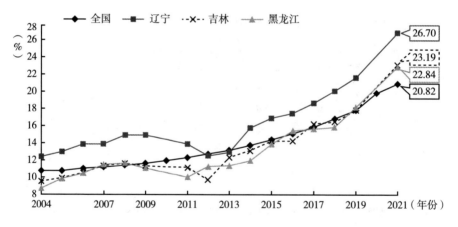

**图 17　2004～2021 年东北地区与全国老年人口抚养比变动情况**

注：辽宁、黑龙江、吉林老年人口抚养比根据抽样数获得。

资料来源：Wind。

三是东北地区近些年人口净迁移率一直走低，人口外流情况比较严重。经济发达地区由于民营经济较为活跃、平台经济发展迅猛，创造了大量的就业机会，再加上包括户籍制度在内的各项改革持续优化、公共服务体系日益完善，对人口的吸引力越发增强，导致东北地区人口流失严重。2003～2021

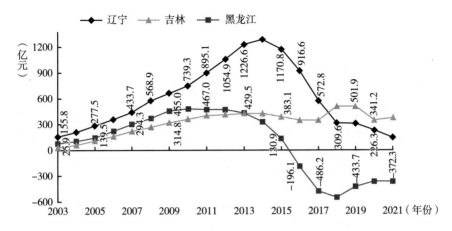

**图18 2003~2021年东北地区社会保险基金累计结余变动情况**

资料来源：Wind。

年，东北地区人口累计净迁移数高达1117万人，其中2013~2021年人口净迁移越发严重，流出人数达1029.25万人，平均每年人口净迁移128.66万人，是全国人口净迁移较多的地区。外流人口以高知高技能的中青年人为主，这不仅导致劳动力有效供给持续减少，而且进一步减少了物资资本和人力资本的存量，对东北地区的消费能力、房地产市场的投资规模等产生冲击，进而削弱了东北地区经济发展的潜力和活力。

**表1 2004~2021年东北地区人口净迁移数和净迁移率**

单位：万人，‰

| 年份 | 人口净迁移数 | | | 人口净迁移率 | | |
|---|---|---|---|---|---|---|
| | 辽宁省 | 吉林省 | 黑龙江省 | 辽宁省 | 吉林省 | 黑龙江省 |
| 2004 | 2.50 | 0.65 | -5.74 | 0.59 | 0.24 | -1.50 |
| 2005 | 0.16 | 2.23 | -3.95 | 0.04 | 0.82 | -1.03 |
| 2006 | 45.91 | 0.02 | -7.20 | 10.75 | 0.01 | -1.88 |
| 2007 | 22.30 | -0.27 | -8.14 | 5.19 | -0.10 | -2.13 |
| 2008 | 10.12 | -2.83 | -8.13 | 2.35 | -1.03 | -2.13 |
| 2009 | 21.55 | 1.60 | -7.92 | 4.97 | 0.58 | -2.07 |
| 2010 | 29.79 | 1.66 | -0.88 | 6.81 | 0.60 | -0.23 |

续表

| 年份 | 人口净迁移数 | | | 人口净迁移率 | | |
|------|------|------|------|------|------|------|
| | 辽宁省 | 吉林省 | 黑龙江省 | 辽宁省 | 吉林省 | 黑龙江省 |
| 2011 | 2.16 | -27.29 | -59.89 | 0.49 | -10.01 | -15.84 |
| 2012 | -2.51 | -31.95 | -62.05 | -0.57 | -11.84 | -16.66 |
| 2013 | -8.29 | -37.34 | -62.73 | -1.90 | -13.99 | -17.11 |
| 2014 | -6.87 | -32.86 | -60.86 | -1.58 | -12.44 | -16.87 |
| 2015 | -21.13 | -33.17 | -82.28 | -4.87 | -12.70 | -23.32 |
| 2016 | -9.18 | -47.05 | -63.88 | -2.12 | -18.33 | -18.45 |
| 2017 | -14.22 | -44.82 | -62.30 | -3.30 | -17.75 | -18.33 |
| 2018 | -19.10 | -42.38 | -70.61 | -4.45 | -17.06 | -21.22 |
| 2019 | -9.71 | -34.91 | -69.70 | -2.27 | -14.26 | -21.41 |
| 2020 | -18.58 | -46.16 | -80.71 | -4.37 | -19.24 | -25.45 |
| 2021 | -1.75 | -16.87 | -31.79 | -0.41 | -7.11 | -10.17 |

注：本年人口净迁移数 =（本年末常住人口数-上年末常住人口数）-上年末常住人口数×本年人口自然增长率；本年人口净迁移率=本年人口净迁移数÷本年平均人口数×1000‰。

资料来源：Wind。

### （二）产业转型升级滞后，经济增长新旧动能转换需求日益迫切

构建现代产业体系是准确全面贯彻新发展理念、推动经济高质量发展的重要引擎。东北地区在装备制造、石化、冶金等领域拥有一批行业骨干企业，在维护产业安全、打造"国之重器"等方面战略地位突出。然而，长期以来，东北地区产业发展呈现传统产业转型升级缓慢、新兴产业规模偏小、民营经济发展不足等问题。一是传统产业发展困难。从工业增加值占比来看，东北地区工业规模在全国的排名逐步后移，2003~2021年，东北地区工业增加值占全国的比重呈下降趋势，从2003年的9.15%，下降至2013年的7.08%，到2021年进一步下滑至4.52%。从产业链与价值链看，东北地区制造业仍以组装和制造为主，产业链条较短，中间产品占比较高，大多处于产业链的中低端，上游的关键原材料、核心零部件及下游的服务环节发展滞后，抗外部干扰的能力较弱。同时，规模以上工业企业数量偏少，且具有

一定规模的行业龙头企业不多，在全国乃至全球市场上产业竞争力逐步走弱。从规模以上工业企业数占比看，2013～2021年，东北地区规模以上工业企业数占全国的比重下降明显，由2013年的7.66%下降到2021年的3.66%，降幅超过一半。同时，东北地区规模以上工业企业的盈利能力也出现走弱态势，2003年东北地区规模以上工业企业利润总额占全国的比重为12.08%，十年后降至7.71%，到2021年更是下降到3.78%（见图19）。这说明，在近年全国尤其东部地区加快构建现代产业体系，实现新旧动能转换的进程中，东北地区工业转型升级明显缓慢，任重道远。

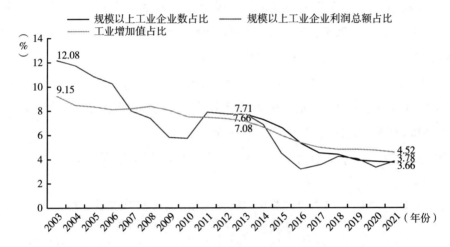

**图19 2003～2021年东北地区主要工业指标占全国比重变化情况**

资料来源：Wind。

二是新兴产业发展缓慢，新旧动能转换明显滞后于其他区域。从工业内部结构看，东北地区传统产业占比较高，高技术产业发展明显滞后。2011～2020年，东北地区高技术产业主营业务收入占规模以上工业收入的比重低位徘徊在4.57%～6.89%，远低于全国平均水平。2020年，东北地区高技术产业主营业务收入占规模以上工业收入的5.15%，其中辽宁、吉林、黑龙江占比分别为6.31%、4.25%、2.87%，远低于长三角地区江苏的22.25%、浙江的13.05%、安徽的13.07%、上海的20.50%，尤其值得关注的是安徽

高技术产业主营业务收入占比变化情况，2011 年，安徽占比在长三角地区排名末位，甚至低于吉林的占比，但到 2020 年，安徽高技术产业主营业务收入占比提升至 13.07%，远高于东北地区平均水平，甚至超过浙江占比，已经成为我国经济发展的重要增长点（见表 2）。从工业细分领域来看，东北地区计算机、通信和其他电子设备制造业主营业务收入占全国的比重仅为0.71%，电气机械及器材制造业占比仅为 1.42%，均远低于东北地区工业增加值在全国的占比 4.52%。从科技创新看，东北地区虽有一批高水平的高校和科研院所，但科技与经济的结合不紧密，创新投入和创新产出均处于全国中下游水平。2021 年，东北地区规模以上工业企业的 R&D 经费支出为362.40 万元/户，低于全国平均水平 412.96 万元/户，其中辽宁高于全国平均水平，为 462.74 万元/户，吉林和黑龙江低于全国平均水平，分别为276.11 万元/户和 227.20 万元/户。2003~2021 年，虽然东北地区每万人国内专利申请量逐步上升，然而，从 2010 年开始上升的幅度明显小于全国平均水平，2021 年东北地区为 17.98 件，仅为全国平均水平 37.12 件的 48.44%，其中辽宁为 20.93 件，吉林为 16.34 件，黑龙江为 15.22 件（见图 20）。

表 2　2011 年~2020 年东北地区与长三角地区高技术产业主营业务收入
占规模以上工业收入的比重变化情况

单位：%

| 年份 | 东北地区 | 辽宁 | 吉林 | 黑龙江 | 长三角地区 | 江苏 | 浙江 | 安徽 | 上海 |
|---|---|---|---|---|---|---|---|---|---|
| 2011 | 4.57 | 4.31 | 5.57 | 4.11 | 14.26 | 18.16 | 6.80 | 4.42 | 20.49 |
| 2012 | 4.85 | 4.62 | 5.77 | 4.26 | 14.97 | 19.41 | 7.01 | 5.23 | 20.90 |
| 2013 | 5.02 | 4.53 | 6.52 | 4.50 | 14.47 | 18.79 | 7.06 | 5.54 | 19.76 |
| 2014 | 5.41 | 4.73 | 7.18 | 4.83 | 14.62 | 18.34 | 7.58 | 6.91 | 20.32 |
| 2015 | 6.07 | 4.89 | 8.38 | 5.47 | 15.59 | 19.24 | 8.43 | 7.99 | 21.55 |
| 2016 | 6.89 | 6.13 | 8.89 | 4.37 | 15.80 | 19.46 | 9.01 | 8.61 | 20.71 |
| 2018 | 5.19 | 8.12 | 2.82 | 4.11 | 16.47 | 20.42 | 10.91 | 10.15 | 19.68 |
| 2019 | 6.03 | 7.28 | 4.52 | 4.63 | 16.25 | 20.18 | 11.18 | 10.89 | 19.15 |
| 2020 | 5.15 | 6.31 | 4.25 | 2.87 | 18.16 | 22.25 | 13.05 | 13.07 | 20.50 |

注：2017 年各地区高技术产业主营业务收入数据缺失。
资料来源：Wind。

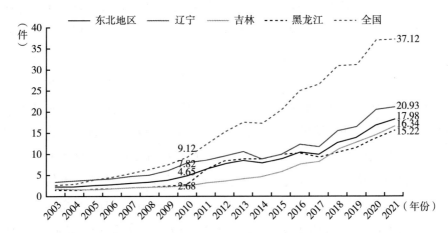

**图20  2003~2021年东北地区与全国每万人国内专利申请量变化情况**

资料来源：Wind。

三是民营经济发展活力不足。近年来，东北地区以中小企业为主体的民营经济发展受制于体制机制改革的困境，用工成本持续上涨、周边配套技术资源匮乏、融资渠道狭窄不畅及繁重的税费负担无不限制着中小企业的成长活力。从民营企业存量来看，东北地区民营企业存量相对落后于其他区域。截至2022年10月，东北地区民营企业数量为258.06万家，其中辽宁、吉林和黑龙江分别为119.85万家、71.89万家和66.32万家，不仅远落后于长三角的江苏（401.87万家）、浙江（323.01万家）及粤港澳大湾区的广东（691.67万家），也与中部的河南（273.37万家）、京津冀的河北（230.94万家）等主要省份存在较大差距。① 从2010~2021年新增民营企业数看，辽宁累计新增民营企业12.41万家、吉林8.27万家、黑龙江8.07万家，东北地区合计累计新增民营企业数为28.76万家，而同期河南累计新增28.31万家，与东北地区合计数相差无几，东部地区浙江为35.96万家、江苏为55.98万家、广东为74.45万家，分别是东北地区总数的1.25倍、1.95倍和2.59倍，京津冀地区的河北为25.66万家，是辽宁的2.07倍、吉林的

---

① 资料来源：Wind 数据库。

3.10 倍和黑龙江的 3.18 倍。从 2021 年的新增民营企业数来看，辽宁、吉林和黑龙江新增民营企业数低位徘徊在 2 万家以下，而河北新增民营企业数已经接近 4 万家，河南已经超过东北地区总数，浙江直奔 6 万家，江苏已经超过 8 万家，广东接近 12 万家（见图 21）。这表明，东北地区民间资本投资的积极性和主动性较弱，民营经济发展不仅长期滞后于全国尤其是长三角、京津冀和中部等地区，而且近年来东北地区民营经济的发展活力持续走弱，与其他区域民营经济的快速发展局面形成鲜明反差。总体上看，东北地区民营经济不仅总量偏少，而且产业层次较低，整体竞争力较弱。东北地区的民营经济多为国有企业做配套生产，独立发展能力较差，成规模、在行业内有一定影响力的大中型企业较少。从全国工商联发布的"2022 中国民营企业 500 强"榜单和相关数据来看，东北地区仅有 7 家入选，其中辽宁 3 家、吉林 3 家、黑龙江 1 家，而且近五年来东北地区数量一直偏少，这反映出东北地区民营经济不仅数量上相对较少，而且有竞争力的行业龙头企业极少。

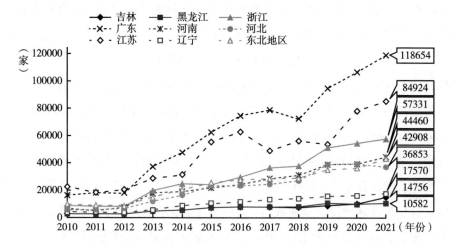

图 21　2010~2021 年东北地区与全国其他省份新增民营企业变化情况

资料来源：Wind。

表3 2017~2021年民营企业500强区域分布

| 所在地区 | 2021 年 | 2020 年 | 2019 年 | 2018 年 | 2017 年 |
|---|---|---|---|---|---|
| 浙江省 | 107 | 96 | 96 | 92 | 93 |
| 江苏省 | 92 | 92 | 90 | 83 | 86 |
| 广东省 | 51 | 61 | 58 | 60 | 60 |
| 山东省 | 50 | 53 | 52 | 61 | 73 |
| 河北省 | 30 | 33 | 32 | 33 | 24 |
| 北京市 | 23 | 22 | 14 | 17 | 15 |
| 湖北省 | 19 | 16 | 19 | 18 | 15 |
| 上海市 | 18 | 21 | 16 | 15 | 18 |
| 福建省 | 15 | 17 | 21 | 22 | 20 |
| 河南省 | 14 | 12 | 15 | 13 | 15 |
| 重庆市 | 11 | 13 | 12 | 15 | 14 |
| 四川省 | 9 | 8 | 12 | 11 | 8 |
| 山西省 | 8 | 5 | 7 | 7 | 5 |
| 天津市 | 7 | 6 | 9 | 6 | 7 |
| 安徽省 | 7 | 5 | 4 | 2 | 4 |
| 湖南省 | 7 | 7 | 6 | 7 | 7 |
| 内蒙古自治区 | 5 | 4 | 4 | 4 | 7 |
| 江西省 | 5 | 6 | 7 | 6 | 6 |
| 陕西省 | 5 | 5 | 5 | 5 | 5 |
| 广西壮族自治区 | 4 | 3 | 2 | 2 | 2 |
| 辽宁省 | 3 | 4 | 8 | 11 | 6 |
| 吉林省 | 3 | 3 | 2 | 2 | 2 |
| 宁夏回族自治区 | 2 | 2 | 1 | 2 | 3 |
| 新疆维吾尔自治区 | 2 | 2 | 2 | 2 | 2 |
| 黑龙江省 | 1 | 1 | 1 | 1 | 1 |
| 贵州省 | 1 | 1 | 2 | 1 | — |
| 新疆生产建设兵团 | 1 | 1 | 1 | 1 | 1 |

资料来源:根据历年全国工商联发布的"中国民营企业500强"榜单整理。

## (三)城市群中心城市辐射能力较弱,中小城市发展活力不足

城市群是推动区域高质量发展的核心引擎,已经成为支撑中国经济高质量发展的主要平台,然而,东北地区的城市群却存在总体经济规模偏小、中

心城市对周边辐射带动不足、次级城市发展相对缓慢等问题。从城市群的整体经济规模看，东北地区的城市群相对落后于国内的主要城市群。2021年，东北地区的辽中南城市群和哈长城市群经济总量分别仅为27584.1亿元和28114.7亿元，人均GDP分别仅为6.5万元和5.1万元，常住人口分别为4229万人和5500万人，不仅远远落后于长三角、珠三角和京津冀城市群，也与长江中游、成渝和关中平原等主要城市群存在明显差距（见表4）。"十四五"规划与"十三五"规划相比，国家对东北地区城市群的定位预期出现变化，辽中南城市群由第二梯队变成了第三梯队，东北地区的城市群与后起的山西中部、黔中、滇中等城市群一起被国家定位为"培育发展"类城市群，不仅与京津冀、长三角、珠三角城市群有较大的定位差距，也明显落后于成渝、长江中游、关中平原等主要城市群的发展定位（见表5）。

表4　2021年国内主要城市群发展概况

| 城市群 | 所在地区 | GDP（亿元） | 常住人口（万人） | 人均GDP（万元） |
|---|---|---|---|---|
| 京津冀 | 北京、天津、河北 | 96355.9 | 11010 | 11.7 |
| 长三角 | 上海、江苏、浙江、安徽 | 276054.1 | 23647 | 12.4 |
| 珠三角 | 广东 | 124369.7 | 12684 | 9.8 |
| 成渝 | 重庆、四川 | 81744.8 | 11584 | 7.6 |
| 长江中游 | 湖北、湖南、江西 | 125695.7 | 16969 | 7.4 |
| 关中平原 | 陕西、甘肃、山西 | 62634.4 | 9924 | 6.1 |
| 哈长 | 吉林、黑龙江 | 28114.7 | 5500 | 5.1 |
| 辽中南 | 辽宁 | 27584.1 | 4229 | 6.5 |

资料来源：国家统计局。

表5　19大城市群分类

| 分类 | 19大城市群 | | | | |
|---|---|---|---|---|---|
| 优化提升 | 京津冀 | 长三角 | 珠三角 | 成渝 | 长江中游 |
| 发展壮大 | 山东半岛 | 粤闽浙 | 中原 | 关中平原 | 北部湾 |
| 培育发展 | 哈长 | 辽中南 | 山西中部 | 黔中 | 滇中 |
| | 呼包鄂榆 | 兰州西宁 | 宁夏沿黄 | 天山北坡 | |

资料来源：《中华人民共和国国民经济和社会发展第十四个五年规划和2035年远景目标纲要》。

从城市层级结构来看，东北地区城市群中心城市对周边辐射带动不足，次级城市发展相对缓慢。2021年，东北地区城市群的四大中心城市沈阳、大连、长春和哈尔滨的GDP分别为7249.0亿元、7826.0亿元、7103.1亿元和5351.7亿元，常住人口分别为911.8万人、754.0万人、908.7万人、988.5万人，与长三角城市群的南京、杭州、合肥，成渝城市群的重庆、成都，长江中游城市群的武汉，关中平原城市群的西安等区域中心城市存在较大差距，这些城市全部进入中国"万亿俱乐部"，且大多数常住人口过千万。同时，东北地区城市群区域城市规模等级不合理，发展不平衡明显，城市规模普遍较小，大城市数量较少。2021年，辽中南城市群和哈长城市群20个城市中，除沈阳、大连、哈尔滨、长春四个中心城市外，GDP处于2000亿元~3000亿元的城市只有大庆，处于1000亿元~2000亿元的城市为鞍山、吉林、营口、盘锦、绥化、齐齐哈尔6座城市，其他9个城市GDP均低于1000亿元，相对于长三角城市群均为中型及以上城市的结构，东北地区城市群在大型、中型、小型城市的构成上有待进一步优化（见图22）。

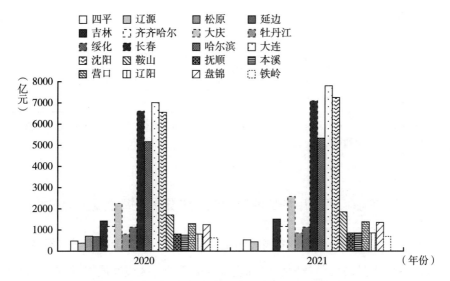

**图22　2020~2021年辽中南和哈长城市群20个城市GDP**

资料来源：Wind。

此外，东北地区城市群四大中心城市的虹吸效应远大于涓流效应，现阶段高级生产要素持续向中心城市集聚，边缘城市在城市间的竞合关系中所处的劣势地位需继续改善。2021年，东北地区城市群四大中心城市集中了东北地区1/2的经济总量、36.62%的常住人口、4/5的规模以上工业企业的营业利润、2/3的高校；与2017年相比，四大中心城市经济总量占比上升了4.2个百分点，常住人口占比上升了10.6个百分点，规模以上工业企业的营业利润占比上升了0.8个百分点，高校数量占比上升了2.1个百分点（见表6）。这表明，东北地区城市群中中小城市拥有的工业、科技、人才等资源日益收缩，发展活力和动力较弱。

表6　2021年东北地区四大中心城市的主要指标占比

单位：%

| 中心城市 | 经济总量 | 常住人口 | 规模以上工业企业的营业利润 | 高校数量 |
|---|---|---|---|---|
| 沈阳 | 13.01 | 9.37 | 19.73 | 17.44 |
| 大连 | 14.05 | 7.75 | 27.29 | 12.02 |
| 长春 | 12.75 | 9.34 | 27.64 | 15.89 |
| 哈尔滨 | 9.61 | 10.16 | 4.75 | 19.38 |
| 合计 | 49.43 | 36.62 | 79.41 | 64.73 |
| 2017年合计 | 45.21 | 25.98 | 78.64 | 62.60 |

注：2021年规模以上工业企业的营业利润和高校数量因数据未公布，故用2020年数据代替。
资料来源：国家统计局。

### （四）金融和资本市场长期低增长，对发展支撑力度亟待加大

金融业发展是一个区域自身发展的重要表现，现代金融是实体经济发展的血液系统，是现代科技发展的风险资本来源，为区域发展提供巨大的基础性支持。与东北三省GDP占比持续下滑相似，该地区金融发展形势也不容乐观。从信贷市场情况看，辽宁、吉林和黑龙江三省银行本外币存款和贷款

余额虽然保持增长，但在全国所占的比重总体呈下降趋势，特别是本外币贷款余额占比由 2003 年 12 月的 9.5% 下降至 2021 年 12 月的 5.0%（见图23）。同时商业银行不良贷款率却长期高于全国平均水平，2010~2015 年，东北三省商业银行不良贷款率维持在与同期全国平均水平大致相同的水平，但从 2016 年开始，东北三省商业银行不良贷款率小幅攀升，到 2020 年，辽宁、吉林、黑龙江商业银行不良贷款率分别为 4.6%、2.2%、2.0%，而同期全国平均水平为 1.8%（见图24）。从金融业增加值占 GDP 比重看，东北三省金融业增加值占比虽然保持缓慢增长态势，但与全国平均水平相比还有明显差距，2021 年，辽宁、吉林、黑龙江占比分别为 7.63%、7.29%、7.48%，均低于全国平均水平（7.97%）。

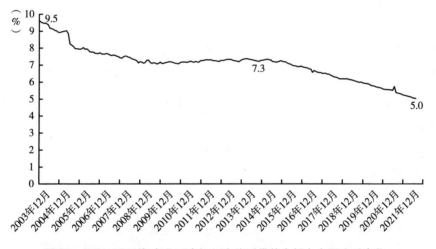

**图23　2003~2021 年东北三省银行本外币贷款余额占全国比重变化**

从资本市场的情况看，2006~2021 年，东北三省国内上市公司的数量虽然保持小幅增长，辽宁国内上市公司数量由 51 家上升到 81 家，吉林由 32 家上升到 48 家，黑龙江由 36 家上升到 38 家，但与同期全国其他区域相比，东北三省国内上市公司数量增幅明显较小，体现为东北三省国内上市公司数量占全国比重下降趋势非常明显，2006 年东北三省占比为 8.23%，到 2021 年占比则降为 3.56%，降幅接近 5 个百分点（见图25）。

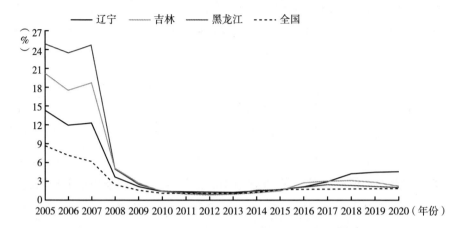

**图 24　2005~2020 年东北三省和全国商业银行不良贷款率**

资料来源：Wind。

与此相应，东北三省 A 股筹资额占全国比重也呈下降趋势，2019 年、2020
年、2021 年东北三省占比分别仅为 1.3%、2.2%、1.4%（见图 26），与东
北三省经济总量占比（2021 年为 4.87%，已经是近年来的最低点）相比，
东北三省的金融市场显然难以为东北振兴提供强有力的支撑。

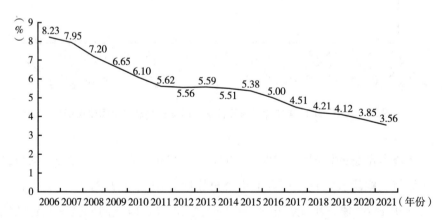

**图 25　2006~2021 年东北三省国内上市公司数量占全国比重变化情况**

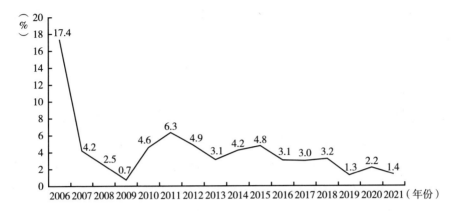

**图26 2006~2021年东北三省当年国内股票（A股）筹资额占全国比重变化情况**

# 三 2023年东北地区经济社会发展环境及前景展望

## （一）从党的二十大报告及中央经济工作会议看未来经济发展的机遇

### 1. 消费复苏主线：扩大内需

中央经济工作会议提出，"着力扩大国内需求，要把恢复和扩大消费摆在优先位置"。消费、投资的位置关系发生变化，凸显了消费的重要性。未来扩大内需、政策支持的重点有望从"以扩大投资为主"，逐步转向"以扩大居民消费为主"。2023年与2022年相比，最大的两个宏观逻辑变化是，外需大概率将成为最大拖累项，而内需特别是消费反弹和复苏的确定性越来越强，中国经济结构将从原来的"基础设施+房地产+外向型经济"这三驾马车拉动，转向"科技+消费"双轮驱动，在外部冲击之下，扩大内需，特别是扩大消费成为推动经济运行整体好转的主要选择。随着线下消费的逐渐恢复，由于基数较低，2023年消费增速有望加快，对扩大内需起到较为稳健的基础作用。

### 2. 稳增长、稳就业主线：基建、平台经济

党的二十大报告直接提及了五大工程和两大项目，分别是实施产业基础

再造工程和重大技术装备攻关工程，创新实施文化惠民工程，加快实施重要
生态系统保护和修复重大工程，实施生物多样性保护重大工程，实施国防科
技和武器装备重大工程；加快实施一批具有战略性全局性前瞻性的国家重大
科技项目，实施重大文化产业项目带动战略。新基建的投资力度将逐渐加
大，如对为数字经济发展和民生改善提供有力支撑的信息基础设施、重大科
技基础设施、绿色能源基础设施、综合立体交通网络、重大水利工程等领域
投资。作为民营经济重要组成部分的互联网平台，是未来稳增长、稳就业的
主要力量，有望在监管和规范发展方面迎来新的发展机遇。党的二十大报告
提出，要促进民营经济发展壮大。中央经济工作会议再次强调，要切实落实
"两个毫不动摇"，多层次资本市场的创业板、科创板和中小企业板中的民
营企业，无疑将迎来新的发展机遇期。

3. 统筹发展和安全语境下安全主线：粮食、能源资源、重要产业链供
应链

在全球通胀变局下，保障粮食安全是维护经济大盘稳定的关键环节之
一。除粮食保供稳价工作外，投放储备物资、扩大进口来源、打通人员流
动和粮食运输渠道、发展高质量的现代农业与农产品深加工业等均与粮食
安全有关。党的二十大报告将能源安全摆在重要位置，强调能源革命需秉
持"先立后破"的原则有序推进，在此背景下，传统化石能源的清洁高
效利用受到重视，能源基础设施建设以数字化与电网、储能、补能设施建
设的融合推进为主基调。构建风、光、核、水、煤、油、气等多轮驱动的
能源供应体系是确保能源安全的最终方向，因此，新能源将提速发展而非
放缓。随着全球产业链供应链越发脆弱以及国际产业链竞争越发激烈，预
计我国将通过培育产业集聚、投资核心技术、完善区域供应链、提高供应链
透明度等方式，进一步"提升产业链供应链韧性和安全水平"。通过开展关
键产业链补链强链专项行动，培育产业链"链主"企业，提升产业链供应
链现代化水平。

4. 实体经济主线：制造强国

党的二十大报告提出，"建设现代化产业体系，坚持把发展经济的着力

点放在实体经济上，推进新型工业化"。报告还特别强调了实体经济特别是制造业的几个突出领域，如"加快建设制造强国、质量强国、航天强国、交通强国、网络强国、数字中国"。推动制造业高质量发展的重点是，加快实施一批重大战略性、前瞻性科技项目，加快发展高技术制造业和装备制造业。报告还强调，"支持专精特新企业发展，推动制造业高端化、智能化、绿色化发展。推动战略性新兴产业融合集群发展，构建新一代信息技术、人工智能、生物技术、新能源、新材料、高端装备、绿色环保等一批新的增长引擎"。未来我国有望陆续出台政策，支撑专业化程度高的核心技术研发与商业化，加快推动部分关键技术的国产替代，加快专精特新企业的数字化转型进程。

**5. 高质量发展主线：科技创新与产业升级**

党的二十大报告将科技创新的地位提到一个全新的高度，指出"科技是第一生产力、人才是第一资源、创新是第一动力"，"坚持创新在我国现代化建设全局中的核心地位，健全新型举国体制，强化国家战略科技力量，提升国家创新体系整体效能，形成具有全球竞争力的开放创新生态"，"集聚力量进行原创性引领性科技攻关，坚决打赢关键核心技术攻坚战"。这一系列重要表述背后的政策含义是未来中国的科技研发投入将迎来进一步的上升期，政府也将在增强自主创新能力、实现高水平科技自立自强方面扮演更加重要的角色、承担更加重要的责任。未来五年，中国的研发强度将从2020的2.4%实现显著的上升。无论是财政还是金融领域，对科技创新的支持力度都有可能将进一步加大，支持手段包括但不限于：财政直接支持，政策性金融的支持，央行可能会创设与科技创新有关的结构性货币政策工具，商业银行及其他金融机构的直接和间接金融工具的支持。

**6. 绿色低碳主线：美丽中国**

未来推进美丽中国建设有两大重点。第一，做减法，通过加快发展方式绿色转型、实施全面节约战略来减少污染排放，在生产领域发展绿色低碳产业，在消费领域倡导绿色消费。第二，做加法，加快实施重要生态系统保护

和修复重大工程,实施生物多样性保护重大工程,推行草原森林河流湖泊湿地休养生息,积极改善生态环境;加快推动绿色制造转型,带动绿色产品设计、绿色供应链和绿色产业园建设等。积极稳妥推进碳达峰碳中和工作,意味着立足于我国以煤炭为主的能源结构,在发展新能源的同时也需促进旧能源的清洁高效使用,先立后破。在俄乌冲突和全球大宗商品价格居高不下的背景下,认清和立足以煤炭为主的基本国情,在能源安全之上有序推进绿色转型、有效实施保供稳价。

## (二)东北地区经济面临的四大挑战

### 1.全球经济或将从滞胀走向衰退

国际货币基金组织预判,2023年全球将出现大范围的经济增长放缓,占全球经济三分之一左右的国家将在2023年或2024年发生经济萎缩。美国、中国和欧盟这三个最大的经济体将继续处于经济增长停滞状态(见图27)。在美国,货币和金融环境的收紧导致2022年的经济增长率降至1%。欧盟的经济放缓最为显著,俄乌冲突引起的能源危机将继续产生严重不利影响,2023年的经济增长率将降至0.5%。美国的浅衰退和欧盟的滞胀,将共同导致全球经济朝衰退的大方向演进,并带来一系列负面影响。对东北地区而言,对部分贸易伙伴的出口将下降,经济衰退叠加国际地缘政治冲突持续发酵,美欧经济体加快降低对涉及产业安全的供应链的依赖。

### 2.外部科技领域脱钩断链风险不容忽视

全球化正快速向半球化、区域化退行,以价值观为纽带和手段的"排他性多边主义"体系正在形成激进的全球化全面退潮,紧密的区域化有所抬头,近岸外包、友岸外包日益盛行,有限的全球化将成为现实,中美或许将被迫有限"脱钩",从舆论式脱钩到技术脱钩、制度性脱钩。2022年以来,拜登政府先后通过了《芯片与科学法案》、《通货膨胀削减法案》和对《出口管理条例》的修订,通过补贴、减税等刺激性政策,扶持本国半导体与大容量电池产业的发展,同时禁止接受政府资助的公司10年内到中国建

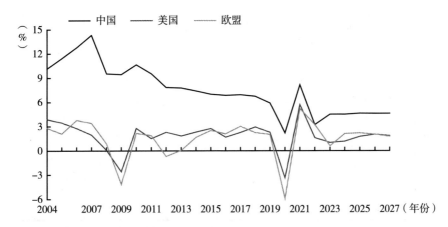

**图27　国际货币基金组织预测中国、美国和欧盟经济增速变化**

资料来源：Wind。

厂，推动电动汽车供应链去中国化，将芯片武器化、政治化，对中国芯片行业进行全面封锁，意在打击中国在人工智能、数据分析和云计算这三个领域蓬勃发展的势头。

**3. 疫情后的负面效应恐将放大需求收缩、供给冲击、预期转弱三重压力**

一是疫情对生产、物流、销售、劳动供给、劳动意愿、人力资本积累等供给方面的冲击。很多现金流枯竭的中小企业，面临信心不足和预期减弱等发展问题，2022年，中国中小企业信心指数由年初的50以上一路下滑至11月的50以下（见图28），中小企业发展受限将拖累经济增长、税收和就业。二是持续的疫情还使消费者的行为受限，并形成一定惯性，既抑制近期消费，也影响远期的消费意愿，消费者风险偏好降低、预防性储蓄倾向明显上升，各个经济主体的需求普遍处于收缩状态。之前被压抑的需求虽会有反弹，但可能很难恢复到疫情前的水平，原因在于收入受限、预期趋弱、金融支持不够等，还有各地节奏不一的病毒感染高峰。人们期盼许久的消费报复性反弹可能并没有那么强、那么久，市场需对此保持冷静、降低预期。三是疫情冲击持续削弱居民和企业对未来的信心，会给业已脆弱的资产负债表造成更大的伤害。

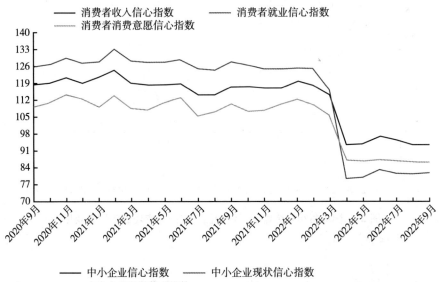

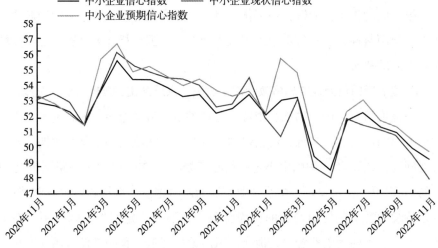

**图 28  中国消费者信心指数和中小企业信心指数变化情况**

资料来源：Wind。

### 4. 企业和家庭融资和投资、消费需求或将收缩需引起关注

企业的信贷需求与货币条件的宽松出现明显错配，银行间市场淤积的流动性很难传导至实体，资产荒、资金"堰塞湖"问题始终存在，企业没有动力加杠杆。民间资本投资意愿较弱，东北地区民间固定资产投资增速逐月

走低，以吉林民间固定资产投资为例，累计同比增速从2021年12月的11.6%下降到2022年10月的-22.6%，且2022年累计同比增速持续低于全社会固定资产投资增速（见图29）。居民的消费信贷衰退则表现为预期悲观、心态谨慎、预防性储蓄上升、非必要支出下降，在存款大幅增加的同时，新增贷款特别是房地产贷款中的新增中长期贷款减少。2022年，受制于收入和房价的不确定性，居民不敢买，导致房企不敢投、银行不敢贷，"三不敢"联动起来，相互验证彼此强化，形成了收缩效应和恶性循环。2023年摆脱这一状况，住房贷款的平稳有序回升并形成"三愿意"是关键。而这背后，取决于房地产市场和居民收入何时能有显著的改善，以及这种改善的强度。总之，在疫情后续发展、经济内生动力不足和外部环境冲击等背景下，资产价格仍然存在波动下行的可能，经济主体的预期改善和信心提振尚需更多经济信号和政策支持。

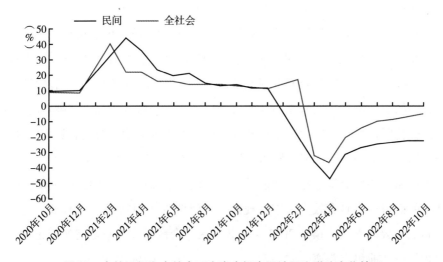

**图29 吉林民间和全社会固定资产投资累计同比增速变化情况**

资料来源：Wind。

## （三）2023年东北地区经济社会发展展望

2022年底以来的以防疫和房地产为代表的若干重大政策调整和变化，

为 2023 年的经济复苏带来了更多的希望，市场主体的信心将渐次恢复，经济增长将实现一定程度的均值回归，逐步向潜在经济增速的合理区间运行。

1. 基建和制造业大概率双管齐下稳投资

2023 年，有两方面因素使得固定资产投资仍将扮演"稳增长"重要抓手的角色。一是国内消费难以大幅反弹，二是出口增速继续边际放缓，经济下行压力依然不小。基建投资和制造业投资仍将继续扛起"稳投资"大旗。2022 年前三季度东北地区基础设施建设投资和制造业投资强劲复苏，远高于当期投资增速和 GDP 增速，成为经济"稳增长"的两大推手。由于基建投资主要是由各级政府主导和财政支持，具有很强的宏观调控效应，能在经济下行压力较大时发挥稳定增长的"压舱石"作用。制造业投资在投资中占比最高，能起到"平衡器"的作用。随着国内经济进一步企稳，民企经营状况也会不断改善，投资积极性也会随之提高，从而带动制造业投资保持较快增长。

2. 防疫政策优化有助于消费温和修复，但报复性反弹依然较难

2023 年的消费将迎来难得的复苏，环比增速中枢有望逐季小幅提高。四大支撑因素，即三年疫情所积累的"超额储蓄"与所压抑的消费意愿、所关闭的消费场景、所限制的就业市场景气、居民收入增长，将随着防疫政策的优化明显改善，四大因素将共同支撑消费需求的明显修复，进而为经济增长提供内生动力。同时，随着居民对就业预期、收入信心的修复，一些升级类商品，如新能源汽车、智能手机、绿色智能家电等，正处于规模化更新换代的窗口期，具有较大的市场规模，其消费需求也将进一步释放。总之，受到低基数的支撑，预计 2023 年东北地区社会商品零售总额将实现正增长，但相较疫情前仍有距离。

3. 全球经济增速或将放缓，外需走弱将拖累出口

国际货币基金组织预测 2023 年全球经济增长率是 2.7%，世界银行下调到了 1.7%，经济合作与发展组织预期经济增长将放缓至 2.2%。世界贸易组织称，全球贸易增速预计在 2023 年大幅放缓至 1%。如果全球经济增速和贸易增速出现回落，出口增速将比经济增速回落得更迅猛。从 2022 年东北

地区主要贸易伙伴来看，辽宁、吉林对发达经济体的出口增速均已见顶下行，对美出口已出现连续负增长，对东盟的出口则呈现一定的韧性。

综上分析，2023年，投资仍将起到稳增长作用，消费在低基数下快速回升，出口难有正向贡献。GDP可能会恢复至潜在增长水平上下，预计2023年东北地区GDP增长5.5%左右。

## 四　促进东北地区经济社会发展的对策建议

在对2022年东北地区经济形势全面分析研判的基础上，2023年东北地区要继续坚持稳字当头、稳中求进，把经济稳增长放在突出位置，积极出台有利于稳定经济运行的政策，加强财政、产业、区域及竞争等多方面的政策协调，确保经济在不断复苏的基础上实现稳定健康发展。

### （一）对接国家重大战略，统筹区域协调发展

一是要实现东北地区协调发展。东北地区要不断完善东北三省一区协作机制，完善东北东部"12+1"区域合作机制，实现基础设施建设、产业发展布局等协调合作。东北三省要充分整合各自产业和资源优势，在产业链条延展和重新布局的过程中实现区域内高度协同和充分对接。要充分发挥好黑龙江和吉林的现代农业以及辽宁的先进装备制造业和现代工业等产业优势，在促进自身发展的同时拓展产业链条和优化产业布局，精准发现区域产业链条衔接和经济发展模式融合的切入点，真正构筑实现"你中有我、我中有你"的新发展格局。通过跨区域产业深度融合带动和实现区域间高度协同发展，凝聚成巨大的发展合力，更好地对接国家重大战略。

二是要提高城市群中心城市辐射引领能力。解决东北地区城市群发展要素集聚规模不足，尤其是中心城市辐射能力较弱、中小城市发展活力欠佳等问题，东北地区需要统筹各类资源，将其汇聚到中心城市，将中心城市培育成为东北地区新的经济增长极和创新极，同时释放中心城市集聚效能拉动周边地区共同发展。发挥大连、沈阳、长春、哈尔滨等中心城市区位、交通枢

纽、产业辐射以及市场要素汇聚等多方面优势，多举措推动产业和人口向哈长、辽中南城市群集中，以大连港、营口港、锦州港等港口为东北海陆大通道的海向战略枢纽，以朝阳、阜新、通辽、赤峰、锡林郭勒、齐齐哈尔等内陆港为重要节点，加强东北地区城市群各板块在交通链上互联互通，提升产业配套、承接与协同能力，打通东北地区创新链、产业链及供应链，加快推动大沈长哈经济走廊建设。

三是要对接国家重大战略。东北地区要全面贯彻落实《东北地区与东部地区部分省市对口合作工作方案》确定的政策措施和重点任务，全方位提升与京津冀协同发展、长江经济带发展、粤港澳大湾区建设、长江三角洲区域一体化发展等国家重大战略对接的力度和水平，彻底转变传统的各自为战的格局。当前，东北地区不断探索与国家重大战略对接模式，达成战略合作意向，并取得一定成效。因此，东北地区融入国家重大战略将进入全面升级阶段，从融入深度、融入质量到融入效果都将全面提升，重点围绕产业项目对接合作、重点园区共建、干部人才交流等开展工作，大力发展飞地经济，探索跨区域利益分享机制。

### （二）深化体制机制改革，持续优化营商环境

一是要切实加强营商环境优化和信用修复措施的落实落地工作。东北三省要全面贯彻各省颁布的"优化营商环境条例"，把一些新的举措落实落地，切实帮助企业解决实际困难。持续深化简政放权，激发市场主体活力。深化"放管服"改革，做好简政放权的"减法"，推进"一网通办""一网统管""一网协同"，提升东北服务平台和辽吉黑三省App应用水平。推进审批制度"全覆盖、全流程、全方位"改革，审批流程能减尽减。加强法治环境建设，规范行政执法。坚持贯彻落实"谁审批、谁监管、谁主管、谁监管"的原则，对行政许可事项做到事中事后监管。全面推行"双随机、一公开"和"互联网+监管"等，以公正监管保证公平竞争。切实做到用法治手段规范市场竞争秩序，保障各类市场主体合法权益。

二是全面深化国资国企改革。东北地区应全面贯彻落实《加快推进东

北地区国有企业改革专项工作方案》，积极深入实施国企改革三年行动，扎实推进沈阳国资国企综合改革试验。完善现代企业制度建设，深化劳动、人事、分配三项制度改革，建立强有力的激励、考核、监督机制和选人用人制度，重点优化企业法人治理结构，明确"三会一层"权责边界，推进市场化选聘经理层制度。按照"三因""三宜""三不"原则，积极引入非国有资本，因企施策，分类分层推进国企混合所有制改革，健全以"管资本"为主的国有资产监管体制，发挥新组建的国有资本运营公司功能，盘活存量国有资本，促进国有资产保值增值。

三是支持民营经济高质量发展。优化支持民营经济发展的市场、政策、法治和社会环境，采取精准帮扶举措，实施民营经济市场主体培育计划，充分激发民营企业活力，形成大中小企业相互配套、融通发展产业新格局；支持通过信用融资等方式解决融资难题，从而拓展民营企业融资渠道；发挥国家专项基金和东北地区各级政府设立的产业引导基金作用，培育一批"专精特新"企业，提升民营经济发展质量。

四是推进财税金融体制改革。改善金融生态环境，引导金融机构加大信贷投放力度。深化预算管理制度改革，实施全面预算绩效管理，提高财政治理效能。落实普惠金融、绿色金融等政策措施，提高东北地区产业发展专项资金使用效能。扩大政府性融资担保覆盖面，撬动资金更多流向重点产业企业、小微企业及三农企业。

### （三）坚持创新驱动发展，促进动能加快转换

一是高度重视打造良好创新生态。深入推进科技体制改革，通过深化体制机制改革，优化科技发展环境，营造鼓励创造、追求卓越、宽容失败的创新氛围。加强科技金融投资服务，支持金融机构依法合规开展专利权质押融资业务。完善政策举措，全面落实高新技术企业所得税优惠政策。建设一流人才发展环境，完善人才工作政策体系，激活创新人才活力，让人才成为东北振兴的重要资源。辽宁省升级实施"兴辽英才计划"，吉林省加大力度推行人才政策3.0版，黑龙江重点推行"引、留、育、用"人才计划。

二是着力提升创新支撑能力。以国家战略性需求为导向，以东北地区产业布局为核心，依托东北大校、大所、大企，聚焦关键核心技术攻关，组建重点实验室，整合优化科技资源配置，促进创新链产业链融合发展。东北地区应抓住全国重点实验室重组的机遇，辽宁重点推进沈阳材料科学国家研究中心和国家机器人创新中心建设，并争取大科学装置落户；吉林省重点推进建设吉林大学综合极端条件实验室、吉林河图重点实验室，培育建设长春光电精密仪器与设备实验室，持续开展科技成果对接活动，推动一批科技成果转化落地；黑龙江省重点推进建设大庆陆相页岩油重点实验室、黑龙江空间环境与物质作用科学重点实验室及黑龙江石墨（烯）新材料重点实验室，争取国家重大创新平台落户。

## （四）加快产业结构升级，构建现代产业体系

一是改造升级传统优势产业。东北地区应着眼于提升产业链供应链韧性和安全水平，准确把握新时代科技创新和产业发展特征，以"四新经济"为抓手，聚焦"卡脖子"问题，对接要素资源，提升应对原材料短缺等问题的能力。全面推进东北地区装备制造业智能化服务业发展行动，在巩固基础优势的前提下，大力推动东北地区产业数字化、智能化赋能，布局建设新基建、智能工厂、数字化车间、智能生产线，持续加大设备更新和技术改造投资力度，着力推动产业转型升级。东北地区重点推动装备制造业、石化、冶金、汽车等传统优势产业实施高端化、智能化改造。辽宁通过加强创新主体协同研发，实施工业强基项目，扶持装备首台（套）、材料首批次推广应用等，做好传统基础工艺传承与发展，实施产业基础再造工程；吉林省通过"百千万"产业培育工程和"十百千万"企业培育工程，增强产业链供应链韧性；黑龙江省鼓励支持研发首台（套）产品，实施减油增化，延伸下游产业链条，深化央地合作建设"百年油田"等项目，实现稳存量、提升传统产业优势。

二是培育壮大新兴产业。《东北全面振兴"十四五"实施方案》明确提出，组织实施新一轮东北地区培育和发展新兴产业行动计划。东北地区应借

此契机，抢占未来产业发展先机，推动战略性新兴产业加速发展，成为东北地区支柱性产业。东北地区新兴产业基础雄厚、企业效益水平较高、产业占比提升较快，产业优势明显。在发展未来产业过程中，应依托现有优势产业，积极引育新动能，聚焦新一代信息技术、机器人、新材料、新能源、生物医药等产业。支持头部企业重点围绕战略性新兴产业规划建设产业集聚区，发挥头部企业的号召力，吸引产业上下游配套企业入驻，形成产业集聚。

三是加快发展现代服务业。推动东北康养旅游产业特色化发展。积极编制东北地区全域旅游发展规划，建立区域旅游合作机制，共同打造东北特色旅游线路，塑造东北旅游品牌。依托东北地区文化资源、冰雪资源、海洋资源、红色资源、边境资源等，探索多元化的资源价值转化路径，制定促进康养旅游产业发展的政策，打造康养旅游产业。深挖冰雪资源，开展各类以冰雪为主题的文化活动，申办举办国内外高水平冰雪赛事，构建以冰雪旅游、运动、装备等为重点的产业链。

四是推动制造业与现代服务业深度融合。东北地区围绕制造业提质增效，推进"两率"提升，实现增链延链补链强链等目标，着力推动工业研发、工程设计、工业软件开发与应用、现代物流、科技金融、商务服务、高技术服务等关键生产性服务业向专业高端发展，提升服务制造业高质量发展的能力和水平，推动制造业技术进步，实现制造业深化分工，最终构建制造业和现代服务业深度融合发展格局。

## （五）坚持高水平开放，打造合作共赢新高地

东北地区在广泛参与国内大循环、激发国内发展潜力的同时，更要积极主动参与国外市场竞争，构建更加自由平等的对外开放新格局，要利用好独特的产业优势和区位优势，积极主动融入"一带一路"，真正构建"双循环"发展新格局。以共建"一带一路"为引领，优化通道及枢纽布局，加强基础设施建设，完善口岸设施，优化口岸布局，推动中欧班列稳定运营。发挥港口资源和腹地运输资源优势，以海铁联运为主要方式，连接沿线枢纽和口岸，形成综合交通运输网络。抓住《区域全面经济伙伴关系协定》

（RCEP）签署后带来的新机遇，深化与日本、韩国等国经贸合作，高水平建设东北亚合作中心枢纽，推进中韩（长春）国际合作示范区、中日（大连）地方发展合作示范区建设。稳妥推进中蒙俄经济走廊建设，深化三方多领域合作，构建软件与硬件设施相结合的多向度立体交叉互补网络。持续办好中国—东北亚博览会、中国—俄罗斯博览会、中国国际装备制造业博览会等活动，加强东北与蒙俄在装备制造、船舶制造、能源电力、海洋航运、农林渔业、旅游等多领域互利合作。

### （六）持续改善生态环境，推动绿色低碳发展

东北地区应以实现碳达峰碳中和目标为引领，依托绿水青山的自然资源优势，全面实施绿色低碳转型战略。全面落实《东北东部绿色经济带发展规划》，梳理和践行绿水青山就是金山银山、冰天雪地也是金山银山的理念，夯实绿色发展生态基础，加快构建绿色产业体系。利用东北东部生态资源丰富的优势，率先开展生态产品价值实现机制试点，探索建立东北地区碳交易平台，建立生态产品价值核算机制。将东北地区资源枯竭型城市的工业基础设施再利用，建设燃气燃油储备基地，提高国家安全总体水平，切实维护国家能源安全。加快新能源产业发展，加大对研发太阳能、风能等发电技术，抽水蓄能等新兴储能技术的资金投入力度，大力发展风电、光伏、氢能、氢基产业等清洁能源项目。

### （七）改善就业创业环境，提升整体收入水平

一是加强对高校毕业生、农民工以及灵活就业人员等重点群体的关注与支持。持续推动高校毕业生就业创业。将传统的线下招聘与面试通过互联网与智能终端转换为以线上为主，通过视频、电话等方式进行"云招聘"，并引导用人单位在招聘、面试、体检以及签约录取的程序与时间上提高灵活性。政府机关、事业单位与街道社区等在集中笔试面试时间上增强弹性，而且可适当增加公益性与临时性岗位的数量，以缓冲疫情导致的就业压力。促进农民工实现就业创业。积极开展农民工免费技能培训活动。组织相关职业

技术学校与专业培训机构等开设食品制作、家政服务、美容美发等专业技能的线上培训课程，积极促进农民工就地就业创业。此外，要全面推广线上公共就业服务，确保劳动力市场信息的及时发布，解决就业信息不对称的问题，突破企业招工难和农民工就业难的瓶颈，降低劳动力供求双方的时间与信息成本。此外，还应当探索建立失业预警系统，及时、准确地收集、提炼出反映宏观经济运行和失业状况的信息，对各省失业状况进行及时监测、预警和形势分析，并进行预测研究、政策模拟和方案优化。

二是持续提升全社会的整体收入水平。不断缩小城乡、区域间不同社会群体的收入差距。围绕乡村振兴，加大对于农村地区的投入力度，持续提升农村居民收入水平。通过多种方式稳定种子、化肥与农机等生产资料的价格水平与流通供应，保障农业生产的及时开展。进一步实现农民收入渠道的多元化，促进农业产业化以及产业融合，增加农民家庭经营性收入，健全农产品价格保护制度，持续完善农村基础设施与公共服务，健全农业补贴稳定增长机制，依法保障农民的土地财产权与土地增值收益。与此同时，要推动形成公开透明、公正合理的收入分配秩序。加强制度建设、执法监管、信息公开，实行社会监督，保护合法收入，规范隐性收入，取缔非法收入。要维护劳动者合法权益，完善劳动争议处理机制，加大劳动保障监察执法力度，健全工资支付保障机制。要加快出台完善针对新兴职业与新型就业方式的劳动权益保障措施及政策，持续强化针对农民工工资问题的常态化监管措施。

### （八）不断增进民生福祉，提高人民生活品质

一是综合施策积极应对人口老龄化。完善生育政策，构建多元化生育服务体系。通过一系列政策体系与配套措施的平衡与联动，降低女性与家庭的生育养育成本，形成有利于促进生育与育儿的社会环境与政策环境导向，保障教育、医疗、住房等民生领域的基础公共服务实现人人公平共享，全面降低生、养、育成本。转变人口发展观念，尊重老年人的平等权益与个人意愿。政府通过搭建市场化的平台与渠道，保障老年人的需求与企业的供给相对接，最大限度地激活他们的消费动力与潜在购买力，通过产业发展的方式

来应对人口老龄化，使人口老龄化成为产业与经济发展的新动能。完善养老服务体系，提升养老服务质量。推进居家养老服务，开展"家庭养老床位"试点，对老人家庭进行"适老化"改造，把家庭养老床位纳入各市养老机构床位"一张网"管理。提高社区养老服务能力。全面落实社区养老服务设施配建标准，补齐社区养老短板。积极吸引社会力量参与养老服务供给，通过多种激励政策措施鼓励、引导与吸引社会资本和社会力量兴办养老机构。

二是不断推动社会治理现代化建设。要完善政府治理。推动社会治理重心向基层下移，向基层放权赋能，减轻基层特别是村级组织负担。全面推进综治中心规范化建设，重视基层社区建设，加强基层社会治理队伍建设，建立网格化管理、精细化服务、信息化支撑、开放共享的基层应急治理和管理服务平台。大力培育发展社区社会组织。坚持重点培育和优先发展城乡社区社会组织，鼓励市、县（市、区）、乡镇（街道）构建社会组织孵化机制，建立完善社会组织孵化基地，通过政府购买服务、直接资助和公益创投等方式，大力培育公益性、服务性、互助性社区社会组织。引导支持社区社会组织积极参与社会治理、环境治理，积极提供多样化的公共服务。持续提升社会组织服务能力与服务质量。健全社会组织法人治理结构，完善社会组织综合监管体系。推动"互联网+社会组织"制度建设，推进社会组织信息公开，鼓励社会监督，强化社会组织信用监管。

三是促进城乡社区综合服务体系建设。持续推动资源、管理、服务向社区下沉，加快建设城乡社区综合服务体系。推进城市社区生活性服务综合体建设，深化社区便民惠民服务。打造15分钟便民生活圈，加强物流配送、再生资源回收网点等设施建设，鼓励发展维修、家政、餐饮、零售、美容美发等生活性服务业，满足居民多样化需求。创新城乡社区公共服务提供方式，全面推进政府购买社区服务机制建设，普遍建立政府购买社区服务清单。完善多方参与格局。巩固政府在基本公共服务供给保障中的主体地位，优化资源配置和功能布局。健全社会力量参与社区服务激励政策，组织实施社会力量参与社区服务行动，引导社会组织、社会工作专业人才、志愿服务组织进入城乡社区，充分发挥社区的基础平台作用、社区社会组织的服务载体作用、社会工作者的专业支撑作用、社区志愿者的引导示范作用与社区公益慈善的扶持补充作用。

**参考文献**

国家发展和改革委员会：《党领导东北地区振兴发展的历史经验与启示》，《中国经济评论》2021年第10期。

柳如眉、刘淑娜、柳清瑞：《人口变动对东北地区经济增长的影响研究》，《中国人口科学》2021年第5期。

宋晓梧：《科学判断经济发展形势有效解决东北现实问题》，《辽宁经济》2022年第8期。

王成金、李绪茂、谢永顺、陈沛然、徐勇：《新时代下东北地区高质量发展的战略路径研究》，《中国科学院院刊》2020年第7期。

魏后凯：《东北经济的新困境及重振战略思路》，《社会科学辑刊》2017年第1期。

姚树洁、刘嶺：《新发展阶段东北地区高质量发展探究》，《学习与探索》2022年第9期。

# 经 济 篇
## Economic Articles

# B.2
# 东北三省工业高质量发展研究

宋帅官*

**摘　要：** 2022年以来，面对需求收缩、供给冲击、预期转弱三重压力和疫情对工业经济的影响，东北三省科学统筹应对常态化疫情防控和外部环境变化等超预期因素对工业经济的影响，认真落实稳工业经济大盘各项政策措施，积极保障生产要素供需平衡，不断优化营商环境，最大限度释放企业活力，工业经济呈现量质提升、效速兼取的良好发展态势。但是受内外部环境和不确定因素影响，东北三省重点工业企业经营压力依然较大，工业经济企稳回升的基础仍不牢固。需切实采取有效措施，加大工业投资力度，加快提升产业基础能力，稳步推进产业数字化转型，补齐县域工业发展短板，进一步推动东北工业高质量发展。

**关键词：** 工业高质量发展　工业投资　东北三省

---

* 宋帅官，辽宁社会科学院经济研究所研究员，主要研究方向为产业经济。

# 一　东北三省工业经济总体运行和发展情况

2022 年，东北工业经济运行总体呈现稳步恢复态势，三省呈现"两降一升"的运行特点，辽宁省规模以上工业增加值同比下降 1.5%，吉林省规模以上工业增加值同比下降 6.4%，降幅收窄，两省均低于全国平均水平；黑龙江省规模以上工业增加值同比增长 0.8%，高于全国 0.1 个百分点。从东北优势产业来看，辽宁省装备制造业增加值同比增长 2.2%，吉林省汽车制造业增加值同比下降 13.1%，黑龙江省装备工业增加值同比增长 5.5%。黑龙江工业发展表现比较强势，辽宁和吉林工业经济降幅虽有所收窄，但工业经济恢复基础尚不牢固。

## （一）全力推动稳工业经济大盘各项政策措施落地落实

东北三省针对工业经济发展过程中遇到的瓶颈和困难，均出台了一系列稳工业经济大盘的政策措施。辽宁省印发《辽宁省促进工业经济平稳增长若干措施》，出台财政税费、金融信贷、助企纾困、保供稳价等方面 27 条具体支持措施，力促全省工业经济保持平稳增长，努力推动实现全年经济社会发展目标。吉林省把"稳工业"摆在突出位置，通过出台一系列惠企纾困政策举措，推动工业经济企稳回升。制定印发了《吉林省人民政府办公厅关于鼓励全省工业企业 2022 年"五一"假期不停工不停产若干政策措施的通知》，支持百亿级以上大型企业释放产能、多做贡献，支持重点企业尽快恢复生产、稳产满产，支持企业科学精准做好疫情防控，支持企业做好防疫物资保障，引导重点企业参与电力市场化交易，支持企业做好物流运输服务保障。为推动黑龙江工业振兴，实现高质量发展，黑龙江省印发《黑龙江省推动工业振兴若干政策措施》，制定"工业振兴 20 条"推动黑龙江工业振兴，实现高质量发展。这些政策措施对于传统产业改造升级、新兴产业培育壮大、企业高质量发展、技术创新能力提升等都起到重要的推动作用。

## （二）技术创新实现新突破，产业基础能力显著提升

2022 年，辽宁省技术合同成交额超 900 亿元，同比增长 25.8%，省内高校、科研院所科技成果本地转化率达到 54%；全省高新技术企业年均增长 30.9%，科技型中小企业年均增长 37.5%。建设实质性产学研联盟，企业创新主体地位得到巩固。实施"揭榜挂帅"科技项目 253 项，攻克关键核心技术 29 项。黑龙江省专利授权量达 38884 项，比 2012 年增长 18623 项。新增"一带一路"联合实验室 3 家，新增国家野外观测站 2 家，国家重点实验室、工程技术研究中心、企业技术创新中心等国家级科技创新平台达 79 个。燃气轮机、超超临界汽轮发电机、超超临界燃煤锅炉、空冷风机、重型高档数控机床等一大批创新产品已达到或接近世界先进水平。吉林省科技创新支撑引领经济社会高质量发展取得积极成效，综合科技创新水平指数由全国第 19 位提升至第 17 位。区域创新能力上升 9 位，上升幅度居全国第一位。创新型省份建设获批，成为全国第 11 个创新型省份。全社会 R&D 经费投入实现较大突破，投入强度达到 1.3%，在全国排第 20 位；总量达到 159.5 亿元，较上年增长 7.48%，创历史新高。

## （三）一批重大工业项目建设稳步推进

2022 年，为充分发挥工业经济"压舱石"作用，辽宁省以重大项目为抓手，围绕具有国际影响力的先进装备制造业基地、世界级石化和精细化工产业基地、世界级冶金新材料产业基地 3 个万亿级产业基地建设，筛选了 200 个重大工业项目，总投资达 4302 亿元。其中，续建项目 149 个，总投资 1912 亿元；新开项目 40 个，总投资 1234 亿元；储备项目 11 个，总投资 1156 亿元。200 个重大工业项目中，先进装备制造业基地项目 93 个、石化和精细化工产业基地项目 49 个、冶金新材料产业基地项目 58 个。全省重点推进浑南科技城、英歌石科学城、沈阳数字经济产业园、华晨宝马新工厂、恒力年产 160 万吨树脂等 78 个重大工业项目建设，总投资 6217 亿元。吉林省上半年工业投资呈现出"止跌回升"的较好态势，全省项目投资（不含房地产）同比增长

0.2%，其中 5000 万元及以上项目投资同比增长 4.1%。一批重大工业项目有序推进。奥迪一汽新能源汽车项目正式启动，项目总投资 358 亿元，将建成奥迪在中国的首个专门生产纯电动车型的生产基地。吉林石化 120 万吨乙烯转型升级项目全面启动，总投资近 340 亿元，这是中国石油第一个全部使用绿电的化工项目，将新建 120 万吨/年乙烯、60 万吨/年 ABS 等 21 套炼油化工装置。项目建成投产后，乙烯产能和化工规模将达到国内先进水平。吉林化纤 6 万吨碳纤维项目总投资 103 亿元，将建设 18 条自主研发的智能化碳丝生产线，达到年产 6 万吨碳纤维生产能力。黑龙江省围绕重点产业领域建立重点工业项目库，实施台账式跟踪调度，共梳理出投资 5000 万元以上项目 354 个，总投资 2029.8 亿元。立足延链补链强链、引资引技引智，推进协同招商、全产业链招商。聚焦战略性新兴产业和传统优势产业，深度谋划发展路径，建立项目落地机制，加速推进工业项目建设。全省数字经济和工业项目签约 403 个，签约额 1168.2 亿元；投资亿元以上施工项目同比增长 12%，完成投资同比增长 29.7%；工业固定资产投资同比增长 9.7%，高于全国平均水平。

### （四）推进"三篇大文章"取得积极成效

一是"老字号"改造升级焕发新活力。辽宁省加强对"老字号"产业数字赋能增效。开展 4 次数字化转型对接交流会，撮合项目 198 个、应用场景 678 个。实施 204 个数字化智能化改造项目，生产效率平均提升 21.2%。提高本地配套率。聚焦特变电工等 23 户代表性头部企业，梳理出 648 户省外配套企业，形成 298 个重点配套企业招引清单。以沈鼓为试点，开展整零共同体示范。推进特变沈变核电系列主变压器设计等 263 个科技创新项目落地，谋划协同研发、核心配套等五大类 161 个重点项目。黑龙江省一重集团、建龙集团、齐二机床等一大批"老字号"企业通过管理赋能、生产赋能、数字赋能，步入发展快车道。哈电集团百万千瓦水轮发电机组、"华龙一号"等国之重器填补国内空白，哈飞、中车齐车、东轻等一批国宝级企业为保障国家产业链供应链安全发挥重要作用。136 家"老字号"规模以上企业营业收入达到 2400 亿元以上。吉林省大力推进"数字吉林"建设，推出了新基建"761"工程，

启动建设了一大批数字产业项目，推动数字经济集群发展。作为国内重要的汽车产业基地，一汽把加快数智化转型升级作为企业转型升级的重点，加快建设红旗智能化超级工厂，大大提高了汽车整装的生产效率和产品质量。

二是"原字号"深度开发实现新跨越。辽宁省加快延长石化产业链。推进炼化行业"上大压小"和"减油增化"，发展环氧乙烷深加工、催化剂等11大类45小类精细化工及化工新材料产品。2022年，全省石化行业营业收入首次迈入万亿大关，利润是上年的3倍。精细化工率同比提高2.1个百分点。做强冶金产业链。推动鞍钢本钢成功重组，新鞍钢营业收入首次超过3000亿元，利润超过300亿元。黑龙江省"油头化尾"扩量升级，央地合作推进百年油田建设，原油产量稳定在3000万吨以上，保持我国陆上原油产量第一大油田地位。页岩油勘探开发取得重大突破，大庆古龙陆相页岩油国家级示范区获批，大庆石化炼油结构调整转型升级等119个项目建成投产，全省炼油能力达到2580万吨。"煤头电尾""煤头化尾"动能释放，神华宝清煤矿成为黑龙江省首个千万吨级露天开采矿，两台60万千瓦机组正式运营，煤焦化材、煤制化肥、腐植酸等产业链拉长育壮。吉林省在大丝束碳纤维原丝、碳丝生产以及下游制品开发等方面取得了重大突破，吉林化纤拥有国内唯一成熟稳定的大丝束碳纤维原丝生产工艺，填补了国内空白。吉林市已形成了"丙烯—丙烯腈—碳纤维原丝—碳丝制品"国内最完整的产业链，初步形成了碳纤维产业的规模化、集群化发展态势，工业级大丝束碳纤维产业基地正在形成。

三是"新字号"培育壮大释放新动能。东北三省聚焦生物医药、新能源汽车、轨道交通、集成电路、机器人等新兴产业，推动关键技术攻关突破、新产品研发和产业化项目建设，"新字号"对工业经济支撑能力显著增强。2022年上半年，辽宁省规模以上高技术制造业增加值同比增长16.6%。其中，计算机、通信和其他电子设备制造业增长28.5%，医药制造业增长12.6%，化学原料和化学制品制造业增长10.3%，专用设备制造业增长6.8%，电力、热力生产和供应业增长5.4%，通用设备制造业增长4.4%。网上零售等新商业模式增长较快。2022年全省网上零售额达2145.8亿元，同比增长15.2%。其中，实物商品网上零售额达1818.1亿元，增长14.2%。

黑龙江省高新企业阵容规模倍增，2022年，全省高新技术企业达到2738家，比2012年增长3.9倍，国家专精特新"小巨人"企业35户，国家级制造业单项冠军企业持续涌现。高技术制造业增加值同比增长7.6%。2022年，吉林省战略性新兴产业实现产值超过1000亿元，占规模以上工业产值的比重达到16%，比上年同期提高1.1个百分点。其中，新一代信息技术产业产值增长超过20%，新材料产业产值增长超过50%，新能源汽车产业产值增长超过40%，节能环保产业产值增长超过34%。在全省战略性新兴产业产品中，汽车仪器仪表、碳纤维、风力发电机组等产值都是成倍增长。

### （五）绿色化改造升级步伐加快

东北地区实现"绿色制造"、开发"绿色产品"、建设绿色工厂和绿色供应链、打造绿色工业园区，对推动绿色发展至关重要。2022年，辽宁省29家企业获评国家绿色制造示范单位，全省累计89家。加快实施本钢特钢电炉升级改造等50个节能技术改造项目，为295家企业提供诊断服务，对236家企业实施节能监察，企业单位产品能耗限额达标率为99.3%。黑龙江省绿色制造体系不断完善，拥有国家级绿色工厂48个、绿色供应链企业3个、绿色设计产品14个，绿色正逐步成为传统产业的鲜明底色。吉林省围绕工业转型升级和实现高质量绿色发展总体要求，着眼实现工业节能目标任务，全力推动重点企业创建绿色制造体系，工业绿色发展取得显著成效，全省规模以上工业能耗持续下降。2022年，规模以上工业综合能源消费量为1370.9万吨标准煤，单位工业增加值能耗降低率为10.6%。

## 二 制约东北地区工业高质量发展的主要瓶颈

### （一）短期来看，工业稳增长压力较大

工业是东北振兴发展的"命脉"，东北三省工业增加值占GDP比重均在30%以上，工业是稳住经济大盘的关键变量。从2022年上半年工业经济

运行来看，东北地区稳增长压力依然较大，受国内疫情短期冲击及国际形势更趋复杂严峻等因素影响，工业经济回升的基础仍不牢固，后期仍存在较大下行压力（见图1）。

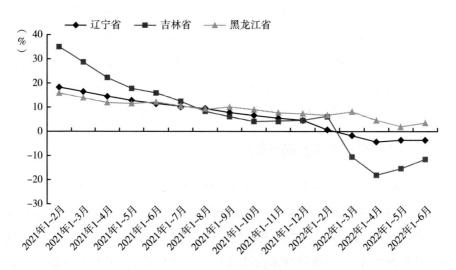

**图1 东北三省工业增加值增幅变化趋势**

工业投资低迷是工业稳增长压力较大的主要影响因素，不足以支撑制造业高质量发展。工业投资是稳经济大盘的重要抓手，也是最有效的手段之一。东北三省工业投资存在规模偏小、结构不优等突出问题，尤其是工业投资增速仅黑龙江省排在全国中上游。见表1。

**表1 2022年全国31个省（区、市）工业投资增速**

单位：%

| 序号 | 省（区、市） | 工业投资增速 | 序号 | 省（区、市） | 工业投资增速 |
|---|---|---|---|---|---|
| 1 | 海 南 | 33.0 | 7 | 云 南 | 48.8 |
| 2 | 内蒙古 | 44.6 | 8 | 广 西 | 30.0 |
| 3 | 新 疆 | 37.8 | 9 | 贵 州 | 50.0 |
| 4 | 宁 夏 | 23.2 | 10 | 北 京 | 18.4(制造业) |
| 5 | 西 藏 | 28.0 | 11 | 黑龙江 | 9.7 |
| 6 | 甘 肃 | 57.0 | 12 | 青 海 | 21.6 |

续表

| 序号 | 省（区、市） | 工业投资增速 | 序号 | 省（区、市） | 工业投资增速 |
|---|---|---|---|---|---|
| 13 | 山　西 | 11.7 | 23 | 江　苏 | 9.0 |
| 14 | 河　南 | 25.4 | 24 | 河　北 | 12.9 |
| 15 | 广　东 | 10.3 | 25 | 重　庆 | 10.4 |
| 16 | 安　徽 | 21.5（制造业） | 26 | 天　津 | 1.4 |
| 17 | 福　建 | 16.9 | 27 | 四　川 | 10.7 |
| 18 | 山　东 | 11.2（制造业） | 28 | 辽　宁 | 6.1 |
| 19 | 湖　南 | 14.5 | 29 | 陕　西 | 8.7 |
| 20 | 湖　北 | 19.5 | 30 | 上　海 | 0.6（制造业） |
| 21 | 浙　江 | 28.6（制造业） | 31 | 吉　林 | 5.2 |
| 22 | 江　西 | 7.0 | | | |

## （二）县域经济短板依然突出

东北地区县域经济是制约工业振兴的重要短板，其主要表现就是县域经济综合竞争力不强。赛迪顾问县域经济研究中心发布的《2022中国县域经济百强研究》显示，东北三省占据百强县三席，均来自辽宁，分别是瓦房店市（第61名）、海城市（第90名）、庄河市（第99名）。江苏、浙江、山东三省百强县数量保持前三位，百强县数量均大于10个，远高于其他省（区）；湖北、福建、河南、湖南、四川紧随其后，百强县数量在4~8个；其他省（区）百强县数量均不超过3个。从2020~2022年不同省（区）百强县数量来看，东部地区的优势依然显著，中西部地区潜力较大。总体上看，东北地区处于劣势地位，县域经济发展整体水平较低，与东部地区相比，在县域经济发展成效方面存在较大差距。

## （三）工业结构矛盾依然比较突出

东北地区的工业结构亟须优化，工业发展仍靠传统产业支撑，传统

制造业仍占主导地位。2022 年，辽宁省装备制造、石化、冶金三大支柱产业规模以上工业企业营业收入总量占全省 70% 以上；黑龙江省装备、石化、能源、食品四大产业规模以上工业企业营业收入占全省 83.7%，且国有企业占比较高，在已经形成的制度和分配格局下，单纯依靠市场力量难以方向明确地优化调整产业结构；吉林省更是"一车独大"，汽车产业占全省工业规模的 1/4 左右，利润占全省工业的一半以上。与此同时，新兴产业发展步伐缓慢，支撑能力不够，以辽宁为例，2022 年，全省高技术制造业增加值仅占规模以上工业增加值的 6.2%，高端装备制造业营业收入仅占装备制造业的 20%。电子信息制造业营业收入仅占全国 0.6%，排在第 20 位；软件与信息技术服务业营业收入在全国排第 13 位；数字经济规模排在全国第 15 位。新材料营业收入仅占全省原材料工业的 10% 左右，新材料等高端产品发展相对不足，难以起到带动原材料工业结构调整的作用。

### （四）数字化转型进程缓慢

制造业是中国经济数字化转型的重中之重，东北地区传统工业占比较高，数字化转型更为紧迫，面临诸多挑战，如东北地区信息化总体水平较低、工业互联网发展滞后等。一是工业互联网头部企业偏少，全国工业互联网企业 500 强中，东北地区只有 9 家榜上有名，全部来自辽宁省。工业互联网企业的竞争力落后于其他地区。二是从数字经济发展现状来看，由国家工业信息安全发展研究中心编制的《全国数字经济发展指数（2021）》报告称，截至 2021 年 12 月，东部、中部、西部、东北地区数字经济发展指数分别为 167.8、115.3、102.5 和 103.0，东北地区与东部地区差距较大。辽宁、吉林、黑龙江三省数字经济发展指数在全国分别排在第 22 位、第 28 位和第 25 位，均处于全国中下游水平。三是从企业两化融合进程来看，东北三省关键工序数控化率、智能制造就绪率、工业云平台应用率等指标均低于全国平均水平（见图 2）。

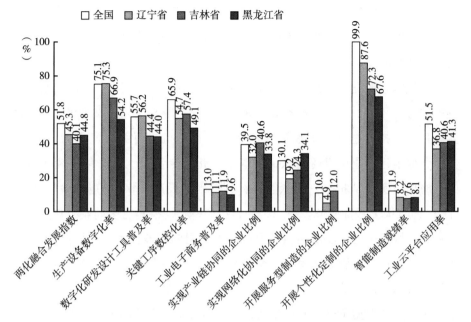

**图 2　2021 年东北三省与全国数字化水平对比**

# 三　推动东北地区工业高质量发展的对策建议

## （一）多措并举稳工业投资

一是紧紧围绕服务大局，狠抓有效投资。聚焦履行"五大安全"政治使命，做好结构调整"三篇大文章"，加快高技术项目投资、技改投资及智能制造投资，大力推进产业数字化、数字产业化重点项目。激发民间资本投资热情，引导企业家高质量投资，保持投资节奏，注重提升投资效率，引导企业家向"三篇大文章"领域投资，避免低水平、粗放型的重复投资、跟风投资。抓住存量投资这一关键变量，引导省内传统工业企业加大技改投资力度，推动企业数字化改造升级，提升产业和产品竞争力。聚焦"双碳""双控"任务和目标，坚决遏制"两高"项目盲目发展，以石化、化工、煤

化工、钢铁、焦化、建材、有色金属等行业为重点，建立"两高"项目清单管理制度，淘汰一批低效落后产能，积极引导企业推进绿色低碳生产，有效促进产业转型升级。

二是紧紧围绕工业高质量发展，狠抓招商引资。按照"寻找战略产业链里的薄弱环节，寻找有技术潜力的企业苗子，寻找引领转型升级的重大产业项目"的招商思路，实施精准招商，切实提高招商引资竞争力。第一，支持各地组建专业化招商团队，采取信息化、专业化、全球化招商管理模式，对项目实行从接触、洽谈、签约到落地、投产、壮大的全流程、信息化、"漏斗状"跟踪服务。第二，创新招商模式，搭建更多创业孵化平台和企业资本服务平台，注重加强对项目全生命周期服务，为企业提供全链条、多层次的产业投资服务。第三，充分利用"一带一路"国际合作高峰论坛、进博会等国家级开放平台以及辽宁国际投资贸易洽谈会、全球工业互联网大会、中日韩产业博览会等开放平台，精准对接重点企业和重点项目，以项目建设的大突破带动振兴发展的大提速。

## （二）聚焦"三篇大文章"，着力优化工业结构

对"老字号"产业开展评估诊断、组织对接交流、制定行业智能化指南等，打造典型应用场景，建设一批智能工厂和数字化车间。对冶金、石化等"原字号"产业进行补链延链强链，实现"原字号"产业的精细化、规模化、高级化、绿色化、数字化。以产业数字化、数字产业化为重点，培育壮大"新字号"，孵化、布局一批未来产业，加速形成新产业、新业态、新模式，为东北振兴提供产业新支撑。

## （三）促进科技创新以提高东北经济核心竞争力

围绕东北三省重点产业链，按照"老""原""新"方向，梳理重点创新链，明确重点企业清单、技术攻关清单、产品研发清单。坚持以契约为纽带、以市场为导向，引导联盟围绕产业链、创新链开展集成创新。实施"揭榜挂帅"，攻克关键技术。围绕东北三省重点产业链、创新链上的"断

点""堵点"问题，由"盟主"企业提出技术创新需求，在政府引导下形成目标明确、任务清晰的项目"榜单"，面向国内外高水平科研单位"张榜"，通过"赛马"方式由企业自主择优确定"揭榜"单位、"挂帅"人才和技术路线。聚焦提高科研人员成果转化收益，开展政策激励试点，在实行股权激励、产权激励、收益分配激励等方面形成改革新突破。

## （四）积极推进东北工业数字化转型

一是加强新型基础设施建设，推动数字化转型。新型基础设施建设是以数字化为核心技术的新经济新动能的重要支撑。东北地区应加快新型基础设施建设，包括加强5G基站、城际高速铁路和城市轨道交通、大数据中心、人工智能领域的建设，构建完整的新型基础设施建设体系，为东北地区数字化转型和高质量发展奠定基础。

二是推动"工业互联网""两业融合"建设，孕育经济发展新的增长点。东北地区作为我国重要的工业基地，近年来传统工业经济增长乏力，外需疲软，东北地区对"工业互联网"建设有着更加迫切的需要，应持续推动"工业互联网"建设，促进传统制造业转型升级，提升制造业生产效率，以进一步发挥东北地区传统工业优势，协同推进全国工业数字化转型进程。同时，应加速推动东北地区"两业融合"建设。先进制造业和现代服务业深度融合将创造许多新需求、形成许多新产品、衍生许多新服务，从而拓宽服务业增长空间，孕育形成东北经济发展新的增长点。

三是充分发挥数据生产要素的作用，提升企业运营效率和政府治理能力。数据已成为数字化转型背景下的重要生产要素。东北地区应在加强"新基建""工业互联网"建设的基础上，重视数据资产开发，引进数据开发应用人才，充分发挥数据在企业生产、运营和管理中的作用，不断提升企业的竞争力和运营效率。要发挥数据在政府管理方面的作用，提高政府治理能力和水平，提升政府服务经济社会发展的能力，推动东北地区高质量发展。打破企业之间、政府部门之间、政府与企业之间信息封闭的状态，让数据在保守国家秘密、商业秘密和保证个人信息安全

的前提下，得到充分开发利用，推动数字经济的发展，增强数字经济对经济发展的带动作用。

### （五）大力发展县域经济

一是有力有序推进新型城镇化建设。促进县域公共服务设施提标扩面、环境基础设施提级扩能、市政公用设施提档升级、产业配套设施提质增效。推动大城市周边的小城镇发展成为城市卫星镇，接受大城市辐射，共建共享公共服务。

二是培育壮大各县主导产业。加大高标准农田建设和黑土地保护力度，推进农田水利设施建设，实施种业提升工程，加快推进设施农业建设。大力发展为汽车制造、数控机床、轨道交通、重大装备和重点产品配套的零部件、基础材料、基础工装模具等产业，布局发展一批为省内大企业配套的企业。加快特色产业园区发展。支持各县形成一批优势明显的产业集聚区。引导大型龙头企业加快生物、信息等技术集成应用，促进农产品深度开发和多次加工，实现多次增值。

三是建设美丽乡村。加快推进东北乡村规划布局、基础设施建设、社会事业发展及人居环境整治工作。实施农村公路建设工程，打造一批宜居宜业宜游的"美丽农村路"。实施"快递进村"工程，完善县、乡、村三级农村物流配送网络体系，支持建设集农村客运、物流、旅游等功能于一体的农村交通综合服务站。实施农村居民饮水安全巩固提升工程，推动城乡供水一体化。加快农村电网建设，推进城乡供电服务均等化。实施数字乡村战略，全面提升农村地区通信网络质量。

### 参考文献

韩冬：《关于实现东北地区振兴与发展的对策研究》，《时代金融》2020年第24期。

梁毕明、汤淮龄：《东北地区经济发展的制约瓶颈与战略思考》，《东北亚经济研究》2022 年第 2 期。

　　刘国斌：《新发展理念引领下东北经济如何高质量发展的思路及对策建议》，《东北亚经济研究》2021 年第 5 期。

　　许宪春：《积极推动数字化转型　努力促进东北振兴》，"中国发展网"百家号，2020 年 11 月 9 日，https：//baijiahao. baidu. com/s？id＝1682893004569625526&wfr＝spider&for＝pc。

　　朱宇：《对新一轮东北振兴发展的政策建议》，《黑龙江日报》2018 年 8 月 21 日。

# B.3
# 东北三省制造业智能化发展研究

肖国东*

**摘　要：** 随着新一代信息技术与制造业深度融合步伐加快，制造业智能化发展深入推进。发达国家相继出台了推动制造业智能化发展的产业政策，智能制造相关领域竞争加剧。我国制造业智能化发展的相关规划等产业政策逐步完善。目前，东北三省制造业重点领域智能化发展成效显著，智能化项目建设稳步推进，工业互联网体系不断完善，智能工厂建设步伐持续加快。但制约东北三省制造业智能化发展的因素依然存在，研发人员和经费短缺问题更加突出，智能化发展面临的成本压力较大，技术创新能力相对不足，产业配套体系并不健全。为破解制约因素，加快制造业智能化发展，东北三省应把握制造业智能化发展趋势，深入推动产教研深度融合，培养高层次复合型应用人才；充分发挥专项资金引导作用，加快智能制造项目建设；深入实施创新发展战略，为智能制造提供科技支撑；深入推进"服务型制造"，完善产业配套服务体系。重塑东北三省制造业竞争新优势，打造国家重要的智能制造产业基地。

**关键词：** 制造业　智能化　创新驱动

---

* 肖国东，吉林省社会科学院经济研究所副研究员、博士，主要研究方向为数量经济、产业经济。

# 一　东北三省制造业智能化发展的现状

## （一）重点领域智能化发展成效显著

东北三省制造业在机器人、汽车、装备制造等领域智能化发展能力日益增强。2021年辽宁省沈阳新松机器人自动化股份有限公司成绩显著，新松机器人订单实现60%以上的增长。"十三五"期间，沈鼓集团年均订货量增长15.8%、营业收入增长13.3%、利润增长57%，运行质量和运行效率显著提升。2021年鞍钢炼钢总厂启动的"5G+智慧炼钢"项目生产效率大幅提高。2021年中国一汽实施"创新·2030阴旗（R.Flag）技术发展战略"，打造新能源与智能网联汽车原创技术策源地。吉林省在汽车产业方面注重智能化发展，正在加速构建汽车柔性化、轻量化的智能制造体系；石化产业也实现了对生产过程的在线检测和智能控制；医药与食品行业实现全过程的质量安全可追溯，智能播种机进一步推广应用，对制造、服务、设计等过程进行智能化质量控制；"吉林一号"卫星在轨识别预警和危化品智能罐装等细分行业技术领先。黑龙江省齐重数控研发的高档数控机床，不仅能通过"工业云"进行远程运维、监控，还能通过大数据分析平台进行远程诊断服务，产品附加值大幅度提高。随着数字化车间的实现，建龙哈轴汽车轴承车间综合生产效率提高10%，设备利用率提升5%，设备产能提升12%，装备制造企业由单纯提供设备向提供"设备+服务"转变。

## （二）智能化项目建设稳步推进

近年来，辽宁省智能制造重点项目建设稳步推进。沈阳科网通信人工智能设备预测性维护、东软医疗高端医学影像设备研发等15个项目被评为"国家新模式应用试点示范"，鲲鹏产业孵化基地、沈抚人工智能创新中心、华为沈阳云中心、锦州云计算数据中心等创新载体相继布局辽宁，33个项

目列入省级工业互联网平台，为近三万家企业提供相关服务。"十三五"期间，吉林一汽 Q 工厂等 1449 个工业转型升级项目实现竣工投产。目前，吉林省已经培育搭建了智能网联汽车、能源清洁利用等一批行业级企业级工业互联网（智能网联）项目。黑龙江省涌现了一批智能制造示范项目，成效显著。其中，哈尔滨电气集团公司水力发电设备在智能远程运维方面，获评国家智能制造综合标准化与新模式应用项目；哈尔滨电机厂有限责任公司的发电设备远程运维服务项目，获评国家智能制造试点示范项目；黑龙江泉林生态农业有限公司的秸秆综合利用项目，获评国家智能制造试点示范项目；黑龙江飞鹤乳业有限公司建设的婴幼儿奶粉智能化工厂获评国家智能制造综合标准化与新模式应用项目。

### （三）工业互联网体系不断完善

辽宁省为 20 多家重点企业开展了 5G 专网建设和应用测试，其中包括辽阳石化、鞍钢、华晨宝马等龙头企业，工业互联网体系不断完善，2021年，辽宁 5G 基站突破 5.5 万个，工业互联网总数居全国第六位，标识解析二级节点上线运营 19 个、在建 6 个。2022 标识中国行（吉林站）为了助力吉林地区数字经济和实体经济融合发展，上线启动了工业互联网标识解析综合型二级节点，推动了吉林省制造业向高端价值链迈进，优先支持溯源食品、能源清洁化利用、智能网联汽车等重点领域工业互联网平台建设，推动医药、石化、汽车、装备、食品等优势产业中的骨干企业建设企业云平台。黑龙江省近年来开通了 3.69 万个 5G 基站，覆盖范围达 13 个市、127 个县，对企事业单位、工业园区、垂直行业等应用场景重点覆盖，加快推进"5G+垂直行业""5G+工业互联网"等融合性技术发展，着力推进 5G 智慧车间、网络升级改造、智慧矿山等数字化项目建设。

### （四）智能工厂建设步伐持续加快

辽宁省重大技术装备基础雄厚，机器人及智能装备、数控机床等领域在全国占有重要地位，自开展智能工厂建设以来，成效显著，例如，沈阳海尔、特变电工沈变公司等企业建成智能工厂，智能工厂效率提升 21.2%、成本降低 15.6%、不良率降低 21.2%。2021 年，沈阳市重点建设三一重型装备有限公司、新晨动力机械（沈阳）有限公司等 6 个智能工厂，沈阳北方飞机维修有限公司物联网技术等 10 个数字化车间示范项目。吉林省已经在标志性关键基础材料、核心基础零部件（元器件）等领域实现突破，为智能制造奠定了基础。玄武岩纤维汽车零部件已在一汽集团轻量化车身上试装验证；世界上感光面积最大、分辨率最高的 1.5 亿像素 CMOS 图像传感器广泛应用；等等。2021 年，一汽解放 J7 整车智能工厂落成投产，标志着世界级的智能工厂正式进入量产阶段。近年来，黑龙江省出台了多项政策和办法支持数字化（智能）示范车间建设，涉及农产品深加工、食品、装备制造、生物医药、原材料、消费品等重点行业，其中哈尔滨电机厂有限责任公司在 2021 年已建设电机冲片自动叠装智能示范车间 175 个。

## 二 东北三省制造业智能化发展面临的难点

### （一）研发人员和经费短缺问题更加突出

目前，研发人员和经费短缺制约制造业智能化发展，对东北三省而言该问题更加突出。从规模以上工业 R&D 人员全时当量看，2020 年东北三省为 86056 人年，占全国比重为 2.49%，与 2016 年相比，下降了 1.39 个百分点，2016~2020 年，年均下降 4.84%。其中，2020 年，辽宁、吉林、黑龙江三省规模以上工业 R&D 人员全时当量分别为 59978 人年、11806 人年和 14272 人年，占全国比重分别为 1.73%、0.34% 和 0.41%，与 2016 年相比，分别下降了 0.09 个百分点、0.53 个百分点和 0.78 个百分点。从规模以上工业 R&D 经费看，情况也不容乐观。2020 年，东北三省规模以上工业 R&D 经费为 4904304 万元，占全国比重为 3.21%，与 2016 年相比，下降了 0.64 个百分点。其中，2020 年，辽宁、吉林、黑龙江三省规模以上工业 R&D 经费分别为 3353222 万元、776448 万元、774634 万元，占全国比重分别为

2.20%、0.51%、0.51%，与 2016 年相比，分别下降了 0.01 个百分点、0.33 个百分点、0.30 个百分点（见表1）。

表 1　东北三省规模以上工业 R&D 情况

| 规模以上工业 R&D 人员全时当量（人年） | | | |
|---|---|---|---|
| 年份 | 东北三省 | 全国 | 东北三省占全国比重（%） |
| 2020 | 86056 | 3460409 | 2.49 |
| 2019 | 79007 | 3151828 | 2.51 |
| 2018 | 77367 | 2981234 | 2.60 |
| 2017 | 93565 | 2736244 | 3.42 |
| 2016 | 104942 | 2702489 | 3.88 |
| 规模以上工业 R&D 经费（万元） | | | |
| 年份 | 东北三省 | 全国 | 东北三省占全国比重（%） |
| 2020 | 4904304 | 152712905 | 3.21 |
| 2019 | 4501430 | 139710989 | 3.22 |
| 2018 | 4186709 | 129548264 | 3.23 |
| 2017 | 4325289 | 120129589 | 3.60 |
| 2016 | 4214164 | 109446586 | 3.85 |

资料来源：《中国统计年鉴（2022）》。

### （二）智能化发展面临的成本压力较大

与全国相比，东北三省高技术产业比重较低，传统制造业比重较高。2020 年，东北三省高技术产业营业收入为 2796.57 亿元，占东北三省规模以上工业营业收入比重为 5.20%，低于全国平均水平 10.91 个百分点。其中辽宁、吉林、黑龙江三省高技术产业营业收入分别为 1915.80 亿元、596.60 亿元、284.17 亿元，占各省规模以上工业营业收入比重分别为 6.25%、4.51%、2.87%，分别低于全国水平 9.86 个百分点、11.60 个百分点、13.24 个百分点。制造业智能化发展的过程中，会涉及设备的更新与改造。东北三省重化工业结构特点明显，生物医药、电子通信等高技术产业比重较低，石油化工、炼焦和核燃料加工业及化学原料和化学制品制造业等传统产业比重较高，在制造业的智能转型和升级过程中，东北三省对改造资金和设备需求较多,在硬件改造和软件升级方面仍然面临高成本。此外,原油开采和炼化、钢炼冶炼和普通钢材加工等传统制造业处于价值链低端环节,智能制造生产设备、生产工艺、生产控制、运营管理改造升级过程中,缺少资金储备,融资难融资贵也会增加这些制造业企业的智能化发展成本。

## (三)技术创新能力相对不足

制造业为了实现智能化转型需要信息技术、控制技术、传感技术以及仪器设备、过程优化等技术的协同支持,但东北三省在技术创新的协同支持方面效果并不显著。从创新要素的投入方面来看,2020 年,东北三省规模以上工业 R&D 人员全时当量、R&D 经费、R&D 项目数分别为 86056 人年、4904304 万元、18211 项,占全国比重分别为 2.49%、3.21%、2.55%,区位熵分别为 0.49、0.64、0.51,均小于1,不具备比较优势(见表2)。其中,辽宁、吉林、黑龙江三省 R&D 人员全时当量分别为 59978 人年、11806 人年、14272 人年,占全国比重分别为 1.73%、0.34%、0.41%,区位熵分别为 0.70、0.28、0.30,均小于1。辽宁、吉林、黑龙江三省 R&D 经费分别为 3353222 万元、776448 万元、774634 万元,占全国比重分别为 2.20%、0.51%、0.51%,区位熵分别为 0.89、0.42、0.37,均小于1。从技术创新产出来看,2020 年东北三省规模以上工业专利申请数、发明专利数、有效发明专利数分别为 30229 件、11666 件、43744 件,占全国比重分别为 2.43%、2.62%、3.02%,区位熵分别为 0.48、0.52、0.60,均小于1。其中辽宁、吉林、黑龙江三省有效发明专利数分别为 28788 件、6696 件、8260 件,占全国比重分别为 1.99%、0.46%、0.57%,区位熵分别为 0.80、0.38、0.42,均小于1。

表2 2020 年东北三省规模以上工业研发活动及专利情况区位熵

| 主要指标 | 东北三省 | 全国 | 东北三省占全国比重(%) | 区位熵 |
|---|---|---|---|---|
| R&D 人员全时当量(人年) | 86056 | 3460409 | 2.49 | 0.49 |
| R&D 经费(万元) | 4904304 | 152712905 | 3.21 | 0.64 |
| R&D 项目数(项) | 18211 | 714527 | 2.55 | 0.51 |

续表

| 主要指标 | 东北三省 | 全国 | 东北三省占全国比重(%) | 区位熵 |
|---|---|---|---|---|
| 专利申请数(件) | 30229 | 1243927 | 2.43 | 0.48 |
| 发明专利数(件) | 11666 | 446069 | 2.62 | 0.52 |
| 有效发明专利数(件) | 43744 | 1447950 | 3.02 | 0.60 |

注：区位熵是指一个地区特定部门指标在该地区总指标中所占比重与全国该部门指标在全国总指标中所占比重的比率。

资料来源：《中国统计年鉴（2022）》。

## （四）产业配套体系并不健全

近年来，东北三省制造业智能化水平不断提高，但是相关产业配套体系并不健全，尤其是装备制造业产业配套体系。东北三省装备制造业主要包括航空航天装备、轨道交通装备、农机装备、医疗器械装备等，产业基础较好，但是制动系统、网络控制系统等关键核心部件大多在域外和国外采购。关键核心领域技术对外依赖度较高，多为引进吸收、模仿创新，拥有自主核心技术的智能装备制造企业较少。虽然一些园区已经进行了智能化建设，但与国内同行业相比，园区内信息化水平不高，园区内智能技术供应、设计服务、检测管理等相关现代服务业发展滞后，对制造业智能化发展还不能形成强有力的支撑，产业链上下游企业智能化发展协同效应还没有形成。2020～2021年通信产业榜及中国工业互联网50佳榜单中，没有东北三省企业。同时东北三省制造业配套企业中规模以上企业数量很少，龙头企业严重不足，配套率不高，制造业智能化建设持续改进能力有限。

# 三 东北三省制造业智能化发展面临的环境

## （一）新一代信息技术与制造业深度融合

随着工业互联网及人工智能等新一代信息技术与制造业深度融合，

制造业的生产模式发生了重大变革。工业互联网向多机互联协作创新，人工智能正在向计算机辅助设计、数字产线运维等方面延伸。2018年，我国工业互联网产业经济增加值规模为1.42万亿元，而2019年工业互联网产业经济增加值规模增加到2.13万亿元，2020年再创新高，达到3.57万亿元。国内工业互联网带动三次产业增加值规模分别为：第一产业0.056万亿元，第二产业1.817万亿元，第三产业1.697万亿元。带动增加值规模超过千亿元的行业达到9个。我国工业互联网占GDP比重由2017年的2.83%上升至2020年的3.51%，并已延伸到建筑、采矿、电力等重点经济产业，以及电子、装备、原材料、消费品等制造业各大领域，工业互联网已经成为促进我国GDP增长的重要因素，正逐步成为国民经济增长的重要支撑。

（二）发达国家智能制造政策纷纷出台

美国、德国、日本等主要发达国家纷纷推出以智能制造为核心的发展战略，力图抢占全球制造业新一轮竞争制高点。美国政府提出了"先进制造业伙伴计划"，通过加快发展先进制造业来实现制造业的智能化转型，巩固美国制造业在全球制造业价值链上的高端地位。在美国国家科技委员会发布的《先进制造业国家战略计划》中，明确其在新一轮"再工业化"中保持制造业竞争优势。德国提出了"工业4.0"计划，积极发展本国制造业的智能生产系统，意图抢占全球智能制造的高端环节。"工业4.0"被看作第四次工业革命，此项战略的发布者认为由信息技术所推动的第三次工业革命正在向第四次工业革命转变，将发展的重点集中在技术创新以及社会变革等领域。日本发布了《制造业白皮书》，明确表示将清洁能源汽车、机器人、3D打印、再生医疗等前沿领域作为制造业未来发展的重点，通过"创新工业计划"，将发展核心聚焦网络信息技术，并以此推动制造业高端发展。此外，其余国家也在制造业智能化发展方面积极筹划和布局。

### （三）我国制造业智能化产业政策逐步完善

2015 年发布的《中国制造 2025》明确提出以发展先进制造业为核心目标，围绕重点领域关键环节，通过突破智能制造共性技术和基础技术，提升制造业智能化水平，并提出逐步实现我国制造强国的战略目标。此后，我国制造业智能化产业政策更加完善，支撑体系建设也更加完备。2016 年，《智能制造发展规划（2016—2020 年）》中提出实施智能发展工程，研发智能传感、智能控制和智能检测等智能制造装备，推动制造业生产方式向柔性、智能化方向转变。2018 年，《国家智能制造标准体系建设指南（2018 年版）》提出了基础共性、关键技术和行业应用三类标准的国家智能制造标准体系，完善的智能制造标准体系初步建立。2020 年《中小企业数字化赋能专项行动方案》提出，助推中小企业通过数字化智能化发展增添发展后劲。2021 年，《"十四五"智能制造发展规划》提出，到 2025 年，规模以上制造业企业大部分实现数字化转型，重点行业骨干企业初步实现应用智能化。2022 年，《关于开展"携手行动"促进大中小企业融通创新（2022—2025 年）的通知》提出，开展智能制造试点示范行动，遴选一批智能制造示范工厂，促进提升产业链整体智能化水平。

### （四）国内智能制造区域分布不均衡

从我国智能制造行业产业链企业区域分布来看，智能制造行业企业多分布于我国经济较为发达的东部沿海地区，其中江苏省、山东省和广东省企业数量较多，西部地区智能制造行业企业的数量相对较少。2022 年，中国电子技术标准化研究院发布的《智能制造发展指数报告（2021）》显示，在全国省级参与智能制造能力成熟度自评估且达到成熟度二级及以上的企业数量排名中，前五名分别为江苏省、山东省、广东省、湖南省和安徽省，企业数量共计 3105 家，占全国比重为 63.46%；后五名分别为云南省、贵州省、青海省、海南省、西藏自治区，企业数量共计 27 家，仅占全国的 0.55%。前五名企业数量占比高于后五名企业数量占比 62.91 个百分点。

表3  2021年全国智能制造能力成熟度二级及以上的企业数量排名

单位：家

| 名次 | 省（区、市） | 企业数量 | 名次 | 省（区、市） | 企业数量 |
|---|---|---|---|---|---|
| 1 | 江苏省 | 1233 | 17 | 山西省 | 69 |
| 2 | 山东省 | 966 | 18 | 四川省 | 63 |
| 3 | 广东省 | 371 | 19 | 辽宁省 | 56 |
| 4 | 湖南省 | 313 | 20 | 内蒙古自治区 | 50 |
| 5 | 安徽省 | 222 | 21 | 黑龙江省 | 47 |
| 6 | 北京市 | 202 | 22 | 吉林省 | 38 |
| 7 | 江西省 | 180 | 23 | 甘肃省 | 33 |
| 8 | 浙江省 | 135 | 24 | 天津市 | 33 |
| 9 | 湖北省 | 134 | 25 | 广西壮族自治区 | 32 |
| 10 | 宁夏回族自治区 | 131 | 26 | 新疆维吾尔自治区 | 26 |
| 11 | 福建省 | 112 | 27 | 云南省 | 11 |
| 12 | 河北省 | 110 | 28 | 贵州省 | 10 |
| 13 | 上海市 | 84 | 29 | 青海省 | 3 |
| 14 | 河南省 | 79 | 30 | 海南省 | 2 |
| 15 | 重庆市 | 77 | 31 | 西藏自治区 | 1 |
| 16 | 陕西省 | 70 | | | |

资料来源：《智能制造发展指数报告（2021）》。

# 四　东北三省制造业智能化发展的对策建议

## （一）深入推动产教研深度融合，培养高层次复合型应用人才

东北三省教育资源与制造业产业基础均较好，应发挥各自的优势，坚持人才创新驱动的理念，推动教育优势与产业优势深度融合，破解瓶颈因素，释放协同发展效应。围绕高端装备制造、航空航天、新材料与新能源等产业发展重大需求，有针对性地完善人才培养体系，优化高端人才的发展环境，对创新型、高层次的管理人才重点培养。通过与高校、科研院所

等机构合作，加强智能制造所需要的复合型应用人才培养，并发挥政策导向在人才培养中的作用，对人才培养体系进行分类考评和绩效评价，通过政策激励等方式鼓励智能制造的人才培养。依托产教研融合示范基地建设，举办智能制造企业负责人培训班、企业创新人才培训班，打造优质学习交流平台。依托国家海外人才引进平台，不断加大急需、紧缺和高端人才的引进力度，吸引更多的高层次人才。同时加强科研成果在实际生产活动中的应用，将具备理论基础和实践能力的复合型人才输送给高端智能制造企业，使企业提高核心技术和产品的竞争能力，充分发挥人才在智能制造企业中的关键作用。围绕智能制造产业链和创新链，集聚高端企业和人才，建设智能制造产业基地和新型创新平台，推进智能制造科技成果转移转化。

### （二）充分发挥专项资金引导作用，加快智能制造项目建设

东北三省制造业处于智能化发展的关键阶段，需要加强政策支持和专项资金引导，重点突破研发设计等核心环节。建立健全智能制造专项基金及项目建设体系。聚焦高端装备制造等领域，充分发挥智能制造专项资金引领作用，抢抓智能科技产业发展的重大机遇，提升研发创新能力，推动"东北制造"向"东北智造"转变。围绕东北三省的智能制造产业示范基地，发挥财政政策资金引导和撬动作用，完善制造业智能化发展的融资贴息政策，探索智能制造技术和产品的解决方案，采取引进、合作等方式布局建设智能工厂和智能车间，重点推进智能化、数字化改造。由财政专项资金、投资基金和金融机构贷款共同给予连续支持，通过"财、投、贷"联动模式，采取整体规划分阶段申报的方式，经由项目专家评审等方式发挥重大项目的引领示范作用，以重点项目引导、壮大产业发展。

### （三）深入实施创新发展战略，为智能制造提供科技支撑

充分发挥东北老工业基地制造、科教、人文等优势，深入实施创新驱动战略，聚焦航空航天、轨道交通、生物医药、汽车、数控机床等重点发

展领域部署重大研究项目，提高基础科研创新能力，以产业链为基础布局创新链，进一步激发企业的创新活力。深入实施创新发展战略，为技术创新中心提供更多政策支持，助力创新能力提升，鼓励综合性的技术创新中心开展关键共性技术研发、购买研发和检测所需的实验设备，加速制造业向产业价值链的中高端发展。依托东北三省装备制造等优势产业，集中核心资源攻克产业链中的薄弱环节和技术断点，通过"揭榜挂帅"等市场化的方式，对高端芯片、核心关键电子器件等重大科技专项重点突破。通过技术溢出等方式整合各类创新资源，增强企业在技术创新中的主体作用，以"干中学"等方式鼓励创新型和高新技术企业加大研发投入力度，激发企业的智能制造潜力，掌握并突破行业核心技术。梯度培育"专精特新"企业，推动中小企业创新发展，优化产业链、创新链，攻克关键核心技术和解决"卡脖子"问题。深化对口合作机制，实施智能制造工程，推进智能制造试点示范行动。

### （四）深入推进"服务型制造"，完善产业配套服务体系

在东北三省现有装备制造业的基础上，提高装备制造配套生产能力，完善原材料与产成品之间的产业链条，推动上下游企业在制造业产业园区内集聚，通过产业链的延伸来增强集聚效应，推动产业链整体协调发展。以装备制造产业园区为依托，积极承接国内外的先进装备制造及配套产业转移，关注价值链高端环节，扩大关键部件的产业规模，建立卫星及应用、电力设备、交通装备等产业配套体系，鼓励社会资本进入智能制造服务集聚区，开展相关的生产性服务以及信息咨询、人才培训和研发设计等相关的科技服务。加快工业互联网、大数据等平台建设，打造"互联网+装备制造业"平台，通过智能型的网络生产平台提高东北三省现有装备制造业的研发、设计、生产、经营和管理效率，基于"互联网+"建立云制造、个性化定制、网络协调制造等新型发展模式，并提高企业的运行、工艺改进和质量管控能力。

## 参考文献

黄光球、何奕：《传统制造业智能化发展的驱动力研究》，《生产力研究》2022 年第 5 期。

季良玉：《中国制造业智能化水平的测度及区域差异分析》，《统计与决策》2021 年第 13 期。

李金华：《德国"工业 4.0"与"中国制造 2025"的比较及启示》，《中国地质大学学报》（社会科学版）2015 年第 5 期。

李廉水、石喜爱、刘军：《中国制造业 40 年：智能化进程与展望》，《中国软科学》2019 年第 1 期。

王媛媛、张华荣：《G20 国家智能制造发展水平比较分析》，《数量经济技术经济研究》2020 年第 9 期。

岳孜：《〈中国制造 2025〉背景下制造业智能化发展分析》，《社会科学战线》2016 年第 11 期。

# B.4
# 东北三省农业生产托管发展研究

赵　勤*

**摘　要：** 农业生产托管是引导小农户和现代农业发展有机衔接的有效路径。东北三省采取多种措施推进农业生产托管服务，在土地规模经营、农业生产水平提高、托管各方互利共赢、农业生产经营风险分散、集体经济组织活力激发、农业可持续发展等方面取得了积极成效。但总体上看，东北三省农业生产托管还存在着托管服务领域比较单一、托管主体实力不强、农户长期参与稳定性不强等问题。推进东北三省农业生产托管高质量发展，要积极培育优化托管服务主体、延伸拓展托管服务领域、不断加强托管规范化建设、做好宣传培训和典型示范、加强政策支持与监督管理。

**关键词：** 农业生产托管　服务规模化　高质量发展　东北三省

农业生产托管是农户等经营主体在不流转土地经营权的条件下，将农业生产中的耕、种、防、收等全部或部分作业环节委托给农业生产性服务组织完成的农业经营方式。① 东北三省人均耕地面积高于全国平均水平，但一家一户的小生产仍占相当大的比重，农业生产规模小、成本高、效益低的劣势仍比较明显。随着工业化、城镇化进程的加快，农村青壮年劳动力不可避免地持续外流，农业人口老龄化问题日益突出；随着新型经营主体土

---

* 赵勤，黑龙江省社会科学院农业和农村发展研究所所长、研究员，主要研究方向为农业经济理论与政策、农村区域发展。

① 参见《农业部办公厅关于大力推进农业生产托管的指导意见》（农办经〔2017〕19号）。

地流转规模的不断扩大，流转成本高、资金占用多、风险过于集中等弊端也逐渐暴露，农业规模经营面临新的瓶颈，制约了粮食增产、农业增效和农民增收。为了解决"谁来种地""怎样种地""如何种好地"的难题，东北三省通过探索农业生产托管这一社会化服务模式，将小农生产引入现代农业发展轨道。

# 一　东北三省推进农业生产托管服务的主要做法

自 2017 年以来，东北三省采取多种措施，大力推进以小农户为主的农业生产托管社会化服务，农业生产托管呈现出服务内容不断丰富、服务主体多元发展、服务规模快速扩大、托管种类延伸扩展等发展态势，形成了以黑龙江省兰西、吉林省榆树、辽宁省昌图等为代表的农业生产托管服务模式。

## （一）发挥各级政府宣传引导作用

党的十八大以来，中央相继下发了《关于加快发展农业生产性服务业的指导意见》《关于大力推进农业生产托管的指导意见》等文件，支持发展以农业生产托管为主的社会化服务。东北三省召开农业生产托管工作推进会、座谈会，出台加快推进农业生产托管工作的实施意见、工作通知，落实好中央财政支持农业生产托管服务项目的措施；各级农业农村部门加大对农业生产托管等相关政策的宣传力度，围绕"什么是农业生产托管""农业生产托管能不能行"等重点问题，通过制作视频、入户讲解、对比算账、组织现场观摩等方式，让广大农户了解生产托管的好处，让托管服务组织了解生产托管政策，吸引更多的小农户、服务组织主动参与到农业生产托管之中。在疫情防控期间，为避免人员聚集、解决劳动力短缺问题，各级政府组织动员农业社会化服务组织开展农田整理、秧苗代育、代耕代种、农资代购代储等服务，并根据农户需求，帮助其通过电话、微信等方式选择托管服务模式。到 2022 年底，东北三省农业生产托管服务面积已超过 2.4 亿亩（次），服务带动小农户超过 350 万户。

## （二）开展托管服务试点示范

东北三省在县、乡、村等不同层面开展了一系列农业生产托管服务试点示范。辽宁省综合考虑粮食生产能力、新型农业经营主体等多种因素，选定沈阳新民、铁岭昌图等 10 个县（市）作为试点地区。吉林省出台《吉林省农业生产托管整县整乡整村推进试点方案》，在九台等 4 个县（市、区）、桦甸市公吉乡等 2 个乡镇、公主岭市朝阳坡镇中央堡等 40 个村开展农业生产托管整县整乡整村试点。黑龙江省相继在 40 个县（市）实施了农业生产托管服务项目，发布了《全省农业生产托管服务整省推进试点方案》，确定农业生产托管服务示范县 20 个、试点县 29 个和示范乡镇 100 个。2021 年，东北三省的阜新、铁岭、喀喇沁左翼、德惠、梨树、敦化、乾安、依安、富锦、兰西、延寿、密山等 12 个县（市），北票市丰田农机专业合作社、昌图县阳宇农机服务专业合作社、辽宁万盈农业科技有限公司、吉林中农吉星现代农业技术服务有限公司、吉林省乾溢农业发展专业合作社联合社、东丰县博瑞农机种植专业合作社、四平市铁西区永信农民专业合作社、松原市宁江区永呈种植农机专业合作社、北大荒农业服务集团有限公司等 13 个服务组织被确定为全国农业社会化服务创新试点单位。试点单位积极探索多元化的托管模式，以点带面、示范引领，扎实推进了农业生产托管扩面、提质、增效。

## （三）加快培育多元化托管服务主体

东北三省坚持"让专业的人干专业的事"，聚焦农业生产关键薄弱环节，因地制宜，加强政策引导，加快培育村集体股份经济合作社、农机合作社、农民合作社、农事企业等多元化农业生产托管服务主体，使其拥有与服务内容相匹配的专业农业机械和设备，切实提升其服务能力。一是积极落实中央财税政策，将农业生产发展资金、农机购置补贴、税收优惠政策、农业社会化服务项目等向农业生产托管服务主体倾斜。如辽宁省开原市按服务环节每亩定额给予补助，其中玉米托管耕、种、防、收各环节每亩分别补助15 元、10 元、5 元、30 元，水稻托管各环节每亩分别补助 15 元、15 元、3

元、27 元，大豆托管各环节每亩分别补助 15 元、10 元、5 元、15 元。二是组织开展农业生产托管服务培训，请专家就农业生产托管服务理论、政策、实操进行详细解读，并安排试点地区、优秀服务主体代表就托管实施经验与做法进行交流，切实提升广大干部群众对农业生产托管服务的认识程度。到2021 年底，东北三省从事农业生产托管服务的各类组织已超过 9 万家。

### （四）多方合作探索金融支持模式

为解决农业生产托管服务主体融资难题，有效降低托管服务风险，东北三省积极与金融机构对接，引导金融保险机构创新服务方式和产品，不断扩大金融支持农业生产托管的覆盖面。一是加大信贷支持力度。如黑龙江省农业农村厅与建设银行对接，推出了全国首款"农业生产托管贷"金融产品，联合省农村信用社推出了农业生产托管系列贷款产品，着力保障托管服务主体和被托管农户的资金需求。二是扩大保险支持范围。东北三省各级政府积极协调相关农业保险机构创新保险产品，探索建立农业生产托管支持保障体系。如中原保险公司针对农业生产托管推出了"托管综合保障保险"和"托管履约保证保险"两个专属产品；[1] 黑龙江省兰西县与多家保险公司合作，打造"基本政策保险+大灾保险+互助基金"的保障体系，为生产托管保驾护航，多维度保障农民收益。

### （五）不断强化政府监管服务

为确保农业生产托管服务稳妥有序推进，东北三省坚持在实践探索中加强规范指导和监督管理，不断强化制度设计。一是建立服务组织名录库。为规范农业社会化服务主体，东北三省按照《农业农村部关于加快发展农业社会化服务的指导意见》的要求，建立农业生产社会化服务组织名录库，加强对服务组织运行情况的监督和指导。名录库实行动态管理，进入名录库的农业生产社会化服务组织具有承接财政资金补助类社会化服务项目的资

---

① 刘伟林：《黑龙江 27.7 万农户搭上现代农业快车》，《农民日报》2021 年 7 月 26 日。

格。二是强化服务管理。为确保农业生产托管过程的规范性，保护托管双方特别是农民的利益，一些试点县（市）制定出台了农业生产托管服务管理制度、标准指引、技术规程等文件。同时，根据本地实际研究制定托管合同样本，明确托管服务内容、服务范围、托管时限、收费标准、服务质量、双方责任等，乡镇政府按照托管服务环节，对托管对象、服务质量、作业数量等进行不定期的抽查、审核。三是注重风险防控。为了保障托管服务资金的安全有效使用，一些县（市）积极探索托管服务资金监管办法，制定出台了托管服务资金监管制度。如黑龙江省兰西县要求参加生产托管的服务组织开通专项资金账户，县生产社会化服务办公室负责账户监管，账户资金按照服务进度及服务需要进行授权支付，保证了专款专用、取用合理、支付规范、资金去向明确。

## 二　东北三省农业生产托管服务取得的主要成效

东北三省在实践中不断探索，积极推进农业生产托管服务，取得了较为明显的成效。

### （一）推进了土地规模化经营

通过农业生产托管服务，不愿种地、不会种地、种不好地的农民逐渐退出农业生产，把土地交给专业服务组织来经营；托管服务组织不需要支付大量的土地流转费用，而是通过提供托管服务扩大经营规模，推进了土地集中连片，形成了服务型的适度规模经营。很多服务主体的托管服务面积在两三年内从几百亩迅速扩大到 2 万~3 万亩并稳定下来，一些发展较快的服务主体做到了年经营面积 5 万~6 万亩。辽宁万盈农业科技有限公司是东北地区最大的玉米生产社会化服务公司，全程托管面积扩大到 12.5 万亩以上；吉林省德惠市惠泽农业生产专业合作社托管服务面积达 10 万余亩，带动农户4450 余户；黑龙江省兰西县从事农业生产托管服务的组织发展到 42 个，平均经营规模超过 1 万亩。

## （二）提高了现代农业发展水平

一是提高了农业机械化水平。农业生产托管服务组织在更大范围内整合分散的机械力量，形成配套的"作战单元"，提高了机械利用效率。[①]如黑龙江省兰西县农业生产托管服务组织 2017～2021 年就购置了 283 台（套）大型农机具；吉林省德惠市惠泽农业生产专业合作社托管后农机生产效率平均提高 13%～20%。二是提高了农业科技化水平。农业生产托管服务组织在生产上普遍推广了优选良种、免耕、碎混还田、测土配方施肥、统防统治等科学种植技术，[②]加强良种、良法、良机结合，农产品质量更好，产出效益更高。吉林省梨树县通过托管服务，统一选择密植、高产、抗倒伏种子，持续增产 10% 以上，玉米亩产量达到吨粮田，比常规种植方式每公顷增产 1500 多斤；[③]吉林省德惠市惠泽农业生产专业合作社通过推广"大垄窄行密植栽培技术"，托管地块玉米亩均增产幅度达 15%。三是提高了农业生产信息化水平。东北三省托管试点县（市）积极推行农事一体化服务改革，开发农业生产托管服务平台，推出专门针对农业托管线上签约设计的 App，农户通过手机注册，就可以实现线上签订服务合同、交托管费；组织服务主体与大型农资企业线上对接，有效解决了农资调配、储运问题，大大提高了生产服务效率。

## （三）实现了托管各方互利共赢

农业生产托管，通过"统一管理、统一种植，统一销售"，解决了"谁来种""怎么种"的问题，有效节约了人力、物力等成本，提高作业效率和产出水平。根据黑龙江省兰西县经管站测算，通过农业生产托管，托管农户每亩增收 180 元左右，其中提产增收超过 100 元、节本增收在 70 元左右；

① 周静：《我省全程农业生产托管面积超 2000 万亩》，《黑龙江日报》2021 年 6 月 9 日。
② 周静：《商业思维破题农业托管"田保姆"怎么干?》，《黑龙江日报》2021 年 6 月 17 日。
③ 孙莹：《生产托管让"梨树模式"落地升级——"中国农业生产托管万里行"走进吉林》，《农民日报》2021 年 7 月 26 日。

托管服务组织通过科学经营，每亩实现利润 30 元左右；① 农机手、农业经纪人通过为托管服务组织提供相应服务，也获得了合理的报酬。此外，从土地中解放出来的部分农户，可以放心地外出务工经商，有更多精力发展特色种养殖、搞活庭院经济，实现增收。

### （四）提高了农业风险防范能力

在农业生产托管实践中，东北三省因地制宜采取了多种措施来有效提高农业风险防范能力，多维度保障农民利益。一是扩大政策性农业保险覆盖面。农业生产托管试点县（市）通过引导农户参与政策性基本保险、政策性大灾保险，扩大保险覆盖面，努力应对可能出现的农业自然灾害和意外事故风险。二是设立农业风险互助基金。部分试点县（市）在政策性大灾保险保成本的基础上，还探索创新农业风险防范机制，设立农业风险互助基金，为参与农业生产托管的成员提供产量风险互助服务。三是探索"粮食银行"业务。为有效规避粮价变动带来的市场风险，部分试点县（市），如黑龙江省兰西县、吉林省榆树市，引导农事企业（合作社）探索"粮食银行"业务。农户与企业（合作社）签订粮食存储协议，在秋收后直接把粮食运到存储企业（合作社），领取存粮凭证，按照市场价格，农户随时兑现时价粮款。

### （五）激发了集体经济组织活力

东北三省农业生产托管试点县（市）积极探索"村党组织+股份合作社+农户"的生产托管模式，为增加集体经济组织收入开辟了新门路，为解决村集体经济组织弱化、空壳化问题提供了一种可行方案。这种模式，是由村党组织牵头，村集体经济组织把一家一户的土地集中到一起，统一生产经营，收取服务费或托管费。辽宁省台安县西佛镇阿拉河村以村民入股形式成立村集体经济合作社，开展农业生产托管服务。在保障农户最低收益的前提

---

① 周静：《我省全程农业生产托管面积超 2000 万亩》，《黑龙江日报》2021 年 6 月 9 日。

下，托管服务额外利润由村集体、入股村民按比例分成，村集体还可获得政府相应的托管补助，极大地调动了村民入社的积极性，激发了村集体经济组织的活力，增强了村集体"统"的功能。2022 年，阿拉河村集体经济合作社不仅托管了全村 1.2 万亩耕地，还托管了周边 4 万亩耕地，实现了村集体与农户共同增收。

### （六）促进了农业绿色可持续发展

东北三省通过农业生产托管服务组织标准作业、统一服务，将符合绿色低碳发展理念的现代要素集成导入农业生产托管的过程之中，有效推进了农业绿色可持续发展。一是持续开展测土配方施肥、化肥农药减量使用、畜禽粪污资源化利用等，大力推广节水、节地、节肥、节药、节种的绿色生产方式。二是充分利用大型农业机械，推行深松整地、免耕、秸秆还田等保护性耕作，打破犁底层，加大黑土地保护力度，促进农业可持续发展。辽宁省铁岭县在农业生产托管服务中增加了秸秆打包、还田等环节，既解决了环境污染问题，又促进了农民增收。吉林省梨树县依托农业生产托管大面积应用推广"梨树模式"，以玉米秸秆全覆盖为核心，建立秸秆覆盖、播种、施肥、除草、防病及收获全程机械化技术体系，不仅提高了抗旱保墒能力，而且增加了土壤中有机质含量，土壤蓄水量平均增加 14%~17%，水分利用效率提高 15%~19%。①

## 三　东北三省农业生产托管存在的主要问题

尽管东北三省农业生产托管服务取得了一定成效，但仍存在一些不容忽视的问题，制约着农业生产社会化服务和现代农业的发展。

### （一）托管服务领域比较单一

目前，东北三省农业生产托管服务领域比较狭窄。横向来看，农业生产

---

① 孙莹：《生产托管让"梨树模式"落地升级——"中国农业生产托管万里行"走进吉林》，《农民日报》2021 年 7 月 26 日。

托管服务主要集中在种植业，畜禽养殖托管服务仍在探索中。在种植业内部，生产托管服务主要集中在大宗粮食作物，果蔬、中草药、食用菌等经济作物、特色作物托管服务微乎其微；在粮食作物中，农业生产托管服务又主要集中在玉米、大豆等旱田作物，水稻生产托管比例低。纵向来看，单环节、关键环节托管服务较多，全程托管服务比例不高，托管服务主要集中在产中作业环节，信贷、保险等产前和流通、加工等产后环节服务内容少，托管服务产业链条短。

## （二）托管服务组织服务能力不足

总体来看，东北三省大部分托管服务组织能力还不能满足农户需求。一是托管服务组织服务功能存在欠缺。绝大多数服务组织在产中耕、种、防、收环节社会化服务相对充分，而在产前市场预警和产后烘干、仓储、加工、物流、销售等环节服务能力严重不足。二是托管服务组织面临资金短缺难题。随着近年来化肥等农资价格大幅上涨，大部分托管服务组织为降低成本选择提前购买农资，占用了大量资金。随着托管服务面积不断增加，为提高作业效率和产出效益，托管服务组织还需要购置一些如深耕深翻、秸秆还田等大功率机械和烘干设备、仓储设施。尽管有农机购置与应用补贴等政策支持，但因投资金额大，托管服务组织会面临较大的经济负担。三是托管服务组织经营管理水平不高。农业生产托管服务组织缺少相应的制度规范，带头人素质能力参差不齐，经营决策往往由带头人一人决定，在一定程度上影响决策的科学性和合理性；托管服务组织成员大多出身于农民，年龄偏大、文化程度偏低，参与团队经营管理的能力严重不足。

## （三）托管专业化人才严重短缺

由于东北三省农村文化程度较高的青壮年劳动力大量外流或在城市就业，农村人口数量、结构发生巨大变化，留守人员多为老年人，符合农业生产托管要求的有技术、懂经营、善管理的农业经纪人、农机手、农业技术员等专业化人才十分短缺，特别是能够熟练操作智能化农机设备进行精准作业

的专业人才严重不足。黑龙江省兰西县伟河现代农机专业合作社托管服务耕地面积超过 10 万亩,常年需要聘用农机手 40 人。因技术娴熟的专业农机手供不应求、变动频繁,虽然合作社将年工资提高到 6~8 万元,仍无法满足托管服务对专业人才的需求。此外,由于东北农村地区生产生活条件较城市、发达地区农村有较大差距,难以吸引高素质专业化人才参与农业生产托管服务。人才短缺是当前和今后一段时期制约东北三省农业生产托管服务发展的一大因素。

### (四)农户长期参与托管稳定性不强

在农业生产托管服务中,虽然村集体、合作社、涉农企业等托管服务组织与农户之间签订了托管服务合同,明确了双方权利与责任,但无论是单环节托管还是多环节托管,托管服务组织一般只会承诺该环节的作业质量,很少有产量或收益方面的约束,双方利益联结相对松散。对全程托管来说,虽然托管双方约定了农户的保底产量、保底收入,但一旦服务和结算完成,合同就会自动终止,托管服务组织与农户的利益联结时间短。此外,由于法律意识不强,部分农户与托管服务组织只有口头协议,部分托管服务组织过分强调自身利益而轻视托管方利益,导致违约现象时常发生,农户长期参与托管还具有较强的不稳定性。

## 四 推进东北三省农业生产托管服务的对策建议

农业生产托管是对家庭联产承包责任制的完善,与当前生产力发展水平相适应,具有较强的生命力。推进东北三省农业生产托管服务,要重点从以下五个方面突破。

### (一)延伸拓展托管服务领域

提高服务能力、服务水平是农业生产托管服务的生命力之所在。东北三省要尽快构建与农业生产托管相适应的农业社会化服务体系。一是不断深化拓展托管服务。加强引导,推动托管服务逐步从玉米、大豆、水稻等大宗粮食作物向果蔬、食用菌、中草药等经济作物、特色作物拓展,逐步从种植业向养殖业等领域延伸,逐步从产中环节向产前、产后等环节拓展,特别是向金融保险等服务领域延伸,开展全产业链托管服务。[①] 二是要建立农业大数据服务调度平台。通过"平台经济"模式,将农户以及农资、农机、技术、销售情况等大数据都汇集到平台中去,实现更大范围内要素资源的有效整合、充分流动和科学配置。要探索农业服务产业链全覆盖,逐步向"全托"方向发展,向"粮食银行""期货+保险"等销售端服务延伸。

### (二)积极培育优化托管服务主体

托管服务组织可以是种田大户、村集体经济组织、专业合作社,也可以是农业服务企业。要着眼于东北三省具体农情乡情,按照"主体多元、形式多样、服务专业、竞争充分"的原则,加快培育各类服务组织。加强分类指导,因地制宜选择适合本行业、本地区的组织形式和经营模式,充分发挥不同服务主体的优势和功能。综合采用政府购买服务、以奖代补等方式,加大对农村集体经济组织、农民专业合作社、龙头企业、专业服务公司的支持力度,推动设施农业用地、农机购置补贴、金融保险等政策落实,满足服务主体的发展需求。强化职业农民队伍建设,加快种田能手培养,要立足于现有农民群体,更要广泛吸纳和培养大中专毕业生和其他行业的优秀人才。要探索开展职业农民准入试点,加大培训力度,为符合标准的农民颁发职业农民证书。[②]

### (三)不断加强托管规范化建设

一是加快推进服务标准化建设。由县级主管部门会同有关部门、服务组织、行业协会等研究制定符合当地实际的服务标准和规范。二是加强服务价

---

① 许开峰:《黑龙江省农业生产托管服务的实践与思考》,《黑龙江粮食》2020年第9期。
② 周静:《商业思维破题农业托管"田保姆"怎么干?》,《黑龙江日报》2021年6月17日。

格指导。要积极培育和引入更多的市场主体，鼓励充分竞争，形成合理的托管价格；积极协调相关职能部门加强对托管价格的指导和监督，切实保障农户利益。三是加强服务合同监管。推广标准合同样本和服务规范，约定合同双方的责任义务，明确合同的格式、服务项目、服务质量、服务价格、付款方式、效果评价、违约责任等内容，要加强对服务组织与农户签订合同的指导，积极发挥合同监管在规范服务行为、确保服务质量、维护双方权益等方面的作用。四是引导构建紧密型利益联结机制。强化服务组织"联农带农"作用，根据各地实际，将带动小农户数量、服务面积、增收情况作为服务组织获得托管补助的评估指标；积极推广"保底收益+按股分红"分配方式，①强化村集体经济组织、合作社在利益联结机制中的特殊作用。

### （四）做好宣传培训和典型示范

要提高全社会对农业生产托管的认识程度，广泛开展宣传发动，通过典型示范、政策解读、现身说法、算账对比，让更多农民了解农业生产托管的运作模式，② 积极主动地参与到农业生产托管中来。要充分尊重农民意愿，切忌行政命令、搞一刀切。要进一步创新宣传形式，充分发挥新兴媒体和传统媒体作用，广泛宣传各地好经验、好做法，重点宣传一批可学可看可复制的典型案例，充分调动服务主体和广大农户的积极性，充分发挥典型示范引领作用。同时，也应该看到，生产托管是新生事物，存在许多优点，也必然存在一些不足和问题。要举一反三，查缺补漏，防范生产托管在大面积推广过程中出现系统风险。

### （五）加强政策支持与监督管理

针对农业生产托管涉及的问题，打好政策"组合拳"，加强服务规范与监管。一方面，政策的制定要紧紧围绕农业基础设施建设、村集体农机购置

---

① 杜洪燕、陈俊红、李芸：《推动小农户与现代农业有机衔接的农业生产托管组织方式和利益联结机制》，《农村经济》2021 年第 1 期。
② 刘伟林：《黑龙江 27.7 万农户搭上现代农业快车》，《农民日报》2021 年 7 月 26 日。

配备、合作社农机具更新换代、金融保险支持、农技指导服务等方面进行。金融机构要加快金融服务创新，多开发与农业生产托管相配套的金融产品。要加大对保险的支持力度，对生产托管工作开展较好的地区，优先开展完全成本保险、收入保险试点，并推进保险提标扩面，推行大豆种植成本保险，提高财政补贴比例。另一方面，要推进省、市、县三级托管服务组织名录库建设，建立并完善托管服务组织风险评估体系。加强托管服务价格指导和合同管理。规范农业生产托管服务资金，积极引入第三方监管，推动"农业大数据+生产托管"综合服务平台建设。

## 参考文献

杜洪燕、陈俊红、张峻峰、刘宝印：《农业生产托管：成效、问题及对策——基于晋苏黑三省的调研》，《农业经济》2022 年第 1 期。

韩俊：《大力发展农业社会化服务》，《农村经营管理》2019 年第 10 期。

姜长云、李俊茹、赵炜科：《农业生产托管服务的组织形式、实践探索与制度创新——以黑龙江省 LX 县为例》，《改革》2021 年第 8 期。

刘伟林：《黑龙江 27.7 万农户搭上现代农业快车》，《农民日报》2021 年 7 月 26 日。

孙莹：《生产托管让"梨树模式"落地升级——"中国农业生产托管万里行"走进吉林》，《农民日报》2021 年 7 月 26 日。

武舜臣、陆雪娇、黄帅金：《农业生产托管项目何以取得成效——基于政策执行视角的审视》，《中国农村观察》2021 年第 5 期。

许开峰：《黑龙江省农业生产托管服务的实践与思考》，《黑龙江粮食》2020 年第 9 期。

张天佐：《以农业社会化服务引领农业现代化发展》，《中国农技推广》2021 年第 2 期。

周静：《商业思维破题农业托管"田保姆"怎么干?》，《黑龙江日报》2021 年 6 月 17 日。

# B.5
# 东北三省粮食产业高质量发展研究

陈秀萍*

**摘　要：** "十四五"时期是我国打造优质粮食工程升级版的关键期，更是粮食产业实现高质量发展的攻坚期。东北三省粮食产业取得了显著成就，粮食产量长期保持稳步增长；产业绿色化、产品优质化趋势更加明显；产业供给侧结构能够跟随市场变化适度调整；产业的可持续发展能力和现代化水平不断提高；粮食加工业产业链实现了拓展和延长。当前面临的主要问题有：农村优质劳动力流失较为严重；粮食产业经济效益较低；粮食精深加工发展滞后；粮食的单产还有较大提升空间；粮食产品品牌影响力和拉动力较弱。当前国际粮食供给市场形势的不稳定，对国内粮食供给提出了更高的要求。东北三省要承担起保障国家粮食安全的重任，必须推动粮食产业实现高质量发展。对此，本报告建议：加快构建现代粮食产业体系，突出东北三省粮食产业特色；加快构建现代经营体系，探索适宜东北三省粮食产业发展的模式；加快构建现代粮食生产体系，提升东北三省粮食产业现代化水平。

**关键词：**　粮食产业　高质量发展　粮食安全　东北三省

　　党的十八大以来，以习近平同志为核心的党中央把粮食安全作为治国理政的头等大事。将粮食安全纳入国家安全大局，确立了"谷物基本自给，

---

* 陈秀萍，黑龙江省社会科学院副研究员，主要研究方向为农业经济理论与政策、"三农"问题。

口粮绝对安全"新的国家粮食安全观,并提出了"以我为主、立足国内、确保产能、适度进口、科技支撑"的国家粮食安全战略。自 2011 年起,东北三省的粮食总产量在全国的占比一直保持在 20% 以上,东北三省粮食产业已成为保障国家粮食安全的"压舱石"。但是,东北三省粮食产业的发展也面临着一些难题。研究如何推动东北三省粮食产业实现高质量发展,对于维护国家粮食安全具有重要的意义。

# 一 东北三省粮食产业高质量发展的内涵及目标

## (一)学术界关于粮食产业高质量发展内涵的界定

关于粮食产业高质量发展内涵,目前我国学术界尚未达成统一的认识。程国强认为,"粮食产业高质量发展的内涵主要包括三个方面、六个维度:高质量供给与需求;高质量资源配置与投入产出;高质量区域联动和收入分配"[1]。张露、罗必良认为,中国农业高质量发展的本质内涵在于保产(提升土地生产率)、高效(提高劳动生产率)、减量(保护资源环境)和增收(拓宽农业功能)。[2] 陈惠芬、杨洁认为,粮食产业高质量发展就是"以可持续发展为目的,运用科技创新,合理配置劳动力资源,优化粮食产业结构,以确保粮食产能","具体表现为粮食产业链的完善和发展"[3]。李利英等认为,"粮食产业高质量发展是一个动态、可持续、协调发展的过程,其内涵导向要以农业供给侧结构性改革为主线,以产品优质、产出高效、结构协调、环境友好为核心内容"[4]。

---

[1] 程国强:《推进粮食产业高质量发展的思考》,《中国粮食经济》2019 年第 9 期。
[2] 张露、罗必良:《中国农业的高质量发展:本质规定与策略选择》,《天津社会科学》2020 年第5 期。
[3] 陈惠芬、杨洁:《粮食产业高质量发展的内涵研究》,《质量与市场》2021 年第 1 期。
[4] 李利英、豆丹丹、李凤廷、刘威:《新时期粮食产业高质量发展的内涵与路径研究》,《农业经济》2022 年第 6 期。

### （二）我国相关文件对粮食产业高质量发展的要求

我国自 2017 年实施优质粮食工程，"十三五"期间我国"深入推进优质粮食工程、加快粮食产业高质量发展，延伸粮食产业链、提升价值链、打造供应链，着力构建现代化粮食产业体系"①，取得了积极成效。"十四五"时期是我国打造优质粮食工程升级版的关键期，更是我国粮食产业高质量发展的攻坚期。我国《国民经济和社会发展第十四个五年规划和 2035 年远景目标纲要》（以下简称"十四五规划"）提出，"十四五"时期将深入推进优质粮食工程，"聚焦补短板、强弱项，把开展粮食绿色仓储提升、粮食品种品质品牌提升、粮食质量追溯提升、粮食机械装备提升、粮食应急保障能力提升、粮食节约减损健康消费提升'六大行动'作为优质粮食工程升级版的重要内容"，"着力提高粮食产业的创新力、竞争力和可持续发展能力"。②

### （三）东北三省粮食产业高质量发展的目标定位

东北三省"十四五"时期推动粮食产业高质量发展，必须立足新发展阶段、贯彻新发展理念。以我国"十四五规划"提出的"深入推进优质粮食工程"目标和"六大行动"为指引，"着力提高粮食产业的创新力、竞争力和可持续发展能力"。贯彻习近平总书记 2019 年"两会"期间在参加河南代表团审议时提出的"发挥自身优势，抓住粮食这个核心竞争力，延伸粮食产业链、提升价值链、打造供应链，不断提高农业质量效益和竞争力，实现粮食安全和现代高效农业相统一"③ 战略部署，推进东北三省粮食产业实现高质量发展。

## 二 东北三省粮食产业发展取得的成就

东北三省始终深入贯彻总体国家安全观，勇于承担维护国家粮食安全的

---

① 刘慧：《深入推进优质粮食工程 让粮食安全成色更足》，《经济日报》2020 年 9 月 25 日。

② 《"十三五"时期深入推进优质粮食工程 加快粮食产业高质量发展》，央视网，https：//sannong.cctv.com/2021/01/13/ARTIWZsTHMGKxaCpTE4xbZ4T210113.shtml，2021 年 1 月 13 日。

③ 习近平：《论"三农"工作》，中央文献出版社，2022。

重任，高度重视粮食产业的发展，并取得了显著成就，为维护国家粮食安全做出了重大贡献。

## （一）2021~2022年东北三省粮食播种面积和产量实现小幅增长

2021年，东北三省粮食播种面积达到2381.6万公顷，比上年增长168.9万公顷；粮食总产量达到14445.6万吨，比上年增长762.8万吨，占全国的21.15%（见表1）。黑龙江省粮食总产量在全国连续11年排第1位，粮食总产量连续4年超过7500万吨，其中粳米、玉米、大豆的产量都位居全国第一，分别占全国总产量的40%、20%和45%，商品量和调出量多年来位居全国第一。吉林省连续9年稳定粮食总产量在3500万吨以上，2021年在全国排第5位。辽宁省2021年粮食总产量在全国排第12位，粮食单产每亩增加71斤，增幅达到8%，增加量排全国第1位。黑龙江、吉林、辽宁人均粮食拥有量分别排全国第1位、第3位和第9位。2022年东北三省粮食播种面积都实现小幅增长，辽宁省上升到413.0万公顷，其中大豆播种面积比上年增加0.99万公顷；吉林省粮食播种面积上升到573.3万公顷；黑龙江粮食播种面积为1456.7万公顷。预计2022年东北三省粮食总产量将保持小幅增长。

表1  2021年东北三省粮食播种面积、粮食总产量及增长情况

| 地区 | 粮食播种面积（万公顷） | 比上年增长（万公顷） | 粮食总产量（万吨） | 比上年增长（万吨） |
|---|---|---|---|---|
| 全国 | 11763.1 | 86.3 | 68284.7 | 1336.0 |
| 东北三省 | 2381.6 | 168.9 | 14445.6 | 762.8 |
| 辽宁 | 354.4 | 16.4 | 2538.7 | 199.9 |
| 吉林 | 572.1 | 4.0 | 4039.2 | 236.0 |
| 黑龙江 | 1455.1 | 11.3 | 7867.7 | 326.9 |

资料来源：《中国统计年鉴（2021）》《中国统计年鉴（2022）》。

## （二）粮食产业绿色化、产品优质化趋势更加明显

2021年，全国绿色食品原料标准化生产基地的数量和面积都出现下滑，

分别下降 1.8% 和 1.5%，东北三省基地面积仍然呈现上升态势。2021 年，东北三省绿色食品原料标准化生产基地的数量在全国的占比由 2020 年 24.3% 上升到 24.6%；基地面积比上年增加 405.8 亩。辽宁、吉林、黑龙江三省绿色食品产业发展速度出现差异。黑龙江省一直保持绿色生产优势，绿色食品原料标准化生产基地数量和面积均位居全国第一，2021 年比上年分别增长 0.7% 和 6.5%（见表 2）。2021 年全省绿色食品（含有机食品）种植面积为 8816.8 万亩，占全省耕地面积的 35.6%，约占全国的 20%，位居全国第一。2020 年，黑龙江耕地面积占全国的 11.75%，化肥、农药的施用量分别占全国的 4.3% 和 4.6%，农用塑料薄膜使用量占全国的 3.0%，按照南方双季种植来算，黑龙江省化肥、农药的施用量仍然远远低于全国平均水平。吉林省绿色食品原料标准化生产基地基数较小，2021 年增长速度最快。辽宁省 2021 年绿色食品原料标准化生产基地的数量和面积都出现大幅度下滑，分别下降 33.3% 和 24.6%。

表2　2020~2021 年东北三省绿色食品原料标准化生产基地数量、面积及占全国的比重

| 地区 | 基地数量（个,%） | | | 基地面积（万亩,%） | | |
| --- | --- | --- | --- | --- | --- | --- |
| | 2020 年 | 2021 年 | 同比增长 | 2020 年 | 2021 年 | 同比增长 |
| 全国 | 742 | 729 | -1.8 | 17062.3 | 16806.7 | -1.5 |
| 辽宁 | 12 | 8 | -33.3 | 163.3 | 123.2 | -24.6 |
| 吉林 | 18 | 20 | 11.1 | 339.9 | 380.9 | 12.1 |
| 黑龙江 | 150 | 151 | 0.7 | 6274.3 | 6679.2 | 6.5 |
| 东北三省 | 180 | 179 | -0.6 | 6777.5 | 7183.3 | 6.0 |
| 东北三省占全国的比重（%） | 24.3 | 24.6 | | 39.7 | 42.7 | |

资料来源：2020 年、2021 年《绿色食品统计年报》。

### （三）粮食产业供给侧结构能够跟随市场变化适度调整

2021 年东北三省种植结构发生变化。2021 年，东北三省玉米播种面积增幅较大，比上年增长 1181900 公顷，增加 9.4%；豆类播种面积减少 1028600 公顷，减少 19.3%；稻谷播种面积小幅下滑，减少 4600 公顷。主

要原因是 2020 年底至 2021 年初我国玉米价格涨幅较大，直接影响农民粮食种植品种的选择。三个省份比较看，黑龙江省的变化幅度最大（见表 3）。

表 3　2020~2021 年东北三省三大农作物播种面积及变化情况

单位：公顷

| 三大农作物 | | 黑龙江省 | | 吉林省 | | 辽宁省 | | 东北三省2021年比2020年增长 |
|---|---|---|---|---|---|---|---|---|
| | | 2020 年 | 2021 年 | 2020 年 | 2021 年 | 2020 年 | 2021 年 | |
| 稻谷 | 播种面积 | 3872000 | 3867000 | 837100 | 837300 | 520400 | 520600 | |
| | 与上年同比增长 | 59400 | −5000 | −3200 | 200 | 13300 | 200 | −4600 |
| 玉米 | 播种面积 | 5481000 | 6524000 | 4287200 | 4401200 | 2699300 | 2724200 | |
| | 与上年同比增长 | −393600 | 1043000 | 67600 | 114000 | 24300 | 24900 | 1181900 |
| 豆类 | 播种面积 | 4832000 | 3888000 | 393700 | 311800 | 116200 | 113500 | |
| | 与上年同比增长 | 412900 | −944000 | −10200 | −81900 | 22800 | −2700 | −1028600 |

资料来源：2020 年、2021 年《黑龙江省国民经济和社会发展统计公报》《吉林省国民经济和社会发展统计公报》《辽宁省国民经济和社会发展统计公报》。

### （四）生态保护提高了粮食产业的可持续发展能力

东北黑土地地力有所修复。东北三省黑土地面积达 15.45 亿亩。我国"十三五"期间提出"藏粮于地、藏粮于技"战略，出台一系列保护黑土地的法律法规，"探索总结一批适合不同区域、不同土壤类型的'可推广、可复制、能落地、接地气'的黑土地保护综合技术模式和运行机制"[1]。这些保护性措施已见成效。《2019 年全国耕地质量等级情况公报》[2] 显示，全国耕地等级平均为 4.76 等，东北地区为 3.59 等，比全国高 1.17 个等级。农业"三减"行动效果显著。2020 年，东北三省粮食播种面积占全国的 20%，但农用化肥和农药的施用量分别仅占全国的 11.18 和 11.6%，农用塑料薄膜的使用量

---

[1] 《关于政协十二届全国委员会第四次会议第 2024 号（资源环境类 145 号）提案答复的函》，农业农村部网站，2016 年 9 月 5 日，http://www.moa.gov.cn/govpublic/ZZYGLS/201609/t20160905_ 5264155. htm。

[2] 此次评定，将全国 20.23 亿亩耕地质量等级由高到低依次划分为 1~10 等。

仅占全国的 9.89%。农业"三减"行动不仅提高了东北三省粮食产业的绿色化水平，也保护了土壤和农业生态环境，提高了粮食产业的可持续发展能力。

### （五）农业现代化水平的提升为粮食产业发展注入新动能

2021 年，我国农业科技进步贡献率达到 61.5%，黑龙江和辽宁的农业科技进步贡献率高于全国平均水平，吉林低于全国平均水平。三省的农业综合机械化率比全国平均水平高出 20 个左右百分点，黑龙江省农业综合机械化率位居全国第一。三省的主要农作物良种覆盖率也高于全国平均水平（见表 4）。到 2021 年底，东北三省已建成高标准农田 1.57 亿亩，三个省份建成的高标准农田面积均超过本省耕地面积的 1/3。新型农业经营主体的数量已经达到一定规模。新型农业经营主体的经营规模较大、投资意愿更强、现代化经营水平更高，为粮食产业的发展注入现代生产要素。可以看到，东北三省多项农业现代化水平指标高于全国平均水平，农业现代化的发展成为农业发展的重要支撑，为粮食产业的发展注入新动能，粮食综合生产能力明显提高。

表 4　全国和东北三省农业现代化水平

| 地区 | 2021 年农业科技进步贡献率（%） | 2021 年农业综合机械化率（%） | 2021 年主要农作物良种覆盖率（%） | 2021 年农作物自主选育品种面积占比（%） | 2020 年农民专业合作社数量（个） | 2020 年家庭农场数量（个） |
|---|---|---|---|---|---|---|
| 全国 | 61.5 | >71 | 96 | 95 | 2011625 | 1628307 |
| 辽宁 | >65 | 水稻97<br>玉米91 | 100 | — | 55485 | 15463 |
| 吉林 | >60 | 92 | 100 | — | 83271 | 32396 |
| 黑龙江 | 69 | 98 | 98 | 90<br>（粳稻100<br>大豆100） | 83401 | 23949 |

资料来源：根据公开资料获得。

### （六）粮食加工业产业链实现了拓展和延长

粮食加工业是粮食产业链中的重要环节。发展粮食加工业是粮食主产区延长产业链、增加农业附加值的重要途径。"十三五"期间，东北三省扎实做好"粮头食尾"大文章，推进粮食加工业快速发展。

粮食加工量实现快速增长。《黑龙江省国民经济和社会发展第十四个五年规划和二〇三五年远景目标纲要》提出，推进绿色食品加工业全产业链发展，着力培育打造一批百亿级、千亿级、万亿级工程。其中，农业和农产品精深加工业被定为"万亿级"工程，玉米加工、水稻加工被定为"千亿级"工程。2020年，黑龙江省粮食加工量超过1000亿斤，位居全国第一。吉林省重点打造玉米水稻、杂粮杂豆、肉牛肉羊等十大产业集群，推动产业集群全链条发展，常年粮食加工量超过1500万吨。

粮食加工转化率不断上升。2020年，黑龙江省粮食加工转化率达到68.3%；吉林省粮食加工转化率达到60%以上，玉米和水稻分别达到50%和80%。从粮食加工转化率这一指标来看，东北三省低于全国平均水平，但是不能以此判定东北三省粮食加工业不发达。因为我国每年要储备一定数量的粮食，这些储备的粮食肯定来自粮食有剩余的主产区。东北三省粮食总产量超过全国的20%，国家在东北三省收购的储备粮数量也最多。我国粮食生产区域分布不均，导致粮食加工区域分布也不均，因此，东北三省粮食加工转化率没有粮食主销区和粮食生产平衡区高，这属于正常状态。总体来看，东北三省粮食加工业发展已经步入快速轨道。

粮食加工企业数量较多。企查查的数据显示，截至2021年5月，全国粮食加工企业共16.7万家，黑龙江、吉林、辽宁分别拥有1.30万家、1.07万家和0.64万家，三省粮食加工企业数量全部进入全国各省（区、市）排名的前10位，分别居第2位、第5位和第9位。

## 三 东北三省粮食产业发展面临的问题

东北三省粮食产业发展已取得显著成效，不断向高质量发展迈进。当前来看，主要面临以下问题。

## （一）农村优质劳动力流失较为严重

东北地区居民受教育程度普遍较高，但农村优质劳动力流失严重，沉淀在农村从事农业的劳动力受教育程度较低，导致东北地区优质劳动力比其他地区更加紧缺。东北地区农业生产经营人员中高中以上人员合计占比仅为7.0%，比全国低1.3个百分点。与全国相比，东北三省土地经营规模相对较大。2020年，全国农村家庭户均承包经营的耕地面积为7.1亩，辽宁、吉林、黑龙江分别为9.5亩、18.1亩、25.0亩，远高于全国平均水平。规模化经营需要更高素质的经营主体，但是东北规模农业生产经营人员整体受教育程度明显低于全国，高中以上人员合计占比仅为6.1%，比全国低4.3个百分点（见表5）。农村优质劳动力的流失必然导致具备企业家素质的人才紧缺，直接影响农村合作社、企业、农村集体经济组织的产生、发展和作用发挥，间接影响东北粮食产业的高质量发展。

表5 我国农业生产经营人员数量和受教育程度构成

单位：万人，%

|  | 全国 | 东部地区 | 中部地区 | 西部地区 | 东北地区<br>（东北三省） |
|---|---|---|---|---|---|
| 农业生产经营人员总数 | 31422 | 8746 | 9809 | 10734 | 2133 |
| 高中以上人员合计占比 | 8.3 | 9.7 | 9.0 | 6.6 | 7.0 |
| 规模农业生产经营人员总数 | 1289 | 382 | 280 | 411 | 217 |
| 高中以上人员合计占比 | 10.4 | 10.2 | 12.6 | 10.5 | 6.1 |

资料来源：《第三次全国农业普查主要数据公报》。

## （二）粮食产业经济效益较低

### 1. 粮食种植业经济效益不高

从2020年、2021年《全国农产品成本收益资料汇编》中的数据看，2019年，东北三省只有辽宁的玉米和大豆的净利润高于全国平均水平，其他都低于全国平均水平（见表6）。近两年，受国家环境形势和新冠疫情的影响，粮价上涨幅度较大，但是东北三省粮食种植业的经济效益不高。2020年，黑龙江省粳稻的净利润每亩亏损66.27元，辽宁和黑龙江的玉米净利润低于全国平均水平，吉林和黑龙江大豆的净利润也低于全国平均水平。2020年，全国第一产粮大省——黑龙江省的三大粮食作物的净利润都不足全国平均水平的一半。2022年，东北地区地租、农资成本上升幅度较大，粮食生产成本上涨20%~30%，这意味着保持粮食种植业的经济效益不下降尚有一定的难度。

表6 2019~2020年东北三省三大粮食作物净利润

单位：元/亩

|  | 2019年 | | | | 2020年 | | | |
|---|---|---|---|---|---|---|---|---|
|  | 全国 | 辽宁 | 吉林 | 黑龙江 | 全国 | 辽宁 | 吉林 | 黑龙江 |
| 粳稻 | 37.12 | 29.27 | 28.21 | -109.21 | 130.04 | 197.47 | 160.73 | -66.27 |
| 玉米 | -126.77 | -97.72 | -127.36 | -143.23 | 107.84 | -15.90 | 179.03 | 41.17 |
| 大豆 | -194.10 | -44.10 | -202.00 | -263.55 | -60.33 | 32.84 | -68.72 | -137.92 |

资料来源：2020年、2021年《全国农产品成本收益资料汇编》。

### 2. 粮食加工业经济效益也不高

近年来，东北三省粮食加工转化率不断提升，但粮食属于大宗产品，利润空间有限，与其他农产品加工业相比，粮食加工业的经济效益较低。2016~2020年，东北三省粮食总产量占全国的比重一直在20%以上，但是粮油加工企业工业总产值在全国的占比仅在6%~10%，利润总额在全国的占比仅在1%~5%，可以看到东北三省粮食加工环节的经济效益较低（见表7）。

表7 2016~2020年东北三省粮油加工企业工业总产值及利润总额

| 年份 | 工业总产值（亿元） | | | | | 利润总额（亿元） | | | | |
|---|---|---|---|---|---|---|---|---|---|---|
|  | 2016 | 2017 | 2018 | 2019 | 2020 | 2016 | 2017 | 2018 | 2019 | 2020 |
| 全国 | 27852.6 | 29017.4 | 30792.3 | 31490.1 | 31800.0 | 1320.7 | 1772.3 | 2177.6 | 2423.7 | 2768.2 |
| 辽宁 | 676.3 | 798.1 | 865.7 | 880.0 | 989.8 | 16.3 | 24.5 | 30.2 | 31.3 | 38.9 |
| 吉林 | 511.8 | 571.4 | 603.3 | 577.1 | 573.0 | 17.6 | 29.2 | 16.9 | -6.4 | 7.4 |

续表

| 年份 | 工业总产值（亿元） | | | | | 利润总额（亿元） | | | | |
|---|---|---|---|---|---|---|---|---|---|---|
| | 2016 | 2017 | 2018 | 2019 | 2020 | 2016 | 2017 | 2018 | 2019 | 2020 |
| 黑龙江 | 709.4 | 832.4 | 1049.4 | 1161.8 | 1348.1 | 10.2 | 29.6 | 26.0 | 19.0 | 30.9 |
| 东北三省在全国占比（％） | 6.81 | 7.59 | 8.18 | 8.32 | 9.15 | 3.34 | 4.70 | 3.36 | 1.81 | 2.79 |

资料来源：中国三农数据库。

### （三）东北三省粮食精深加工发展滞后

近年来，经过地方政府的积极推进，东北三省粮食初加工业已经具备一定的规模。粮食加工产业开始向"高精尖"发展，玉米在向苏氨酸、赖氨酸等生物发酵制品拓展；水稻逐步向主食等精加工产品拓展；大豆向大豆蛋白、休闲方便食品方向发展。但是，因为企业规模小、技术开发能力弱、资金少等因素的限制，东北三省粮食精深加工发展比较滞后。95％以上的企业自我研发力量较弱，无力从事新产品开发，导致粮食综合开发利用不够，只有少数企业开始从事玉米辅酶Q10、大豆蛋白、医用产品等粮食精深加工业。粮食初加工业的利润率较低，受市场影响较大，对促进产业增值的作用不大。但粮食精深加工业可以增值2~4倍。粮食加工业的互补性较低，一个地区存在大量同类粮食初加工企业，容易引起恶性竞争。

### （四）粮食的单产还有较大提升空间

东北三省由于处于积温带、生产技术、种子、经营方式等多方面的限制，粮食的单产还有较大提升空间。2020年，东北三省中，辽宁水稻、小麦、大豆的单产最高，吉林玉米的单产最高，而黑龙江省的主要农作物的单产都较低。黑龙江省的规模经营面积最大、科技进步贡献率最高、黑土地面积最大，但是因为所处纬度较高，农作物生长期间积温较低，直接影响了粮食的单产。但是，黑龙江垦区的粮食单产却较高，水稻、玉米、大豆的单产比东北三省的单产高出很多（见表8）。黑龙江垦区103个国有农场分散在省内，地力、积温与黑龙江其他地区差距不大，但黑龙江垦区在农业现代化水平、经营管理、经营规模等方面领先于其他地区。这意味着东北三省粮食的单产尚有较大的提升空间，需要提升粮食产业的经营水平。

表8　2020年东北三省及黑龙江垦区主要农作物单位面积产量

单位：公斤/亩

| 地区 | 水稻 | 小麦 | 玉米 | 大豆 |
|---|---|---|---|---|
| 辽宁 | 572 | 361 | 443 | 154 |
| 吉林 | 530 | 234 | 462 | 123 |
| 黑龙江 | 499 | 256 | 444 | 127 |
| 黑龙江垦区 | 604 | 286 | 667 | 172 |

资料来源：《辽宁统计年鉴（2021）》《吉林统计年鉴（2021）》《黑龙江统计年鉴（2021）》《黑龙江垦区统计年鉴（2021）》。

### （五）粮食产品品牌影响力和拉动力较弱

东北粮食作物生长周期长、营养含量高、口感好，但是东北粮食的高价格并未体现出来，好产品并未卖出好价格，导致粮食产业的经济效益不高。主要原因是粮食产品品牌影响力较弱，对产品价格的拉动力还不强。在政府层面，东北三省早已开始重视发展品牌农业，打造区域公用品牌，绝大多数地区针对本地区的优质农产品申请了农产品地理标志，如黑龙江省的"寒地黑土""五常大米"，辽宁省的"盘锦大米"，吉林的"鲜食玉米"等区域公用品牌。但是产品品牌的培育依靠企业，目前东北三省已培育出一些具备一定影响力的产品品牌，但多数企业规模小、产量少，无力宣传产品品牌。总体来看，公用品牌、企业品牌、产品品牌"三位一体"的发展格局并未形成。绝大多数企业的产品品牌影响力仍然较弱，对消费者的吸引力还不够，带动产品销售的能力不强。

## 四　东北三省粮食产业发展形势分析

### （一）国际粮食安全形势呈现紧张状态

2022 年，俄乌冲突给国际粮食供给带来较大的负面影响。俄罗斯和乌克兰的小麦和大麦在全球贸易中占有重要地位，俄罗斯是全球最大的小麦出口国，2021 年两国小麦和大麦出口量合计都占全球的 30% 以上。乌克兰是全球第四大玉米出口国。2022 年，俄乌两国的冲突一方面影响了粮食的产出量，另一方面引发全球化肥、农药、石油等农资价格较大幅度上涨。农资价格的上涨又直接推动粮价上涨，给全球粮食贸易带来负面影响。2021 年，中国进口玉米 2835 万吨，其中 29% 来自乌克兰；进口大麦 1248 万吨，其中 25% 来自乌克兰。因进口量不大，俄乌冲突对中国玉米、大麦的进口影响不大，是可控的。2021 年，全球粮价涨幅达 40%，世界各地为遏制疫情采取了多种防疫措施，给经济和生产活动带来负面影响，出现粮食供应链不畅、食品价格飙升现象。另外，全球极端天气增多，直接影响粮食的产量。从目前来看，2022 年不稳定的国际形势可能会延续到 2023 年。所以，中国保障粮食安全意义重大，推动粮食产业高质量发展的必要性突出。

### （二）国内对保障粮食安全问题愈加重视

国家高度重视粮食安全问题，为了保障国家粮食安全，2022 年，我国中央一号文件提出以下几点要求。一是稳定全年粮食播种面积和产量。2022 年，全国粮食总产量保持在 1.3 万亿斤以上；主产区、主销区、产销平衡区都要保面积、保产量。二是健全农民种粮收益保障机制。让农民种粮有利可图，让主产区抓粮有积极性。2022 年，我国适当提高了稻谷、小麦最低收购价，稳定玉米、大豆生产者补贴和稻谷补贴政策，并实现了三大粮食作物完全成本保险和种植收入保险主产省产粮大县全覆盖。三是大力实施大豆和油料产能提升工程。"在黄淮海、西北、西南地区推广玉米大豆带状复合种植，在东北地区开展粮豆轮作，在黑龙江省部分地下水超采区、寒地井灌稻区推进水改旱、稻改豆试点。"四是落实粮食安全责任。提出"全面落实粮食安全党政同责，严格粮食安全责任制考核"。

国际粮食供给市场形势的不稳定，对国内粮食的供给提出了更高的要求。东北三省要高度重视粮食产业的发展，推动粮食产业转向高质量发展，承担起保障国家粮食安全的重任。

## 五　推进东北三省粮食产业高质量发展的对策建议

东北三省应以创新、协调、绿色、开放、共享发展理念为指引，推动粮食产业转向高质量发展。2021年，农业农村部办公厅印发《农业生产"三品一标"提升行动实施方案》，正式提出新的"三品一标"，即品种培优、品质提升、品牌打造和标准化生产。这为东北粮食产业确立了清晰的发展目标。东北三省应着力推动粮食产业创新发展、转型升级、提质增效，加快构建现代粮食产业"三大体系"，提高生产要素的质量，推动粮食产业高质量发展。

### （一）加快构建现代粮食产业体系，突出东北三省粮食产业特色

#### 1. 整体规划，打造绿色食品产业链

东北三省拥有全国最大的绿色食品原料标准化生产基地，2021年基地数量和面积分别占全国的24.6%和42.7%，为发展绿色食品产业奠定了良好的基础。东北三省应把握绿色优势，推动绿色向粮食产业链下游渗透和延伸，大力发展绿色食品产业，一方面可以满足我国居民对绿色食品的迫切需求，另一方面有利于粮食销售，可以增加粮食产业的经济收益。目前来看，东北三省绿色食品加工企业数量已经有了较大幅度的增长，但是企业规模小、投资少。以黑龙江省为例，2016～2020年全省绿色食品加工企业数量增加了24%，但是企业投资额仅增长9%。东北三省应把握绿色优势，对绿色

食品产业链进行整体规划，提升产前、产中、产后"从田间到餐桌"全产业链的绿色化水平，提升粮食产品的质量，也就能够提升东北粮食产业的整体竞争力。

**2. 丰富产品类型，突出区域产品特色**

东北三省作为粮食主产区，功能定位决定了农作物种植主要限于粮食，这使果蔬经济作物种植面积的扩大受到限制。实现保障国家粮食安全与促进农民增收之间平衡的主要路径，就是发展特色粮食产业、丰富产品类型。发展特色粮食产业，才能让产品从大众产品中脱颖而出吸引消费者，以更高的价格售出，在市场中占据优势地位。例如，近几年东北鲜玉米的种植就是一条特色发展之路，既不受基本农田土地用途（应主要种植粮食）的限制，又能够获得较高的经济效益。今后，还可以发展功能性粮食产业，丰富产品类型，"将绿色安全和功能性相结合，培育出富硒、富铁、富锌、降血糖、降血压、降血脂等功能性粮食新品种，既能满足我国居民对粮食营养升级的需求，又能实现粮食产业增效、农民增收，解决上述'两难'问题"①。

**3. 鼓励粮食产业向精深加工和全产业链方向发展**

以乡村振兴为契机，引导龙头企业在东北三省建立粮食精深加工基地，打造一批粮食加工强县。山东、河南之所以粮食精深加工业发展较快，主要是因为中粮、益海嘉里、今麦郎等知名企业在河南、山东设有加工基地，这些企业规模大、研发能力强、技术力量雄厚，有能力对粮食产品进行精深加工，产品的竞争力也较强。东北三省应借鉴山东、河南的做法，突出抓好大豆食品加工业，提升玉米深加工水平，加强水稻多用途产品开发，引导粮食加工向食品、酿造、化工、保健、医药等领域延伸，促进粮食的初级加工、精深加工与综合利用协调发展。

明确"东北大粮仓、国人大厨房"的发展理念，理顺从产到销的全产

---

① 陈秀萍：《东北三省国家粮食安全产业带建设研究》，载闫修成主编《东北蓝皮书：中国东北地区发展报告（2021~2022）》，社会科学文献出版社，2022，第47页。

业链环节，补齐短板，加强对粮食加工副产物的开发和利用，特别是提升农产品加工的创新能力，探索发展"生产基地+中央厨房+互联网+餐厅超市"的产销一体化新模式。在完善产业链中确立产业项目、增加产业收益。

## （二）加快构建现代粮食经营体系，探索适宜东北三省粮食产业发展的模式

### 1. 以新型农业经营主体为载体优化粮食产业劳动力的结构

农业经营主体主要分为两类，一类是以中老年人为主体的小农户，另一类是以家庭农场、合作社等为主体的新型农业经营主体。后者的综合素质明显更高。高素质的劳动力追求更高的收入，因此他们或者独立经营家庭农场，或者参与合作社或企业通过有组织的经营获得更高的收益，只有新型农业经营主体才是他们的落脚点。为了让更多优质劳动力留在农业，要培育新型农业经营主体，优化新型职业农民的结构。

### 2. 以经营方式的变革推进规模经营的实现

粮食种植业与经济作物种植业不同，它属于土地密集型产业，科技推广、大型农业现代化机械的应用都离不开土地的规模经营。只有规模经营才能节约生产成本、提高劳动生产率，才能让农民的收入达到平均水平。目前，农村部分老年农民无法转移出来，通过土地流转实现规模经营的方式遇到了瓶颈。但是，土地托管模式的出现突破了这一瓶颈，在保留土地经营权不变的前提下通过委托经营的方式实现规模经营，实现了小农户与现代化大农业的衔接。从托管经营的效果来看，粮食托管服务增加了土地的产出，提升了产业的经济效益，又有利于生态保护和产业可持续发展，明显有利于提升粮食产业的质量。"据农业农村部调查，粮食全程托管亩均增产 10%~20%，节本增收 150~300 元，实现减肥减药 10%~25%。"[1] 2017 年，我国发布的《关于加快发展农业生产性服务业的指导意见》明确提出"大力推

---

[1] 芦千文、苑鹏：《农业生产托管与稳固中国粮食安全战略根基》，《南京农业大学学报》（社会科学版）2021 年第 3 期。

广农业生产托管"。2022年中央一号文件提出，支持各类主体大力发展单环节、多环节、全程生产托管服务，作为合理保障农民种粮收益的途径。近几年，东北三省已经大面积推广这一模式。截至2020年底，黑龙江省托管面积超过1亿亩次，全程农业生产托管面积超2000万亩；辽宁省服务面积累计达到5941.2万亩，服务小农户达到149.3万户；吉林省已组织27个产粮大县和四平铁西区实施社会化服务项目，探索形成了以全程托管为主、环节托管为辅、土地股份合作等为补充的农业生产托管模式。建议东北三省继续推广土地托管模式，并不断探索新的经营模式，以克服土地家庭承包给粮食生产带来的负面影响，提升粮食产业发展质量。

**3. 以品牌拉动粮食产业增值增效**

东北三省要从消费者出发，寻找产品的优势和独特卖点，引起消费者的兴趣，激发消费者的购买欲。在区域公用品牌宣传上，要突出"营养、绿色、安全"特点。东北的粮食产业具有天然优势，化肥、农药的施用量远低于全国平均水平。当前我国社会公众对农产品质量安全的关注度非常高，这给东北三省粮食产品提供了巨大的市场。东北三省要以"营养、绿色、安全"为宣传点，大力宣传粮食产品的绿色品质优势，增强影响力。在产品品牌宣传上，要在"营养、绿色、安全"的基础上加上"特色"。我国居民的生活水平在逐步提升，按照消费规律，当人们的生活水平提升时，对特色产品的需求量会增加。东北三省应加大宣传力度，提升我国居民对东北粮食产品的认知度，让消费者记住产品"特色"、选择特色产品。

**（三）加快构建现代粮食生产体系，提升东北三省粮食产业现代化水平**

**1. 让黑土地保护理念深入民心**

尽管我国已经颁布《黑土地保护法》，但黑土地的保护最终要依靠农民来落实。因此，各级政府要大力宣传保护东北黑土地的意义，让农民深刻认识到保护黑土地与粮食生产间的效益关系，让农民共享保护黑土地带来的收益，让"藏粮于地"战略真正落地。

## 2. 注重本土种子的研发和推广

"国无农不稳，农以种为先"，一方水土需要一类种子，东北需要适宜本地土壤气候的种子，良种的培育主要依靠本土开发。尽管目前东北三省的良种覆盖率已经很高，但是在适合地区气候的高产种子研发方面还有较大的提升空间。应充分发挥地方科研机构培育良种的优势，建立种子长期培育机制，循序渐进地推进种子的改良和推广，为粮食产业高质量发展打下坚实的基础。

## 3. 以科技研发与技术推广提升粮食产业现代化水平

东北三省粮食产业现代化水平较高，为进一步提升打下良好的基础。今后，落实"藏粮于技""藏粮于地"发展战略仍然需要依靠科技。科技创新是种业发展的"加速器"，是"三减"行动的技术支撑，是提高秸秆综合利用率的主要途径，更是提升粮食加工业竞争力的重要路径。要像重视粮食产业一样重视粮食产业的科技研发与技术推广，以创新为引领推动粮食产业向高质量发展转变。"让更多现代农业生产技术渗透到粮食产业各环节，以科技创新驱动粮食产业升级，增强粮食产业的发展动力。"[1]

---

[1] 陈秀萍：《东北三省国家粮食安全产业带建设研究》，载闫修成主编《东北蓝皮书：中国东北地区发展报告（2021~2022）》，社会科学文献出版社，2022，第47页。

# B.6
# 东北三省种业发展现状与对策研究

宋静波[*]

**摘 要：** 仓廪实，天下安。保障粮食安全是永恒主题。当前，百年变局叠
加世纪疫情，全球粮食安全形势异常严峻，种业问题越发受到关
注。种子作为农业的芯片，是主动适应社会转型升级、人民生产
和生活方式转变，引领农业生产和发展方式变革，促进中国特色
农业现代化建设的关键一环。东北三省紧紧围绕"加快现代种
业发展、建设种业强国"这个目标，不断改革创新、攻坚克难，
推进种业发展取得重大成就，但也面临着一些亟待解决的问题，
本报告从种质资源保护、品种创新、提升企业核心竞争力等几个
方面提出东北三省种业发展的对策建议。

**关键词：** 种质资源 创新发展 东北三省

面对世情、农情、种情深刻变化，党的十八大以来，特别是 2016 年中央
一号文件明确提出，要加快推进现代种业发展，我国种业发展迈出重要步伐。
2020 年 12 月，中央经济工作会议明确提出，要立志打一场种业翻身仗，我国
种业发展进入新时期。2021 年，习近平总书记做出了必须把民族种业搞上去，
把种源安全提升到关系国家安全的战略高度的重要指示批示。[①] 2022 年，中

---

[*] 宋静波，黑龙江省社会科学院农业和农村发展研究所副研究员，博士，主要研究方向为区
域经济、农业经济。
[①] 《【新征程开局"十四五"】种业振兴加快推进 夯实农业现代化基础》，农业农村部网站，2021
年 12 月 14 日，http://www.moa.gov.cn/xw/shipin/xwzx/202112/t20211215_ 6384800.htm。

央一号文件明确提出，种业是国家战略性、基础性核心产业，要打好种业翻身仗。要"大力推进种源等农业关键核心技术攻关"。2022年的《政府工作报告》明确强调，"加快推进种业振兴，加强农业科技攻关和推广应用"。目前，我国作物种质资源保存总量超过52万份，位居世界第二，区域性良繁基地加快建设，农作物自主选育的品种种植面积占95%以上，做到了中国粮主要用中国种，小麦、水稻、玉米三大主粮基本实现良种全覆盖，口粮绝对安全。东北三省认真贯彻落实习近平总书记关于"下决心把民族种业搞上去"的重要指示，① 紧紧围绕"加快现代种业发展、建设种业强国"这个目标，不断改革创新、攻坚克难，推进种业发展取得重大成就。

# 一 东北三省种业发展主要成效

## （一）种质资源保护利用得以加强

2022年5月，辽宁省审议通过了《种业科技创新实施方案》，明确提出实施种业创新攻关行动，找准切入口和突破点，创新机制、整合资源、形成合力、强化保障，为实现国家重要农产品种源自主可控贡献辽宁智慧。2010~2020年，依托省发改委投资兴建的现代化低温种质库，辽宁共收集保存农作物种质资源3万余份，在进行基本性状鉴定的同时，注重筛选优质种质资源，共筛出特定性状（抗病、耐旱等）种质资源100余份。

2020年，吉林省制定《关于加强农业种质资源保护与利用的实施意见》，2021年，下发《吉林省农业种质资源普查总体方案（2021—2023年）》《吉林省农作物种质资源普查与收集行动实施方案（2021—2023年）》。为加强种质资源保护，吉林省建设了吉林省作物种质资源保护与利用中心和吉林省北方粳稻种质资源保护与利用中心。邀请高校与科研院所的专家学者，举办

---

① 《【新征程开局"十四五"】种业振兴加快推进 夯实农业现代化基础》，农业农村部网站，2021年12月14日，http：//www.moa.gov.cn/xw/shipin/xwzx/202112/t20211215_6384800.htm。

种质资源普查与收集技术培训。建立分物种专家指导组,分赴吉林各地指导种质资源普查与收集。截至 2022 年 7 月,吉林省共保存种质资源 5.8 万份,其中农作物种质资源 4.5 万份。

2021 年 5 月,黑龙江省出台了《关于加强农业种质资源保护与利用的实施意见》,在全省全面启动种质资源普查和收集工作。这是黑龙江首个专门聚焦农业种质资源保护与利用的重要文件,填补了省级层面对种质资源保护与利用管理的空白。黑龙江寒地作物种质资源库作为我国唯一的寒地作物种质资源库,目前共保存野生大豆、玉米、水稻等作物种质资源 5 万多份,其中保存着黑龙江特有的国家二级保护植物——野生大豆种质资源 2000 余份。2022 年 5 月,黑龙江寒地作物种质资源库扩建完成,种质资源保存容量从 8 万份提升到 20 万份,保存能力得以进一步提升。另外,北大荒垦丰种业种质资源库也保存了各类种质资源 9 万余份。

## (二)种业科技创新能力明显提高

辽宁省实施科技重大专项计划,并将农业领域科技创新作为其重点内容,"水稻玉米种业创新"在首批启动,计划实施以来,已选育示范玉米水稻品种 48 个,建立玉米、水稻新品种示范区 6000 余亩,转化辽单 575、东单 1331 等 9 个品种,累计推广面积 200 万亩。同时依托以沈阳农业大学为代表的 18 家涉农高校、以省农科院为代表的 9 家科研院所,依托陈温福、李天来、朱蓓薇 3 名院士,实现种业创新优势单位与优势团队的布局整合,建立玉米生物育种国家重点实验室、国家海洋食品工程技术研究中心等 2 个在国内相关领域处于领先水平的国家级平台。设立农业领域省级重点实验室、技术创新中心 84 个,为辽宁种业科技创新能力的提升提供了坚实的人才、技术、平台等多方面强有力的支撑。

吉林省统筹推进组建生物育种联盟,启动实施了"吉林省主粮作物良种科技创新重大专项"及一批种业相关重点研发项目,玉米、水稻、大豆及其他作物育种均取得了突破性进展。玉米双单倍体技术初步产业化加倍率达到 50% 以上,达到世界领先水平。吉粳"816"蝉联"全国优质稻品种食味品质鉴评"金奖。大豆品种"东生17"和"东生19"顺利完成成果转化，转化金额为1000万元。同时加强与中国农科院、中化先正达集团等科研、企事业单位种业科研合作。加强品种审定试验管理，定期召开品种审定会，有序推进东北农业科技中心、春玉米育种中心、玉米种业技术创新东北中心、生物育种测试展示、种子生物学院等项目建设，申报并创建公主岭市国家现代种业产业园，设置7个品种展示示范及跟踪评价基地。

黑龙江省实施种业自主创新工程，2016~2020年，累计完成国家和省级项目99项，其中，"龙粳31"连续多年是我国水稻第一大品种，年最大种植面积达1692.34万亩，累计推广面积近2亿亩。依托现有83家农业科研育种单位、15个国家级和省级重点实验室以及包括寒地玉米种质资源中心在内的24个国家级与省级工程技术研究中心，种业科技创新的支撑体系初步形成。加强创新合作，与中国农业大学以及中国农业科学院作物科学研究所等科研院所联合开展育种技术创新攻关。同时注重优良品种示范评价，建立110个农作物优良品种示范科技园区，对主要粮食作物如玉米、大豆等新品种进行展示，优良品种推广步伐逐年加快。

### （三）供种安全保障能力显著提升

辽宁省聚焦国家粮食安全与地方特色，重点培育水稻、玉米、大豆、花生、高粱、棉花等6个品类，加强主要粮食品种供给保障，重点培育李杏、草莓、甜樱桃、辽育白牛、绒山羊、大骨鸡、河蟹、柞蚕、大泷六线鱼、海参海胆等10个品类，做强辽宁地方特色品种。依托辽宁省农科院对水稻、玉米、高粱等农作物种质资源开展精准鉴定评价，挖掘出一批优异基因和优异资源。2016~2020年，辽宁累计审定主要农作物品种1300多个，培育并推广"东单1331"等一批高产、稳产、绿色的优良新品种。2021年，辽宁主要农作物良种覆盖率达到100%，粮食亩产955斤，居全国第三位，增加量和增幅均居全国第一位。

吉林省不断提升省内供种安全保障能力，2016~2020年，审定主要农作物新品种共712个，引种备案品种1209个，登记非主要农作物新品种365

个，通过国家审定的品种 229 个。当前，吉林全省现有持有效生产经营许可证的种子企业 335 家，种子企业资产总额超 120 亿元，各类种子经营户达5260 余家，全省主要农作物良种覆盖率达到 100%，自主创新良种市场占有率达 60% 以上。育制种基地能力不断提升，争取国家投资 3000 万元，支持洮南市国家级 10 万亩玉米制种基地提档升级，南繁科研育种基地设施持续完善，46 家南繁育种单位科研用地得以保证，公主岭市 10 万亩水稻制种大县等项目启动，玉米、水稻、大豆等 40 万亩标准制种基地建设不断推进。

2016 年以来，黑龙江省共审定推广主要农作物新品种 1289 个，常规粳稻、大豆、马铃薯育种处于全国领先水平。2016~2020 年审定大豆新品种330 个，黑龙江省农科院选育的"黑河 43""黑农 84""黑农 87""合农71"等大豆新品种及"黑农 531"专用品种和"黑农 527"特用品种，为大豆品种与资源创新丰富了遗传基础。2021 年，黑龙江大豆、水稻、小麦全部为自主选育品种，主要农作物自主选育品种种植面积占比达 87%，全省主要农作物良种覆盖率达到 100%。建设国家级良种繁育基地 16 个，其中国家级玉米制种大县 4 个，国家区域性大豆、水稻良种繁育基地分别为 8 个、3 个。建设 10 个专家育种示范基地，借助南繁基地优势，省内选育的绝大部分主粮作物品种育种周期由过去 10 年以上缩短到 3~5 年。

### （四）种业企业主体培育重点推进

扶优企业、培育企业主体是切实打好种业翻身仗的关键一招。2022 年 7月，农业农村部办公厅印发《关于扶持国家种业阵型企业发展的通知》，根据企业规模、创新能力和发展潜力等关键指标，从全国 3 万余家种业企业中遴选了 69 家农作物、86 家畜禽、121 家水产种业企业，集中力量构建"破难题、补短板、强优势"国家种业企业阵型，加快打造种业振兴骨干力量。

东北三省中，辽宁共有 10 家单位成功入选，其中，东亚种业入选玉米补短板阵型，本溪艾格莫林实业、大连天正实业、大连富谷食品、獐子岛集团等其余 9 家企业入选水产种业企业阵型。吉林共有 5 家企业入选，其中吉林省鸿翔农业入选玉米补短板阵型，吉林精气神有机农业、吉林省德信生物工程、长春新牧科技和延边畜牧开发集团等 4 家企业入选国家畜禽种业企业阵型。黑龙江共有 4 家企业入选，其中北大荒垦丰种业同时入选水稻强优势阵型和大豆、玉米补短板阵型，龙科种业同时入选大豆和玉米补短板阵型。黑龙江农垦震达兴凯湖大白鱼研究所、中国水产科学研究院黑龙江水产研究所入选水产种业阵型。这些阵型企业作为企业扶优的重点，必将在科技、资源、技术乃至人才方面实现集聚，为种业创新提供多方位支撑。

辽宁着力提升种业企业市场竞争力，种业企业数量从 2016 年的 163 家发展到 2020 年的 434 家，其中省级杂交玉米种子企业 85 家。种业企业基础设施建设不断升级，逐步实现大型化、智能化、高效化。畜禽种业企业不断发展壮大，一批大型本地畜禽种业企业改造升级，新建一批种猪育种企业。良种示范展示能力不断提高。吉林种业企业数量增长迅速，从 2016 年的 188 家增加到 2020 年的 289 家。吉林扶持种业企业做大做强，为解决种业企业发展建设资金紧缺问题，设立了 3 亿元种业发展基金，制定出台了《吉林省现代种业发展基金暂行管理办法》。利用现代种业发展专项资金，与省农担公司合作实施"强种贷"项目，为优势特色种业企业提供贷款风险担保和贴息服务，2021 年 1~10 月为 23 户优势特色种业企业合计放款 1.46 亿元。黑龙江加大各项支持力度，种业企业数量从 2016 年的 286 家快速增长至 2020 年的 428 家。北大荒垦丰、齐齐哈尔市富尔农艺以及龙科种业三个企业已经进入全国种业企业 50 强。2015 年 1 月 27 日，北大荒垦丰种业在全国中小企业股份转让系统成功挂牌，正式登陆国内资本市场，2016~2019 年连续四年入选新三板创新层企业，同时加强创新平台建设与人才引进。在创新能力不断提升的同时，增强研发实力，利用市场化机制用人引人，发展势头越来越好。

## （五）种子行业发展环境持续优化

东北三省关于种业发展的规章制度基本完善，从源头抓治理，种业市场监管力度不断加大，东北三省以《中华人民共和国种子法》为核心，以《中华人民共和国植物新品种保护条例》《农业转基因生物安全管理条例》《植物检疫条例》等为主体，以《农作物种子生产经营许可管理办法》《主

要农作物品种审定办法》等一系列法规政策体系为遵循，辅以地方性法规政策，协调共进，营造种业良好的发展环境。

辽宁省出台了《辽宁省农作物种子管理条例（2018 修正）》《辽宁省开展保护种业知识产权专项整治行动实施方案》等法规文件，通过建立部门协调工作机制，进一步深化部门间合作，增强监管合力，为保护种业知识产权、打击假冒伪劣套牌侵权、营造种业振兴良好环境提供制度保障。吉林省以开展种业监管执法年、种业知识产权保护专项整治为重点，先后印发《吉林省 2021 年农作物种子市场监管工作方案》《2021 年全省农作物种业监管执法年活动方案》等 6 个文件，要求和指导各地深入抓好种业行政执法监管工作。采取个别问题约谈督查、预防问题随机抽查、重点问题重点检查等措施，组织开展冬季种子企业检查、春季种子市场检查、夏季制种基地检查等专项检查，加强对种子企业、经销门店、制种基地、种子质量等检查，加大对侵权套牌、生产经营非法转基因种子等违法案件查处力度，努力净化种业市场环境，确保农民生产用种安全。黑龙江先后印发《黑龙江省人民政府办公厅关于深化种业体制改革提高创新能力的实施意见》《黑龙江省 2021 年保护种业知识产权专项整治行动实施方案》等法规文件，加强种子检验检测和市场监管，严厉打击制假售假、套牌侵权等违法行为。从源头抓起，从制种基地开始，采取田间抽检、入库抽查等方式稳定种子企业种子合格率。同时构建联合执法机制，通过开展"三打一整治"行动，切实规范种子市场秩序。

## 二 东北三省种业发展存在的问题

### （一）自育种子品种体系尚待健全

尽管东北三省主要农作物良种覆盖率均已达到 100%，但是我们必须清醒地看到，东北三省乃至全国自育种子的品种体系还不够健全，并不能完全满足发展中的农业生产需要，在某些方面与种业发达地区差距还比较明显，依然存在受制于人的风险。中国工程院院士、中国农业科学院原副院长万建民在接受《中国新闻周刊》采访时指出，1996~2020 年，中国大豆、玉米的单产跟美国的差距不但没有缩小，反而还在扩大，说明品种培育水平和美国有差距。数据显示，1996~2019 年，美国玉米单产年均增长 8.5 公斤，良种贡献率为 65%；同期，中国玉米单产年均增长 4.5 公斤，良种贡献率为 45%。蔬菜领域情况更为严重。2020 年，黑龙江省海伦市的一个合作社，种植了 1 万多亩辣椒，其中 1700 亩尖椒、近 1000 亩圆椒都是采用的以色列的种子，因为以色列的种子质量好，产品外形好看，且可以多采一茬。

## （二）优质种质资源保护力度亟待加大

2020 年 9 月，《瞭望》周刊指出包括全球行业前 10 强在内的 70 多家国际种业巨头企业，均已大规模进入中国市场。这一事实说明，国外的大批种子已经大量在国内田间地头使用，这不可避免地会加剧我国野生以及自育种质资源流失的风险。东北地区是我国种质资源较为丰富的地区，但是长期以来，支撑资源收集的经费持续性与稳定性较低，收集手段在某些层面存在欠缺，东北三省在种质资源表型性状鉴定、深度挖掘等工作上存在不足，表现为前瞻性、针对性、精准性不强等问题。除了农作物，其他特有生物种质资源也存在很多问题，现在距第二次全国畜禽遗传资源调查已经过去十几年。这十几年间，东北三省畜牧业转型升级进程加速，规模化养殖快速发展，农村散养户大量退出，特别是近年来受非洲猪瘟、禁养限养的影响，原有的畜禽遗传资源保护和利用状况发生了很大变化，地方畜禽品种灭失风险加剧。部分畜禽、水产遗传资源还没有建立起保种场、保护区，缺乏复份库，现有保护体系存在较大系统性风险，微生物资源更是如此。建立健全种质资源保护体系是当务之急。

## （三）各类种子企业竞争能力仍然较弱

近年来，东北种子企业数量增长较快，但是多而不强，2020 年，辽宁、

黑龙江、吉林拥有的种子企业数量分别排全国第 5 位、第 6 位、第 11 位，但是东北三省种子企业至今未有一个在主板上市，竞争能力弱，总体实力仍待增强。东北三省种子企业缺乏商业化育种资源与技术力量，进而无法对现代育种模式开展研发创新，更多地依靠外购品种或者共同开发。2020 年，中国种子协会认定中国种业骨干企业共 57 家，东北三省仅占四席，分别是北大荒垦丰、辽宁东亚、齐齐哈尔市富尔农艺与吉林鸿翔，少于江苏、河南等一个省的骨干企业数量。2020 年，在全国种业企业人员数量排名与种业企业科研人员数量排名中，东北三省只有黑龙江进入前 10，且均排第 7 位，并不靠前。2020 年全国种子企业总资产超过 2 亿元的企业共 205 家，其中，拥有超过 10 家的省份的种子企业数量占总数近 40%，东北三省未有一家。

### （四）种业育种创新关键技术仍在跟跑

当前，以生物科技革命为代表的新一轮科技革命乃至产业革命已经到来。继农业经济、工业经济、数字经济之后，生物经济已经成为第四个经济形态。生物技术对农业发展的影响，堪比数字信息技术对工业发展的影响，会带来许多革命性和历史性变化。但是，东北三省在农业生物育种研发和应用上仍存在一定不足，当前国际一流种业已经由分子育种 3.0 时代迈入"常规育种+生物技术+信息化"智能设计育种 4.0 时代，而东北三省种业仍处于常规育种阶段，处于表型选择 2.0 育种时代向 3.0 育种时代过渡时期，种业育种创新能力不强，分子育种技术以及基因编辑等现代生物育种技术仍然处于跟跑阶段。东北三省农产品加工核心菌种主要来自进口，导致加工成本居高不下，酸奶产品对国外的依赖度几乎达 100%。东北三省批准应用于婴幼儿食品的益生菌菌株有 9 种，但大多来自国外。

### （五）种业知识产权保护制度仍然不够完善

我国的种业知识产权保护制度建立于 20 世纪八九十年代，其中最核心的《植物新品种保护条例》于 1997 年颁布。但是，随着 2000 年《中华人民共和国种子法》颁布，我国种业自身及面临的外部环境都迅速发生了巨大变化，尤其是在经营方式上实现了从计划经济向社会主义市场经济的全面转型，在技术创新方面也取得了突飞猛进的发展。但是，以品种权保护为核心的种业知识产权保护制度体系未能及时做出相应的根本性调整和变革，使得现行制度相对滞后、不能适应新品种保护事业发展需要的问题变得越来越突出。随着重组 DNA 技术的诞生，科学家可以在分子水平上对基因进行细致操作、改动，即将外源基因通过体外重组导入受体细胞之内，进而在受体细胞内实现复制、转录、表达，最后筛选出符合要求的新品种。于是生物育种技术将植物种子变成了一个非常复杂的技术综合体，这种变化的过程又成为一个拥有很多关键技术环节的系统工程。其中每个环节，都可能是一项创新性的劳动成果，都需要专利、品种权、商业秘密等不同类型知识产权进行平行或者交叉保护。而我们的知识产权保护制度却显得过于陈旧、过于笼统，没有办法对如此复杂的技术类别、环节、项目进行分门别类、细致入微的全程保护。

## 三 东北三省种业发展的对策建议

### （一）全面加强种质资源保护利用

深入开展东北三省种质资源保护与利用，按照《农业农村部关于开展全国农业种质资源普查的通知》（农种发〔2021〕1 号）要求，全面启动农作物、畜禽、水产等种质资源普查、收集、鉴定与保存工作，紧密结合东北地区农业种质资源分布状况，全面系统谋划、做好各项宣传、精准有效推进、实时跟踪普查进展，确保普查操作规范、数据精准。全面摸清东北三省种质资源家底，切实做到没有遗漏，抓好抢救性收集。建立健全东北三省农业种质资源保护体系，加快推进各省种质资源中心库建设，除农作物外，加强畜牧、水产等保种场、保护区与复份库建设，构建农业种业资源全方位发展格局。做到普查与保护共同推进，对新发现的种质资源进行有效保护，以防资源得而复失，切实做到普查全覆盖、保护无遗漏。充分尊重资源遗传多

样性及可利用性，完善种质资源信息公开和共享交流机制，将资源优势转化为产业优势，实现资源普查、保护、利用有机衔接、协调推进。

### （二）加快完善种质品种创新体系

提升品种创新能力是东北三省适应市场形势发展变化的关键举措之一。东北三省当前主要采取杂种优势利用、主导诱变等常规育种方式，分子生物育种和智能育种技术才刚刚起步，与习近平总书记强调的"要有序推进生物育种产业化应用"[1] 还有很大差距。目前来看，以"生物技术+信息化"为特征的第四次种业科技革命方兴未艾、影响巨大。东北三省要抢抓先机、顺势而为、提前布局，以数字农业为引领，以生物育种为重点，推动传统育种与生物育种融合、与数字技术叠加，加快靶向育种、精准育种、智慧育种，把生物育种培育成农业发展新动能、高质量发展的新增长点。谋划建立东北地区种业管理大数据平台，率先建成全国数字化育种先导区。要加强国际种业交流，打好引进国际种业企业、吸引国外研发机构、人才交流培养、举办国际种业大会等"组合拳"，加快在水稻、玉米、大豆、蔬菜等优势农产品领域引进一批拔尖品种，通过引进国外品种，将其吸收转化成本地品种，实现育种"弯道超车"。同时要加快农业生物技术研发应用，全力建设生物育种、生物农药、生物肥料、生物饲料、生物疫苗及兽药、生物食品、生物质能等产业集群。

### （三）着力增强种业企业竞争实力

企业是创新的主体，强种业首先要强企业，东北三省要着力巩固种业企业在育种中的主体地位，增强种业企业竞争实力，培育壮大现代种业企业。引导种业企业集群式发展，充分调动种业企业积极性，发挥种业企业各自优势，实现各类资源优势互补，用强企提携弱企，实现集群式发展、抱团式发

① 《习近平主持中共中央政治局第三十三次集体学习并发表重要讲话》，中国政府网，2021 年 9 月 29 日，https：//www.gov.cn/xinwen/2021-09/29/content_ 5640153.htm。

展。大力推进科研单位与种业企业深度合作，可以通过聘用、项目合作等方式，提升种业企业的创新能力。鼓励引导种业企业"走出去"，促进种业企业对外交流合作。当前，东北三省建立"育繁推"模式的种业企业只有7家，辽宁1家，吉林3家，黑龙江3家，缺少像隆平高科、登海种业、圣农集团等一样的全国一流的种业企业。要坚持市场化、商业化育种发展路径，鼓励本地种业企业间兼并重组、强强联合，打造一批"育繁推"一体化种业集团，采取"上市基金+战略投资者"方式，率先推动东亚种业、吉林鸿翔、北大荒垦丰主板上市，加快形成航母型企业领军、特色优势企业骨干、专业化平台企业支撑的梯次发展格局，加快打造全国种业硅谷。

## （四）探索创新模式优化育种机制

当前，东北三省种业产学研深度融合不够，要在科企联合攻关上下功夫，引导科研院所和"育繁推"一体化种业企业合建国内领先的现代化公益性开放式的生物育种平台。整合沈阳农大、吉林大学、东北农大、八一农大、三省农科院等各类科研资源，联合东亚种业、吉林鸿翔、北大荒垦丰等重点种业企业，争创国家级育种区域技术创新中心。采取"揭榜挂帅"方式，开展良种联合攻关和种源"卡脖子"技术攻关。深化种业科研体制改革，鼓励种业人员采取兼职、挂职、参与项目和技术参股等方式到种业企业服务。探索建立人才引进培养模式，在高端育种队伍上求突破。加强种业人才队伍建设，采取引育并举的方式，引导种业企业、第三方机构与高校合作设立院士工作站、博士科研工作站和种业人才培训基地。支持高校与科研单位引进领军人才、高层次人才、紧缺人才和高水平创新团队，增强东北三省在种业领域的话语权和影响力。加强与重要科研院校国家队战略合作，通过柔性方式引进顶尖人才，实现不求所有、但求所用。

## （五）构建种业健康发展良好环境

种业处于农业整个产业链的源头，是建设现代农业的标志性、先导性工程，是国家战略性、基础性核心产业。要打好"种业翻身仗"，良好的发展

环境是首要条件。种业是典型的高技术产业，其生命力就在于原始创新，必须有健全的知识产权保护制度为其保驾护航。东北三省要持续推进资源保护、品种攻关、企业培育、基地建设等全链条知识产权保护，为推动种业振兴提供基础支撑。要在行政执法、司法保护、行业自律等环节完善保护体系，构建全链条保护格局，严厉打击侵犯种业知识产权行为，鼓励支持原始创新。要加大种业知识产权司法保护力度，出台相关司法解释，明确司法裁判规则，依法惩治各类种业侵权行为，推动解决举证难、侵权赔偿额低等问题。同时要继续强化种业市场监管，加大品种权保护力度，提高主要农作物品种审定标准，开展非主要农作物登记品种清理，为推进东北三省种业健康发展持续提供坚实法治保障。

**参考文献**

郭盛、禾璐、贾苏卿等：《农作物种质资源保护和开发利用存在的问题及对策》，《中国种业》2018 年第 4 期。

黄殿成、孙君灵、赵翔等：《提高科技成果转化率之我见》，《中国种业》2019 年第 11 期。

蒋圣华：《开启农业种质资源保护与利用新篇章》，《中国农村科技》2020 年第 5 期。

刘霁虹：《农作物种质资源保护和开发利用存在的问题及对策》，《种子科技》2021 年第 5 期。

马淑萍：《现代农作物种业发展的里程碑》，《中国种业》2019 年第 3 期。

# B.7
# 东北民营经济发展问题研究

刘佳杰 *

**摘　要：** 民营经济是我国经济社会高质量发展的重要动力。2022 年，东北三省围绕企业生存发展的实际需求，加强政策统筹，各类市场主体数量稳步增长，主导产业创新力、竞争力不断增强，民营经济部分指标呈现缓慢恢复态势，回稳向好态势较为明显，有力夯实了东北三省的经济发展根基。与此同时，受需求收缩、供应链受阻等多重因素影响，民营企业经营发展面临巨大压力。要充分发挥民营经济在推动东北经济高质量发展中的重要作用，既要加快传统优势产业提质增效，又要推动新兴产业做大做强做优，促进创新链与产业链融合，形成经济发展新动能。

**关键词：** 民营经济　高质量发展　主导产业　科技创新

作为国民经济的毛细血管，民营经济在拉动经济增长、强化自主创新、提供民生保障、提升开放水平等方面发挥举足轻重的作用，推动民营经济发展壮大是构建新发展格局的基本要求。2022 年，东北三省各级党委、政府坚决贯彻习近平总书记关于东北振兴发展的重要讲话和指示精神，坚持稳中求进工作总基调，着力优化民营经济和中小企业发展环境，转方式、调结构，鼓励创新创业，支持降本增效，东北三省民营经济呈现恢复发展态势。在错综复杂的国内外形势及艰巨繁重的改革发展稳定任务下，当前制约东北

---

* 刘佳杰，辽宁社会科学院经济研究所研究员，主要研究方向为公共经济。

民营企业发展的障碍仍然存在。为此，东北三省要继续践行新发展理念，推进产业振兴，放宽市场准入条件，加快助推民营经济发展。

# 一 东北民营经济发展现状

2022年，在各级党委、政府的领导下，东北三省以壮大民营经济为抓手，坚定不移支持民营企业拉长产业链条，多措并举推动民营经济高质量发展。目前，东北三省工业经济稳定恢复基础不断筑牢，民营经济主要指标边际改善，中小企业呈现稳中向好的良好态势。

量大面广的市场主体是稳经济的重要基础、稳就业的主力支撑。2022年上半年，辽宁实有民营经济市场主体439万户，占全省市场主体总量的95.8%。尽管2022年第一季度受到新冠疫情影响，各类市场主体继续保持稳步增长态势，同比增长9.96%。市场主体健康有序发展为稳住辽宁经济基本盘提供了重要支撑。

吉林民营经济成为推动吉林振兴发展不可或缺的重要力量。吉林民营经济增加值达全省经济总量的一半，民营企业贡献了3/4的投资和就业、2/3的财政收入，民营经济作为宏观经济蓄水池、稳定器的作用凸显。2022年1~8月，吉林省市场主体总计315.5万户，新登记市场主体26.5万户，新增"个转企"3018户，市场主体规模进一步扩大。其中，新登记市场主体增速居全国第三位，市场主体复苏势头明显。

2022年1~6月，黑龙江省市场主体达到312.8万户，同比增长9.6%，新登记市场主体28.3万户，同比增长18.7%。通过扩增量、壮存量，黑龙江市场主体不断成长壮大，成为稳经济的重要基础、稳就业的主力支撑。

## （一）主导产业稳中提质

2022年，东北三省扎实做好产业结构调整"三篇大文章"，补齐制约产业发展的关键性短板，适应产业分工深化要求，推进产业集聚化、高端化，夯实民营经济发展根基，提升区域经济竞争力。

主导产业继续发展壮大。围绕装备制造、能源原材料和食品加工业等主导产业进行再优化、再提升，深入推进产业链补短板、锻长板，把发展经济的着力点放在实体经济上。加快构建具有东北特色的新型工业产业体系，增强产业链供应链韧性，从壮大实体经济中找寻高质量发展之路。

辽宁深度开发"原字号"。聚焦冶金、石化等"原字号"产业，依托资源及区位优势，延伸产业链条，深挖增值潜力，推进产业基础高级化、产业链现代化，以产业结构和经济结构调整筑牢辽宁发展根基。辽宁隆镁科技有限公司依托辽南菱镁专业化市场，突破菱镁矿闪速轻烧、高值镁化工产品制备等关键核心技术，轻烧窑炉可实现能耗降低30%、效益提升30%、污染减排90%，提升企业质量效益和核心竞争力。作为区域特色产业，菱镁产业具有快速实现1000亿元年产值的巨大潜力，带动整条产业链上的更多企业尤其是中小微企业运转起来，增强高质量跨越式发展的后劲。依托恒力炼化一体化项目，辽宁省加快推进石化产业布局的优化调整，延伸产业链，推动石化产业向中高端发展。作为全国首家全产业链布局的民营炼化龙头企业，恒力石化的"大化工"+"新材料"双线发展路径已形成从原油到织造再到终极产品高端树脂和聚氨酯的产业链条，其从下游向中游、上游不断回溯的过程具有明显的空间集聚性和产业关联性特征。立足产业比较优势，以恒力石化为龙头企业，集聚了数十家化工企业，本地配套率超过60%。石化产业提升了产城融合发展水平，增强了对区域发展的支撑能力，成为引领长兴岛高质量发展的强劲引擎。2022年上半年，辽宁冶金、石化"老字号""原字号"的产业赋能持续增效，材料组织与性能调控、清洁高效炼焦等共性关键技术取得重大突破，"超纯镁"量产打破国外技术垄断，海洋工程用钢市场占有率在全国领先。辽宁省经过升级改造的企业生产效率平均提升21.2%，运营成本平均降低15.6%。

吉林省围绕构建"一主、六双"产业空间布局，加快化工、汽车、冶金三大传统产业改造升级。充分发挥吉林资源禀赋与产业基础优势，一汽、吉林化纤等企业起到中流砥柱的作用，医药产业、轻工业等传统优势产业领域技术攻关取得新突破。作为全国汽车产业集聚区，吉林举全省之力，以建

设现代新型汽车和零部件产业集群重塑行业格局，全力推动汽车产业链转型升级。加快建设长春国际汽车城，以中国一汽为龙头企业，聚力建链、强链，培育壮大长春市振华汽车涂装有限公司、天合富奥汽车安全系统（长春）有限公司、吉林东光奥威汽车制动系统有限公司、长春富维伟世通汽车电子有限公司等一批自主零部件企业，整车零部件产业集群初步形成，发展动能叠加效应开始显现。动力总成工业园、轴齿工业园等一批专业汽车零部件产业园区的建立推动了各级供应商间的协作配套，为吉林工业经济增长提供了有力支撑。吉林省积极打造碳纤维全产业链，做大做强精细化工产业链，不断筑牢振兴基础。作为全国最大的碳纤维原丝生产企业，吉林化纤积极推动新旧动能加速转换，自主研发设计的超宽炉体的碳化线下游复合材料满足了企业对高性能碳纤维的需求。吉林化纤通过推进 40 万吨碳纤维全产业链建设，带动碳纤维研发及生产企业 19 户，层次鲜明、链条完整，基本覆盖从原丝、碳丝到复材的 40 万吨碳纤维全产业链。目前，吉林省碳纤维原丝、碳丝年产能均居全国首位，吉林市经开区碳纤维产业基地被科技部认定为"国家级碳纤维高新技术产业化基地"。

黑龙江全链条推进"五头五尾"，装备、石化、能源、食品等传统支柱产业转型升级步伐加快。精密仪器与汽车零部件等企业形成产业链条，传统优势产业"老树发新枝"。建龙集团准确把握新时代对钢铁工业的战略定位，以加速推进结构调整为抓手，实现钢铁产业转型发展。充分发挥龙头企业的引领和示范作用，打破钢铁冶金劳动密集、控制分散、经验为主的传统工艺模式，重点开发以高纯钒深加工及储能技术和气基竖炉还原为代表的低碳冶金技术，推动黑龙江钢铁产业链条不断完善，提升企业核心竞争力，有效促进黑龙江"原字号"工业企业的转型升级。2022 年第一季度，建龙销售收入同比增长 65.27%，利税总额同比增长 29.19%，为地方经济振兴做出了突出贡献。飞鹤乳业持续扩增乳业产业集群，全产业链模式涵盖从牧草种植、饲料加工到售后服务各环节，兴产延链，使产业集群效应无限放大。在助推黑龙江克东、依安有机食品生产基地建设的同时，全力推动乡村振兴、土地增收。从产业链上游布局到下游渠道建设，全省七大工厂形成利益共享、风险共担的产业链发展模式,基本实现"共富共享全产业链"。尽管遭遇行业寒冬,但飞鹤乳业让传统产业重振雄风,拉动3万余人就业、15万农民增收致富,增值100多万亩耕地,全国市场占有率达到17.3%。

新动能产业发展潜能日益彰显。以工业互联网、新能源汽车、高端装备制造、生物医药健康等产业为代表的新兴产业成为东北三省发展的新增长点,各地超前谋划,构建多点支撑、多元发展的现代产业新格局。工业经济数字转型助力分工深化,一批传统产业企业开发推广行业工业互联网平台,借数字东风实现了转型升级、弯道超车,取得了显著的管理效益和经济效益。吉林东北电院开元基于AI技术的发电设备智能运行与故障诊断远程运维平台发挥大数据、人工智能等数字新技术在数据处理、分析方面的优势,推动人工智能和实体经济深度融合。建龙钢铁"基于工业互联网的智能设备管理生态平台"形成并输出云化核心能力,助力传统工业企业数字化、网络化、智能化转型,为客户降本增效、提质增收。浙达能源利用工业互联网App实施智能制造工程,通过推出入炉煤煤质工业分析系统、煤粉粒度检测仪、锅炉燃烧优化控制系统,深化大数据与装备制造的协同融合。以沈阳新松机器人、沈阳芯源微电子设备、沈阳富创精密设备为代表的新产业梯队着眼延链补链强链,芯片、半导体、集成电路等细分领域取得长足发展,助推区域经济高质量发展。长春生物、敖东药业、珍宝制药、华大基因等龙头企业不断增强生物医药产业集群优势,加快高端原料药及中间体等创新药物开发。长春高新区生物医药产业园、哈尔滨利民生物医药产业园区等平台加速崛起,围绕现代中药、化学药、生物药等主导板块,抢占新一轮产业发展的制高点。长光卫星技术股份有限公司的快速发展带动上游200余家本地企业为其配套生产包括CMOS图像传感器在内的关键核心部件,下游有30余家高校、科研院所和近百家企业依托其进行遥感信息开发,构建起日新月异的新动能产业发展格局。

## (二)进出口增长迅速

随着国家稳经济一揽子政策措施的陆续落地,东北三省有序推进复工复

产，外贸市场主体活力有效激发。2022 年前 7 个月，辽宁民营企业进出口总额占全省外贸总值的 44.5%，呈现出复苏强劲、增幅明显的良好态势。2022 年上半年，黑龙江民营企业进出口总额 394.2 亿元，同比增长 16.6%，在各类外贸主体中占比达 32.3%，为地区经济复苏和发展提供了新动能。其中，第一季度黑龙江民营企业出口总额增长 39.2%，高于全省出口增速 25.7 个百分点，占全省出口总额的 81.5%，为全年外贸保稳提质奠定了坚实基础。

政策效果明显。沈阳市在全国率先制定并实施"五型经济"发展三年行动方案，全力提升对外开放水平，切实保障外贸保稳提质。黑龙江省出台《黑龙江省支持对外贸易发展的若干措施》，聚焦中小微企业融资需求开展银企对接，对资源类产品进口等方面给予支持，政策效应明显。面对内外部压力，在东北三省一系列稳外贸政策措施落地见效和企业加强科研攻关的背景下，一批民营企业逆流而上，成为出口贸易的主力军。2022 年，远大智能不断拓展市场，坚持国内国际"两条腿走路"，海外订单比 2021 年同期增长了 25%；三一重装国际控股有限公司 1~4 月出口额达 5.9 亿元，同比增长 106%。

共建"一带一路"国家贸易关系更为密切。东北三省全方位提高对外开放水平，发挥自身优势拓展经贸合作朋友圈，与共建"一带一路"国家经贸合作不断深化。2022 年第一季度，中欧班列（沈阳）开行 100 多列，吉林省共发运中欧班列货物 3563 箱次，货值 8.5 亿元。民营企业成为东北外贸进出口增长最主要的拉动力量。

（三）以创新激发内生动力

2022 年，东北三省坚定不移下好创新先手棋，坚持创新链产业链协同发展。

巩固企业创新主体地位。构建"平台+实验室+产品"并驾齐驱的基层创新生态，实现东北振兴发展新突破。盘锦三力中科新材料有限公司依托辽宁盘锦精细化工中试基地与中国科学院大连化学物理研究所，聚焦关键技术突破和核心竞争力提高，共同研发 MMA（甲基丙烯酸甲酯）、PPO（低分子量聚苯醚）等四个新产品，为国家攻克"卡脖子"技术难题做出贡献。通过打通创新链上"断点"和"堵点"，持续推进关键核心技术攻关，深化产学研用结合，辽宁盘锦精细化工中试基地陆续促进键凯科技、研峰科技等企业成果实现产业化，加速集聚新动能。

创新平台载体，塑造发展样板。充分发挥产业优势，消除行政藩篱，聚焦"科技服务"和"产业培育"的发展定位，吸引集聚全国乃至全球的创新资源，加快打造具有核心竞争力的未来产业，一体化高质量发展的新高地正快速崛起。从"吉林一号""幻晶"系列产品到长春金赛药业生长激素研发，长春国家自主创新示范区在多元化培育创新主体方面接连发力，充分发挥科技创新在整合配置创新资源、串联创新链和产业链上的重要作用，建立健全以市场为导向、国家级创新平台为核心、平台创新和企业创新为主要途径的技术创新体系，做优做强一批掌握独门绝技的"单打冠军"或者"配套专家"企业，使其成为辐射东北地区乃至东北亚地区的科技研发、技术转移和扩散的创新中枢。实施创新主体"梯度培养计划"，培育高新技术企业达 740 户，区域经济发展更具活力和韧性。大连英歌石科学城发展壮大战略性新兴产业，以洁净能源为主线，向智能制造、海洋工程、新一代信息技术等领域深化拓展，不断提高内生式创新能力，超前布局新一代人工智能。推动基础研究、分子反应动力学、精细化工新材料、尖端海工装备等领域处于国内乃至世界领先地位的 5 个国家重点实验室入驻大连英歌石科学城，将其打造成具有国际影响力的创新策源中心，引领更多企业走"专精特新"路径。创新提升了中小企业在细分领域的专业化能力和水平。截至 2021 年 9 月，辽宁有国家级专精特新"小巨人"企业 211 户，居全国第 10 位；高新技术企业达 8107 户；科技型中小企业 18158 户，同比增长 45.3%；省级专精特新"小巨人"企业 524 户。吉林有省级"专精特新"中小企业 197 户，高新技术企业达到 2903 户，科技"小巨人"企业达 1049 户。黑龙江有国家专精特新"小巨人"企业 35 户，省级"专精特新"中小企业达到 864 户，高新技术企业达到 2738 家。东北三省的各类创新型企业层次分明、相

互衔接，共同构成梯度培育体系。不断增强的企业内生动力使广大中小企业在更好推动产业基础高级化、产业链现代化的同时，成为东北区域经济增长的新引擎。

### （四）政策托举助民营企业成长

2022年，疫情需防住，经济更要稳住。结合国务院印发的《扎实稳住经济的一揽子政策措施》，东北三省结合各自实际，加大助企纾困力度，分别出台若干配套措施，旨在保障企业运行、稳定经济增长。

加强金融支持。保证经济"毛细血管"畅通，财政、金融等多个领域助企纾困政策不断出台，推动政策"精准直达"，确保低成本资金惠及小微市场主体。辽宁发布《关于发挥财政金融政策作用助力市场主体纾困发展的通知》，出台17条举措，包括创业担保贷款贴息、发挥政府性融资担保机构增信作用等财政措施，尤其提高了省级风险补偿比例。推广"电e贷""国担快贷"等产品，着力稳住消费服务市场主体。出台《支持疫情防控、支持复工复产十条举措》等文件，助企纾困稳主体，为全省消费全面复苏提供支撑。实施中小微企业金融服务能力提升工程，开展"金融活水惠个体"专项行动，货币政策精准滴灌作用有效发挥。截至2022年6月末，吉林普惠小微企业贷款增速达14.4%，高于各项贷款增速8.3个百分点，进一步撬动金融资源更好支持市场主体纾困发展。黑龙江先后出台了"民营50条""民营27条"以及支持中小企业的两个"14条"等政策，增强中小企业发展动力，出台《黑龙江省促进中小企业发展条例》等法规支持政策红利持续释放。其中，累计办理缓税缓费42亿元，惠及1.9万户市场主体，减费让利"一竿到底"，提升金融支持的普惠性。

助力企业复工复产。2022年上半年，辽宁省接连出台《进一步优化营商环境　加大对中小微企业和个体工商户纾困帮扶力度的政策措施》《2022年辽宁省"一起益企"中小企业服务行动实施方案》等四个政策文件，共计108条措施，多渠道送服务进企业。辽宁省工业和信息化厅等12个部门组成全省经济运行保障专班，共同解决交通运输、重点生活物资生产等方面的问题 1500 余个，办理通行证 8 万余张，推动跨省产业链畅通，解决跨省问题 50 余个。辽宁实施"春暖辽沈·援企护航"保用工促就业专项行动，对各类企业分类施策，加强人岗对接。沈阳瑞成炉衬材料制造有限公司等各类企业充分享受了防疫补贴、稳岗社保补助、房产税部分减免政策，大连华锐重工集团股份有限公司稳定了 6400 余个岗位，获得 192 万元失业保险稳岗返还资金支持。吉林出台《关于进一步助力个体工商户纾困解难健康发展若干措施》，分解细化国务院稳住经济一揽子措施中关于个体工商户和小微企业降低水电气使用成本、融资纾困等的内容，并为困难企业实际降低物流成本、减免非国有场地房租或物业费等。黑龙江 12 部门联合发布扶持个体工商户持续发展的"20 条措施"，靶向定位助企纾困。

加大科技企业群体培育力度。聚焦高质量发展，落实创新驱动发展的国家战略，不断加强高新技术企业培育，多措并举壮大科技型企业群体。辽宁省先后出台《辽宁省高新技术企业"三年倍增计划"实施方案》《辽宁省民营科技企业梯度培育工程实施方案》《辽宁省雏鹰瞪羚独角兽企业评价办法》等文件，优化创新创业环境，厚植企业发展沃土，形成一批经济结构优、带动能力强的科技型企业。吉林出台《长春新区知识产权项目管理办法》等惠企政策法规，涵盖金融、产业、科技等多个方面，已为长光卫星、希达电子等 700 余户各类企业兑现政策资金 9000 余万元。

## 二　当前东北三省民营经济发展存在的问题

由于经济运行节奏被疫情打乱，2022 年相关市场主体困难明显增多，同时也面临产业链升级、重塑竞争优势等诸多挑战。受需求收缩、供给冲击多发散发等多重因素影响，抗风险能力较低的民营企业面临巨大生存压力，民营经济发展形势依然严峻。

### （一）重点产业辐射效应不足

通常而言，重点产业及其关联行业的空间集聚会对区域竞争力起重要提

升作用。东北老工业基地曾经对我国制造业发挥重要作用，目前虽大而不强，但仍然在我国制造业领域中举足轻重。然而，东北三省制造业中没有一个比较强势的主导产业带动区域快速发展。从区域范围来看，辽宁省制造业的资源及资本密集型行业专业化优势最明显，各类要素支持也相对充足，问题更具代表性。例如，辽宁的海工装备、轨道交通装备等传统装备制造行业本地配套率依旧不足。海工装备关键零部件还严重依赖澳大利亚、阿联酋的进口，国产化技术始终没有关键性突破。本地企业联系不够紧密，带动作用不够突出。从轨道交通装备产业来看，目前在辽的 273 家企业，156 家集中在沈阳、大连二市，其余 117 家分布在 11 市，空间分布过散过小，难以形成集群优势。从产业链上看，上游的原材料零部件研发企业、系统设计企业分别占 71%、29%，研发类企业数量有限，导致整个产业链更依赖传统制造业；产业链中游企业最为集中，多以机车零部件制造为主，上游研发有限催生出下游众多销售类企业；下游企业除了检修就是售后。相对于产业链的前两个环节，辽宁轨道交通装备的下游存在明显断链问题。从带动效应上看，除了产业链中游能表现出协同效应外，区域产业圈尚未形成规模效应，产业链条仍有较大的提升空间。

### （二）部分民营企业生存困难

当前，东北民营企业最大的痛点是经营困难，"活下去"才是王道。疫情带来的直接冲击是无消费场景，严重影响中小企业的经营。静默时期小微企业不仅面临简单的停工停产，还面临来自成本、现金等问题的困扰。复工复产后市场整体需求低迷、消费者购买力不振。对广大企业而言，解封后供需矛盾突出、订单下滑，加上日常经营面临的技术、资金等共性问题，普遍经营困难。

2022 年尤为突出的问题是物流受阻、订单滞后、货物压舱。由于对公路物流无法快速实现全国互认，除保障民生、抗疫的特殊保障类车辆外，东北多数中小企业频频受制于物流微循环不畅，"最后一公里"问题突出。2022 年春节后东北地区疫情相继出现，部分行业出现企业订单下滑的情况，物流"堵点"导致本已步履维艰的制造业企业雪上加霜。同时，制造业企业受制于上游原材料价格飞涨，疫情对产业链的冲击只能由企业独自承担，企业的经营压力可想而知。

## （三）创新能力不足

东北民营企业抵抗外界风险能力普遍较差，根本原因在于技术水平不高、创新能力偏低。根据最新《中国区域科技创新评价报告 2021》，东北三省尽管创新综合实力有所增强，但排名依然靠后。辽宁省以 66.32 分排第 14 名，吉林省以 66.90 分排第 17 名，黑龙江省排第 21 名。

对任何企业而言，创新是转变发展方式、实现转型升级的关键。根据中国民营企业 500 强相关数据，东北三省入围企业数量少（见表 1），且以黑色金属冶炼和压延加工业、综合类为主，缺乏保障产业链供应链稳定的重要支撑。从入围 500 强的民营企业来看，就技术创新而言，入围的 80% 以上的企业已完成或正在实施数字化转型，其中，研发经费投入强度超过 3% 的企业有 80 家，超过 10% 的企业有 6 家，东北三省均无分布。入围 500 强的民营企业尚且如此，其他民营企业自主创新能力可想而知：天生力量薄弱，研发投入严重不足，无法形成品牌及技术优势，始终处于产业链末端，同质化竞争较为激烈。作为主导产业之一的石化产业，炼有余而化不足、粗化工有余而精细化工不足、原材料有余而增值链不足的技术瓶颈始终无法突破。资源密集的优势并未释放发展活力，教科文优势无法与主导产业相契合，创新与转化脱节，导致产业基础支撑能力严重不足，缺乏"填空白""补短板"的"小巨人"企业。从全国第四批 8997 家专精特新"小巨人"企业来看，多集中于新材料、生物、新能源汽车、节能环保、先进无机非金属材料等战略性新兴产业。超六成的企业在关键领域发挥着"补短板""填空白"的决定性作用，其平均专利授权增速已超越其他制造业上市企业，原因正是其具有强大的创新资源集聚能力，而这正是东北民营企业所不具备的。

表1 2013~2022年中国民营企业500强东北三省入围情况

单位：家

| 地区 | 2013年 | 2014年 | 2015年 | 2016年 | 2017年 | 2018年 | 2019年 | 2020年 | 2021年 | 2022年 |
|---|---|---|---|---|---|---|---|---|---|---|
| 东 北 | 17 | 14 | 10 | 9 | 10 | 9 | 13 | 11 | 7 | 8 |
| 辽 宁 | 11 | 9 | 6 | 7 | 6 | 6 | 11 | 8 | 4 | 3 |
| 吉 林 | 1 | 1 | 1 | 1 | 2 | 2 | 1 | 2 | 2 | 3 |
| 黑龙江 | 5 | 4 | 3 | 1 | 2 | 1 | 1 | 1 | 1 | 2 |

资料来源：全国工商联。

# 三 东北三省民营经济发展的机遇及挑战

2022年，世界经济增长动力不足，经济发展的不确定性进一步增强。进入新发展阶段后，我国着力构建新发展格局。2023年，东北三省不断提高抓好经济工作和解决实际问题的能力，坚定不移推动东北高质量发展，东北民营经济发展机遇与挑战并存。

## （一）东北民营经济发展的机遇

进入新发展阶段，东北民营经济发展空间巨大、机遇满满。从国际来看，欧洲的能源危机抬高了欧洲本土制造能源成本，造成供应链不稳定、产能不足。东北部分制造业企业可依托区位及资源优势，凭借相对较低的原料成本，发挥供应链比较优势，有望增强海外出口的竞争力。尤其是化工行业，有望承接更多欧洲产能转移，从而受益量价双升。同时，能源危机导致欧洲部分出口的高端机械产品供给不足，倒逼国内部分具有代替能力的企业尤其是东北民营企业研发增产。从国内大环境来看，东北三省自上而下坚定不移推动高质量发展，坚持防疫与发展同步，把稳增长放在突出位置，增强经济增长的韧性，包括进一步优化营商环境、强化纾困帮扶、扶持重点行业和企业、破解融资难题、推动改革创新，不断用市场化办法、改革举措解难题，全力帮助中小企业爬坡过坎、渡过难关。从企业自身来看，疫情带来的冲击及现实的需要也倒逼很多民营企业升级转型，包括 5G、人工智能、区块链、大数据在内的新基建建设也为中小企业的数字化转型提供了基础支撑。更多"专精特新"企业助力东北三省优化产业链、供应链、创新链，为构建新发展格局注入源源不断的新动力，是维护产业链、供应链安全稳定的重要力量。众多中小企业生产经营呈企稳态势，为东北三省国民经济平稳运行奠定了坚实基础。

### （二）东北民营经济发展的挑战

放眼全球，经济发展的外部环境并不乐观。俄乌冲突深陷泥沼，全球通胀居高不下，能源危机越发剧烈，这就导致国际金融市场波动加剧，地缘政治博弈对全球产业链影响加大，上游产品价格高企冲击部分行业经营。从国内来看，外部经济的严峻形势导致国内经济恢复基础不稳固，区域、行业间的结构性分化仍在加剧。2022 年 5 月，全国中小企业发展指数已连续 4 个月下降，为 88.2，处于 2021 年以来最低位，经济下行压力凸显，企业信心亟待提振。我国中小企业多处于产业链末端，被动承受来自各方的终极压力，外部发展环境越发恶劣。消费越发趋于保守与谨慎，原材料价格上涨、产业链卡堵、人工成本上升等均使中小企业效益大幅下降。东北民营企业多处于发展转折期，创新驱动数字化转型的能力不足，成本传导力差、议价能力弱，"低门槛、低利润"的行业更会受到经济周期波动冲击。

## 四 促进东北三省民营经济发展的对策建议

面对前所未有的危机与挑战，东北三省应加快推进新时代东北全面振兴，充分发挥民营经济对国民经济高质量发展的支撑作用，以现代产业体系为统领，以高质量发展为主题，实现民营经济跨越式发展。

### （一）构建现代产业体系

加快推进新时代东北全面振兴，实现高质量发展，要紧跟市场需求，构

建现代产业体系，走新型工业化道路。作为国家重要战略产业基地，东北三省要以产业集群为重点，大力发展实体经济，筑牢现代化经济体系的坚实基础。围绕传统优势产业与新兴产业协同发展，加快传统优势产业提质增效，做大做强新兴产业，推进基础能力再造和产业体系升级。促进东北地区内部产业间合理分工，实现资源合理分配，避免形成区内的资源竞争格局。辽宁省以高端精密机械、产业机器人等智能机械制造业为核心，加快推进智能制造；吉林省以电动车、客车等交通机械制造业为核心，在装备制造、化工、医药等重点领域发力；黑龙江省的产业体系升级和基础能力再造以重型机械、航空装备等装备制造业为突破口。东北三省以产业链的融合为契机，培养一批新兴产业龙头企业，通过扩散效应，带动更多产业链上下游企业同步发展。同时，培育与这些高端创新型主导产业配套的产业，通过强链、延链打造区域内产业链竞争优势，提高东北地区工业经济实力和产品竞争力。

### （二）强化科技创新引领

继续借助创新发展行动计划的实施，强化科技创新引领，充分挖掘创新资源优势，以企业为主体，延长创新产业链条，为高质量发展寻求强大支撑。支持创新主体围绕优势领域和重点产业创建或升级科技创新平台，积极争取国家科技力量布局。着力提升中科吉林科技产业创新平台、长春新区·中关村北湖创新基地产业基础能力和产业链水平，聚集整合各类创新要素，积极构建"众创空间—孵化器—加速器"全链条服务体系。培育创新主体，夯实创新发展基础，优化东北三省科技结构。紧紧抓住产学研深度融合的协同创新模式，充分对接市场，深入开展双创示范基地建设，构建引领新兴产业发展的科技创新体系和充满活力的创新创业生态。

### （三）全力保障政策落地

以民营经济为抓手，推动东北全面振兴取得新突破。全面落实东北三省振兴民营经济的若干意见，进一步促进民营经济发展壮大，为民营经济发展营造良好环境和提供更多机会，落实各项优惠政策，提振中小企业发展信心。持续改善营商环境。要加大对民营企业政策支持力度，提高精准度，彻查躺平、推诿、梗阻等问题，清理清算各类拖款欠账，聚焦职能部门不兑现承诺、执行难等问题，营造人人关心营商环境、人人优化营商环境的浓厚氛围。打通中小企业融资渠道，创新商业性金融机构信贷方式，升级对民营企业投资的"打包"金融服务，鼓励银行与专精特新企业建立中长期银企关系。

## 参考文献

刘国斌：《新发展理念引领下东北经济如何高质量发展的思路及对策建议》，《东北亚经济研究》2021 年第 5 期。

吴明东、祝滨滨：《东北地区传统优势产业与新兴产业协同发展研究》，《经济纵横》2019 年第 8 期。

闫春英、张佳睿：《东北振兴战略推进过程中民营经济发展的影响因素与疏解之策》，《现代经济探讨》2020 年第 7 期。

赵儒煜、肖茜文：《东北地区现代产业体系建设与全面振兴》，《经济纵横》2019 年第 9 期。

# B.8
# 东北三省加快民营经济高质量发展研究

朱德鹏　王仕林　何　欣*

**摘　要：** 近年来，东北三省各级党委、政府高度重视民营经济发展，不断完善惠企政策体系，出台了一系列支持民营经济发展的政策举措，多角度多领域多层次培育壮大民营企业，注重"专精特新"中小企业培育，及时落实减税降费惠企政策，持续优化营商环境。但与发达省份相比，东北三省民营经济还存在着总量规模偏小、龙头企业偏少、整体活力不足、创新能力不强等问题。促进民营经济发展，一是要进一步拓展民营企业发展空间，放开更宽领域，发挥民营市场主体的优势；二是要在激发民营企业内生动力上做文章，促进民营企业提升自主创新能力，推动民营企业加快数字化、智能化、绿色化转型，大力扶持领军型龙头企业发展，鼓励企业参与标准制定；三是要不断优化民营企业发展环境，营造最优市场环境、政务环境、人文环境，政府部门应积极主动为民营市场主体服务。

**关键词：** 民营经济　振兴发展　东北三省

习近平总书记强调，民营经济是社会主义市场经济发展的重要成果，是推动社会主义市场经济发展的重要力量。① 长期以来，我国民营经济快速发

---

\* 朱德鹏，黑龙江省社会科学院经济研究所助理研究员，主要研究方向为发展经济学；王仕林，黑龙江省社会科学院研究生学院硕士研究生，主要研究方向为政治经济学；何欣，黑龙江省社会科学院研究生学院硕士研究生，主要研究方向为政治经济学。

① 彭国川、康庄：《壮大民营经济 实现高质量发展》，中国政府网，2019 年 1 月 14 日，https：//www.gov.cn/xinwen/2019-01/14/content_ 5357602.htm。

展,在国民经济中发挥了不可或缺的重要作用,是稳定经济的重要基础,是国家税收的重要来源,是技术创新的重要主体,是金融发展的重要依托,是推动经济持续健康发展的重要力量。党的二十大报告重申"毫不动摇鼓励、支持、引导非公有制经济发展",要优化民营企业发展环境,依法保护民营企业产权和企业家权益,促进民营经济发展壮大。习近平总书记在与参加全国政协十四届一次会议的民建、工商联界委员座谈时强调,党中央始终坚持"两个毫不动摇""三个没有变",始终把民营企业和民营企业家当作自己人。① 要引导民营企业和民营企业家正确理解党中央方针政策,增强信心、轻装上阵、大胆发展,实现民营经济健康发展、高质量发展。

## 一 东北三省民营经济发展现状

### (一)黑龙江省民营经济发展现状

改革开放 40 多年来,伴随着我国社会主义市场经济体制的确立和完善,黑龙江省民营经济不断发展壮大,在稳定增长、促进创新、增加就业、改善民生等方面都发挥了重要作用,民营经济贡献了全省 40% 以上的投资和税收、50% 以上的地区生产总值、80% 左右的出口额、90% 以上的市场主体。2021 年,黑龙江省民营经济增加值占地区生产总值的 50.8%,较 2018 年提高了 2.3 个百分点。

近年来,黑龙江省委、省政府高度重视民营经济发展,出台了一系列推动民营经济发展的扶持政策,不断完善惠企政策体系,多角度多领域多层次培育壮大民营企业,持续优化民营经济发展环境,民营经济发展取得积极成效。黑龙江省不折不扣贯彻落实党中央、国务院关于支持民营经济发展的各项决策部署,不断增强民营企业发展活力,推动民营经济加快发展、高质量发展。

---

① 《习近平看望参加政协会议的民建工商联界委员时强调:正确引导民营经济健康发展高质量发展》,2023 年 3 月 6 日,中国政府网,https://www.gov.cn/xinwen/2023-03/06/content_5745092.htm? eqid=9d5526160000ca86000000066475c36b。

2022 年 11 月 16 日，黑龙江省民营经济发展大会在哈尔滨召开，大会聚焦推动全省民营经济高质量发展，制定出台了《关于振兴发展民营经济的若干意见》，表彰了一批创新发展、业绩优良、贡献突出的优秀民营企业，具体包括"累计纳税民营企业 50 强"、"就业突出贡献民营企业 20强"、"民营高新技术企业 50 强"、"外向型经济贡献民营企业 30 强"、"龙江质量品牌优秀民营企业 50 名"、"生物经济民营企业 20 强"和"数字经济民营企业 20 强"。

1. 注重"专精特新"中小企业培育

支持民营中小企业向着"专业化、精细化、特色化、新颖化"方向发展，支持企业提高自主创新能力。党的二十大报告明确指出，支持专精特新企业发展，推动制造业高端化、智能化、绿色化发展。专精特新中小企业虽然规模不大，但拥有各自的"独门绝技"，在产业链上扮演着重要角色。进一步支持鼓励"专精特新"中小企业向着专精特新"小巨人"企业[①]和制造业单项冠军企业[②]发展。2022 年 8 月，黑龙江省工业和信息化厅公布入选第四批国家级专精特新"小巨人"的企业名单，黑龙江省共有 19 家企业入列，其中哈尔滨市有 13 家。

表 1  黑龙江省第四批国家级专精特新"小巨人"企业公示名单

| 序号 | 企业名称 |
|---|---|
| 1 | 黑龙江省宝泉岭农垦溢祥新能源材料有限公司 |
| 2 | 哈尔滨瀚霖科技开发有限公司 |
| 3 | 哈尔滨新科锐复合材料制造有限公司 |
| 4 | 严格集团股份有限公司 |
| 5 | 哈尔滨东安实业发展有限公司 |
| 6 | 哈电集团哈尔滨电站阀门有限公司 |

① 专精特新"小巨人"企业是"专精特新"中小企业中的佼佼者，是专注于细分市场、创新能力强、市场占有率高、掌握关键核心技术、质量效益优的排头兵企业。
② 制造业单项冠军企业是指长期专注于制造业某些细分产品市场，生产技术或工艺在国际上处于领先水平，单项产品市场占有率位居全球或国内前列的企业，代表全球制造业细分领域最高发展水平、最强市场实力。

续表

| 序号 | 企业名称 |
|------|----------|
| 7 | 哈尔滨国铁科技集团股份有限公司 |
| 8 | 大庆亿鑫化工股份有限公司 |
| 9 | 大庆华理生物技术股份有限公司 |
| 10 | 大庆辰平钻井技术服务有限公司 |
| 11 | 黑龙江吉地油田服务股份有限公司 |
| 12 | 牡丹江北方合金工具有限公司 |
| 13 | 哈尔滨铸鼎工大新材料科技有限公司 |
| 14 | 哈尔滨纳诺机械设备有限公司 |
| 15 | 哈尔滨博深科技发展有限公司 |
| 16 | 哈尔滨海邻科信息技术有限公司 |
| 17 | 哈尔滨电碳厂有限责任公司 |
| 18 | 哈尔滨博实自动化股份有限公司 |
| 19 | 哈尔滨万鑫石墨谷科技有限公司 |

资料来源：黑龙江省工业和信息化厅。

截至 2022 年 10 月底，哈尔滨市已培育省级以上"绿色制造企业"60 户、省级智能化车间 70 个、国家级单项冠军 3 项、国家级专精特新"小巨人"企业 36 户、省级"专精特新"中小企业 464 户，累计认定省级以上首台（套）产品 212 台（套）。

**2. 及时落实减税降费惠企政策**

为支持民营企业发展，黑龙江省税务部门积极作为，认真落实国家下达的各项税收优惠政策，利用多种渠道宣传最新的增值税留抵退税优惠政策，主动上门送政策，解企业"燃眉之急"，主动包联服务重点企业（项目），解答企业在办税过程中遇到的问题。截至 2022 年 12 月 15 日，全省合计增值税留抵退税 214.0 亿元、新增减税降费 86.4 亿元、缓税缓费 75.5 亿元，惠及全省 343.4 万户市场主体。2022 年，黑龙江省出台《贯彻落实国务院扎实稳住经济一揽子政策措施实施方案》，促进服务业等领域困难行业恢复发展，全年累计新增减税降费及退税缓税缓费 375.0 亿元以上，共为 9486 户中小微企业减免房租 2.2 亿元，为 4.3 万户企业阶段性降低失业保险费 10.1 亿元。

2022年，国家相继出台了一系列支持出口退税的政策和措施，助力稳外资稳外贸，帮助出口企业应对风险挑战，黑龙江省税务系统采取有力措施，加快出口退税进度，提升出口退税便利化水平，为外贸企业纾困解难，增强出口企业信心，支持外贸企业稳定向好发展。黑龙江省税务系统加快推进出口退税无纸化申报，疫情期间全面放开出口退税无纸化申报等业务，积极引导出口企业选择"非接触"方式办理出口退（免）税业务，推行出口退税业务资料"容缺办理"，简化出口企业申报手续。同时，税务部门不断加快出口退税办理速度，将办理正常出口退税的平均时间压缩至6个工作日内，将自贸试验区内办理正常出口退税的平均时间压缩至5个工作日内。向全省出口企业精准推送政策措施，让一类、二类出口企业及时享受优质退税服务。自2022年6月20日起，将一类、二类出口企业办理正常出口退税的平均时间压缩至3个工作日内。

### 3. 营商环境持续改善

2022年，黑龙江省不断提高政务服务水平和效率，坚定不移持续优化营商环境，已有16项营商环境评价二级指标进入全国前沿。启动实施省市县乡四级干部包联企业行动，深入了解企业发展面临的困难问题，帮助解决急难愁盼问题。为优化营商环境，政府各部门积极行动，出台实施了一系列便民利企的创新举措。省司法厅全面推行"不予行政处罚事项清单、从轻行政处罚事项清单、减轻行政处罚事项清单和不予实施行政强制措施事项清单"的包容审慎监管执法"四张清单"制度，减轻企业不必要的顾虑和包袱，兼顾了执法的力度和"温度"。

黑龙江省政务服务中心于2023年2月启动试运行，已有1428项政务服务事项进驻办理，为企业和群众线下办事提供公开、规范、集中、高效的"一站式"服务。省政务服务中心作为深化政务服务改革的重要阵地、便民利企服务的重要窗口、优化营商环境的重要展示平台，以企业和群众办事环节最简、材料最少、时限最短、费用最低、便利度最优、满意度最高为目标，为深入推进"放管服"改革和建设全国一流营商环境提供了有力支撑。

### （二）吉林省民营经济发展现状

2022 年全国"两会"期间，习近平总书记参加了全国政协第十四届一次会议的民建、工商联界委员联组会，对正确引导民营经济健康、高质量发展做出重要论述。民营经济在中国式现代化的发展进程中扮演着十分重要的角色，改革开放以来，吉林省的民营经济在历经从无到有、从小到大、从弱到强的发展过程后，扛起吉林振兴发展的大梁。截至 2022 年，全省共有私营企业 7 万家，其中规模以上企业 1.7 万家，个体工商户 80 万户，从业人员 323 万余人，主营业务收入 5500 亿元，民营经济增加值占全省总产值的40%。实缴税金 125.3 亿元，约占全省财政收入的 40%。

近几年，吉林省政府高度重视民营经济发展，相关政府部门结合涉企服务职能提出 282 条鼓励民营经济高质量发展的具体措施，覆盖民营经济各行业、各领域和民营企业发展全过程，为民营经济高质量发展提供良好的营商环境以及优质的政务服务，为民营经济的高质量发展注入"强心剂"。

2022 年 12 月 30 日，吉林省委副书记、省长韩俊召开全省民营企业座谈会，在会上提出优化营商环境、强化机制保障等 6 条措施，希望广大民营企业家敢闯敢干、聚焦实业、勇于技术创新，提高企业创新能力和核心竞争力。2022 年，全省"专精特新"中小企业数量达到 606 家，修正药业集团、富奥汽车零部件股份有限公司上榜 2022 年中国制造业民营企业500 强。

#### 1. 助力省内中小企业纾困解难

中小企业作为我国经济社会发展的强大动力起着不可或缺的作用，为了缓冲疫情对吉林省经济的影响，吉林省进一步惠企纾困，助力民营经济"危中寻机、困中破局"，支持省内民营企业发展壮大，推动实现中小企业迈入"专精特新"高质量发展新阶段，对于吉林省构建多元发展的产业格局、推进创新型省份建设具有十分重大的意义。2022 年 8 月，吉林省工业和信息化厅公布入选第四批国家级专精特新"小巨人"的企业名单，吉林省共有 25 家入选，其中 13 家位于长春市。

表2　吉林省第四批国家级专精特新"小巨人"企业公示名单

| 序号 | 企业名称 |
| --- | --- |
| 1 | 长春长光辰芯光电技术有限公司 |
| 2 | 长春通视光电技术有限公司 |
| 3 | 长春新产业光电技术有限公司 |
| 4 | 长春长光宇航复合材料有限公司 |
| 5 | 长春圣博玛生物材料有限公司 |
| 6 | 吉林碳谷碳纤维股份有限公司 |
| 7 | 长春荣德光学有限公司 |
| 8 | 长春融成智能设备制造股份有限公司 |
| 9 | 百浪汽车装备技术有限公司 |
| 10 | 通化石油化工机械制造有限责任公司 |
| 11 | 吉林市江机民科实业有限公司 |
| 12 | 成来电气科技有限公司 |
| 13 | 四平市巨元瀚洋板式换热器有限公司 |
| 14 | 长春近江汽车零部件有限公司 |
| 15 | 格致汽车科技股份有限公司 |
| 16 | 吉林宏日新能源股份有限公司 |
| 17 | 金冠电气股份有限公司 |
| 18 | 长春博迅生物技术有限责任公司 |
| 19 | 万和光电集团有限公司 |
| 20 | 华兴新材料科技有限公司 |
| 21 | 佳信通用机械股份有限公司 |
| 22 | 亚联机械股份有限公司 |
| 23 | 拓华生物科技有限公司 |
| 24 | 中溢集团(吉林)新能源科技股份有限公司 |
| 25 | 吉林省吉科软信息技术有限公司 |

资料来源：吉林省工业和信息化厅。

工业是国民经济的主体，工业稳则经济稳。截至2022年10月，长春市各级"专精特新"企业从2021年的485户高速增长至660户，净增加数量达到175户，同比增长36%；其中，国家级专精特新"小巨人"企业从27户增长至40户，同比增长接近50%。与此同时，长春市工业企业已建设智能工厂35家、数字化车间73个、自动化生产线479条，引进和培育智能制造系统解决方案各类供应商63户。

## 2. 不断精简企业退税程序

2022 年，吉林省税务系统不断推进落实国家下达的退税减税降费政策，在深入落实退税减税降费政策方面，吉林省税务局探索出独具特色的"五强五促五更"工作法，为企业减负和增加现金流超过 400 亿元，极大地增强了企业发展的信心，为吉林省经济恢复增长做出积极贡献。截至 2022 年 8 月 31 日，吉林省累计新增减税降费及退税缓税缓费超 365 亿元。

为帮助外贸企业克服疫情带来的不良影响，吉林省税务部门深入贯彻落实出口退税支持政策，不断优化全省税收服务，推行出口退税"快报、快审、快批、快退"工作机制，并且制定"一企一策"服务方案，组建专业团队为企业提供精准服务，把税费政策送上门，进行"面对面"的宣传指导和答疑解惑，同时还为企业提供特事特办、急事快办、难事帮办的个性化服务。此外，吉林省税务局为了进一步提高纳税人办税的便利度，大幅精简出口退税申报系统；实现远程查询退税办理进度、远程反馈事项等一系列便利化功能。自 2022 年 6 月 20 日至 2023 年 6 月 30 日，全省税务部门将一类、二类出口企业办理正常出口退（免）税的平均时间压缩到 3 个工作日内。

## 3. "府院联动"整顿营商环境

习近平总书记视察吉林市时提出，要培育市场化法治化国际化营商环境，激发各类市场主体活力。2022 年，吉林省把优化营商环境作为经济高质量发展的"头号工程"，颁布实施了一系列优化营商环境条例，建立五级书记抓营商环境工作机制，实行企业开办"网上办、一天办、免费办"，提升企业从设立到经营的便利度。全面深化"放管服"改革，开展"证照分离"改革，加快数字政府建设，营商环境建设取得突破性进展。全省新登记市场主体增长 50.6%，增速居全国第 3 位，市场主体总量突破 300 万户，每千人拥有市场主体 124 户，居全国第 8 位。

此外，吉林省还开展"服务企业月""企业家日""民营企业评议政府工作"等相关活动，目的是让政策直达基层、直接惠及市场主体。开展

服务企业大调研，省政府梳理出 50 项为企业办实事清单事项，中省直单位细化清单事项 702 项，各地区细化清单事项 350 项，个性化协调解决企业实际难题。此外，吉林省政府部门还畅通企业诉求渠道，全面推行"四不两直"暗访督查，长春智慧法务区于 2022 年 7 月 18 日正式揭牌，"府院联动"机制极大地维护了市场主体合法权益。省政府"互联网+督查"平台累计办理留言事项 11985 件，高效打通"卡点、堵点、痛点"。未来吉林省将采取更大力度深化改革开放，持续改善省内营商环境，为吉林振兴发展注入强大动力。

### （三）辽宁省民营经济发展现状

作为东北三省中的经济大省和人口大省，辽宁省经济发展对于东北三省的发展有着重要意义。民营经济的发展在省域经济发展格局中占据重要地位，作为社会主义市场经济的重要组成部分，实现民营经济高质量发展，是贯彻以人民为中心的发展思想和实现共同富裕的必然要求。辽宁省民营经济增加值从 2019 年的 1.70 万亿元增长到 2021 年的 2.06 万亿元。以沈阳市为例，截至 2022 年底，全市民营经济市场主体占全市市场主体的 97%，较往年有着显著增长，固定资产投资中民营经济主体部分占比超过一半，民营经济主体已成为市场主体活力主要来源，超过 108 万户，同比增长 9.4%，经济总量、税收收入占全市的比重均达 40%以上。

近年来，辽宁省委、省政府先后出台一系列政策措施，促进民营经济实现高质量发展，通过构建惠企政策体系，持续优化民营经济发展环境，辽宁省上下深入贯彻落实党和国家相关决策部署和党的二十大报告精神，认真坚持"两个毫不动摇"和"三个没有变"，制定符合本省发展特质的政策举措，为全省范围内民营经济发展提供优质环境。

2022 年，辽宁省率先完成国企改革三年行动任务，为民营企业发展保驾护航，实现经济的提质增效，辽宁方大集团实业有限公司、禾丰食品股份有限公司、辽宁嘉晨控股集团有限公司入选 2022 年中国民营企业 500 强，同年，辽宁新增国家级专精特新"小巨人"企业 76 家。

### 1. 深化民营企业对外开放合作

辽宁省民营经济从改革开放后实现逐步发展，从公有制经济的补充发展到社会主义市场经济的重要组成部分，成为构建发展新格局的关键一环，成为稳经济、促就业、保发展的省域经济体下的重要节点。辽宁省拥有漫长的国境线和数量众多的优良港口，应充分利用各个交通枢纽带来的聚集效应，提升民营企业竞争力。鼓励民营企业充分挖掘国内市场潜力、积极开拓国际市场，积极构建东北海陆大通道，积极参与到国家发展大的战略格局中，东北亚经济圈、"一带一路"倡议、中国—中东欧国家合作机制等为辽宁省企业提供了良好的机遇。辽宁省增加赴韩国、日本开展经贸洽谈活动次数，吸引本地区各个高校应届毕业生留辽工作。完善民营经济社会化服务体系，构建科学有效的培训体系，建立相关长效机制，为中小微企业提供法务、管理、技术等多方面的服务，支持企业深度参与国际化管理，提升企业管理水平。

### 2. 实现"专精特新"民营领域新突破

"专精特新"是中国制造业走向高质量发展，实现供应链量质提升、产业链韧性增强的关键一环。辽宁省实现发展思路的转变，由"大而强"向着"小而专""小而精"过渡，出台企业梯度培养方案，通过制定相关管理办法，保障资源分配趋于合理，要素配置规范化、专业化，"专精特新"民营企业充分利用政策扶植，细分市场、聚焦主业。2022 年 5 月，辽宁省工业和信息化厅公布 2022 年度辽宁省"专精特新"梯度培育企业名单，其中"专精特新"中小企业 556 家、专精特新"小巨人"企业 310 家。

表 3　2022 年度辽宁省"专精特新"中小企业公示名单（前十五名）

| 序号 | 企业名称 |
|---|---|
| 1 | 沈阳海为电力装备股份有限公司 |
| 2 | 沈阳中科博微科技股份有限公司 |
| 3 | 沈阳蓝英工业自动化装备股份有限公司 |
| 4 | 沈阳远大电力电子科技有限公司 |
| 5 | 沈阳博宇科技有限责任公司 |

| 序号 | 企业名称 |
|---|---|
| 6 | 沈阳普泰安科技有限公司 |
| 7 | 沈阳飞行船数码喷印设备有限公司 |
| 8 | 沈阳中北通磲科技股份有限公司 |
| 9 | 沈阳煤炭科学研究所有限公司 |
| 10 | 沈阳宝通门业有限公司 |
| 11 | 沈阳中科韦尔腐蚀控制技术有限公司 |
| 12 | 沈阳中航迈瑞特工业有限公司 |
| 13 | 福耀集团(沈阳)汽车玻璃有限公司 |
| 14 | 沈阳三科核电设备制造股份有限公司 |
| 15 | 沈阳天星试验仪器股份有限公司 |

资料来源：辽宁省工业和信息化厅。

在辽宁省促进民营经济发展过程中，"专精特新"中小企业和专精特新"小巨人"企业是重点扶持"领头羊"，辽宁省通过搭建市级、省级、国家级平台，为中小企业转型升级提供重要路径。中小企业作为我国各领域创新的关键构成部分，是区域创新发展的重要组成者。2022年辽宁省共建立高水平人才团队238个，立项253项科技项目，充分发挥科技创新驱动力，科技型中小企业增长39%，加快培育优质中小企业，充分发挥众创空间、大学生创业园等载体作用，高新技术企业增长19.7%，攻克关键核心技术29项，实现创新领域新突破。

**3.实施优化民营经济发展环境专项行动**

针对民营企业"融资难、融资贵"问题，推进财政体制改革，设立专项资金，建立政府性的银企合作体制，深化两方常态化合作，设立相关企业名单，对于具有发展潜力、面临暂时性融资困难的企业给予一定风险补助，鼓励民营企业将拥有自主知识产权的关键技术作为担保，提高企业融资能力。实现融资信用线上办理，优化金融发展市场环境，深入开展"放管服"服务。坚决依法打击相关违法犯罪行为，完善相关法律法规，开展防范拖欠中小企业账款专项行动，维护好民营企业的合法权益。建设"惠企直达"

应用场景，提升"数字化""一网通办""免申即享"管理水平，2022年，辽宁省927个高频刚需事项实现"掌上办"，极大提升了民营经济要素之间的流动效率。严格执行负面清单制度，推进服务型政府建设，扩大与外省合作领域，137个事项实现跨省通办。

## 二 东北三省民营经济发展差距分析

与经济发达省份相比，东北三省民营经济的各项指标还存在较大差距，例如，民营经济在税收贡献度、地区生产总值贡献度、技术创新成果贡献度、吸纳就业贡献度等方面与发达省份还有较大差距。

正如习近平总书记在视察黑龙江时指出的制约黑龙江发展的"三偏"问题之一，民营经济偏弱正是东北三省民营经济发展亟待解决的问题。东北三省民营经济偏弱主要表现在以下几个方面。

总量规模偏小，黑龙江省民营经济增加值仅是广东的1/9、浙江的1/7、四川的1/4，占地区生产总值比重低于全国平均水平近10个百分点。

龙头企业偏少，2022年，辽宁省、吉林省均只有3家企业入围中国民营企业500强，黑龙江省仅1家企业。辽宁省有4家企业、吉林省有2家企业、黑龙江省仅有1家企业入围中国制造业民营企业500强。黑龙江省2021年营业收入在5亿元以上的民营企业只有56家，比辽宁少79家；辽宁省国家级专精特新"小巨人"企业只有288家，在全国各省份中排第14位。

整体活力不足，2021年黑龙江省民间投资占全省固定资产投资的比重较2018年回落12.9个百分点，低于全国平均水平14.8个百分点；2021年辽宁省新增民营经济市场主体54.5万户，低于全国平均各省份的84.74万户。

创新能力不强，2021年黑龙江省民营企业研究开发支出为29.2亿元，仅占全社会研究开发支出（194.6亿元）的15%。

## 三　东北三省民营经济发展存在的主要问题

### （一）民营企业发展空间受限

一些行业和领域还存在着"隐形门"问题。除负面清单以外的一些行业和领域，还没有真正面向民营企业放开，还没有建立起一个充分竞争的市场机制。在军工转民用、国有企业混合所有制改革领域以及在民营企业为央企和地方企业做产业链供应链配套方面，还没有给有实力的民营企业释放更大的发展空间。

### （二）尊商重商从商的社会氛围不够浓厚

民营企业通过诚信合法经营，不断研发新技术、开发新产品、提供新服务、拓展新市场，为社会创造价值、为人们提供福祉。但在东北地区民营经济发展还存在一些方面的困难，比如民营企业很难招到高层次的人才，大部分高学历高层次人才更希望进入政府部门、大型国企和高水平科研机构工作，民营企业很难招聘到和留住高层次人才。再比如，在一些环节和领域，民营企业和国有企业相比，在获得生产资料、参与市场竞争方面还没有享受平等待遇。

### （三）市场主体数量相对较少，领军型龙头企业偏少

与我国东部经济发达省份相比，东北三省民营经济市场主体数量存在较大差距，直接导致民营经济整体规模不大、实力不强。民营经济好不好，民营企业是关键。与东部经济发达省份相比，东北三省民营经济无论在企业数量、企业规模，还是在技术水平、管理水平和创新能力等方面还存在着较大差距。大多数民营企业处于产业链和价值链中低端，劳动密集型企业多，高科技企业数量偏少，传统产业占比高，新兴产业多处于培育阶段。大部分民营企业营业收入规模较小、抗风险能力弱。

## （四）多轮疫情给市场主体经营活动带来冲击

2022 年，受到东北三省多轮散发的新冠疫情以及相关防控措施的影响，一些民营企业面临能源和原材料价格上涨、物流成本增加、需求不振和市场萎缩等困难和压力，企业收益下降、现金流紧张、贷款需求增加。

## （五）现代服务业领域市场主体偏少

现代服务业领域民营企业数量偏少、专业化标准化运营水平不高，一些服务业企业缺乏经营服务规范化、标准化意识，企业经营服务标准化水平不高、管理粗放，缺少规范的现代化企业管理制度和不断改进、鼓励创新的发展环境。

# 四 促进民营经济更好更快发展的对策建议

## （一）支持民营企业创新发展

民营经济要发展壮大，民营企业就要发扬开拓进取、奋发有为的精神，牢固树立市场意识、善于发现把握市场机遇。要帮助民营企业把准产业导向、抢抓发展机遇、用好惠企政策。要鼓励民营企业实施质量品牌战略行动，引导民营企业加强自主创新。民营企业要强化创新观念，持续加大研发投入力度，建立研发机构，积极引进高素质人才，与国内外科研院所、高等学校开展深度合作，通过产学研用深度融合，实现工艺、装备、产品、服务创新提升，通过创新提高产品附加值和市场竞争力，打造"拳头产品"和"品牌产品"。

## （二）推动民营企业加快数字化智能化转型

要对企业进行全方位、全角度、全链条改造，构建虚实融合、知识驱动、动态优化、安全高效的智能制造系统。全面实施数字化转型战略，实施

新一轮组织重构、流程优化重构、合作伙伴关系重构，完成数字化智能化转型升级，实现企业智慧运营。要促进民营经济提质增效，抢抓新一轮科技革命和产业变革机遇，强化数字赋能、创新赋能、品牌赋能，推动民营经济加速向产业链中高端迈进。

### （三）大力扶持领军型龙头企业发展，鼓励企业参与标准制定

强化领军型龙头企业培育和扶持。实施梯度培育行动，围绕骨干型、成长型、潜力初创型三类企业，建立重点企业培育库，分别实施个性化和共性化培育措施。大力培育营业收入过百亿元的民营企业。出台吸引地区总部企业落地发展的优惠政策和有力措施。启动实施"专精特新"企业专项扶持行动，建立"专精特新"企业专项扶持基金，持续培育壮大"专精特新"企业队伍。

支持民营企业参与制定国家标准、行业标准和地方标准，发挥企业在重点产品领域的引领作用，服务下游产业高质量发展需求，增强企业影响力和话语权，占领细分产品领域制高点。把开展标准化工作作为长期战略任务，在提升企业整体绩效基础上，深入推进标准化工作，加快标准升级迭代和转化应用。

### （四）强化企业品牌建设

要对企业品牌进行规划、设计、宣传和管理，强化品牌意识、树立品牌形象，建立以质量为核心的品牌管理体系。通过参与一批国家重大工程、重点项目等诸多方式广泛宣传企业品牌，提高品牌产品市场占有率。通过创新服务理念打造服务品牌。将企业品牌打造成"诚信、质量、安全、创新、服务、绿色环保、公益"多维度优质品牌，不断提升品牌美誉度。

### （五）拓展民营经济发展空间

要拓展民营经济发展空间，为发挥市场机制作用提供空间，为推动国企、民营企业合作创造空间，为政企合作延展空间，激发民营经济活力和创

造力。支持和鼓励民营资本依法参与国有企业混合所有制改革。支持民营企业与驻省央企、地方国企在技术研发、产业链延伸、原料供给、产业配套等方面加强合作。依托各级公共服务平台，利用信息化手段，梳理发布项目合作、融资、人才、技术成果等各类供需信息，分行业开展产需对接活动，推动产业链对接、产品对接、技术和人力资源等各类生产要素对接，为民营企业产需对接牵线搭桥。

政府应为民营企业创造更多更大发展空间和舞台。除规定禁止私有资本进入的领域，一律向民营企业有序开放，鼓励民营企业充分参与竞争，保证民营企业在资源获取和要素价格等方面享有与其他市场主体平等的待遇。地方政府采购要优先考虑本地有实力的民营企业供应商，要适当提高对本地民营企业采购比例。

## （六）优化民营经济发展环境

要优化民营经济发展环境，扎实推动助企政策高效落地，深化"放管服"改革，强化法治保驾护航，构建新型政商关系。在全社会营造尊商重商的社会氛围。加大对优秀民营企业的宣传和推介力度，利用电视、广播、微信公众号等形式，开辟民营企业发展专栏，集中报道优秀民营企业发展事迹，弘扬企业家精神，依法保护民营企业产权和企业家合法权益，开辟民营企业信息发布专栏，发布人才招聘、企业产品、市场投资、厂房场地出租转让等信息，开通政务服务助企咨询热线，助力满足市场主体政务信息咨询服务需求。

加强民营经济人才引育。增强民营企业家干事创业信心，与省内主流媒体合作，开辟专题专栏对优秀民营企业、民营企业家典型经验进行宣传推介；积极引育科技创新人才；培育壮大高技能人才队伍，促进人才培养和产业发展需求有效对接。

要持续提升政务服务水平和政府部门监管水平，全力营造最优营商环境，不断出台扶持民营经济和民营企业发展的优惠政策，确保出台的各项惠企政策精准落地生效，各级政府部门要努力做到靠前服务、主动问需、送策

上门，确保各项惠企政策免申即享、应享尽享。要聚焦重点产业、重点行业，吸引产业链龙头企业和地区总部企业落地东北，不断增强产业、企业、平台等载体对高端人才的吸引力，形成产业链上下游企业集聚发展的良好局面。要建立政企常态化沟通机制和干部包联服务企业机制，构建"亲清"政商关系。针对成长型企业、潜力初创型企业的实际需求开展帮扶培训和指导，打造具有学习培训、咨询交流、企业展示与合作等功能的民营企业服务平台。

## 参考文献

习近平：《高举中国特色社会主义伟大旗帜　为全面建设社会主义现代化国家而团结奋斗》，《人民日报》2022 年 10 月 26 日。

张秀娥、滕欣宇、李帅：《东北地区民营经济发展困境及解决对策》，《经济视角》2021 年第 4 期。

张文娟、耿传辉、王帅：《吉林省民营经济金融支持体系研究》，《税务与经济》2014 年第 6 期。

姚堃：《民营经济发展对策研究——以吉林省为例》，《社会科学战线》2013 年第 11 期。

《中共黑龙江省委　黑龙江省人民政府关于振兴发展民营经济的若干意见》，《黑龙江日报》2022 年 11 月 17 日。

《梁惠玲在参加省政协十三届一次会议民建、环境资源、经济、特邀界别联组会议时强调　多建睿智之言多献务实之策　携手推动民营经济振兴发展》，《黑龙江日报》2023 年 1 月 14 日。

# B.9
# 东北三省服务业高质量发展的对策建议

张丽娜*

**摘　要：**　2021 年，东北三省积极应对国内外形势变化的复杂性和严峻性，充分发挥政策对稳增长的稳定作用，服务业发展势头良好，成为经济增长的"新引擎"。尤其是新冠疫情催生的新兴服务业态蓬勃发展，服务业转型趋势明显。但总体来看，服务业发展过程中仍存在数字经济与服务业融合程度不深、中小企业承压较重、发展环境仍需改善等方面的问题。在新发展格局下，东北三省服务业要通过夯实数字化基础、促进重点领域加快转型、营造良好发展环境等策略实现高质量发展。

**关键词：**　服务业　高质量发展　数字化

## 一　东北三省服务业发展现状

### （一）总体运行稳中有升

#### 1.服务业增长势头良好

近年来，东北三省服务业虽然受新冠疫情频发、多发情况影响，但发展韧性较强，呈现出加快复苏的态势。2021 年，辽宁省、吉林省和黑龙江省服务业增加值分别为 14247.0 亿元、6913.4 亿元和 7440.9 亿元，按可比价

---

* 张丽娜，吉林省社会科学院软科学所所长、研究员，主要研究方向为产业经济与宏观经济。

格计算，分别比上年同期增长 7.0%、7.8% 和 6.3%。其中，吉林省增速最高，居全国第 13 位。2022 年，吉林省新冠疫情对整个东北地区服务业发展都产生了极大的影响。辽宁省、吉林省和黑龙江省服务业增加值分别为 14621.7 亿元、6752.8 亿元和 7642.2 亿元，按可比价格计算，辽宁省和黑龙江省分别比上年同期增长 3.4% 和 3.8%，吉林省比上年同期下降 1.2%；辽宁、吉林、黑龙江增速较 2021 年分别下降 3.6 个百分点、9.0 个百分点和 2.5 个百分点（见图 1）。2022 年，辽宁、吉林、黑龙江三省服务业增加值占 GDP 比重分别为 50.5%、51.7% 和 48.1%，较 2021 年分别下降 1.1 个百分点、0.6 个百分点和 1.9 个百分点。

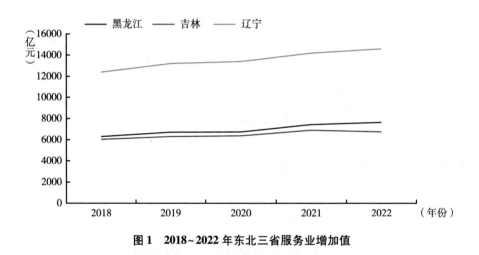

图 1　2018~2022 年东北三省服务业增加值

**2. 重点行业持续恢复**

一是批发和零售业平稳增长。2021 年，辽宁、吉林、黑龙江三省批发业分别比上年增长 11.3%、13.4% 和 9.2%；零售业销售额分别达到 6328.2 亿元、1623.6 亿元和 5004.5 亿元，分别比上年增长 7.4%、17.5% 和 8.9%。二是交通运输、邮政业发展加速。近年来由于网络经济、电商产业的快速发展，交通、快递业务量激增。2021 年，辽宁、吉林、黑龙江三省货物运输总量分别增长 7.2%、16.8% 和 11.2%，其中公路货运成为主要的运输方式，辽宁、吉林、黑龙江公路货运量分别增长 10.1%、24.6% 和

18.5%。邮政业务量暴涨，辽宁、吉林、黑龙江邮政业务量分别上涨30.3%、26.9%和20.3%。三是房地产市场持续低迷。近两年来东北三省房地产市场销售进入下行通道，2021年，辽宁省、黑龙江省商品房销售面积分别下降8.3%和9.8%，吉林省商品房销售面积上涨0.3%，涨幅进一步收窄。

### 3. 规模以上服务业贡献增大

从规模以上服务业营业收入来看，2021年1~11月，辽宁省、吉林省规模以上服务业重点行业分别增长11.6%和21.2%。其中，吉林省规模以上服务业重点行业营业收入超过疫情前水平，2020年、2021年平均增速达17.0%，高于全国平均水平（15.3%）1.7个百分点。从重点行业来看，辽宁省广播、电视、电影和录音制作业营业收入增长最快，达到了44%，专业技术服务业、研究和试验发展营业收入分别增长28.3%和21.7%，商务服务业营业收入增长17.9%。吉林省科学研究和技术服务业在重点行业中占比最高、增速最快、拉动作用最强，是实现经济快速回升的主动力。2021年1~11月实现营业收入247.58亿元，占重点行业比重达42.0%，比上年同期提高12.9个百分点，同比增长59.3%，高于重点行业38.1个百分点，高于全国平均水平43.1个百分点，拉动重点行业增长18.9个百分点。多式联运和运输代理业、互联网和相关服务、软件和信息技术服务业增长韧性和发展动力进一步增强，2020年、2021年平均增速分别达到20.1%和15.3%。

## （二）服务业转型升级成效显著

### 1. 文旅服务发展快速

吉林省依托"悠游吉林"新媒体矩阵、吉林省数字文化馆数字平台、吉林省数字博物馆在线服务平台等，提供电子票务、线上展演、线上娱乐等文旅消费服务。自主研发吉旅行、如美生活、吉刻出发等本土数字文旅服务平台，开展吉林文旅新媒体"双百计划"，率先发起"内容创享者友好省份"倡议，采取流量扶持、专题培训、短视频绿色通道、"云"直播等举措

进行线上宣传活动。创新开展国内知名 OTA 应用领航计划，以东西旅游"双线"为纽带，全面推进长白山、查干湖、北大湖、万科松花湖、通化冰雪产业示范新城等标志性景区建设，旅游业实现高速发展，2021 年接待游客 2.11 亿人次，同比增长 37.6%，实现旅游收入 3274.8 亿元，同比增长 29.5%。2022 年吉林省新建滑雪场 21 家，同比增长 38.9%。辽宁加大力度打造文化旅游新地标，进入"十四五"时期以来，新增建设各类国家级旅游示范区 10 个、国家级全域旅游示范区 3 个、全国乡村旅游重点村 35 个、国家级文化和旅游消费试点城市 3 个、国家级滑雪旅游度假地 1 个、国家级旅游休闲街区 1 个。2021 年辽宁省实现旅游总收入约 3250 亿元，同比增长 21%。2021 年，黑龙江省成功举办第四届旅游发展大会，深度开发冰雪游、森林游、边境游、湿地游、避暑游，全年接待游客 1.63 亿人次，同比增长 14.2%。2022 年，星光数字冰雪综合体等 10 个项目签约落地。

2. 服务型制造取得新进展

数字经济赋能有效地促进了生产性服务业与制造业的深度融合，推动了服务型制造的发展。吉林省一汽集团推出的智能网联汽车工业互联网平台，已服务 3000 家上游零部件及原材料供应商、1 万家下游经销商和服务商、200 万辆入网车辆和 700 万名车主，真正实现了服务型制造。吉林省创建制造业与服务业融合公共服务平台，现有上线企业 1000 余家。中车长春轨道客车股份有限公司获批先进制造业和现代服务业融合发展试点。辽宁省数字经济基础稳固，全省 5G 基站突破 5 万个，5G 网络实现县级行政区主城区全覆盖。推进工业互联网与钢铁、装备、消费品等行业的有机整合，促进产业链条的延伸与升级，2022 年完成 16 个工业互联网标识解析二级节点建设运行。试运行的"星火·链网"超级节点成为全国七个超级节点之一，为东北地区各行业提供稳定的区块链和标识解析服务。黑龙江省数字经济发展迅速，2022 年，华为、百度人工智能产业基地开工建设。

3. 智慧物流加快迭代升级

吉林省快速推进"5G+"智慧仓储运营服务，传统的人工仓库作业模式逐渐被智能化、自动化现代设备取代，建设起一批现代化智慧仓库。由长春

国际陆港发展有限公司与中国航天合作开发的智能集装箱全程监管系统逐步
成熟，应用在"长满欧"国际货运班列，实现了对国际集装箱的全程电子化
监控，提升了对集装箱运行轨迹的把握和安全动态的掌控程度。黑龙江省与
传化集团合作在全省范围内打造全国领先的示范型"智能公路港"物流平台
网络，为各类企业提供物流供应链服务。哈尔滨、七台河等公路港城市物流
中心项目已建成运营。其中哈尔滨"智能公路港"物流枢纽项目于2017年一
期试运营，截至2022年7月累计注册物流企业300余家，平台营业额累计实
现约40亿元，累计上缴税费近亿元。2022年哈尔滨国家骨干冷链物流基地获
得批准。

### （三）服务新模式新业态加速变革

#### 1. 电商成为消费市场企稳回升的加速器

东北三省积极应对疫情影响，拓展互联网技术运用，捕捉新型消费热点
和趋势，商业模式加速创新，电商产业快速发展。一是网络销售额快速增
长。2021年，辽宁、吉林、黑龙江网上零售额分别达到1654.1亿元、
596.3亿元和484.3亿元，同比分别增长12.4%、23.9%和20.4%。辽宁省
和吉林省实物商品网上零售额分别达到1361.1亿元和367.4亿元，同比
别增长7.5%和22.5%。2021年，吉林省已累计培育建成国家级及省级电商
示范基地、示范企业及数字企业159个（家）；黑龙江省已建设113个电商
产业园区，入驻企业3472家。二是农村电商发展如火如荼。2021年，东北
三省共有15个县（市）进入国家电子商务进农村综合示范县名单，其中辽
宁省6个、吉林省4个、黑龙江省5个。吉林省被农业农村部确定为农业电
子商务试点省和物联网区域试验试点省。三是跨境电商数字出海。东北三省
积极推进跨境电商企业触网转型，引导企业入驻阿里巴巴国际站、亚马逊等
知名跨境电商平台，推动优质产品走向海外。2021年，东北三省国家级跨
境电商综合试验区达到11个，其中辽宁省5个，吉林省和黑龙江省各3个。
2021年，长春至首尔跨境货运包机开通，吉浙跨境电商运营中心正式运营。
沈阳在商务部组织的"2021年跨境电子商务综合试验区评估"中位于全国

第二档,评估结果为"成效较好",2021年全市跨境电商进出口额超25.9亿元,增长超4倍。黑龙江省跨境电商市场规模明显扩大,2022年第一季度跨境电商市场规模在全国排第12位。

**2. 直播经济加速发展**

东北三省实施直播电商发展三年计划,与阿里巴巴、拼多多、京东、苏宁、抖音、快手等平台建立深度合作关系,通过推进"直播+农业""直播+商圈""直播+展会""直播+批发市场""直播+小店经济"等模式促进实体企业与网络直播直接融合,带动数字化产品供应链建设。2021年,吉林省建设辽源袜业、磐石取柴河、蛟河电商产业园区、北湖科技园等新媒体直播基地,培育聚发财、山里红等一批直播企业,着力打造直播经济发达省份。黑龙江确定新媒体产业园等8家单位为第一批省级直播电商共享示范基地。

**3. 夜间经济丰富多彩**

2021年,吉林省积极开展智慧商圈和智能特色街区创建工作,15条省级数字化步行街建设持续推进,依托重点商圈、特色步行街、夜经济集聚区,以欧亚、中东、万达等商贸企业为重点,开发独具特色的夜展、夜购、夜食、夜娱、夜游等差异化、个性化夜市经济。突出地方优势特色,打造长春"这有山"、延边州"中国朝鲜族民俗园"、梅河口"东北不夜城"等著名夜经济集聚地。黑龙江省依托中央大街、群力新区、秋林重点商圈、历史文化街区、重点旅游区和休闲场所丰富夜经济内容,打造"城市夜生活综合体"和夜间消费"文化和旅游IP",促进师大夜市、司徒街夜市、学府路夜市等进一步提档升级。辽宁各地夜间消费持续升温,通过文化赋予夜间消费更多内涵,沈阳市城市书房、城市书屋等场所成为市民夜间休憩新的打卡地;大连围绕"海洋文化"城市特色,设计亲海夜消费项目"圣亚夜市"和中国首创沉浸式海洋馆游戏剧《新纪元》,引领夜消费新方向;鞍山市以文艺作品、曲艺作品为主题营造夜经济氛围,有效拉动夜间消费。2022年,东北三省共有11处场所入选国家级夜间文化和旅游消费集聚区名单,较2021年增加了4处。

# 二　东北三省服务业发展存在的主要问题

## （一）生产性服务业发展不足

东北三省的生产性服务业发展仍显缓慢，占服务业的比重与发达地区相比存在差距，且与其他产业融合度不高，整体仍处于产业链的中低端环节。以软件和信息技术服务业为例，2022 年，东北地区软件业务收入为 2499 亿元，与中部、西部地区业务收入相差分别超过 1 倍和 3 倍，与东部地区差距更是巨大。软件和信息技术服务业的市场竞争力较弱，在一定程度上限制了服务业产业数字化转型。从信息技术服务收入来看，东北地区互联网业务比较低迷，2022 年 1~11 月，信息技术服务收入为 1021 亿元，同比增长 8%，分别低于同期东部、中部、西部地区 1.8 个百分点、10.1 个百分点、8.1 个百分点。其中东部地区信息技术服务收入占全国的比重为 82.5%，东北地区仅占全国的 1.7%。

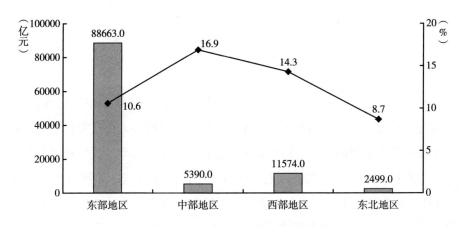

**图 2　2022 年软件业务分地区收入增长情况**

资料来源：工信部网站。

## （二）转型升级的基础设施较弱

一是数字化基础设施建设较慢。与其他地区相比,东北地区无论是在5G、千兆光网和物联网等新型基础设施建设和应用上,还是在网络运力和感知能力方面都稍显不足。截至2022年7月末,东北地区100Mbps及以上固定宽带接入用户渗透率为93.8%,低于中部地区1个百分点,略高于东部地区0.4个百分点、西部地区0.5个百分点;5G基站达到12.3万个,占本地区移动电话基站总数的比重为17.7%,分别低于东部和中部地区3.1个百分点和0.6个百分点;5G移动电话用户3091万户,占本地区移动电话用户总数的比重分别低于东部、中部、西部地区3.0个百分点、2.5个百分点、1.5个百分点;移动互联网接入流量同比增长12.5%,在四大地区中最低,分别低于东部、中部、西部地区6.6个百分点、8.0个百分点、6.9个百分点。二是大数据应用有限。数据资产是数字化转型的重要依托,东北三省文化、旅游、商贸等领域重服务过程的数据分析,缺乏基于大数据的预测性与决策性应用。此外,基于服务业全产业链、全流程的数据关联和数据融合程度亟待提高,尤其是对于生产性服务过程产生的数据,需要深度挖掘其潜在价值。

## （三）服务业数字化渗透程度不深

从东北三省服务业结构来看,劳动密集型的服务行业占比较高,这类行业的特点是通过人力为消费者提供非标准化的柔性服务,而这类行业又是数字化渗透程度有限的行业,所以服务业总体的数字化转型缓慢。从服务业企业规模来看,东北三省规模以上企业占比小,2021年进入中国服务业企业500强的企业只有7户,中小企业是市场的中坚力量,但是中小企业受到惯性思维以及投入成本大等因素影响,对数字化转型存在"不想、不敢、不愿"等情绪。从现代服务业集聚区角度来看,仍有部分没有清晰的数字化转型战略蓝图,甚至尚未构建起完善的信息化体系,集聚区以及区内企业的数字化转型升级进程缓慢。各地区科技创新公共服务中心、平台建设刚刚起步，与科技资源丰富的高校院所、大型企业研发中心尚未建立有效的共享机制。集聚区现有的公共技术平台很难满足不同类型企业的差别化需求及企业对服务规模化和服务定制化的要求。

### （四）中小企业承压较重

受近三年疫情形势变化的持续影响，中小企业发展困难较大，尤其是服务型企业受损严重。从吉林省 38 个现代服务业集聚区企业来看，2020～2022 年营业收入下降 20%～30% 的占 59.4%，下降 30%～50% 的占 20.31%，下降 50% 以上的占 12.5%。多数商贸综合体门店空置率达到 50%，尤其是老牌批发市场受疫情及电商的冲击营业收入显著下滑。

### （五）发展环境仍需改善

一是营商环境需要继续改善。民营企业特别是中小企业在服务措施针对性、平等待遇保护等方面还存在一些不足。民营企业在市场准入方面仍存在"门槛"高、审批流程长等痛点。二是政府服务职能需要强化。基层政府部门缺乏服务观念，在推进政策实施过程中没有充分考虑到企业的需要，极大地影响了政策的实施效果。企业在及时了解当地政策、与相关政府部门保持顺畅沟通方面存在堵点。部分地方政府还存在拖欠企业账款现象。三是要素资源供给不充分。资金、土地以及人才等要素仍制约着企业的发展。贷款利率高、中介费用高等问题没有得到有效缓解，银行对中小微企业不敢贷、不愿贷、不能贷的情况依然普遍。而人才短缺、用工困难更是中小企业长期存在的压力。

## 三　东北三省服务业高质量发展的对策

### （一）夯实数字化基础，赋能服务业转型升级

一是加快数字基础设施建设。坚持"建""用"结合、"建"以致

"用"的数字基建构建原则，抓好 5G 基站、工业互联网等新型基础设施建设，积极申报国家级互联网骨干直联点，鼓励电信企业通过持续加大光纤网络建设投资力度、扩大千兆网络覆盖范围、优化宽带品质等措施夯实宽带网络基础，为互联网相关产业集聚和规模化发展提供优质的"数字底座"。完善农村地区的信息和通信基础设施建设，加快构建区域数字化和智能化网络，缩小城乡间的数字鸿沟。二是大力发展软件和信息技术服务业。东北三省应结合科教资源优势，抓住新一代科技革命爆发的发展机遇，进一步明确软件和信息技术服务业的发展重点和方向。首先，要加大对工业软件、工业互联网 App 等领域的支持力度，加快推进重点行业、关键领域信息系统安全可靠软硬件产品应用。其次，对软件企业获得行业资质、知识产权等予以补贴，逐步提升软件企业能力。完善产业链，打造先进的软件和信息技术服务产业集群。最后，大规模培训适用型软件和信息技术服务专业人员，培育和孵化数字化转型解决方案服务商，提升数字产业支撑能力。三是加强对数据资源的共享、利用与保护。加强数据资源整合与汇聚，依托东北三省各地的大数据平台，在保障国家秘密、商业秘密和个人隐私的前提下，实现数据"跨地域、跨部门、跨层级"互认共享共用。加强数据资源在服务领域的开发利用和云服务平台建设，大力推动公共数据资源开放和社会化利用，建设大数据交易市场。以实际应用需求为导向，鼓励合理合法挖掘商业数据价值，提升服务业各行业各领域数据资源的价值和利用效率。加强对数据安全的监督和管理，加强数据全生命周期的风险评估，研究制定数据应用违规惩戒机制，构建数字经济运行的安全保障体系。

## （二）促进重点领域加快转型，提供服务业发展动力

一是推动生产性服务业向价值链高端延伸。运用大数据、云计算、人工智能、区块链等技术，对生产性服务业进行全方位塑造与重构。分行业开展数字化转型对接会，分行业绘制产业数字化转型路线图，有计划、有步骤地推进创意设计、金融服务、商务服务、科技服务等各类生产性服务业的数字

化转型和特色化培育，提升生产性服务业全链条数字化水平。支持新一代信息技术在普惠金融领域创新应用，开发相关软件产品。深入实施工业互联网创新发展战略，积极推进面向全球服务的国家智能网联汽车应用示范区建设。推进航空、卫星等领域的信息化技术合作，加快构建数字化、智能化的卫星遥感服务体系，延伸卫星产业链。二是推动服务业新业态新模式加速发展。培育发展平台经济、共享经济、数字贸易、零工经济、租赁经济等服务业新业态，加快推动数字经济和实体经济深度融合。全面推进旅游、特色农产品等领域大数据高效采集、有效整合、安全利用和应用拓展。主动融入新发展格局，大力推动发展跨境电子商务，推动东北三省服务业开放合作水平的提高。三是以数字化促进服务业集聚区提档升级。积极推动传统服务业集聚区数字化改造，鼓励集聚区建设 5G、工业互联网、数据中心等信息基础设施；紧紧把握互联网和大数据发展机遇，着力在省级现代服务业集聚区等载体内建设一批功能相对完善、辐射带动作用比较强的线上综合服务平台，利用线上平台加强对上下游产业的双向带动和统筹整合，促进信息共建共享，促进线上线下融合发展。

### （三）提高生活服务业品质，进一步激发消费潜能

一是升级现代商贸业。全面把握个性化、体验式、互动式的消费趋势，打造数字生活消费新场景。加快实现 5G、千兆光网、新型城域物联专网等在重点服务场景和区域的深度覆盖，在办公区、住宅区、商业区以及旅游景区等地加快布局建设智慧型的商店、餐厅等，积极推广无接触服务。二是稳定和扩大汽车消费。继续落实新能源汽车购置税政策支持，加大购置乘用车补贴力度。进一步扩大展会的规模，增强影响力，用好线上直播、云端平台等新媒体，开展多渠道营销促销。开发旅居车（房车）市场，统筹规划建设旅居车（房车）停车设施和营地；完善汽车租赁市场，鼓励发展多种租赁模式，优化二手车一体化交易平台，提升汽车售后服务质量，构建多元化汽车消费体系。三是大力提升文旅产品质量。依托旅游资源和品牌效应，实现错位发展，开发文化、游乐、体验、餐饮新产品，延伸旅游消费链条。借

鉴深圳市做法，鼓励旅游景区进行门票优惠，除周末及法定节假日外，省、市属国有 A 级旅游景区首道门票全部免费；鼓励其他 A 级旅游景区首道门票实施折扣优惠，财政给予一定补助。政府可组织发放实名制的文惠卡，用于文艺演出、电影、图书等文化消费，对文惠卡充值并消费的金额进行比例配套。四是拓展公共服务新领域。运用大数据、AI 等技术对老年人和残障人士的服务进行适应性改造，推进公共服务"数字无障碍"。加快建设一批集餐饮、家政、托幼、老人看护等服务于一体的城乡便民消费服务中心，对现有城乡便民消费服务中心进行适老化改造，优化智能服务方式，营造便捷智能消费环境。五是打造"夜经济""地摊经济"等民生业态。鼓励各地区充分发挥本地资源优势，合理规划美食街、商业街、流通市场建设，打造具有区域特色、风格各异的特色街区。建立商务、市场监管、城管部门联动机制，适当放宽临时外摆限制，合理规划指定区域，制定外摆摊位的申报和管理制度，简化办事流程，利用消费者喜闻乐见的夜市、早市、主题集市等形式，打造满足不同消费群体需求的消费场景。

### （四）促进新技术在企业的转化应用，增强企业竞争力

一是推进中小微服务企业的数字化转型。鼓励平台企业和数字化服务商针对中小微服务企业开发轻量应用和微型数字服务，政府应搭建起三者的对接平台，帮助构建对接机制，满足中小微服务企业的数字化转型需求。政府应对提供解决方案及服务的平台企业给予专项政策、资金支持，鼓励其向中小微服务企业提供一站式数字化服务，培训从业人员，夯实转型基础。二是强化服务业数字化典型带动。拓展新型基础设施应用场景，支持企业探索人工智能、数字孪生、5G、物联网和区块链等新一代数字技术应用。积极推动服务业数字化转型创标杆示范行动，提升标杆企业对上下游企业的引领带动能力，放大数字化效率提升效应。充分发挥各类广电媒体和新媒体渠道作用，加强对服务业数字化标杆企业和数字化典型应用案例（场景）的宣传推广，与推进工作形成有机互动。

### （五）坚持多措并举，营造良好发展环境

一是提供优质的政务环境。加快转变政府职能，将政府服务落到解决企业实际问题上，以更有温度更为有效的方式做好企业服务。针对企业不了解、不会用政策的问题，应当加强政策宣讲解读，完善政策落实情况通报制度，及时发现和解决政策贯彻落实不到位、执行不彻底等问题。加强政府管理协同机制建设，强化政府部门间管理工作的沟通、互联、配合，避免政府内部管理的不协调影响服务。二是创新惠企减负政策。促进减税降费、减租降息政策的落地实施，确保各项纾困措施直达基层、直接惠及市场主体，推动惠企政策应享尽享。梳理餐饮住宿、批发零售、文化旅游、物流交通等领域重点困难企业，指导银行机构对接企业融资需求，鼓励金融机构拓宽贷款抵押范围，通过依托纳税、缴纳电费、银行账户流水等大数据信息，开发设计无抵押、无担保的纯信用类贷款等多种方式为企业服务。组织新经济企业防疫纾困投融资专场对接会，对受疫情影响较大的企业进行精准投融资扶持，邀请投资机构、银行、担保机构等参与，增加企业融资机会。三是构建人才引进和培养体系。重视高技术人才、现代服务业人才引进工作，建立人才工作服务站，帮助解决各种实际困难和问题。建立以市场为主导、开放灵活的人才流动机制，全面推进多层次多门类人才市场和中介服务建设，形成功能完善、服务优质的人才市场体系。加大政府扶持力度，将服务业人才、数字经济领域人才培训列入全省重点人才培养计划，培养一批中青年学科带头人、科技拔尖人才和创新型企业家，为服务业转型升级提供人力资源保障。四是建立包容审慎的监管制度。坚持问题导向，探索适应服务业转型发展的监管办法。以包容监管为服务业数字化创新、模式创新等创造宽松的环境，为服务业新业态新模式设置观察期，预留发展空间；以审慎监管保障服务业数字化创新，规范平台经济等新业态新模式发展，坚守安全、质量和市场秩序底线，提高数据安全保护与防御能力。创新监管模式，努力破解企业数字化转型、灵活就业保障、新生产生活场景等方面存在的制约因素，及时疏导和处置出现的问题。

# B.10
# 东北三省文旅融合发展研究

赵 蕾*

**摘 要：** 在新发展阶段，实现文旅融合发展是必须面对的时代课题，也是提振东北经济的重要引擎。文旅融合发展有亮点但缺效益、有创新但缺后劲、有合作但不紧密，发展不平衡不充分的结构性问题依然存在。若要实现东北三省文旅融合高质量发展，建议解放思想，明确文旅融合的定位、原则和重点任务；破除行政壁垒，达成东北三省文旅融合一体化发展共识；凝心聚力，推动治理体系和治理能力现代化；改革创新，提升文旅融合高质量发展的深度和广度；筑牢根基，构建完善的支撑保障体系。

**关键词：** 文旅融合 全域旅游 高质量发展 东北三省

党的十八大以来，以习近平同志为核心的党中央高度重视文化建设和旅游发展，对文化和旅游融合发展做出一系列重要部署。2018年3月，国家组建文化和旅游部，伴随着机构重组，文旅融合更加深入。《"十四五"文化和旅游发展规划》提出坚持以文塑旅、以旅彰文，推动文化和旅游深度融合、创新发展的新要求。在新发展阶段，实现文旅融合发展是必须面对的时代课题，也是提振东北经济的重要引擎。

---

\* 赵蕾，黑龙江省社会科学院经济研究所副研究员，主要研究方向为产业经济。

# 一　东北三省文旅融合发展现状

进入"十四五"时期以来，东北三省深入贯彻落实习近平总书记关于统筹推进新冠疫情防控和经济社会发展、"冰天雪地也是金山银山"的重要指示精神，主动对接国家《"十四五"文化和旅游发展规划》《东北地区旅游业发展规划》，从政府到企业、从产业到区域，主动探索文旅融合高质量发展的路径，主要特点如下。

## （一）政策引领文旅融合

《"十四五"文化和旅游发展规划》中8处提到"文旅融合"，要求"坚持融合发展"的基本原则，并就"推进文化和旅游融合发展"提出具体要求。《"十四五"文化发展规划》《"十四五"旅游业发展规划》中同样要求遵循"以文塑旅、以旅彰文"，并从推进国家文化公园建设、重点任务、区域布局多个角度提出文旅融合发展的具体要求。《东北地区旅游业发展规划》中关于文旅融合的表述多处出现，为东北地区文旅转型升级和高质量发展指出了更加清晰的方向。

辽宁、吉林、黑龙江在各省"十四五"文化和旅游发展规划中关于"文旅融合"（含"文化和旅游融合""文化和旅游深度融合"）的表述分别达到21处、14处、7处。各类相关规划和实施方案中都能找到文旅区域融合、产业融合、产品融合、业态融合等方面的具体内容，如《辽宁省"十四五"旅游业发展规划》《辽宁省推进"一圈一带两区"区域协调发展三年行动方案》《关于加快推进吉林省全域旅游发展的实施方案》《吉林省冰雪产业高质量发展规划（2021—2035年）》《黑龙江省全域旅游发展总体规划（2020—2030年）》《黑龙江省冰雪旅游产业发展规划（2020—2030年）》《黑龙江省休闲农业和乡村旅游发展"十四五"规划》等。

### （二）文化赋能推进文旅融合

2022 年，辽宁省推出 10 条特色乡村旅游线路，既有重点村打卡、精准扶贫、民俗体验、民宿乐享、温泉康养、特色采摘，又有赏花摄影、赶海避暑、赏枫徒步、冰雪温泉。春节期间，辽宁省通过线上、线下等方式举办百余场"村晚"，惠及群众 10 万余人次，其中抚顺、本溪、朝阳三地"村晚"入选全国"村晚"示范展示点，并在国家公共文化云、央视频、新华网、圆点直播和辽宁文化云等平台播放。

吉林省举办首届乡村旅游节，从 115 家单位中遴选出十大乡村旅游精品村，举办"醉美吉乡"乡村旅游大集、"醉美吉乡"精品直播带货、"乡音至'吉'"乡村音乐节等 11 项活动。延边州春兴村的"新型"村落、石门镇的古法酿酱……游客在延边风土人情中感受浓浓的延吉文化，为乡村振兴注入力量。

黑龙江开启第五届农民文化艺术节，通过乡村大舞台、戏曲曲艺展演、美术书法摄影展、新农村新龙江故事诵读、歌词创作评选等活动展现新时代黑龙江农民新风尚。黑龙江省举办的文旅音乐大赛是一次"音乐文旅+电商"的全新尝试，通过线上文旅音乐人选拔，培育黑龙江网红导游团队、拓宽文旅从业人员就业空间、储备新媒体从业人才，探索新型文旅融合产业发展路线。

### （三）项目推进助力深度融合

2022 年北京冬奥会、冬残奥会开幕之际，文化和旅游部发布"筑梦冰雪　相伴冬奥"10 条精品旅游线路。东北三省作为冰雪旅游资源大省，共有 4 条线路入选，分别是"乐游辽宁·不虚此行""长白有约·滑雪度假""白山黑水·冰情雪韵""北国风光·两级穿越"，涵盖 49 个地级市、25 个冰雪旅游点、18 个特色冰雪节庆活动以及沿线 27 个其他旅游景区，独具东北特色的冰雪文化旅游精品线路，不仅让世界看到中国东北的冰雪资源和旅游特色，而且引导着大众参与冰雪旅游。

近几年，国家社会科学基金、国家艺术基金等重大基金项目对东北文旅融合方面都有所关注，如"东北地区文旅融合文化创意产品设计人才培养"入选国家艺术人才培养项目。此外，地方政府和民间的交流协作也更加深入，如举办东北旅游景区融合创新论坛、成立区域性旅游产业联盟、打造文化旅游新地标、组团赴省外宣传推广。

### （四）文旅新媒体提升文旅融合的国际传播力

《2022 年 7 月全国省级文化和旅游新媒体国际传播力指数报告》显示，吉林省、黑龙江省的综合传播力分别列第 5 位、第 7 位。其中 Facebook（脸书）传播力指数、Twitter（推特）传播力指数、Instagram（照片墙）传播力指数、视频平台（YouTube 和 Tik Tok）传播力指数四个分指数中，吉林省分别列第 8 位、8 位、9 位、5 位，黑龙江省分别列第 9 位、6 位、10位、8 位。虽然辽宁省未进入前十名，但也有较大的动作。调查表明，东北三省文旅产业在国际传播中主动应用新媒体传播平台，讲好中国故事、传播好中国声音，加快产业融合发展，提高国际传播能力，增强报道亲和力和实效性，成效明显。

## 二　东北三省文旅融合发展中存在的问题

东北三省文旅资源丰富，既有相似性又各有特色，地缘相近、文化相亲，在文化资源和旅游资源禀赋、营销手段、产品开发、市场开拓等方面区分度较弱。文旅融合发展有亮点但缺效益、有创新但缺后劲、有合作但不紧密，发展不平衡不充分的结构性问题依然存在。具体表现为以下几点。

### （一）文旅融合的价值共识尚未达成高度一致

文旅融合是新发展阶段人民对美好生活期待的新要求。面对国际未有之大变局，在京津冀协同发展、粤港澳大湾区建设、长三角一体化发展、成渝地区双城经济圈建设、海南国际旅游消费中心建设等区域一体化发展的背景

下，中央已给出东北地区作为一个整体在文旅产业发展中的战略定位、发展方向和具体要求（详见《"十四五"文化和旅游发展规划》和《东北地区旅游业发展规划》）。但是，调研表明，东北各省对于融合发展、协同发展、高质量发展的理解不到位，各级政府主管部门仍在沿用固有的发展模式推进工作，文旅融合的价值共识尚未达成高度一致，规范市场发展的体制机制亟待加快改革。

### （二）文旅融合的合作机制有待加强

梳理东北三省已有的跨区域合作项目后不难发现，省域内的联合多，但省域间的合作少，跨区域的自主合作少之又少。大家耳熟能详的东北虎豹国家公园、"筑梦冰雪 相伴冬奥"东北精品旅游线路这些大手笔的合作都是在国家整体谋划和全力推进中实现的，由东北三省自我搭建的合作成效并不明显。如东北三省早有旅游产业联盟，但合作主要集中于跨省营销推介，在闭环路线方案设计中，以本地景点为主，欠缺从对方旅游特色出发统筹考虑，缺少像京津冀、粤港澳大湾区、长三角、成渝等区域在文旅一体化融合方面的实质性合作项目和合作战略，缺少明确的战略谋划和实效性的工作推进。

### （三）文旅融合的创新发展有待提升

科创文创是创新发展的重要内容，是文旅融合发展的新动能，也是聚集人才的核心产业。东北三省虽有哈尔滨工业大学、吉林大学、哈尔滨工程大学等科创知名学府和众多科研院所，但未能形成产学研一体的创新团队。各级政府及主管部门缺少对文旅企业信息化、智慧化的引导和要求，缺少对科创文创发展的对接和扶持，杯水车薪的财政专项资金难以满足僧多粥少的实际发展需要。此外，文旅企业竞争实力较弱，大量企业呈现小、散、低的局面。科技投入多为上项目时的一次性投入，后续几乎没有专项科创文创资金的年度投入预算安排。无论是政府还是企业，缺少创新发展的紧迫感和使命感。

## （四）文旅融合的时空维度有待拓展

现有文旅产品对于特色文化内涵的挖掘明显不足，没有充分发挥三地的市场优势、人才优势和技术优势，理念创新、内容创新和手段创新的投入和关注度不够。长期以来，东北三省的文旅融合主要以开拓市场和吸引客源为主，但对整体 IP 打造、人才培养、公共文化服务、旅游线路贯通、艺术创作生产，特别是文旅融合促进都市圈功能提升方面的合作鲜有涉足，对于闲置低效项目的盘活从未涉及。现有文旅产品多为文化产业、旅游产业与体育产业、冰雪产业的合作，与农业、工业、康养产业的合作略有一二，但文旅与其他产业的融合以及一体化发展方面的广度和深度远远不够。

## （五）文旅融合的综合环境有待改善

东北三省的知名文旅企业多为国有企业，企业创新发展的主动性和项目的运作能力不强，"上头拍板、财政投资"的等靠思想严重。而具有较强活力的民营企业大多面临融资难、融资贵的问题，银企对接工作收效甚微，缺乏多层次的资本市场投融资体系。此外，人才流失现象严重，从业人员职业认同度不高、流动性较大、素质参差不齐。金融平台、技术平台、信息平台、物流平台、人才储备平台等面向整个区域产业发展的公共建设明显滞后，面对文旅跨界协同、融合创新产生的新业态、新模式、新技术、新产品、新市场，政府的治理理念、资源、手段、方式、能力等都需要进一步优化和提高。

# 三　东北三省文旅融合发展的趋势

从国际层面看，百年未有之大变局与全球新冠疫情大流行相互交织无法改变，我们的近邻俄罗斯和乌克兰的冲突仍在持续，部分国家和地区反华、挑唆行为加剧，部分邦交友好国家出现政局变化，全球经济持续面临不确定性，国际环境错综复杂。同时，新一轮科技革命浪潮推动着发展质量变革、效率变革、

动力变革，变革改变着人类的生产、生活方式。东北三省作为我国东北边防要塞，肩负着保障国家五大安全的重要使命。文化和旅游在融合发展中应切实维护国家五大安全，兼顾统筹和发展，突显文化和旅游的外交功能。

从国家层面来看，实现中华民族伟大复兴是近代以来中华民族最伟大的梦想。中国特色社会主义进入新时代，我国社会主要矛盾已经转化为人民日益增长的美好生活需要和不平衡不充分的发展之间的矛盾。从脱贫攻坚到乡村振兴，共同富裕是我国对世界的郑重承诺。2022年4月，六部门联合印发《关于推动文化产业赋能乡村振兴的意见》，这再次表明国家对乡村的重视、对高质量发展的决心和对共同富裕的方向引领。我国正在构建以国内大循环为主体、国内国际双循环相互促进的新发展格局。文化和旅游是促进共同富裕的有效路径，推进文化和旅游深度融合是党的二十大提出的明确要求。

从区域层面来看，粤港澳大湾区、长江三角洲区域一体化发展、成渝地区双城经济圈建设等战略进入全面实施阶段，"区域合作、文旅先行"是区域一体化发展的重要经验，区域合作中需要彰显大产业、大民生、大展示、大消费、大合作的特征和环境友好属性，文旅产业跨区域间的合作为探索区域一体化新机制开辟着道路，也是依托产业构建区域新格局的重要课题。东北三省文化禀赋和旅游资源有众多相似之处，要实现大发展、快发展，可抱团取暖做大蛋糕，应加大区域内文旅融合的合作力度，走出东北振兴的新路径。

从产业发展层面来看，从2018年政府机构改革组建文化和旅游部，到相继出台《"十四五"文化和旅游发展规划》《"十四五"文化发展规划》《"十四五"旅游业发展规划》，文旅产业正朝着更加符合业态特点和市场规律的方向迈进。当前，我国正在全面建设社会主义现代化国家，推进社会主义文化强国和旅游强国建设，文化和旅游既是主要内容，也是重要支点，文旅融合正在激活发展新动能、促进国内消费、提升发展质量、满足人民日益增长的美好生活新需要。"文化赋能""全域旅游""以文塑旅，以旅彰文""推动文化和旅游深度融合"是文旅产业未来的发展方向，区域内及区域间的协调、融合、一体化发展将进入高质量发展阶段。可见，文旅融合发展不仅仅是一个产业理论和实践问题，也是一个与政治、经济、文化、城市环境、管理、社会等密切相关的时代课题。东北三省文旅产业在融合发展过程中也面临着转型升级、创新发展的艰巨任务，更需要关注的是"从生产端向消费端"与"从生产型城市向消费型城市"的转变。

2022 年 1~9 月，东北三省旅游业受疫情影响较大，但近郊游、省内游、自驾游、家庭游仍受青睐，游客消费热情较高。2022 年东北三省文旅产业发展的各项指标基本保持在上年的整体水平上，发展态势平稳。预计 2023 年整体上会保持健康、平稳、有序的发展状态。

## 四　东北三省文旅融合高质量发展的建议

文旅融合是一项复杂的系统工程，需要多维度推动。无论是顶层设计还是实践推进都需要坚持党的领导，实事求是、精准发力。只有定位准、行动快、融合好、劲头足，才会有量的突破和质的提高，才能走好东北振兴新的赶考之路。

### （一）解放思想，明确文旅融合的定位、原则和重点任务

东北三省文旅融合不紧密的根缘在于认识的不到位。思想是行动的先导，只有解放思想才能做到实事求是。因此，文旅融合发展的前提是行动引领者要有明确的认识，做到三个明确。

一是明确定位。文旅融合是未来我国文化发展、旅游发展的共同宗旨。两者既是内容与形式的关系，又彼此促进、密不可分。高质量的文旅融合不能只停留在职能部门融合、文件表述等表象层面，而是要树立理念融合的正确发展观，更应充分利用文化与旅游融合的可能性，寻找最大公约数，在产业融合、市场融合、服务融合、交流融合中提升融合质量。

二是明确原则。要坚持"以文塑旅，以旅彰文"、"宜融则融，能融尽融"和"市场调节"的发展原则，尊重市场发展规律，充分发挥文化和旅游各自的功能，彼此借力助力，促进各自独特性充分发挥，形成综合实力，

产生最大效应。

三是明确重点任务。现阶段，重点是从消费需求出发，从供给侧结构性改革入手，兼顾好市场与项目两个核心经济要素，落实好国家相关规划和意见中关于东北国家公园建设、全域旅游等的要求，协调好整体利益与局部利益的关系，在文化保护传承的前提下塑造具有东北特色、时代活力、文化内涵的东北三省整体 IP，实现经济、社会、生态效益的统一。

### （二）破除行政壁垒，达成东北三省文旅融合一体化发展共识

做好省域内文旅融合是东北三省文旅产业高质量发展的出发点，但不是终点。跳出省域界限，立足新高度，在区域一体化大背景下谋划东北三省文旅融合发展新路径，这是区域一体化背景下必须回应的时代命题，也是实现东北振兴的关键所在。

一是要明确战略意义。明确加快东北三省文旅融合发展对提振东北经济的积极作用。一方面，文化产业和旅游产业具有高度的开放性和融合性，可与农业、工业、服务业等其他业态广泛融合，形成新经济、新业态，其产业活力和黏性不可比拟。另一方面，文旅产业在促进区域产业转型升级、推动乡村振兴、带动地区就业、促进共同富裕等方面都有重要价值，能进一步提振东北经济。

二是要研读规划意见。明确国家对东北三省文旅融合发展的定位和指向。《关于进一步激发文化和旅游消费潜力的意见》中提出"要提升文化和旅游消费场所宽带移动网络水平，提高文化和旅游消费便捷程度"；《"十四五"文化和旅游发展规划》《"十四五"文化发展规划》《"十四五"旅游业发展规划》，特别是《东北地区旅游业发展规划》对东北区域的文旅产业高质量发展给出明确的实施方案，应逐条研读、逐项落实、定期测评。

三是要确定发展路径。构建以哈尔滨、长春、沈阳为主轴线的一小时经济圈，以边境城市、民俗村镇为两弧，以特色旅游地（漠河、满洲里、石河子、延吉）为枢纽，以工业城市群串联集聚为突破，发挥中心城市和城

市群、都市圈的带动作用，以互联互通的基础设施一体化为根基，以冰雪资源、农业优势、自然生态、历史遗迹、民俗文化、都市观光、乡村休闲为核心内容，构建跨区域且叫响全国的东北三省精品旅游路线，打造具有文化内涵和高识别度的东北整体 IP，打造大东北特色文旅圈。

### （三）凝心聚力，推动治理体系和治理能力现代化

东北政治生态不如经济发达地区是不争的事实。立足新发展阶段、贯彻新发展理念、构建新发展格局、推动高质量发展，需要政府决策者和主管部门体察民意、自知冷暖、及时回应，满足人民新期待和新需求。

一是从见招拆招向系统治理转变。可签署加强文旅融合一体化发展的合作协议。通过联席会议、专班负责制、项目化推进、台账式管理等统筹推进区域间的文旅融合。通过联手开发、协作营销共同促进区域文旅消费、文旅惠民。强化风险防范意识，提升快速处置能力，加强网络信息内容生态治理，把治理与服务、治理与建设结合起来。

二是从自我宣传向群众称赞转变。按照"一把手牵头、部门协作、追踪考核"的方式，切实推动规划落地生花。将东北地区旅游业发展纳入东北全面振兴的重要工作内容，加强规划实施的跟踪分析、沟通协调、督促检查、政策评估，积极推进落实，着力解决土地审批难、产权不清、多重管理等突出问题，及时总结并推广好经验、好做法、好模式。

三是改善经济发展软环境。将优化发展环境作为应变局、开新局的关键之举，层层破解政治环境、法治环境、人文环境、市场环境、金融环境、用人环境、企业环境发展中的掣肘，创建机制更活、政策更优、审批更少、体制更顺、服务更好、效率更高的东北政治生态，不断优化发展环境，激发市场活力和社会创造力。

### （四）改革创新，提升文旅融合高质量发展的深度和广度

习近平总书记在东北三省考察时强调，"要以培育壮大新动能为重点，

激发创新驱动内生动力"。①围绕新业态、新机制、新内涵、新通道、新模式这五个新动能，激发文旅经济发展的内生动力。

一是打通文旅产业和科技融合的最后一公里。迎接新一轮科技革命浪潮，激发各类主体创新活力，打造"东北智慧文旅"硬核，主对对接5G，上线二维码导览系统，依托数字技术提升沉浸式体验，重塑文化生产传播方式，抢占文化创新发展的制高点，为高质量文化供给提供强有力的支撑。

二是在做大做优产业增量的同时盘活闲置低效存量。可在废弃的工业厂区、资源型城市荒废的矿区、闲置的政府及企业疗养院，开发影视、展演、穿越、研学游、中医康养旅游等产业，加强对东北特色历史文化内涵的呈现、挖掘与体验，在转型升级中争创国家级旅游休闲城市和街区，创建国家级夜间文化和旅游消费集聚区。

三是培育文化和旅游融合发展新业态。推进文化、旅游与其他领域业态融合、产品融合、市场融合，通过综合体、休闲街区、示范基地等项目的推动，盘活传统文化遗产资源、活化东北工业遗产、支持文化创意产业，在生态农业、装备制造业、户外运动、体育、演艺、康养、中医药、文教、旅教中拓展文旅融合新空间。

## （五）筑牢根基，构建完善的支撑保障体系

文化和旅游业既有商品属性，又具有提供公共服务的事业性质。因此，必须在党的全面领导下，尊重市场发展规律，构建完善的支撑保障体系，追求综合效益。通过打造整体IP、确保要素支持等措施构建完善的支撑保障体系，解决发展不充分的问题。

一是加强旅游人才支撑。引导主播、网红参与东北文旅产品、线路的设计和营销，并给予成果回报；采取订单式培养、职工继续教育、人才互派挂职等方式，培育有情怀有追求、有创新有热情的复合型人才；增强从业人员

① 《"我们对东北振兴充满信心"——习近平总书记考察辽宁纪实》，"新华网"百家号，2022年8月19日，https://baijiahao.baidu.com/s? id=17416003382166612 60&wfr=spider&for=pc。

的职业认同感，创新人才培养和管理方式，广泛搭建校企合作平台，建立东北地区全域旅游发展智库，拓展旅游人才培养渠道。

二是推进智慧旅游建设。推进旅游数字化、网络化、智能化升级。健全旅游集散体系和咨询服务体系，规范完善旅游引导标识系统。实施数智文旅建设工程，打造东北文旅服务总入口，推动文旅场所实现数字化升级。逐条落实国家智慧旅游建设工程的各项任务，探索跨区域特色旅游功能区平台建设，推动旅游公共服务设施共建共享。

三是构建资金池。推广文化和旅游领域政府和社会资本合作模式，鼓励社会资本设立有关基金。通过融资租赁、私募基金、信托计划等多种融资手段支持文旅产业转型升级，深入推进交通贯通和"厕所革命"，彻底解决东北旅游交通成本高、旱厕多的问题。优化对文化科技创新的支持机制。加快国有文艺院团改革和市场化运作。用好地方政府专项债券，促进文化、旅游重大项目实施。

**参考文献**

陈慰、巫志南：《文旅融合背景下深化公共文化服务的"融合改革"分析》，《图书与情报》2019 年第 4 期。

戴斌：《数字时代文旅融合新格局的塑造与建构》，《人民论坛》2020 年第 Z1 期。

冯学钢：《推动长三角文旅融合与一体化发展研究》，《科学发展》2021 年第 3 期。

李萌：《推进文旅融合需要深化认识厘清问题》，《中国旅游报》2020 年 1 月 15 日。

银元：《文旅融合发展要把握好两个维度》，《中国旅游报》2019 年 5 月 27 日。

# B.11
# 东北三省财政运行态势、预测与建议<sup>*</sup>

郭 矜　马怡涵<sup>**</sup>

**摘　要：** 当前，我国正处于经济转型、跨越发展的关键阶段。在国内外复杂的经济因素与疫情影响背景下，2021年，东北三省一般公共预算收入与税收收入基本达到预期目标，减税降费政策效应显著，经济稳中向好态势越发稳固，有力促进了财政正常运行。2022年初，国内疫情反复，经济环境的不确定性与形势的严峻不容忽视，东北三省地方财政运行出现了很大的压力，对财政保障工作提出了更多、更新的要求。为了保证经济社会稳定发展，财政政策需持续发力。预计"十四五"时期东北三省财政政策的释放空间逐渐收窄，财政支出扩张态势仍将持续，面临的三大困难主要来自供给冲击、需求紧缩与预期转弱。未来的财政改革要坚持以政领财、以财辅政，继续提升财政可持续性与效能；优化财政预算支出结构，全面提升配置效率；提高应急财政预备费计提比例，注重资金精准性；高度重视地方债风险，促进财政健康运行；为应对人口老龄化风险做好财政储备工作。

**关键词：** 积极财政政策　紧平衡　民生支出　财政风险

---

\* 本报告是辽宁省社会科学规划基金项目（项目编号：L22BJY055）阶段性研究成果。

\*\* 郭矜，辽宁大学经济学院财政系研究员（教授），经济学博士，主要研究方向为财税理论与实务；马怡涵，辽宁大学经济学院财政系硕士研究生，主要研究方向为财税理论与实务。

# 一　东北三省财政运行态势及特征

## （一）一般公共预算收入持续走低

2021 年，东北三省一般公共预算收入总额已经超过 5200 亿元，其中辽宁省占比超过一半，一般公共预算收入 2764.7 亿元，同比增加 4.1%；吉林省一般公共预算收入 1144.0 亿元，同比增加 5.4%；黑龙江一般公共预算收入 1300.5 亿元，同比增加 12.8%。

2022 年初的疫情反复对东北三省经济造成极大影响，尤其是吉林与辽宁。第一季度我国整体层面的经济复苏进程都十分缓慢，经济发展带来的需求、供给和预期等方面的压力持续加大，这都给东北三省带来了不小的持续性负面效应。同时，疫情防控带来的压力前所未有。在需求方面，消费需求疲软，而供给侧方面结构性问题仍然突出，国际上的地缘冲突升级，多种因素形成了多重风险。受以上多种因素的制约，辽宁、吉林两个省份的一般公共预算收入与税收收入下降较多。2022 年上半年，东北三省一般公共预算收入达到 2668.9 亿元，与 2021 年同期相比减少了 108.3 亿元。其中，辽宁省一般公共预算收入 1334.6 亿元，扣除留抵退税因素后同口径增长 1.7%，自然口径下降 9.2%，税收收入 854.9 亿元，同比减少 199.0 亿元，同口径下降 3.7%，自然口径下降 18.9%；吉林省一般公共预算收入 379.3 亿元，扣除留抵退税因素后同口径下降 28.6%，自然口径下降 42.8%，税收收入 254.3 亿元，扣除留抵退税因素后下降 26.4%，自然口径下降 46.3%；黑龙江省一般公共预算收入达到 955.0 亿元，同比增加 9.9%。2022 年全年，东北三省一般公共预算收入达到 4665.9 亿元，与 2021 年相比减少了 543.3 亿元。其中辽宁省一般公共预算收入 2524.3 亿元，扣除留抵退税因素后同口径下降 0.4%，自然口径下降 8.7%，税收收入 1664.1 亿元，自然口径下降 15.6%，同口径下降 3.8%；吉林省一般公共预算收入 851.0 亿元，扣除留抵退税因素后同口径下降 16.5%，自然口径下降 25.6%，税收收入达到

570.6 亿元，扣除留抵退税因素后同口径下降 16.6%，自然口径下降 29.5%；黑龙江省一般公共预算收入达到 1290.6 亿元，自然口径下降 0.8%，而在剔除组合式税费支持政策因素后增长了 9.3%。

表 1 显示了 2022 年东北三省各省一般公共预算收入与税收收入增速情况。

**表 1　2022 年东北三省一般公共预算收入与税收收入增速情况**

单位：%

| 月份 | 辽宁省 | | 吉林省 | | 黑龙江省 | |
|---|---|---|---|---|---|---|
| | 一般公共预算收入增速 | 税收收入增速 | 一般公共预算收入增速 | 税收收入增速 | 一般公共预算收入增速 | 税收收入增速 |
| 1 | 2.9 | | -12.2 | -19.9 | 9.8 | |
| 2 | 3.6 | 4.4 | -11.4 | -17.9 | 12.1 | 2.9 |
| 3 | 5.1 | 5.9 | -22.8 | -24.7 | 11.0 | 5.9 |
| 4 | 3.2 | 0.2 | -35.7 | -37.4 | 11.6 | 4.3 |
| 5 | 1.0 | -2.8 | -30.0 | -28.5 | 10.3 | 1.6 |
| 6 | 1.7 | -3.7 | -28.6 | -26.4 | 9.9 | |
| 7 | 0.4 | -4.7 | -26.5 | -24.9 | | |
| 8 | -0.1 | -4.4 | -24.6 | -23.0 | | |
| 9 | 1.6 | -3.6 | -22.6 | -21.3 | | |
| 10 | 1.0 | -3.6 | -18.7 | -17.3 | | |
| 11 | 1.6 | -2.7 | -17.2 | -15.6 | | |
| 12 | -0.4 | -3.8 | -16.5 | -16.6 | 9.3 | |

注：由于数据披露不完整，辽宁、黑龙江个别月份数据情况不详；均扣除留抵退税因素。
资料来源：辽宁省财政厅、吉林省财政厅、黑龙江省财政厅网站。

对于辽宁省来说，2022 年第一季度全省开局良好，一般公共预算收入及税收收入持续稳定增长。受 3 月疫情与 4 月开始实施的大规模留抵退税等组合式税费支持政策影响，从 5 月开始，辽宁省的一般公共预算收入与税收收入增速呈现断崖式下跌，但是如果按照财政部要求扣除留抵退税等因素，一般公共预算收入仍实现了同口径的微弱增加。随着疫情形势变化，企业复工复产、生产生活逐渐活跃，减税政策翘尾期结束，2022 年 5 月，增值税降幅收窄 17.6 个百分点，此外，部分地区重点企业拉动作用比较明显，从重点行业来看，装备制造、冶金、石化三大支柱产业税收收入降幅分别比前四个月收窄 3.7 个百分点、5.0 个百分点、0.1 个百分点。

吉林省在 2022 年伊始，一般公共预算收入降幅较大，这主要是受上年同期重点企业缓税缴库的高基数影响，若将此因素剔除，1 月、2 月一般公共预算收入与往年同期相比略有增加。2022 年 3 月开始，一般公共预算收入与税收收入大幅度减少，主要是受疫情导致的停工停产与税款缴纳期限延长等多种因素的影响，这种政策性效应持续了三个月之久。5 月全省一般公共预算收入降幅比 4 月收窄 5.7 个百分点，6 月一般公共预算收入降幅比 5 月收窄 1.4 个百分点，经济稳中向好的态势逐渐显现。2022 年上半年，吉林省税收收入中贡献最多的增值税、企业所得税、个人所得税税收收入按自然统计口径分别下降了 63.7%、33.2%、36.1%。导致增值税税收收入下滑的主要因素是疫情以及新的组合式税费支持政策等，而企业所得税与个人所得税税收收入下滑除了受因疫情停工停产影响外，还与部分企业享受高新技术企业税率优惠政策及上年同期个别企业财产转让基数较大等许多复杂因素有关。

黑龙江省在 2022 年初按照积极财政政策提升效能，坚持"以旬保月、以月保季、以季保年"的方针组织财政收入，初步实现了 2022 年上半年全省财政收入的平稳增加，也实现了最初的预算计划。2022 年第一季度黑龙江全省一般公共预算收入增长 11.0%，高于全国平均水平 1.5 个百分点，其中，税收收入完成 223.6 亿元，占一般公共预算收入的比重为 61.8%，税收收入增速为 5.9%，低于全国平均水平 2.1 个百分点。截至 2022 年 6 月，黑龙江省一般公共预算收入同比增加 9.9%，高于全国平均增幅 5.2 个百分点，居全国第 11 位。

### （二）政府性基金预算收入降幅较多

2021 年，东北三省政府性基金预算收入一共实现 2493.3 亿元，与 2020 年相比，有不小程度的降低，大约减少了 328.7 亿元。其中辽宁省政府性基

金预算收入 1184.6 亿元，同比下降 12.3%；吉林省受中心城市土地交易减少的影响，政府性基金预算收入完成 938.4 亿元，同比下降 8.1%；黑龙江省受市县土地使用权出让收入减少影响，政府性基金预算收入完成 370.3 亿元，同比下降 17.6%。2022 年上半年，东北三省政府性基金预算收入持续下滑，其中辽宁省继续受土地使用权出让收入减少等因素影响，政府性基金预算收入实现 234.2 亿元，与 2021 年同期相比减少了 387 亿元，下滑 62.3%；吉林省国有土地使用权出让收入达 95.9 亿元，同比减少 315.9 亿元，下降 76.7%，这直接导致 2022 年上半年吉林省政府性基金预算收入下降了 73.8%，仅完成预算的不到 30%。黑龙江省未公开 2022 年上半年的政府性基金预算收入，但 1~5 月数据显示，仅完成 51.0 亿元，同比下降 49.3%，主要是因为其土地使用权出让收入减少 43.4 亿元。分级次看，黑龙江省本级下降 57.9%、市（地）级下降 48.7%，而县（市）级增长了 33.5%。2022 年，东北三省政府性基金预算收入继续保持下滑趋势，全年政府性基金预算收入共计 1043.0 亿元，较 2021 年下降了 1450.3 亿元。其中，辽宁省政府性基金预算收入 524.4 亿元，下降了 55.7%；吉林省的国有土地使用权出让收入同比减少 554.6 亿元，导致全省政府性基金预算收入下降 61.0%，仅为 365.7 亿元；黑龙江省政府性基金预算收入 152.9 亿元，下降了 58.7%，这主要是受市县土地使用权出让收入减少影响。

### （三）一般公共预算支出刚性不减

2021 年，东北三省紧紧围绕中央提出的"积极的财政政策要更加积极有为"这个总体要求，各级财政部门大力压缩一般支出，确保重点支出落实到位。据统计，2021 年东北三省一般公共预算支出总额实现 14702.5 亿元，其中，辽宁省一般公共预算支出达到 5901.3 亿元，同口径增加 6.0%；吉林省一般公共预算支出实现同口径的微弱增加，达到 3696.7 亿元，仅增长 0.01%；黑龙江省一般公共预算支出达到 5104.5 亿元，同口径下降 6.3%，剔除国家取消特殊转移支付等一次性补助和年末结余列支政策调整因素后增长 8.5%。2021 年，东北三省与民生有关的教育、住房、科技、文旅等支出均有大幅度增长，辽宁省的住房保障支出同比增长 13.2%，科技支出同比增长 15.7%；对于吉林省来说，民生支出占一般公共预算支出的比例一直不低于 80%，很多基本公共产品的供给与教育、科技、卫生、住房等支出均高于省平均支出水平；黑龙江省教育支出同比增长 1.5%，科学技术支出同比增长 1.2%，灾害防治及应急管理支出同比增长 10%。

2022 年上半年，东北三省一般公共预算支出总额实现 7349.5 亿元，其中，辽宁省一般公共预算支出达 2950.9 亿元，同比增长 10.3%。为了对冲疫情带来的经济下行压力，辽宁省加快了财政支出进度，支出总额比上年同期提高 7.2 个百分点，民生支出占一般公共预算支出比重超过 76.0%，基层"三保"等重点支出保障有力，财政预算对重大决策的保障能力不断强化。吉林省 2022 年上半年的一般公共预算支出达到 1721.9 亿元，同比增加 5.1 亿元，增长 0.3%。受疫情影响，高校提前放假，中小学开展线上授课，教育支出大幅度减少，而卫生健康支出、社会保障和就业支出、节能环保支出均有不同程度增加。黑龙江省 2022 年上半年一般公共预算支出达到 2676.7 亿元，同比增长 8.1%，其中，农林水、一般公共服务、社会保障和就业、教育支出分别增长 30.9%、14.4%、10.3%、6.6%。总体上看，东北三省的重点支出与民生支出是不断提升的，压缩的部分主要为一般项目支出，这种疫情带来的支出结构调整在我国大部分省份具有普遍性。

2022 年，东北三省一般公共预算支出总额为 15749 亿元，其中辽宁省一般公共预算支出达 6253 亿元，同比增长 6.0%。民生保障支出增长较快，卫生健康、住房保障与社保就业支出分别同比增长 16.2%、13.6% 与 9.8%。吉林省一般公共预算支出达到 4044 亿元，同比增加 347.3 亿元，增长 9.4%。其中社保就业、卫生健康、交通运输、农林水利等重点领域支出的增速高于全省平均水平。黑龙江省一般公共预算支出达到 5452 亿元，同比增长 6.8%，全省民生支出占一般公共预算支出比重高达 87.1%。

图 1 显示了 2017~2022 年东北三省一般公共预算支出的总体规模。五年间，东北三省一般公共预算支出规模由 13209.3 亿元提高到 15749.0 亿元，提高了 19.2%。

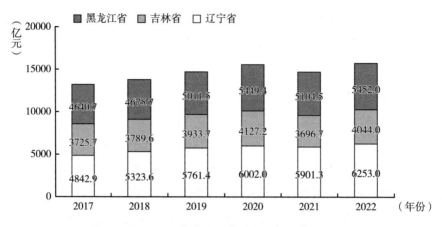

图 1　2017～2022 年东北三省一般公共预算支出规模

资料来源：东北三省历年统计年鉴及财政厅网站。

### （四）减税降费政策落实有力

2021 年，东北三省减税降费的政策效应显著，在统筹经济发展的同时紧抓疫情防控，减税规模巨大，有力反映了经济持续向好的态势，市场活力与消费潜力不断释放，企业负担减轻、成本降低，市场预期逐渐稳定。

面对疫情冲击，辽宁省税务部门积极落实国家出台的各项税收优惠政策，2021 年新增减税降费 167.6 亿元，具体包括：将制造业企业研发费用加计扣除比例提高到 100%；取消港口建设费；阶段性减免 30 多项社会保险费；继续提高小规模纳税人增值税起征点；对 17 万余户制造业中小微企业实施阶段性缓税，总额超过 50 亿元；对小微企业减半征收企业所得税等。辽宁省内的民营经济活力被大大激发，民营企业成为疫情期间最大的受益群体，有力促进了辽宁省实体经济发展。2022 年，全省退税减税降费超 900亿元，惠及全省近百万户市场主体。同时，全省办税缴费"最多跑一次"覆盖超过 90%的服务事项，纳税人缴费体验不断被优化。

吉林省 2021 年全面落实国家减税降费政策，全年新增减税降费 130 多亿元，持续巩固省级涉企行政事业性收费"零征收"成果，切实减轻了居民和企业负担。2022 年上半年，吉林省为了缓解市场主体资金紧张问题，将房产税、城镇土地使用税困难减免的申请期限由年度改为季度，并规定因疫情减免租金的房屋业主在缴纳房产税、城镇土地使用税时可以申请减免。2022年吉林省释放税费政策红利超400亿元。

黑龙江省2021年新增减税降费63亿元以上，大力推行双稳基金担保贷款阶段性延期还本政策，有2700多户企业的贷款得以延期。2022年上半年，黑龙江省坚持能出尽出、能快则快，新增减税降费及退税缓税245.6亿元，全面助力企业纾困。其中，增值税留抵退税达到171.5亿元，惠及2.8万户市场主体；新增减税降费32.1亿元，惠及72.5万户（次）市场主体与48.1万自然人；累积办理缓税42.0亿元；等等。这些政策在提振市场主体信心与激发企业活力方面效应明显。截至2022年底，黑龙江省减税降费规模已经超过375亿元，资金规模之大前所未有。

## 二　东北三省财政运行态势预测

在新冠疫情的冲击下，东北三省经济受到严重影响，疫情反复风险、财政运行风险、公共风险多重叠加并相互转化使整个东北地区承受极大压力。对冲风险是"十四五"时期财政政策的主基调，稳定经济是财政政策的重要目标。结合"十四五"时期东北三省可能面临的有利因素，如东北三省营商环境建设取得显著成效、市场主体活力被大大激发等，可以预测"十四五"期间东北三省一定会迎来新的发展战略机遇期，东北三省的经济状态也会稳中趋好。

### （一）财政政策的释放空间逐渐收窄

疫情的不确定性导致国内的安全形势依然严峻，积极的财政政策仍是主导。财政政策发挥作用的途径无非就是减税降费与扩大支出，前者可以降低企业与个人负担，后者通过政府购买服务提高社会总需求，两者的作用发挥都需要有足够的财政收入作为支撑。考虑到我国双循环新发展格局的构建与过去两年较低的财政基数，预计东北三省财政收入在"十四五"期间将持

续正增长，但这种增长有很大可能维持在较低水平。前几轮大规模减税降费使减税空间逐渐缩小，政策效应更倾向于巩固与落实，特别是我国之前一轮减税降费的政策合力已经释放得非常充分了，这很有可能给地方财政带来更高的收入基数，所以一般公共预算收入增速会放缓。减税降费的持续推进使财政增收压力变大，这个时候要求财政"可持续"也是强调财政要为经济发展预留更多的政策空间，如财政政策在促进消费、扩大内需方面持久发力等。对于税收收入，增速较前几年可能会下降，但税基扩大，也可能会对税收产生支撑效应。预计"十四五"期间税收收入增速仍然会低于经济增速，减税效果继续显现。

此外，未来的减税降费将更侧重降费，重点保企业运行，主要围绕经济高质量发展、扩大消费与制造业转型升级进一步发力。对于增值税留抵退税的政策细化还需结合实际敲定，如采取一次性退税还是分月退税方式等。对于政府性基金预算收入，未来我国仍然坚持"房住不炒"的政策基调，国有土地使用权出让收入将持续低位运行，财政收支压力不断加大，地方政府对国有土地使用权出让收入的依赖程度会提高，但这并不能改变其维持低位运行的判断，不同地区的政府性基金预算收入差异也将进一步扩大。

在财政政策环境发生改变的前提下，未来的财政政策在对冲风险的力度、效用等方面都会发生改变，但总体收入分配格局不会产生非常大的变化，财政收入对国企收入的依赖程度可能会进一步提高，无论是微观主体，还是宏观经济运行，都需要财政政策注入确定性，而地方财政运行中出现的种种困境依然要靠不断优化的转移支付制度来突破，而且中央与地方财政关系的微调也会是"十四五"时期的重点内容。

## （二）财政支出结构不断优化

在过去一段时间，财政政策不断向民生领域侧重，所以预计"十四五"时期我国的财政支出将继续向保障民生与优化结构方向努力。虽然减税降费政策的实施与土地使用权出让金大幅度缩水使得一般公共预算收入增速放缓，但一般公共预算支出的刚性特征并没有改变，将继续保持较高水平，其在就业、调节收入分配、社会保障等方面会发挥更大的效应。在疫情常态化时期，医疗卫生与健康将更容易引起重视，公共卫生管理体制的不断完善也为地方政府增加医疗卫生健康支出提供一定的空间，所以可以预见，"十四五"时期我国的这项支出增幅将不会低于10%，继续保持高速增长态势，而教育、科技等重点项目仍是投入重点，基建支出比例将不断降低。省本级财政支出几乎没有太多的压缩空间，只有部分支出项目会有一定调整，财政收支在很大程度上将保持"紧平衡"，新增专项债限额将扮演更重要的角色。

## 三　东北三省深化财政改革的对策建议

积极的财政政策是政府识别、确认和管理财政风险的一种手段，国内的经济背景决定了"十四五"时期积极的财政政策仍是主流，为了避免财政政策效益递减，需要对财政政策的实施细节加以优化，尤其是短期政策在中长期的适应性问题。在疫情冲击之下，财政政策更要强调将逆周期调节与跨周期平衡相结合、短期效益与长期目标相结合。在高度关注中央财政动态的情况下，进一步深化财政体制改革，为经济高质量发展提供支撑，注重政策间的协同配合。

### （一）提升财政可持续性

提升财政可持续性的落脚点首先在于提升财政政策的可持续性，其次在于实现财政收支与政府债务的稳健平衡，以达到财政空间平衡。具体来说，财政可持续需要通过一系列制度安排来实现。第一，涵养税源。在贯彻落实国家阶段性减税退税政策的基础上，加大对实体经济的扶持力度，大力推进留抵退税制度，整合现有收入渠道，挖掘资金来源，以实现收入的应收尽收。应从产业结构调整入手涵养税源，加快过剩产能出清，并逐步提高直接税比重，完善财产税体系，继续推进省级以下财政事权与支出责任相适应的划分改革。第二，提振消费信心，促进经济增长。消费是经济增长与居民生

活互动循环最直接的领域，通过消费促进经济增长是高质量发展的应有之义。财政应不断加大税收、转移支付等政策的调节力度，在缩小居民收入差距的同时促进消费。第三，节约开支。要坚决做好财政的"减法"，财政支出应尽量压缩一般性支出，尤其是对三公经费要严格控制，压低行政运行发生成本。在努力盘活存量资金的前提下，守住民生支出，如医疗、教育、社保养老等项目的支出底线，加大财政的下沉力度，更加重视政策实施的可持续性与特定性。积极落实先生活、后生产的要求，增强居民获得感。第四，注重基层财政困境可能引发的一系列问题。在经济下行背景下，减税降费政策的实施一定会给基层财政，尤其是县级财政带来不小的压力，这就对减税降费的政策评估与绩效评价提出了更多要求，基层财政部门应不断提高财政支出的确定性，提升财政效能。另外，建立以县级政府为承接主体的财政转移支付制度对减轻县级政府财政收支压力也十分重要。

## （二）优化财政预算支出结构，全面提升配置效率

预算收支如何安排是财政政策的最终落脚点。在深入落实减税降费、优化财政预算支出结构的过程中，预算绩效尤为重要，尤其是在经济低位运行、地方财政收支矛盾凸显的背景下，优化财政预算支出结构对于提高财政的配置效率必不可少。可以从以下几个方面进行探索。第一，提高财政资金配置效率，保障重点支出、压缩一般支出。第二，坚持零基预算理念，从实际出发，打破基数加增量的固化路径，形成项目的预算绩效，强化资金统筹能力。第三，充分运用大数据分析手段，对项目的支出标准体系进行量化，总结出部门预算支出的规律与结构，完善预算支出标准。第四，避免陷入福利陷阱，在地方财力约束下确定符合本地发展实际的民生支出增加的最优规模，以风险最小化标准来优化民生支出结构，在财力增长范围内提标扩围，并科学建立各项财政政策的宏观绩效。

## （三）提高应急财政预备费计提比例，注重资金精准性

近年来，我国不仅自然灾害频发，公共卫生事件也层出不穷，突发事件

离不开应急财政，而预备费则是应急财政发挥作用的首要环节。在过去很长一段时间，无论是中央还是地方都一直按照2%上限标准计提财政预备费，这个比例与其他国家相比明显偏低，反映出我国的应急财政资金准备不足的情况。鉴于各地财政情况不完全相同，可以按照行政级别对预备费计提标准进行划定，如省级政府预备费计提比例应至少高于当年一般公共预算支出的3%，市县级政府预备费计提比例不低于2%。当然，各级财政除了每年按照一般公共预算支出的一定比例提取预备费之外，也可将每年财政盈余部分按一定比例划入预备费。另外，现有政府预备费实行流量式管理方式，年度预算与预备费捆绑，无法在年度之间平衡与调度，这种非项目式的管理方式使预备费失去了灵活调度的功能，在灾害频发年份与和平年份之间无法实现结转，所以各地政府应对预备费进行余额管理，允许当年预备费结余自动滚动到下一年度累计使用，为防止财政资金过多可以设置留存比，一般为当年一般公共预算支出的15%。为了早日建立重大灾害风险的社会分摊机制，省级部门应逐渐将社会其他资金纳入应急财政资金筹集框架中，不断拓展筹资渠道，建立符合本地实际的巨灾保险目录。

## （四）高度重视地方债风险，促进财政健康运行

虽然从总体上看东北三省地方债风险是可控的，但地方债风险仍不容小觑，尤其要注意局部地区的地方债风险可能带来的连锁反应。自2018年我国开始实施新一轮的积极财政政策以来，地方政府面临的环境更为复杂：大规模的减税降费无形之中加剧了地方财政收支矛盾，公共预算体系面临民生指标提速的压力，对地方政府债务防范过度引发"堰塞湖"现象。而且地方债问题本就复杂，隐性债务规模过大、资产流动性差等问题都有可能导致债务风险的爆发。只有经济实现高质量发展，债务风险才能得到有效防范，因此，重视地方债风险需要建立在促进经济高质量发展的基础之上，这也是财政安全必须考虑的问题。具体来说，可以从以下几个方面加以改进。首先，明确专项债投向，提高财政资金绩效。在经济下行压力加大时，地方政府应用足、用好专项债限额，尽快形成实物工作量，做到资金跟着项目走，

聚焦短板和重点领域,为扩大投资、拉动消费、稳预期提供有力支撑。另外,对于专项债券要继续强化"借、用、管、还"全流程管理,既要强化协同配合,也要做好金融对接。其次,建立完整详细的绩效指标体系。在绩效目标上,要对所有债务资金的规模、结构、整体运行风险及债务管理流程等环节做出系统性评估与控制,构建分类、分级、分层的闭环绩效管理指标体系。针对绩效的不同阶段提出不同要求,如事前绩效强调的是目标是否合理及资金筹集是否合规;事中绩效则强调资金是否安全并对运作过程及时纠错;事后绩效重点关注项目的目标是否实现并对外部性进行评估。再次,打破"预算软约束"。控制地方政府债务风险的关键在于打破政府与国企之间的"预算软约束",严格划分政府与市场的边界,对于政府投资项目,要建立起可追溯的评估体系,避免盲目投资,对于市场化运作主体,政府不应该过多干预,以免发生资源错配。最后,建立财政金融协同机制降低债务违约风险。继续深化国有金融资本管理的市场化转型,减少地方政府对金融资本的干预,削弱国有金融机构向地方政府违约融资的传输纽带。加快建立更为科学合理的地方政府投融资体制,针对经营性、准经营性、非经营性投资项目采取差异化融资模式,积极完善产业引导基金融资模式。

## (五)为应对人口老龄化风险做好财政储备工作

人口老龄化是制约东北经济高质量发展的因素之一,如果说地方债风险是短期财政风险,那么中长期财政风险体现在人口老龄化问题上。第七次全国人口普查数据显示,东北三省总人口相较 10 年前减少了 1101 万人,其中65 岁及以上人口的比重高达 16.39%,远远高于全国平均水平,相较第六次全国人口普查提高了 7.26 个百分点,且有逐年上升趋势。在经济与财政均呈现新常态发展模式下,快速的人口老龄化进程势必对财政产生更大的负面效应,不利于财政可持续发展,如涉及老年人口的公共财政支出比重提高、养老基金和养老保险费用上升、医疗保障支出增加、政府债务规模膨胀等问题将更加突出,在财政收入增速放缓的情况之下,养老支出比重的提高会对其他财政支出项目产生"驱赶效应",对财政可持续性造成一定程度的冲击。近年来东北三省社会保险基金收入中财政补贴规模不断扩大，按照现有体制，未来财政补贴规模将进一步扩大，除了调整人口政策和延迟退休之外，财政储备的基础性工作必须提前启动，如提高财政资金在医疗卫生方面的投入效率；建立多层次养老体制，多渠道筹集养老保险资金，将国有资本经营收益更多地调入一般公共预算；强化养老财政资金绩效评价；将养老机构适老化改造纳入民生实事，提高服务质量；等等。

## 参考文献

邴士亳：《推进东北三省养老服务体系发展的财政政策研究》，硕士学位论文，吉林财经大学，2021。

郭艳娇、连家明、解欣桐：《新冠疫情下东北三省财政经济运行态势及"十四五"财政收入预测》，《财政科学》2021年第12期。

李维娜、赵孟鑫：《"降成本"政策下财政运行分析——以黑龙江省为例》，《预算管理与会计》2021年第9期。

刘尚希主编《中国财政政策报告（2021）》，社会科学文献出版社，2021。

田丹、范丛昕：《统筹疫情防控与发展背景下基层财政运行的现实困境与化解路径——以辽宁省为例》，《财政监督》2022年第6期。

杨志勇：《让积极的财政政策更加有效》，《债券》2022年第6期。

于保和：《聚焦着力方向  提升财政运行质量》，《中国财政》2021年第20期。

# 社 会 篇
## Social Articles

# B.12
# 东北三省养老服务体系建设研究

杨成波*

**摘　要：** 东北三省加快养老服务体系建设步伐取得了显著效果，养老服务政策体系不断完善，居家社区养老服务稳步发展，养老机构服务管理水平不断提升，养老服务信息化建设步伐不断加快，医养康养融合发展不断深入。但也存在养老服务政策有待完善、养老床位数量不足和社区服务机构数量较少等问题。因此，要从养老服务体系、智慧养老、资金投入和人才培养等方面入手，完善东北三省养老服务体系。

**关键词：** 养老服务　居家社区养老　机构养老　医养康养融合

---

* 杨成波，辽宁社会科学院社会学研究所副所长，研究员，主要研究方向为社会学基础理论和社会保障。

# 一 东北三省养老服务体系建设现状

## （一）养老服务政策体系不断完善

近年来，东北三省不断出台多部养老服务方面的政策法规文件，养老服务政策体系不断完善。东北三省都出台了有关养老服务的"十四五"规划，虽然名字略有差别，但是都涉及养老服务体系建设的长远规划，辽宁省出台了《辽宁省"十四五"促进养老托育服务健康发展实施方案》（辽政办发〔2022〕32号）、《辽宁省"十四五"城乡社区服务体系建设规划》（辽政办发〔2022〕35号）和《辽宁省民政事业发展第十四个五年规划》（辽民发〔2021〕33号），吉林省出台了《吉林省老龄事业发展和养老服务体系"十四五"规划》（吉政发〔2022〕12号），黑龙江省出台了《黑龙江省养老服务业"十四五"发展规划》（黑民规〔2021〕14号）、《黑龙江省养老托育服务业发展专项行动方案（2022—2026年）》（黑政办发〔2022〕45号）和《黑龙江省"十四五"城乡社区服务体系建设规划》（黑民规〔2021〕15号），这些文件都从居家社区养老、机构养老、医养康养融合以及保障措施等方面对养老服务体系建设提出了长远规划，特别是确定了2025年各省符合自身实际的目标任务。东北三省分别通过出台《关于建立健全养老服务综合监管制度促进养老服务高质量发展的若干措施》（辽民发〔2021〕28号）、《吉林省人民政府办公厅关于建立健全养老服务综合监管制度促进养老服务高质量发展的实施意见》（吉政办发〔2021〕19号）、《黑龙江省人民政府办公厅关于建立健全养老服务综合监管制度的实施意见》（黑政办规〔2022〕2号），加强对养老机构、居家社区养老服务机构的综合监管，规范养老服务秩序，促进养老服务高质量发展，为广大老年人提供公平、均等、公开、普惠、多元的社会化养老服务。除此之外，还有一些关于养老服务的文件，《辽宁省养老服务领域基层政务公开标准指引》（辽民办函〔2021〕133号）、《关于认真落实辽宁省社会救助领域、养老服务领域基层政务公开标准指引进一步做好政务公开

工作的通知》（辽民办函〔2021〕134号）等，将试点工作纳入省政府对各市政府的补助激励支持政策指标，指导各地按期高质量完成任务。长春市发布了《长春市新建住宅小区配建社区居家养老服务用房建设、移交与管理办法》，规范了新建住宅小区配建社区居家养老服务用房的建设、移交与管理工作，加快发展社区居家养老服务，不断满足老年人持续增长的就近养老服务需求。黑龙江省出台了《黑龙江省高龄老人津贴发放管理办法》（黑民规〔2021〕6号）、《黑龙江省民办养老机构发展补助资金管理暂行办法》（黑财规审〔2021〕16号），引导和扶持社会力量兴办养老机构，增加养老服务有效供给，提升机构服务能力，促进机构养老多元化发展。

### （二）居家社区养老服务稳步发展

辽宁省居家社区养老服务改革进展顺利，2021年下发了试点工作评分标准，抽取专家按程序确定大连市中山区等10个市19个县（市、区）为试点地区，并对第一批省居家社区养老服务改革试点进行评估，沈阳市皇姑区、浑南区和朝阳市北票市、盘锦市双台子区4个试点地区得分在130分以上，验收结果为优秀，梳理总结出第一批试点9种服务模式、19个案例典型，形成了下一步推进工作的思路和对策。吉林省按照"一街道一中心，一社区一站（点）"标准规划建设社区养老服务设施，打造以健康照护为主业带动社区周边产业发展，以上门服务为手段的社区养老服务网络。在街道层面，不断将社区居家养老服务中心打造成区域养老服务中心，并强化全日托养、上门服务、助餐服务等老年人刚需服务提供；在社区层面，充分发挥社区日间照料站作用，支持养老机构开展居家社区养老服务，引导社会力量利用配套设施提供休闲娱乐、助餐助浴、康复理疗等社区养老服务。2022年1~8月，吉林省采集41.78万名老年人信息，累计开展巡访关爱服务56.18万次，56所养老服务综合体全部开工建设。黑龙江省居家社区养老服务跨越式发展，2022年1~10月，黑龙江省3186个城市社区内，建有社区居家养老照护中心、老年人日间照料室、社区助老餐厅等嵌入式养老设施4038个，404个街道建有综合养老中心413个，899个乡镇建有930处具有综合服务功能的养老设施，居家社区养老服务设施覆盖率达到67%。

### （三）养老机构服务管理水平不断提升

东北三省着力提高公办养老机构管理水平，充分发挥公办养老机构的托底保障作用，提升服务质量，扩大服务范围，重点为城乡"三无"人员、"五保"人员提供无偿的供养、护理服务；为低收入老年人、经济困难的失能半失能老年人、低保中的重度残疾人提供低偿的供养、护理服务。鼓励有条件的公办养老机构向周边社区提供居家社区养老服务项目；积极扶持社会力量举办养老机构，在建设运营补助、信贷、土地、税收、供暖、水电等方面进一步制定优惠政策；简化社会力量举办养老机构审批手续，采取政府和社会资本合作模式（PPP），支持社会资本通过公建民营、民办公助、政府购买服务、特许经营等方式进入养老服务业，举办规模化、连锁化的养老机构；鼓励企事业单位将所属培训中心、招待所、疗养院等转型为养老机构。2021年，辽宁省下拨民办养老机构运营补贴、养老机构责任保险费补贴资金6519.9万元，推进养老机构高质量发展，全省共有各类养老机构2217家，其中民办机构1633家；指导各地民政部门协调相关部门认真落实落细扶持民办养老机构发展的用水电热气优惠、补贴补助、税费减免等政策；启动养老机构等级评定论证相关准备工作，成立辽宁省养老服务标准化技术委员会。吉林省坚持公办机构的公益属性，针对失能、半失能困难老年人入住机构的刚需，保证每个县（市、区）至少建有一所以收住城乡困难失能、残疾老年人为主的县级养老机构，实现护理型床位数不低于总床位数的55%。同时，全面落实税费减免、土地供应、政府补贴、购买服务等政策，大力发展民办养老机构，为广大老年人提供多层次的机构养老服务。截至2021年底，黑龙江省养老服务机构共有2204家，养老床位数为19.98万张，其中护理型床位占46%，农村互助养老服务设施覆盖率为73%。

### （四）养老服务信息化建设步伐不断加快

辽宁省大连市重点推进"互联网+养老"服务，运用人工智能、物联网、云计算、大数据等信息化手段促进养老服务发展，建立市级养老服务信

息平台，绘制全市养老服务地图，增加养老服务项目，培育发展智慧健康养老服务新业态，打造包含个人、家庭、社区、机构的多层次智慧养老服务体系。开展智能交互、操作与多机协作等关键技术研发，提升康复训练辅具、健康监测设备、养老监护装置等适老产品的安全性。沈阳市皇姑区积极推进科技赋能智慧养老，通过"互联网+养老"整合线上线下资源，拓展信息技术在养老服务领域的应用，2021年，皇姑区智能养老信息化平台正式搭建完成，实现与市养老信息化平台数据对接，社区首批摸底获得的老人基础数据也已全部传至平台，平台运营培训、24小时座席监护服务以及系统运行维护等均由中心进行统一指导。

吉林省长春市创新"社工+养老"模式，对特殊困难老年人落实常态化巡访措施，为65周岁及以上老年人提供健康管理服务并建立健康档案，创新"互联网+养老"等智慧养老模式，为老年人提供"菜单式"服务。2022年，延边州打造线上线下相结合、公益商业相结合、智能专业相结合的居家养老服务新模式。覆盖城乡社区、线上线下相结合、互联网和热线服务相结合的"延边州智慧健康养老综合服务信息平台"建设完成。

2021年，黑龙江居家智慧养老信息平台在全省多个社区、乡镇居家养老服务中心安装试点。哈尔滨市利用互联网和大数据手段，搭建"智慧养老服务平台"，平台已上线老年人基础信息数据库、养老服务网数据库、养老机构信息数据库、养老服务平台等4类38项养老相关服务，涵盖老年人衣食住行各个方面。哈尔滨移动打造了黑龙江省内首个数智化养老一体化平台，充分发挥云网优势与数智化能力，整合养老服务生态链，持续丰富完善5G智慧康养平台服务，协同医院、机构、社区、家庭、志愿组织多方面力量，打破时间空间限制，为老年人提供全方位的健康关爱服务，更好满足人民群众日益迫切的健康及养老需求。

### （五）医养康养融合发展不断深入

所有养老机构都能以不同形式为入住老年人提供医疗卫生服务。养老机构可按相关规定申请开办医疗服务机构，为老年人提供基本医疗服务。鼓励专业医师到养老机构依法开展多项业务。推动医疗卫生服务延伸至社区和家庭，所有居家和社区养老设施与社区卫生服务中心实现无缝对接。推进基层医疗卫生机构和医务人员与老年人家庭建立签约服务关系。提升各类医疗机构养老服务能力，鼓励和引导各级公办、民办医疗机构合理利用闲置医疗资源举办老年护理院、老年康复医院。有条件的二级以上综合医院要开设老年病科，增加老年病床，做好老年慢性病防治和康复护理工作。医疗机构要为老年人就医提供优先优惠服务。

2021年，辽宁省积极推进医养康养融合发展，辽宁省养老服务机构设立医院或医疗服务站的有499家，医疗机构开展养老服务的有214家，所有养老机构都能以不同形式为入住老人提供医疗卫生服务。通过政府购买服务等方式向照护者开展应急救护和照护技能培训，提升家庭照护能力。吉林预计2025年底前，实现县办公立中医医疗机构中医药特色老年健康中心全覆盖，60%以上二级以上综合性医院开设老年医学科。延边州养老机构通过内设医疗机构或与医院合作等形式，实现"医养结合"，为附近社区和农村开展延伸服务。2021年，延边州兼具养老机构许可证和医疗执业许可证的养老机构达到25个，占全州养老机构总数的13.5%。其他养老机构均与临近医院签订了医疗服务协议。通过整合社区卫生服务站等各类医疗资源，做到小病不出社区。黑龙江省鼓励医疗卫生机构依法依规在养老服务机构设立医疗服务站点，提供嵌入式医疗卫生服务，增加养老机构中的护理型床位，支持养老机构与医疗卫生机构开展签约合作。预计到2025年，黑龙江省养老机构医养结合率达到100%，智慧养老新业态和新产业加快发展。

## 二　东北三省养老服务体系建设存在的问题

### （一）养老服务政策有待完善

东北三省养老服务方面的政策法规仍然存在一些问题。一是很多养老服务政策是为了回应国家任务而匆忙出台，缺乏前瞻性和指导性。二是需要出

台更具有包容性的养老服务政策，当下养老服务政策难以将新模式纳入体制内，缺乏包容性。三是处于起步阶段的养老服务行业缺乏统一的行业标准，使得养老服务质量评价和监管困难重重。

### （二）养老床位数量不足

从养老床位数量来看，2021 年全国养老床位数为 503.6 万张，而东北三省能够提供的养老床位数均不足 20 万张。从每千老年人口养老床位数来看，全国平均为 30.5 张，东北三省中最高的黑龙江省为 28.5 张，辽宁省为22.6 张，吉林省为 27.8 张，均低于全国平均水平，与发达省份相比差距较大，其中浙江为 33.4 张，江苏为 39.3 张，广东为 28.3 张，差距显而易见（见表 1）。

**表 1 2021 年东北三省与部分省份养老床位数**

| 地 区 | 养老床位（万张） | 每千老年人口养老床位数（张） |
| --- | --- | --- |
| 全 国 | 503.6 | 30.5 |
| 辽 宁 | 18.6 | 22.6 |
| 吉 林 | 14.2 | 27.8 |
| 黑龙江 | 18.2 | 28.5 |
| 浙 江 | 26.5 | 33.4 |
| 江 苏 | 44.1 | 39.3 |
| 广 东 | 24.7 | 28.3 |

资料来源：《中国统计年鉴（2022）》。

### （三）社区服务机构数量较少

从 2022 年第一季度社区服务机构情况来看，辽宁省社区服务指导中心、社区服务中心、社区服务站数量与全国平均水平相当，而社区专项服务机构和设施数量与全国平均水平差距较大；吉林省社区服务中心数量与全国平均水平相当，而社区服务指导中心、社区服务站、社区专项服务机构和设施数量与全国平均水平差距较大；黑龙江省社区服务指导中心和社区服务中心数量高于全国平均水平，而社区服务站、社区专项服务机构和设施数量与全国平均水平差距较大，可见，东北三省社区服务机构发展不均衡。与江苏省相比较，除了社区服务站数量相当外，其余三个指标均有较大差距，与浙江和广东相比较，在社区服务指导中心方面除了吉林省较低外，辽宁和黑龙江与浙江和广东水平相当，而在社区服务中心、社区服务站和社区专项服务机构和设施方面均有较大差距（见表2）。

表2  2022年第一季度东北三省与部分省份社区服务机构情况

单位：家，个

| 地  区 | 社区服务指导中心 | 社区服务中心 | 社区服务站 | 社区专项服务机构和设施 |
|---|---|---|---|---|
| 全  国 | 15.6 | 937.5 | 15486 | 1663 |
| 辽  宁 | 18 | 847 | 15281 | 943 |
| 吉  林 | 4 | 934 | 11359 | 58 |
| 黑龙江 | 25 | 1272 | 10688 | 805 |
| 浙  江 | 13 | 2046 | 22709 | 7696 |
| 江  苏 | 50 | 2928 | 12391 | 13854 |
| 广  东 | 17 | 2075 | 27079 | 2657 |

资料来源：根据民政部网站数据整理所得。

# 三  完善养老服务体系的对策建议

## （一）大力发展居家和社区养老服务

改变思想观念，把居家和社区养老服务放在经济社会发展的大局中来谋划和推进。要充分发挥政府的主导作用，特别是在规划引领、政策引导、资金支持、行业监管等方面，要加强顶层设计、加大资金投入力度。要依托新闻媒体、社区宣传、文艺作品等，大力宣传敬老爱老孝老的传统美德，宣传养老服务先进典型，凝聚全社会积极应对人口老龄化的文化共识。拓展多方

资源，推动构建居家和社区养老服务多元供给格局。各级政府、各有关部门要落实分区分级规划养老服务设施的政策要求和"四同步"工作机制，有计划、有步骤地推动居家和社区养老服务设施建设。鼓励大中城市高起点规划建设一批养老社区。加大培育引导力度，出台公建民营、民办公助等相关政策，激发市场活力和民间资本潜力，培育和打造一批品牌化、连锁化、规模化的养老服务企业和社会组织。大力推进社区养老综合体建设，鼓励品牌养老服务企业承接运营，让老人在家门口就能享受到日间照料、康复护理、配餐送餐、短期托养、老年大学等一站式服务。积极发展嵌入式养老机构，支持养老院、福利院等养老机构成立社区服务部，向社区居家老人延伸拓展服务。鼓励支持医疗机构设立养老床位，鼓励支持社会力量建立医养结合型居家养老服务中心，将失能、半失能及空巢老人纳入医疗和养老的服务保障范围，推动医养结合深度发展。积极动员企事业单位、社会团体、慈善组织和市民为有需求的老年人提供各种类型的公益性养老服务。

### （二）完善农村养老服务制度，缩小城乡差距

各级政府和各有关部门要采取有效措施，逐步打破城乡二元、地域间不平衡的工作局面，补齐农村养老服务短板。要因地制宜探索发展多样化的农村养老服务模式，进一步加强农村幸福院建设，依托幸福院平台开展日常助餐、日间托养、生活照料、健身娱乐等多样化服务。要充分利用农村敬老院资源，在确保国有资产不流失的前提下，加快推进公建民营改革，允许其在优先保障农村特困老人的基础上，将剩余床位向社会老人开放。要大力支持农村集体经济组织、农村群众等利用自有房屋设立互助养老点，开展互助服务。要加强对农村留守老人的关爱保护，全面建立上门探视、精神慰藉、生活照料、帮扶救助、安全保护等制度，让他们切实感受到社会大家庭的温暖。

### （三）推进基本养老服务体系建设和发展

一是全面落实特困人员救助供养保障政策。推动各地继续落实民政部新

修订的《特困人员认定办法》，及时有效地将符合条件的特困人员纳入政策保障范围，做到应保尽保。城乡特困人员救助供养基本生活标准与城乡低保标准同步提高，提标后供养标准不低于所在地区城乡低保标准的1.3倍。二是继续实施农村特困人员供养服务设施改造提升工程。在失能半失能特困人员照护型服务机构的基础上，确保每个县（市）都有一所失能半失能人员照护型服务机构，加强乡镇敬老院维修改造，逐步改善特困人员供养服务设施条件。三是推进实施特殊困难家庭适老化改造。落实民政部、住建部等部委文件精神，分年度对2万户有需求的符合条件的分散供养特困人员家庭实施居家适老化改造。四是推动各地开展老年人能力评估。各地按照国家医保局、民政部发布的《长期护理失能等级评估标准（试行）》、《老年人能力评估》（MZ/T039—2013）或地方相关标准，对入院老人、经济困难（失能）老人进行能力评估，评估结果作为领取补贴、享受政府购买服务的依据。

## （四）加大智慧养老模式推广力度

各级政府和有关部门要探索推进"互联网+养老"新模式，在养老服务领域运用人工智能、物联网、云计算、大数据等信息化手段促进养老服务的发展，整合线上线下资源，建立覆盖城乡的养老服务信息网络，使老年人通过信息平台对接即可享受远程医疗、紧急救助、物品代购等便捷服务。做好特困人员供养、高龄津贴、服务补贴、护理补贴模块设置，实现基层时时在线申请审批，挂接好全国养老机构业务管理系统，提高养老服务智慧化、数字化管理水平。

## （五）加强养老服务人才队伍建设

重点打造基层管理人员、专业护理人员、志愿者和家庭成员四支队伍。制订养老护理员培训能力提升计划，将居家社区养老服务从业人员、家庭照料者纳入培训范围，对符合条件的给予职业培训补贴。积极落实人才奖补政策，居家社区养老服务从业人员同等享受养老机构服务人员的本专科生入职补贴，对符合条件入职民办非营利性养老服务机构的老年服务与管理类专业

毕业生一次性给予 4 万~6 万元奖励补助。提高薪酬待遇，落实各项保险制度，不断吸引各类专业人才进入养老服务领域。组织开展养老护理员职业技能大赛和优秀护理员评选关爱活动，加强对优秀护理员先进事迹与奉献精神的宣传，让护理员的劳动价值得到社会尊重。

### （六）不断拓展资金来源渠道

明确政府是养老服务筹资主体，通过将养老服务经费列入年度财政预算的方式加大经费投入力度。加大对养老机构建设的补助力度，打破运营补贴按照户籍标准的壁垒。通过政府购买养老服务增加投资。建立健全经济困难高龄、失能等老年人补贴制度。提高垄断性国有企业的利润上缴水平，降低养老服务业准入门槛，引导社会资本投资养老服务业，鼓励和支持慈善捐赠、保险资金投资养老服务领域，拓展养老服务企业的融资渠道。采用博览会、推介会等形式吸引国内外大型企业投资养老服务业。

**参考文献**

李长远：《中国养老服务财政支出效率评价及影响因素分析》，《财经理论与实践》2022 年第 6 期。

乔晓春：《基于需求的养老服务体系建设——思路、框架与实证分析》，《华中科技大学学报》（社会科学版）2022 年第 3 期。

魏蒙：《中国智慧养老的定位、不足与发展对策》，《理论学刊》2021 年第 3 期。

张思锋：《中国养老服务体系建设中的政府行为与市场机制》，《社会保障评论》2021 年第 1 期。

赵浩华：《需要理论视角下社区居家养老困境及治理对策》，《学习与探索》2021 年第 8 期。

# B.13
# 东北三省城乡居民收入分配问题
# 及对策研究

闫琳琳　李　妍*

**摘　要：** 党的二十大报告提出，"分配制度是促进共同富裕的基础性制度"，强调共同富裕是全体人民的共同富裕，并就完善分配制度做出重要部署。东北三省加大宏观政策调节力度，分配格局继续调整优化。但城乡收入差距大、省际收入不平衡等问题依然存在。本报告对东北三省城乡居民收入分配现状及特点进行分析，提出坚持实施就业优先政策、持续深化收入分配制度改革，推动农业供给侧结构性改革，多渠道增加农民收入等对策建议。

**关键词：** 收入分配　人均可支配收入　东北三省

## 引　言

党的二十大报告提出，"分配制度是促进共同富裕的基础性制度"，强调共同富裕是全体人民的共同富裕，并就完善分配制度做出重要部署。长期以来，收入分配受到人民群众的广泛关注。收入分配差距过大，不利于我国国民经济长期协调发展，也不利于我国社会稳定和长期可持续发展。从生产力角度来看，分配作为社会再生产的重要环节之一，对生产、交换和消费起

---

* 闫琳琳，辽宁社会科学院研究员，主要研究方向为社会保障与收入分配；李妍，沈阳化工大学人文与艺术学院社会工作硕士研究生，主要研究方向为社会工作与社会政策。

到承上启下的作用，同时构成经济运行的关键一环，分配不合理，直接导致社会总供求的失衡。东北三省作为我国重要的老工业基地，面临"三期叠加"的宏观经济运行环境严峻形势和东北振兴战略带来的发展机遇。妥善解决城乡居民收入分配中出现的难题，对于恢复经济活力、扩大有效消费需求以及促进居民收入增长、国民财富分配公平公正等具有重要的意义。

# 一 东北三省城乡居民收入分配现状

## （一）东北三省城乡居民收入分配的省际差异

### 1. 省际居民收入分配比较

根据国家统计局公布的分省季度数据，本报告选取了 2019 年第三季度~2022 年第一季度辽宁省、吉林省和黑龙江省人均可支配收入的统计数据进行分析（见图 1）。辽宁省居民人均可支配收入基本高于黑龙江和吉林两省，而黑龙江和吉林的居民人均可支配收入各季度基本保持同等水平；各

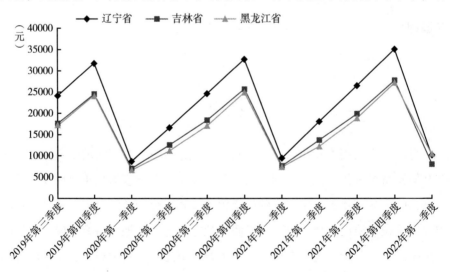

**图 1　2019 年第三季度至 2022 年第一季度东北三省居民人均可支配收入**

资料来源：国家统计局官网分地区季度数据。

省居民人均可支配收入具有明显的季度波动性，均表现为人均可支配收入在每年的第四季度达到本年度最高值，第一季度最低，第二、三季度回升；各省居民人均可支配收入有缓慢增长的趋势，表现为各省每个季度的居民人均可支配收入同比有所增加。

进一步，根据东北三省居民人均可支配收入数据，求得各季度居民人均可支配收入变异系数，并绘制成东北三省居民人均可支配收入变异系数变化曲线图（见图2）。人均可支配收入变异系数的变化反映了居民人均可支配收入离散程度和相对差异的变化。人均可支配收入变异系数越小，代表东北三省居民人均可支配收入差异越小，反之则越大。从人均可支配收入变异系数的走势看，东北三省居民人均可支配收入差异随季度波动，且较大差异出现在每年的第二季度，较小差异出现在每年的第一季度。

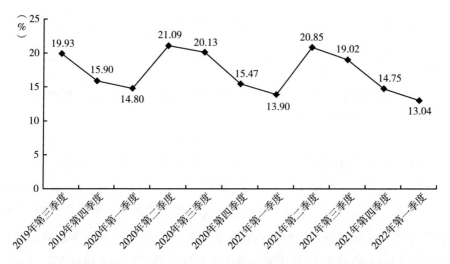

**图2 2019年第三季度至2022年第一季度东北三省居民人均可支配收入变异系数**

资料来源：根据国家统计局官网数据整理所得。

### 2. 省际城镇居民收入分配比较

根据东北三省城镇居民人均可支配收入的统计数据，绘制图3，可以看出辽宁省、吉林省和黑龙江省城镇居民人均可支配收入随季度变化的趋势。从图中可以看出，辽宁省城镇居民人均可支配收入水平高于黑龙江和吉林两省。黑龙江、吉林两省城镇居民人均可支配收入在第一季度基本保持同等水平,第二、三、四季度吉林省略高于黑龙江省。各省城镇居民人均可支配收入呈缓慢上升趋势,表现为同一季度的城镇居民人均可支配收入随着年份的增加有所提高,但提高的幅度较小。

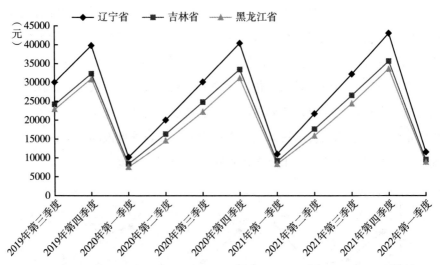

**图 3  2019 年第三季度至 2022 年第一季度东北三省城镇居民人均可支配收入**

资料来源:国家统计局官网。

从东北三省城镇居民人均可支配收入同比增长率看(见图 4),东北三省城镇居民人均可支配收入从 2021 年第三季度开始同比呈下降趋势,即自 2021 年第三季度开始,东北三省城镇居民人均可支配收入增长率有所下降。2021 年第一季度以前,吉林省城镇居民人均可支配收入增长率较高,而从 2021 年第一季度至 2021 年第四季度,黑龙江省城镇居民人均可支配收入增长率远高于辽宁和吉林两省。但黑龙江、吉林、辽宁三省自 2021 年第三季度开始城镇居民人均可支配收入增长率都下降明显,并有持续下降的趋势。

通过计算可得 2020 年第三季度至 2022 年第一季度东北三省城镇居民人均可支配收入变异系数,可以看出在每年的第四季度,东北三省城镇居民人均可支配收入的差异较小,变异系数最小值为 13.23%,而在 2021 年第二季度,收入差异较大,变异系数为 16.37%(见表 1)。

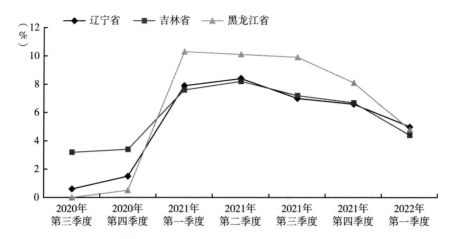

图4　2020年第三季度至2022年第一季度东北三省城镇居民人均
可支配收入同比增长率

资料来源：国家统计局官网。

表1　东北三省城镇居民人均可支配收入变异系数

| 季度 | 2020年第三季度 | 2020年第四季度 | 2021年第一季度 | 2021年第二季度 | 2021年第三季度 | 2021年第四季度 | 2022年第一季度 |
|---|---|---|---|---|---|---|---|
| 标准差 | 4024.5 | 4825.1 | 1369.2 | 3013.7 | 4023.7 | 4954.6 | 1452.9 |
| 均值 | 25691.3 | 34962.3 | 9468.0 | 18406.7 | 27725.0 | 37447.7 | 9920.7 |
| 变异系数(%) | 15.66 | 13.80 | 14.46 | 16.37 | 14.51 | 13.23 | 14.64 |

资料来源：根据国家统计局官网数据计算所得。

### 3. 省际农村居民收入分配比较

根据国家统计局公布的东北三省农村居民人均可支配收入的统计数据，绘制得到图5。东北三省农村居民人均可支配收入的差异具有一定的季度波动性，即在每年的第二、三、四季度，辽宁省农村居民人均可支配收入均高于黑龙江和吉林两省，仅在每年的第一季度基本与两省持平；吉林省农村居民人均可支配收入在每年的第二、三季度均高于黑龙江省，在每年的第一、四季度基本与黑龙江省持平。东北三省农村居民人均可支配收入同比均有小幅增长，在增长幅度上由大到小依次为辽宁省、吉林省和黑龙江省。

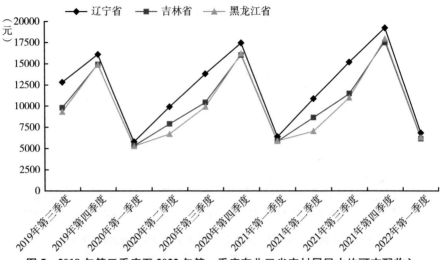

**图 5　2019 年第三季度至 2022 年第一季度东北三省农村居民人均可支配收入**

资料来源：国家统计局官网。

　　进一步计算 2020 年第三季度~2022 年第一季度东北三省农村居民人均可支配收入变异系数，可以看出，东北三省农村居民人均可支配收入差异较大的情况出现在 2021 年第二季度，变异系数为 21.67%，差异较小的情况出现在每年的第四季度，变异系数最小值为 4.64%（见表 2）。

**表 2　东北三省农村居民人均可支配收入变异系数**

| 季度 | 2020 年第三季度 | 2020 年第四季度 | 2021 年第一季度 | 2021 年第二季度 | 2021 年第三季度 | 2021 年第四季度 | 2022 年第一季度 |
|---|---|---|---|---|---|---|---|
| 标准差 | 2121.9 | 771.0 | 288.4 | 1916.6 | 2306.2 | 847.1 | 320.4 |
| 均值 | 11387.0 | 16561.7 | 6061.0 | 8843.7 | 12536.7 | 18249.3 | 6467.0 |
| 变异系数（%） | 18.60 | 4.65 | 4.76 | 21.67 | 18.39 | 4.64 | 4.95 |

资料来源：根据国家统计局官网数据计算所得。

## （二）东北三省城乡居民收入分配的国内比较

### 1. 东北三省居民收入与全国平均水平的比较

　　利用国家统计局公布的分地区及全国居民人均可支配收入的季度数据，

可以得到 2019 年第三季度~2022 年第一季度东北三省与全国居民人均可支配收入的走势图（见图6），从图中可以看出，只有辽宁省居民人均可支配收入基本与全国持平，而黑龙江和吉林两省的居民人均可支配收入水平基本低于全国平均水平。

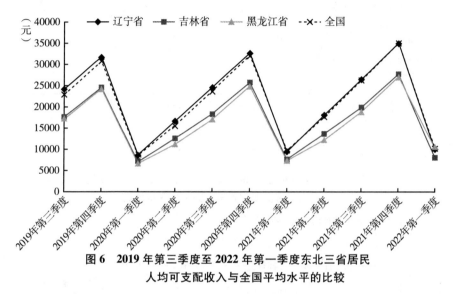

**图6　2019 年第三季度至 2022 年第一季度东北三省居民
人均可支配收入与全国平均水平的比较**

资料来源：国家统计局官网。

### 2. 东北三省城镇居民收入与全国平均水平的比较

从城镇居民人均可支配收入的角度，比较辽宁、吉林和黑龙江三省与全国的平均水平，可以看出，辽宁省城镇居民人均可支配收入与全国平均水平差距较小，黑龙江省和吉林省城镇居民人均可支配收入明显低于全国平均水平。在季度波动上，辽宁省城镇居民人均可支配收入在每年的第一季度与全国平均水平基本持平，在第二、三、四季度低于全国平均水平（见图7）。

### 3. 东北三省农村居民收入与全国平均水平的比较

辽宁省农村居民人均可支配收入在每年的第一、二、三季度高于全国同期平均水平，在第四季度基本持平；黑龙江和吉林两省的农村居民人均可支配收入在每年的第一季度略高于全国平均水平，而在第二、三、四季度低于全国平均水平（见图8）。

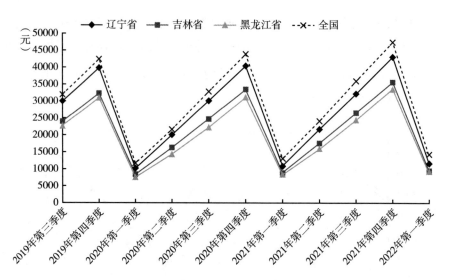

**图7　2019年第三季度至2022年第一季度东北三省城镇居民
人均可支配收入与全国平均水平的比较**

资料来源：国家统计局官网。

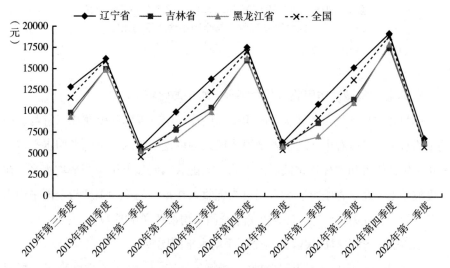

**图8　2019年第三季度至2022年第一季度东北三省农村居民
人均可支配收入与全国平均水平的比较**

资料来源：国家统计局官网。

### （三）东北三省城乡居民收入差距比较

本报告基于数据的可得性及研究的目的，使用城乡居民人均可支配收入绝对差值作为测量绝对差异的指标，使用城乡居民收入比作为测量相对差异的指标。

#### 1. 东北三省城乡居民人均可支配收入绝对差值

城乡居民人均可支配收入绝对差值是城镇居民人均可支配收入与农村居民人均可支配收入的差值，差值越大，说明城乡居民人均可支配收入差距越大，反之，则说明城乡居民人均可支配收入差距越小。根据国家统计局公布的数据，进一步测算出东北三省与全国城乡居民人均可支配收入绝对差值（见图9）。从中可以看出，东北三省中，辽宁省城乡居民人均可支配收入绝对差值最大，在4000~24000元，其次是吉林省，在3500~17000元，最后是黑龙江省，在2500~16000元。与全国城乡居民人均可支配收入绝对差值7000~28000元相比，黑龙江省和吉林省城乡居民人均可支配收入差距较小，

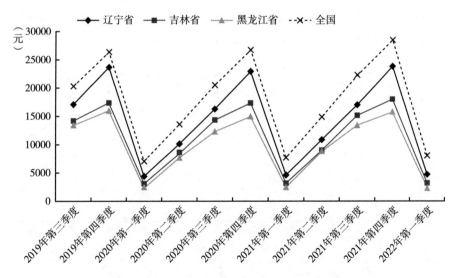

**图9　2019年第三季度至2022年第一季度东北三省
与全国城乡居民人均可支配收入绝对差值**

资料来源：国家统计局官网。

辽宁省城乡居民人均可支配收入差距略低于全国平均水平。东北三省城乡居民人均可支配收入差距具有季度波动的特点，从图中可看出，对辽宁省、吉林省和黑龙江省而言，城乡居民人均可支配收入差距都在每年的第一季度最小，第二、三季度上升，第四季度最大。并且，辽宁省城乡居民人均可支配收入差距皆略低于全国水平，而吉林省和黑龙江省的城乡居民人均可支配收入差距都远低于全国水平，处于较低的区间。

2. 东北三省城乡居民收入比

城乡居民收入比即城镇居民人均可支配收入与农村居民人均可支配收入之比。城乡居民收入比越大，说明城乡居民收入差异越大；城乡居民收入比越接近1，说明城乡居民收入差异越小。其计算公式为：

城乡居民收入比 = 城镇居民人均可支配收入／农村居民人均可支配收入

图10反映了东北三省与全国城乡居民收入比。辽宁省城乡居民收入比在1.7~2.5，吉林省城乡居民收入比在1.5~2.5，而黑龙江省在1.4~2.4，全国城乡居民收入比在2.4~2.8。并且，辽宁省在每年的第一、四季度，城乡居民收入

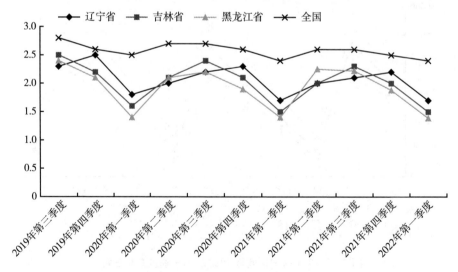

**图10　2019年第三季度至2022年第一季度东北三省与全国城乡居民收入比**

资料来源：国家统计局官网。

比远高于吉林省和黑龙江省，但低于全国同期水平；而吉林省城乡居民收入比在每年的第三季度明显高于其他两省，但远低于全国平均水平；黑龙江省每年的第一季度城乡居民收入比远低于其他两省和全国平均水平。总体而言，东北三省城乡居民收入比低于全国平均水平，处于不合理的城乡收入差距区间。

## 二　东北三省城乡居民收入分配问题及成因分析

通过上面的分析得出，虽然东北三省城乡居民收入差距基本小于全国平均水平，但笔者认为这并不能充分证明东北三省城乡平衡发展，这是因为东北三省拥有肥沃的土壤，农民人均耕地面积高于全国平均水平，具有农业比较优势，使得东北三省的农村居民人均可支配收入水平仅略低于全国水平，而城镇居民人均可支配收入水平又太低，远远低于全国平均水平，所以东北三省城乡收入差距小于全国平均水平。具体而言，东北三省在城乡居民收入分配方面存在以下突出问题。

### （一）吉林、黑龙江两省城镇居民人均可支配收入低于全国平均水平

吉林和黑龙江两省城镇居民人均可支配收入低于全国平均水平。究其原因，笔者认为有以下几个方面。

1. 产业结构单一，就业吸纳能力不足

就业是民生之本。东北作为老工业基地，传统产业占比较高，以资源密集型产业、资本密集型产业为主体的产业结构导致劳动替代资本的能力弱化，就业弹性系数小，吸纳劳动力就业的能力不足。东北三省在产业结构调整的进程中，虽然淘汰了落后产能，改造了以原材料和机械装备制造业为主导的产业，但是，从产业进入的角度看，东北三省重化工产业具有资本密集型特征，且在产业构成中占比较高，劳动密集型新兴产业很难从产业内部生长起来，导致结构性失业问题突出。

2. 国有经济比重大，非公有制经济活力不足

21 世纪以来，东北三省逐步组织开展了国企改革攻坚战，国企改制

之后遗留的厂办大集体企业、债务、社保、退休人员社会化管理等历史问题至今尚未得到解决。吉林省过于依赖中国一汽集团,黑龙江省过于依赖大庆,一汽和大庆分别占各自所在省份规模以上工业增加值的20%和40%,其他非公有制经济在产业链上处于附属地位,社会成本较高,市场竞争优势不足,要素市场和民营经济还不够发达,非公有制经济活力不足。

### 3. 经济总量增长乏力

20世纪90年代,东北三省进入了"后工业时代"。实施"东北振兴"战略以来,东北三省的经济和社会都发生了重大而深刻的变化。2017~2021年,辽宁、吉林、黑龙江三省的GDP增速在全国各省GDP增速排行榜中都处于后10名,甚至出现垫底的现象。经济总量增长乏力势必给地区居民收入的增长带来消极影响。从城镇居民人均可支配收入的同比增长率看,2020年第三季度到2022年第一季度,东北三省城镇居民人均可支配收入的同比增长率基本低于全国平均水平(见图11)。

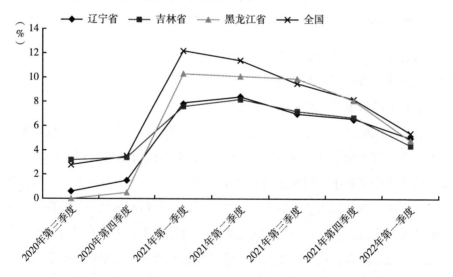

**图11 2020年第三季度至2022年第一季度东北三省与全国城镇居民
人均可支配收入同比增长率**

资料来源:国家统计局官网。

## （二）东北三省农村居民人均可支配收入增长缓慢

东北三省素有全国"粮仓"之称，但是因面临诸多因素的影响，东北三省的农村居民并没有因为该比较优势而获得更高的收入增量，反而出现人均可支配收入同比增长率低于全国平均水平的"怪异"现象。图12反映了2020年第三季度~2022年第一季度东北三省农村居民人均可支配收入同比增长率与全国平均水平的比较情况。从图中可以看出，东北三省农村居民人均可支配收入同比增长率基本低于全国平均水平，且呈下降趋势。

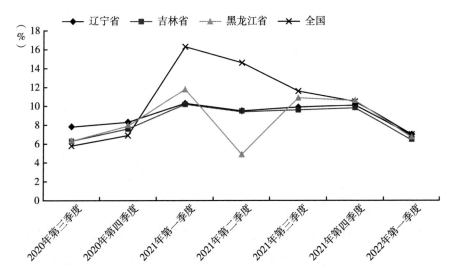

**图12　2020年第三季度至2022年第一季度东北三省与全国农村居民**
**人均可支配收入同比增长率**

资料来源：国家统计局官网。

究其原因，笔者认为有以下几个方面的影响因素。

### 1. 农产品国际竞争力下降

东北三省农产品面临激烈的市场竞争，国外农产品以较低的价格和较高的品质优势大量进入中国市场，使东北三省在农产品的结构和质量、社会化服务体系和支持保护等方面面临压力。东北三省农产品生产成本高、传统农

业结构市场竞争力差、管理体制落后等深层次问题越发凸显，特别是东北三省部分传统优势农产品产量下滑、外销量急剧下降、严重积压，导致农民增收缓慢。东北三省农业经济效益低下，农产品价格一降再降，甚至出现成本投入大于收益的状况，导致东北三省农民收入增长缓慢。

2. 国内部分惠农政策的"副作用"

支农惠农政策制定的初衷是好的，但是缺乏完备的"进入"与"退出"设计的政策往往带来很大的"副作用"，损害农民的利益，影响农民增收。在粮食问题已经严重影响到国家安全和社会稳定大局的背景下，国务院于2007年开始对玉米实行临时收储政策。国家出台临时收储政策，鼓励个人出资建库，库存量达到一定规模通过验收之后可以作为国家临储库，国家还根据库存量按比例给予补贴，这一方面导致黑龙江玉米仓储数量激增，另一方面也带动了玉米收购价格和种植效益的提升，种植玉米的效益最高时，部分地方农民能够获得200%的利润，垦区也能达到100%的回报率。临时收储政策在过去的十几年间，发挥了稳定粮食市场供给、增加农民收入的作用，但是由于退出机制迟迟没有出台，临时收储政策的副作用突显，造成粮食种植结构不合理，玉米占比过高、供大于求、积压滞销，损害了农民利益。

3. 农村公共产品供给不足，掣肘私人产品产出效益

农村公共产品从构成上包括纯公共产品和准公共产品，前者包括农村基层行政服务单位、农村环境保护、农村基础科学研究及大型水利治理等；后者包括农村义务教育和职业教育、农村文化体育事业、农村社会保障、农村科技成果推广、农村公共卫生、农村水利电力通信交通设施等。农业是自然风险与市场风险相互交织的弱势产业，农民很难独自抵抗这些风险。以家庭联产承包责任制为基础的分散化的农业耕作制度，使得农户生产私人产品强烈依赖农村公共产品，并且，农村经济市场化程度越高，依赖度越高。农村公共产品供给不足，一方面，增加了农民抵御自然风险和市场风险的成本支出；另一方面，农村信息供给不足，专业化公共服务市场建设滞后，增加了农产品交易成本。因此，加强农村公共产品的有效供给不仅可以降低农民私人产品生产经营的成本，而且可以提高私人产品的边际投资产出，提高农民收入。

### （三）东北三省省际居民收入差距明显

从城镇居民收入情况来看，东北三省各省城镇居民收入差距十分明显。辽宁省城镇居民人均可支配收入高于吉林省和黑龙江省，吉林省与黑龙江省城镇居民人均可支配收入基本持平。

东北三省中，辽宁省是唯一作为我国东北经济区和环渤海经济区的重要接合部的省份。辽宁省内港口众多，自古以来就是我国重要的通商口岸。作为东北三省的门户和最重要的综合性外贸口岸，大连港等港口对东北三省经济的发展起着至关重要的作用。同时，辽宁省作为我国传统的工业基地，相较于黑龙江和吉林两省，工业基础雄厚，尤以钢铁工业、船舶制造业、机械制造业等重工业最为发达。辽宁地区工业体系完善，城镇化水平高，是东北三省城市密集程度最高的地区。根据城市发展理论，城市具有集聚作用和辐射作用，既能够吸引更多的经济资源，又能够充分发挥各种生产要素的效用。城市集群有助于增加就业和促进居民收入水平提高。

## 三　改善东北三省居民收入分配状况的对策建议

对于收入分配状况的改善，首先要形成科学的收入分配机制，通过收入分配制度的顶层设计健全收入分配体系、创造更好的就业创业环境、完善社会保障体系、着力加大对农村地区的农业发展现代化投入力度，从而提高农村地区生产力水平，实现生产力的均衡发展，进而缩小城乡居民收入分配差距。

### （一）坚持实施就业优先政策，持续深化收入分配制度改革

党中央、国务院把稳就业作为"六稳"之首，坚持实施就业优先政策，全国就业形势持续稳定，就业规模不断扩大。要坚持实施就业优先政策，拓宽职业发展通道，减少就业和创业障碍，建立工资随劳动生产率同步提升机制，不断提高居民的增收能力。继续深化收入分配制度改革，消除初次分配

领域中不利于缩小收入分配差距的制度性障碍，不断提高劳动所得在国民收入中的比重。应将乡村振兴融入城镇化进程，使非农产业和农业相互促进，增加农民就近就业机会，提升农民就业质量。要有效激发新生代农民工返乡就业创业、参与乡村振兴的积极性、主动性，不断拓宽就业渠道，努力促使他们实现稳定非农就业。应帮扶残疾人、零就业家庭成员等困难群体实现就业。同时，在加快落实党中央关于东北振兴的重大政策文件的基础上，积极推进重点领域改革。本着"四个着力"讲话精神，着力推进结构调整，在把装备制造业做大做强的同时，加快培育战略性新兴产业，发展劳动密集型现代服务业，促进城镇就业。

### （二）完善社会保障体系，确保低收入群体共享发展成果

收入再分配领域要更加注重公平。应进一步优化税制结构和征管流程，进一步减轻一般劳动者税负。继续加大政府转移力度，接续推进脱贫攻坚和乡村振兴有效衔接。完善基本养老、失业、社会救助等一系列政策措施，切实保障困难群体基本生活。有效整合各类社会保障制度，增强社会保障的普惠性，充分发挥社会保障的托底作用和正向调节功能，进一步织密社会安全网。充分发挥第三次分配作用，构建激励企业和个人投入慈善事业的机制，建立行业规范标准，推动慈善事业发展，改善居民收入和财富分配格局。在未来较长的时间里，农村居民在整体上还属于低收入群体，为实现共同富裕的目标，应当继续实施农产品价格补贴政策，在二次和三次收入分配方面向有利于提高农村居民收入的方向进行改革。同时应推进县城建设，努力缩小农村居民在生产、生活、消费等方面与城镇居民的差距。

### （三）坚持用发展的眼光看问题，在发展中解决居民增收问题

东北三省城乡居民收入的问题必须在加快发展中解决，要把增加经济总量与提高经济质量结合起来，把增加投资与提高经济效益结合起来，把提高经济发展水平同提高人民生活水平结合起来，通过生产力的不断发展保证城乡居民收入不断提高。在东北三省现有的经济发展基础上，进一步做大经济

总量，大力优化经济发展环境，深化改革，扩大开放，确保经济较快发展，特别要发展东北三省优势特色产业，如现代农业、装备制造业和原材料产业。继续全面实施东北振兴战略，抓住机遇，开拓创新，营造良好的环境，调动一切积极因素，促进经济提质增效，创造出更多社会财富，使可供分配的国民收入财富"蛋糕"更大、更好，不断提高城镇居民的收入水平和购买力，为东北三省城乡居民收入增长奠定良好的基础。

## （四）推动农业供给侧结构性改革，多渠道增加农民收入

推动东北三省农业供给侧结构性改革，特别是对于当前产需、存储矛盾比较突出的玉米等农产品要按照市场定价、价补分离的原则，积极稳妥推进收储制度改革，及时反映市场供求关系。有效推动农业结构优化调整，重点抓好三项工作：一是推进玉米重点减产区种植青贮玉米、大豆、优质饲草、杂粮杂豆及生态功能性植物等；二是探索耕地轮作休耕制度试点；三是积极推进马铃薯产业开发。改革农产品市场交易方式，逐步构建以目标价格为核心的东北三省农产品价格形成机制，促进东北三省农产品市场供求基本平衡。

## 参考文献

陈斌开、林毅夫：《发展战略、城市化与中国城乡收入差距》，《中国社会科学》2013年第4期。

李实、赵人伟：《中国居民收入分配再研究》，《经济研究》1999年第4期。

李叶妍：《扩大中等收入群体、规范收入分配秩序的改革途径》，《中国经济报告》2022年第6期。

吕光明：《我国居民收入与经济增长同步性的实现逻辑与调控建议》，《财政科学》2022年第11期。

王一鸣：《百年大变局、高质量发展与构建新发展格局》，《管理世界》2020年第12期。

# B.14
# 东北三省促进农民持续增收的
# 对策研究

倪锦丽*

**摘　要：** 让农民增收，是任何时期农业、农村工作都需要面对的问题，是一项长期任务，尤其是在由脱贫攻坚向乡村振兴过渡的"十四五"时期和实现共同富裕的背景下。本报告总结了目前东北三省农民人均可支配收入的结构性特征和面临的问题，并提出相应的对策建议。

**关键词：** 农民增收　结构性特征　东北三省

东北三省是农业大省，尤其是黑龙江和吉林的粮食产量位居全国前列，东北三省为国家粮食安全做出了重大贡献。但农业是弱质产业，比较效益低，在一定程度上限制了农民增收的空间。如何让东北三省既扛稳粮食安全的重任，又能实现农民持续增收，显得尤为重要。目前东北三省农民人均可支配收入逐年递增，但仍然存在农民人均可支配收入水平较低、农民收入增长缓慢等问题。

## 一　东北三省农民人均可支配收入的现状

农民人均可支配收入由经营净收入、工资性收入、财产性收入和转移性

---

* 倪锦丽，吉林省社会科学院农村发展研究所研究员，主要研究方向为农业与农村经济。

收入四部分构成。东北三省农民人均可支配收入在总量和结构上呈现出如下特征。

## （一）东北三省农民人均可支配收入的总量不断增加

东北三省都是名副其实的农业大省。2021 年，黑龙江省粮食总产量达到 7867.7 万吨，连续多年位居全国第一；吉林省粮食总产量达到 4039.2 万吨，位居全国前列；辽宁省耕地面积相对较小，粮食总产量达到 2538.7 万吨，但农业总产值达到 4927.7 亿元，远远高于吉林省的 2972.3 亿元。三省粮食总产量共计 14445.6 万吨，占全国粮食总产量的 21.1%。黑龙江、吉林、辽宁三省为国家粮食安全做出了重大贡献。而农业是弱质产业，在一定程度上限制了农民增收的空间。但在中央一系列政策措施的引导和支持下，东北三省农民人均可支配收入逐年递增，2015 年、2017 年、2022 年分别达到 11504 元、13137 元、18942 元，2022 年比 2015 年、2017 年分别增长了 64.7% 和 44.2%。从各省的情况看也是如此，辽宁省 2015 年、2017 年、2022 年的农民人均可支配收入分别达到 12057 元、13747 元、19908 元，2022 年比 2015 年、2017 年分别增长了 65.1% 和 44.8%。吉林省 2015 年、2017 年、2022 年的农民人均可支配收入分别达到 11326 元、12950 元、18341 元，2022 年比 2015 年、2017 年分别增长了 61.9% 和 41.6%。黑龙江省 2015 年、2017 年、2022 年的农民人均可支配收入分别达到 11095 元、12665 元、18577 元，2022 年比 2015 年、2017 年分别增长了 67.4%、46.7%（见表1）。

**表1　东北三省农民人均可支配收入**

单位：元

| 年份 | 2015 | 2016 | 2017 | 2018 | 2019 | 2020 | 2021 | 2022 |
|---|---|---|---|---|---|---|---|---|
| 全国 | 11422 | 12363 | 13432 | 14167 | 16021 | 17131 | 18931 | 20133 |
| 东北三省 | 11504 | 12291 | 13137 | 13849 | 15386 | 16561 | 18313 | 18942 |
| 辽宁 | 12057 | 12881 | 13747 | 14656 | 16108 | 17450 | 19217 | 19908 |
| 吉林 | 11326 | 12123 | 12950 | 13748 | 14936 | 16067 | 17642 | 18341 |
| 黑龙江 | 11095 | 11832 | 12665 | 13084 | 14982 | 16168 | 17889 | 18577 |

（二）经营净收入和工资性收入是东北三省农民人均可支配收入的两大支柱

对于东北三省来说，经营净收入和工资性收入仍是农民人均可支配收入的两大支柱。辽宁省 2017 年、2022 年农民人均经营净收入占农民人均可支配收入的比例分别为 42.3% 和 45.1%，工资性收入占比分别为 39.4% 和 37.0%，合计占比分别达到 81.7% 和 82.1%，比例非常之高。同样，吉林省 2017 年、2021 年经营净收入占农民人均可支配收入的比例分别为 57.0% 和 57.6%，工资性收入占比分别为 23.0% 和 24.4%，两者合计占比分别高达 80.0% 和 82.0%。黑龙江省 2017 年、2021 年经营净收入占农民人均可支配收入的比例分别为 52.9% 和 52.3%，工资性收入占比分别为 22.4% 和 18.6%，两者合计占比分别高达 75.3% 和 70.9%。可见经营净收入和工资性收入是农民增收的主渠道（见表 2）。

表 2　东北三省农民人均可支配收入结构

单位：元，%

| | 年份 | | 2015 | 2016 | 2017 | 2018 | 2019 | 2020 | 2021 |
|---|---|---|---|---|---|---|---|---|---|
| 辽宁省 | 农民人均可支配收入 | | 12057 | 12881 | 13747 | 14656 | 16108 | 17450 | 19217 |
| | 经营净收入 | 人均 | 5574 | 5636 | 5819 | 6264 | 7013 | 7875 | 8667 |
| | | 占比 | 46.2 | 43.8 | 42.3 | 42.7 | 43.5 | 45.1 | 45.1 |
| | 工资性收入 | 人均 | 4730 | 5071 | 5423 | 5645 | 6224 | 6511 | 7109 |
| | | 占比 | 39.2 | 39.4 | 39.4 | 38.5 | 38.6 | 37.3 | 37.0 |
| | 财产性收入 | 人均 | 232 | 258 | 297 | 335 | 285 | 297 | 397 |
| | | 占比 | 1.9 | 2.0 | 2.2 | 2.3 | 1.8 | 1.7 | 2.1 |
| | 转移性收入 | 人均 | 1521 | 1916 | 2208 | 2413 | 2588 | 2768 | 3044 |
| | | 占比 | 12.6 | 14.9 | 16.1 | 16.5 | 16.1 | 15.9 | 15.8 |
| 吉林省 | 农民人均可支配收入 | | 11326 | 12123 | 12950 | 13748 | 14936 | 16067 | 17642 |
| | 经营净收入 | 人均 | 7878 | 7558 | 7400 | 7756 | 8264 | 9141 | 10161 |
| | | 占比 | 69.6 | 62.3 | 57.0 | 56.4 | 55.3 | 57.0 | 57.6 |

续表

| 年份 | | 2015 | 2016 | 2017 | 2018 | 2019 | 2020 | 2021 |
|---|---|---|---|---|---|---|---|---|
| 吉林省 | 工资性收入 人均 | 2097 | 2363 | 3018 | 3521 | 3933 | 4019 | 4302 |
| | 工资性收入 占比 | 18.5 | 19.5 | 23.0 | 25.6 | 26.3 | 25.0 | 24.4 |
| | 财产性收入 人均 | 199 | 232 | 289 | 257 | 307 | 364 | 388 |
| | 财产性收入 占比 | 1.8 | 1.9 | 2.2 | 1.9 | 2.1 | 2.3 | 2.2 |
| | 转移性收入 人均 | 1152 | 1969 | 2243 | 2214 | 2431 | 2543 | 2791 |
| | 转移性收入 占比 | 10.2 | 16.2 | 17.3 | 16.1 | 16.3 | 15.8 | 15.8 |
| 黑龙江省 | 农民人均可支配收入 | 11095 | 11832 | 12665 | 13084 | 14982 | 16168 | 17889 |
| | 经营净收入 人均 | 7050 | 6426 | 6693 | 7053 | 7196 | 8254 | 9354 |
| | 经营净收入 占比 | 63.5 | 54.3 | 52.9 | 51.1 | 48.0 | 52.3 | 52.3 |
| | 工资性收入 人均 | 2247 | 2430 | 2840 | 3009 | 3330 | 3152 | 3322 |
| | 工资性收入 占比 | 20.3 | 20.5 | 22.4 | 21.8 | 22.2 | 19.5 | 18.6 |
| | 财产性收入 人均 | 525 | 573 | 553 | 679 | 759 | 848 | 1109 |
| | 财产性收入 占比 | 4.7 | 4.8 | 4.4 | 4.9 | 5.1 | 5.2 | 6.2 |
| | 转移性收入 人均 | 1274 | 2403 | 2579 | 3062 | 3698 | 3176 | 4104 |
| | 转移性收入 占比 | 11.5 | 20.3 | 20.4 | 22.2 | 24.7 | 19.6 | 22.9 |

资料来源：各相关年份《辽宁统计年鉴》《吉林统计年鉴》《黑龙江统计年鉴》。

## （三）种植业和畜牧业收入是东北三省农民经营净收入的重要担当

经营净收入由农业（种植业）、林业、畜牧业、渔业的收入构成。东北三省是典型的农业大省，其种植业的产值占农林牧渔业总产值的比重必然较高。通常情况下，农业大省的畜牧业都相对较发达，所以畜牧业的产值占农林牧渔业总产值的比重也会较高。因此，农民从种植业和畜牧业中获得的收入应该也较多。现实情况也确实如此。由《辽宁统计年鉴》和《吉林统计年鉴》可知，2017 年辽宁省农民人均种植业和畜牧业收入分别为 2960 元和 1159 元，分别占经营净收入的 50.9% 和 19.9%，合计占比 70.8%；2021 年又分别达到 4143 元和 1801 元，分别占经营净收入的 47.8% 和 20.8%，合计占比 68.6%。吉林省的情况也同样如此，2017 年吉林省农民人均种植业和畜牧业收入分别为 5563 元和 771 元，分别占经营净收入的 75.2% 和 10.4%，

合计占比85.6%；2021年又分别达到8487元和796元，分别占经营净收入的83.5%和7.8%，合计占比91.3%。

## 二 东北三省农民持续增收面临的问题

东北三省是农业大省，农民增收面临着农业比较效益低、农民增收渠道和空间有限、农民科技文化素质低以及外部环境复杂多变等问题。

### （一）农民人均可支配收入普遍低于全国平均水平

东北三省农民人均可支配收入2015年高于全国平均水平82元，但2016~2022年均低于全国平均水平，2017年低于全国平均水平295元，2022年则低了1191元，突破千元。可见三省的平均水平与全国的平均水平的差距在逐渐扩大。从各省的情况来看，吉林省农民人均可支配收入2015~2022年一直低于全国平均水平，2017年低于全国平均水平482元，2022年这种差距已增至1792元。黑龙江省2015~2022年农民人均可支配收入也始终低于全国平均水平，2017年低于全国平均水平767元，2022年则低了1556元，这种差距也呈扩大的趋势。与黑龙江省和吉林省相比，辽宁省的情况相对较好，2015~2021年辽宁省的农民人均可支配收入一直高于全国平均水平，2017年高了315元，2021年高了286元，但2022年低于全国平均水平225元。由此也可看出辽宁省农民人均可支配收入高于全国平均水平的领先优势逐渐在缩小并开始低于全国平均水平（见表1、图1）。

### （二）财产性收入比例过低

农民财产性收入主要包括土地、存款以及集体资产所带来的收益等。从东北三省农民人均财产性收入占人均可支配收入的比例来看，三个省份多年来都普遍较低。2015年、2017年和2021年，辽宁省农民人均财产性收入分别为232元、297元、397元，占人均可支配收入的比例分别为1.9%、2.2%、2.1%；吉林省为199元、289元和388元，占比分别为1.8%、

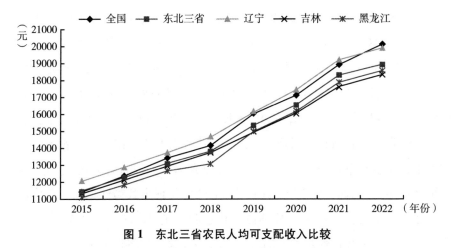

**图1　东北三省农民人均可支配收入比较**

资料来源：各相关年份《辽宁统计年鉴》《吉林统计年鉴》《黑龙江统计年鉴》。

2.2%、2.2%；黑龙江省为525元、553元、1109元，占比分别为4.7%、4.4%、6.2%（见表2）。财产性收入比例过低，主要是由农民的各种财产性收入都比较少造成的。以吉林省为例，由于农民的存款数普遍不高，获得的利息也就很有限，《吉林统计年鉴》显示，2015年、2017年、2021年农民人均利息收入分别仅为22元、31元、18元。而目前由土地所带来的财产性收入还仅限于转让土地承包经营权取得的收益，2015年、2017年、2021年吉林省农民人均转让土地承包经营权的租金收入为147元、210元、341元，由于每户土地的规模是有限的，因此靠土地租金实现增收的空间也是有限的。最为关键的是，目前属于农村集体资产的土地、森林、草原等资产和其他无形资产的产权主体不明晰，以及土地产权制度改革的相关配套措施不完善等，使得广大农民无法通过权属制度获得相应的红利或是股权收益等，如2015年、2017年、2021年吉林省农民人均红利收入分别仅为0.5元、19.5元、6.8元。以上诸多因素的叠加阻碍了农民财产性收入的增加。

（三）转移性收入对增收的贡献率不足

农民转移性收入主要包括养老金、社会救济、报销的医疗费和现金政策

性惠农补贴等。2015年、2017年、2021年辽宁省农民转移性收入分别为1521元、2208元、3044元，占农民人均可支配收入的比例为12.6%、16.1%、15.8%；黑龙江省农民转移性收入分别为1274元、2579元、4104元，占比分别为11.5%、20.4%、22.9%；吉林省农民转移性收入分别为1152元、2243元、2791元，占比分别为10.2%、17.3%、15.8%。虽然农民转移性收入的总量在不断增加，但从占比来看并不稳定。而在农民转移性收入中，现金政策性惠农补贴是其重要构成部分。以吉林省为例，由《吉林统计年鉴》可知，2015年、2017年和2021年现金政策性惠农补贴分别为475元、1274元、1184元，分别占转移性收入的41.2%、56.8%、42.4%。由此可见，现金政策性惠农补贴占据了转移性收入的将近一半。再从现金政策性惠农补贴占人均可支配收入的比例来看，普遍较低。2015年、2017年、2021年吉林省现金政策性惠农补贴占人均可支配收入的比例为4.2%、9.8%和6.7%，比例不高。再从对增收的贡献率来看，2015年、2017年和2021年现金政策性惠农补贴对增收的贡献率为-8.4%，0.4%、1.3%。由此可见，近些年现金政策性惠农补贴对农民的增收贡献力度不大，个别年份为负值，2021年也仅为1.3%，从而导致转移性收入对增收的贡献不足。与转移性收入中的其他部分如养老金或社会救济和补助等相比，现金政策性惠农补贴更有助于提高农民从事农业生产经营的积极性，增加农民收入，而目前的补贴力度较小。

### （四）农业生产成本增加

生产成本的高低对农业经济效益和农民增收也起到决定作用。近年来，受市场供求关系的影响，一些农业生产资料，如化肥、种子、农药和劳动力等的价格不断上涨，以及农产品运输和流通环节增多，使得农业的生产成本逐年增加。在这样的情况下，即使农产品产量增加了，价格上涨了，农民也很难增收。以吉林省为例，由《吉林统计年鉴》可知，2015~2019年农业生产资料价格总指数已从100.2逐年增至108.3。从国内农业生产资料价格来看，2021年3月，国产尿素平均出厂价达到每吨2058元，同比上涨

19.9%；国产复合肥平均出厂价为每吨 2279 元，同比上涨 9.6%。2022 年，受国际化肥价格上涨以及国内硫黄、无烟煤等原材料价格上涨的影响，国产化肥价格持续高位运行，部分品种供应紧张，价格涨幅较大。2022 年 3 月，国产氯化钾、复合肥、尿素和磷酸二铵平均出厂价同比分别上涨 83.9%、43.0%、36.6% 和 13.7%。此外，柴油价格也明显高于 2021 年同期。① 农业生产成本不断增加，降低了生产收益，压缩了农民增收的空间，直接打击了农民从事生产经营的积极性。

### （五）农村劳动力的文化素质不高

农村劳动力的文化素质和劳动技能对提高收入至关重要。而科技文化素质不高的农民，普遍思想观念陈旧，缺少科技意识，对农业的新技术和新成果缺乏接纳、消化、吸收的能力，阻碍了增收。第三次全国农业普查数据显示，东北三省的农村劳动力普遍受教育程度较低。2016 年，黑龙江省农业生产经营人员达到 687.4 万人，其中未上过学的占 1.9%，小学文化程度的占 35.8%，初中文化程度的占 52.2%，高中或中专文化程度的占 7.8%，大专及以上文化程度的占 2.3%。吉林省的情况也基本相同，2016 年，吉林省从事农业生产经营的人数达到 619.09 万人，其中未上过学的占总人数的 1.95%，小学文化程度的占 39.38%，初中文化程度的占 52.66%，高中或中专文化程度的占 4.95%，大专及以上文化程度的占 1.07%。由此可见，黑龙江、吉林两省分别有 89.9% 和 94.0% 的农业生产经营人员的受教育程度都在初中及以下，较低的受教育程度使得整个农村劳动力文化素质较差。再从外出农民工的受教育程度看，《辽宁统计年鉴》显示，辽宁省 2015 年、2017 年和 2021 年外出农民工初中及以下受教育程度人数占比分别为 76.7%、73.0% 和 73.5%，较低的受教育程度和较差的劳动技能使得外出的农民工只能从事一些体力和服务性工作。《辽宁统计年鉴》中外出农民工就

---

① 《中国发布丨疫情影响春耕怎么办？农资涨价怎么办？官方回应农业生产问题》，"中国网"百家号，2022 年 4 月 20 日，https：//baijiahao.baidu.com/s? id =1730611830194784957&wfr =spider&for=pc。

业情况数据也体现出这一点，2021 年辽宁省外出农民工从事制造业的占19.6%，建筑业的占 28.1%，交通运输、仓储及邮政业的占 7.4%，住宿和餐饮业的占 6.2%，居民服务、修理和其他服务业的占 12.2%，批发零售业的占 4.9，合计占比 78.4%。

### （六）疫情给农民增收带来冲击

外出务工收入是农民工资性收入的重要来源，在疫情冲击下，农民收入增速下滑的情况很难避免。从 2020 年到 2023 年初，我国疫情出现多次在多地爆发和多点散发的情况，给经济发展和社会生活带来了极大的影响。由于疫情防控的需要，各地政府会最大限度地减少人员流动和经济活动，甚至会采取静默的防控政策来对抗疫情的传播。这极大地冲击了制造业、建筑业、交通运输业和餐饮服务业。而这些行业都是农民务工的主要行业领域，农民无处打工，也不能出去打工，必然导致工资性收入的下降。同时，因为疫情期间的交通管制，蔬菜、肉类和水果等农副产品也难以运输，也会导致农民经营净收入的下降。以辽宁省为例，2020 年，辽宁省农民工去省外务工的比例为 20.9%，比 2019 年的 25.4% 低了 4.5 个百分点，省外务工的人数明显减少。2022 年 4 月的统计数据显示，截至 4 月底，辽宁省省外务工的农民为 226 万人，同比下降了 14.2%，而本省务工的农民达到 277 万人，同比增长了 29.2%。从省外务工农民比例和本省务工农民比例的一降一升中，可以看出疫情对农民务工的影响。同时，辽宁省返乡留乡农民工的数量也达到了 61 万人，比 2021 年同期增加了 20 万人，同比增长了 48.1%，也可看出疫情对农民外出务工的影响。另外，从其他省份来辽宁省务工的农民人数为 70 万人，比上年同期减少 19 万人，同比下降 20.9%，也可得到相同的结论。[1]

---

① 于险峰：《辽宁省三举措稳农民就业》，中国农网，2022 年 6 月 1 日，https：//www.farmer.com.cn/2022/06/01/99894631.html。

## 三 东北三省促进农民持续增收的对策建议

东北三省要从不断完善相关制度、政策，不断拓宽农民增收渠道等方面来解决农民持续增收所面临的诸多问题。

### （一）深化农村集体产权制度改革

农村的集体资产已成为我国农村发展和实现农民增收的重要物质基础。农村集体产权制度改革是关乎农村生产关系的重大变革，是保护农民合法权益并能有效增加农民财产性收入的重大制度改革。对于东北三省来说，一是要不断探索农村集体经济的发展路径，可通过实施集体经济扶持项目，给予一定的政策和资金支持。还可以通过探索资金入股合作发展、资源合作联合发展以及股份合作自主经营发展等模式和路径，不断发展壮大农村集体经济。二是要完善农村集体受益分配制度，把农村集体的经营性资产股权化，量化到户、到人，并要明确有关公益金和公积金的提取比例，把村集体资产股份收益的分配权真正落到实处。通过这种让资源变资产、资金变股金和农民变股东的方式，让农民享受到农村集体经济发展带来的收益。三是探索盘活农村集体资产的方式方法，应根据各地区农村集体经济的实际情况，通过出租、托管、合资合作、联营和股份合作等方式盘活农村集体经营性资产、农村集体林权、农业类知识产权以及渔业水域滩涂使用权和"四荒地"使用权，以增加农民收入。

### （二）完善农村劳动力转移就业服务体系

鉴于工资性收入是农民收入的重要来源，东北三省应不断通过完善农村劳动力转移就业服务的相关制度和体系，来提高农民外出务工的规模化和组织化程度。一是应准确把握农村劳动力状况。三省各级劳动保障服务部门要对本地区农村劳动力情况进行调查摸底，准确掌握其年龄结构、文化程度、劳动技能和流向等基本情况，建立农村劳动力资源库，为正确和有效引导农

村劳动力外出务工提供依据。二是搭建劳动力转移就业信息平台。要逐步建立起简单、实用、安全、可靠的省、市、县、乡镇、村五级农村劳动力转移就业服务信息网络体系，扩大网络信息的覆盖面。平台既要提供相关的就业指导、就业咨询和政策法规咨询服务，还要定期发布各类用工信息，为企业与外出务工农民对接提供服务。三是要深入推进劳务协作，三省应不断推动建立与发达省份劳务对接机制，推动本省农民与发达省份就业岗位、就业技能和就业意愿等的精准对接。四是要解决好外出务工人员的权益保障问题，如被拖欠工资的问题、工伤保险问题、失业保险问题、养老保险问题和留守子女教育问题等。通过一系列的制度安排和体系建设，不断提高外出务工人员就业的稳定性、长期性和组织化程度，从而提高农民的工资性收入。

### （三）大力促进乡村产业发展

大力促进东北三省乡村产业发展是应对复杂多变的外部环境、实现农民增收的重要抓手。乡村产业既涉及传统的农林牧渔业，又包含新兴的农村电商、休闲康养、乡村旅游等新产业和新业态。这些产业既提升了乡村发展的效益，又拓宽了农民增收渠道，促进了农民增收。特别是在经济面临下行压力、外部环境不确定性和不稳定性明显增强的情况下，促进乡村产业的发展显得尤为重要。一是要不断提高农业综合生产能力，提高资源配置效率、劳动生产率和土地产出效率，通过提升效率来增加收入。二是加快农产品加工业的转型升级，东北三省农产品品种多、产量大，具有发展农产品加工业的资源优势。重点是要促进农产品加工业的转型升级，生产出质高价优、有市场辨识度的东北特色农产品，让农民更多地分享农产品增值带来的收益。三是要大力发展农村服务业，在提升传统商业、仓储、交通运输的规模和服务内涵的基础上，还应大力发展信息服务、产品营销和品牌策划等农业新兴服务业。四是深入挖掘和拓展农业的多种功能，三省应充分发挥本省农村地区资源优势，因地制宜挖掘乡村历史和文化价值，发展形式多样、特色鲜明的新产业和新业态，扩大乡村的就业和创业容量。

### （四）降低农业生产成本

农民增收既要开源，也要节流。东北三省应强化政策引领，推动农业节本增效。一是要规范土地流转的价格和程序，降低土地流转成本。同时要提高农业的机械化程度，降低劳动成本。二是要稳定农资商品价格，三省的各级供销社要充分发挥主渠道作用，确保各类农业生产资料的贮备和保供。同时，市场监督管理部门也要加大对农资市场的监管力度，对农资商品的生产、流通和供应等环节全力做好监督管理工作，确保农资商品供应量足、价稳和质优。三是要推广农业节本增效新技术，三省应大力推广保护性耕作、节水灌溉、测土配方施肥等节水、节药、节肥、节能和节地的农业绿色节本增效新技术。通过强化科技支撑来降低生产成本，增加产出效益，促进农民增收。

### （五）加大惠农补贴力度

东北三省特别是黑龙江省和吉林省是典型的产粮大省，农民面临着增产不增收的现实困境，为此，还应进一步加大对东北三省农民政策性补贴的力度，促进农民增收。目前种粮农民有玉米、稻谷、大豆生产者补贴、产粮大县奖励、农机购置补贴等，这都对东北三省农民增收起到一定作用。未来，一是应继续向国家争取更多的惠农补贴政策。三省应根据作为农业大省，既要承担粮食安全重任，又要实现农民增收的实际情况，积极向国家争取相关的惠农政策，加大补贴力度，从而保障种粮农民取得合理的收益，并保护农民从事农业生产的积极性。二是应相应地加大省级公共财政支农的力度。既然自然资源条件赋予了东北三省农业大省的地位，就要尽可能让农业强、农民富，为此三省应把"三农"作为省级财政支出的优先保障领域，不断提高支农资金投入的比例。三是拓宽支农资金来源的渠道，三省应根据本地区的实际情况，不断探索社会资本支农的方式，拓宽支农资金的来源渠道。

### （六）提高农村劳动力文化素质和劳动技能水平

农民的科技文化水平和劳动技能水平的高低是决定收入水平的本质因

素。东北三省应把培养有文化、懂技术、会经营的农村劳动力作为促进农民增收的不竭动力。一是要加大对农村教育的投入力度。三省要通过加大财政投入的力度，逐步解决农村地区学校基础设施不完备、师资力量有限、师资队伍质量不高等办学条件较差问题。二是要建立和完善农民职业教育培训体系，为农民提供提高职业技能水平的渠道和场所。三省可根据本省的实际情况，建立以农业广播电视学校或农民科技教育培训中心为主体，农业科研院所、农技推广服务机构、农民合作社和农业企业广泛参与的农民职业教育培训体系。三是加强技能培训。定期为农民举办劳动技能培训班，让广大农民更多地了解和掌握一些现代农业生产技术、劳动技能、经营管理知识、电子商务知识等。

**参考文献**

李波、张春燕：《农地经营权抵押贷款对农民增收的影响机制——对湖北省50个县（市、区）的实证研究》，《湖北民族大学学报》（哲学社会科学版）2021年第3期。

李小静：《乡村振兴战略视阈下农民可持续增收路径探析》，《农业经济》2021年第4期。

谢天成、王大树：《乡村振兴战略背景下促进农民持续增收路径研究》，《新视野》2019年第6期。

# 东北三省人口流动现状及应对研究

全龙杰*

**摘　要：** 近些年，东北三省发展相对滞后，人口流失严重，2010~2021年，常住人口减少了11.2%。在持续的低生育水平作用之外，东北三省人口净流出更多的是因为区域发展动能受限、经济衰退等。东北三省长期的人口流失带来人口年龄结构失衡、人口红利迅速消失、经济增长动力不足、财政及社会保障体系负担加重等一系列社会、经济问题，为推进东北新一轮全面振兴带来负面影响。应对人口流失问题，东北三省必须要提高留住人口、吸引人才的能力。具体来说，需要完善人口政策，立足人口长期均衡发展；围绕产业根基，打造新时代现代化产业体系；优化人才政策，增强人才吸引力；完善空间布局，发挥中心城市的集聚效应。

**关键词：** 人口流动　经济增长　东北三省

　　人口流动是人口在地区之间所做的各种各样短期的、重复的或周期性的运动。人口流失现象是人口迁移流动呈现出的一种结果，顾名思义就是一个地区的人口数量减少的情况，主要体现为常住人口数量减少和人口增长速度缓慢乃至出现负增长。随着中国人口预期寿命的逐渐增加和低生育水平的稳定，塑造21世纪中国人口大格局、大发展态势的主要力量将是人口的迁移

---

* 全龙杰，吉林省社会科学院社会学研究所助理研究员，法学博士，主要研究方向为人口与发展。

和流动。2021年2月，国家卫健委对第十三届全国人大三次会议第9839号《关于解决东北地区人口减少问题的建议》的答复引起社会关注，国家卫健委做出回应称，东北三省人口长期减少的原因是多方面的，不是简单放开生育政策就能解决的，更多折射出的是区域经济体制、产业结构、社会政策等方面的综合性、系统性问题。

东北三省具有重要战略地位，关乎国家发展大局，客观认识和积极应对人口问题对推进东北振兴乃至维护国家安全都具有重要意义。东北三省长期的人口流失导致人口年龄结构失衡、人口红利迅速消失、经济增长动力不足、财政及社会保障体系负担加重等一系列社会、经济问题，为推进东北新一轮全面振兴带来负面影响。本报告旨在全面梳理东北三省人口流动现状，分析背后的成因及其对区域发展造成的影响，以期为东北区域协调发展、扭转人口困局提供理论支持和政策建议。

## 一　东北三省人口流动的基本情况

本报告以历次全国人口普查数据、历年《中国统计年鉴》数据、中国流动人口动态监测调查数据等相关数据为依托，对东北三省人口流动的基本情况进行分析。

### （一）东北三省总人口的变动情况

东北三省是近年来全国人口减少最严重的地区。在21世纪之前长达100多年的历史中，东北三省一直是人口净迁入地区。从21世纪初开始，东北三省的人口流动由净迁入转为净迁出，人口持续流失并不断加剧。第七次全国人口普查数据显示，2020年东北三省的户籍人口为10346万人，与第六次全国人口普查相比减少了446万人。根据国家统计局分省份年度数据，2021年东北三省年末常住人口为9729万人，比2010年减少了1226万人，常住人口的降幅远大于户籍人口。其中，黑龙江省常住人口减少708万人，降幅达18.5%，降幅居全国第一位；吉林省常住人口减少372万人，降幅达 13.5%，降幅居全国第二位；辽宁省常住人口减少 146 万人，降幅为 3.3%，降幅居全国第四位。

从年末总人口的变动情况看，东北三省总人口的峰值出现在 2010 年，此前的 10 年间尚能维持连续微增的态势，此后就开始了持续的人口负增长，2010~2021 年年均减少约 111.5 万人。分省来看，三省年末总人口的变动情况大致趋同，区别在于黑龙江省和吉林省的年末总人口峰值都出现在 2010 年，辽宁省滞后一年。峰值过后，黑龙江省人口负增长最为剧烈，年均减少 64.4 万人；吉林省次之，年均减少 33.8 万人；辽宁省降幅最小，年均减少 15.0 万人（见表 1）。2010 年以来，东北三省所有地级市中，仅有沈阳、长春、大连三个地级市的常住人口出现增长，其余 33 个地级市都在减少。

表 1　2000~2021 年东北三省年末总人口的变动情况

单位：万人

| 年份 | 黑龙江 | 吉林 | 辽宁 | 三省总人口 |
|------|--------|------|------|------------|
| 2000 | 3807 | 2682 | 4184 | 10673 |
| 2001 | 3811 | 2691 | 4194 | 10696 |
| 2002 | 3813 | 2699 | 4203 | 10715 |
| 2003 | 3815 | 2704 | 4210 | 10729 |
| 2004 | 3817 | 2709 | 4217 | 10743 |
| 2005 | 3820 | 2716 | 4221 | 10757 |
| 2006 | 3823 | 2723 | 4271 | 10817 |
| 2007 | 3824 | 2730 | 4298 | 10852 |
| 2008 | 3825 | 2734 | 4315 | 10874 |
| 2009 | 3826 | 2740 | 4341 | 10907 |
| 2010 | 3833 | 2747 | 4375 | 10955 |
| 2011 | 3782 | 2725 | 4379 | 10886 |
| 2012 | 3724 | 2698 | 4375 | 10797 |
| 2013 | 3666 | 2668 | 4365 | 10699 |
| 2014 | 3608 | 2642 | 4358 | 10608 |
| 2015 | 3529 | 2613 | 4338 | 10480 |
| 2016 | 3463 | 2567 | 4327 | 10357 |
| 2017 | 3399 | 2562 | 4312 | 10273 |

续表

| 年份 | 黑龙江 | 吉林 | 辽宁 | 三省总人口 |
|------|--------|------|------|------------|
| 2018 | 3327 | 2484 | 4291 | 10102 |
| 2019 | 3255 | 2448 | 4277 | 9980 |
| 2020 | 3171 | 2399 | 4255 | 9825 |
| 2021 | 3125 | 2375 | 4229 | 9729 |

资料来源：根据历年《中国统计年鉴》及国家统计局分省份年度数据整理。

## （二）东北三省人口净迁移的情况

净迁移人口是衡量人口流动规模的基本测度。净迁移人口等于一个地区总迁入人口与总迁出人口的差值，净迁移人口为正值，代表该地区处于人口净迁入状态，反之则处于人口净迁出状态。目前尚没有准确数据能反映东北三省人口迁移的具体情况，本报告利用历年《中国统计年鉴》及东北三省地方统计年鉴的相关数据，通过公式"年度净迁移人口＝本年末人口数－上年末人口数×（1+人口自然增长率）"测算近年来东北三省人口迁移的情况，以此大致反映东北三省人口净迁移的数量及强度（见表2）。

表2　2001~2020年东北三省迁移人口数量测算

单位：万人

| 年份 | 黑龙江 | 吉林 | 辽宁 | 年份 | 黑龙江 | 吉林 | 辽宁 |
|------|--------|------|------|------|--------|------|------|
| 2001 | -7.38 | -0.07 | 2.47 | 2011 | -55.10 | -26.70 | 2.69 |
| 2002 | -7.68 | -0.58 | 0.19 | 2012 | -62.80 | -34.41 | 1.69 |
| 2003 | -5.74 | 0.65 | 4.48 | 2013 | -60.90 | -36.93 | -7.81 |
| 2004 | -4.94 | 0.24 | 1.95 | 2014 | -61.34 | -30.22 | -15.29 |
| 2005 | -7.19 | 0.04 | -4.43 | 2015 | -76.84 | -30.06 | -16.51 |
| 2006 | -6.13 | -0.25 | 40.29 | 2016 | -64.27 | -49.89 | -15.34 |
| 2007 | -8.52 | 0.19 | 16.75 | 2017 | -62.61 | -5.39 | 18.75 |
| 2008 | -7.53 | -0.40 | 10.98 | 2018 | -69.65 | -76.87 | -19.71 |
| 2009 | -6.88 | 0.67 | 22.55 | 2019 | -68.64 | -33.12 | -12.71 |
| 2010 | 1.18 | 1.44 | 43.12 | 2020 | -69.42 | -41.73 | 2.38 |

资料来源：根据历年《中国统计年鉴》及东北三省地方统计年鉴相关数据计算得出。

如表 2 所示，除 2010 年外，黑龙江省在进入 21 世纪以来一直呈人口净迁出状态，以 2010 年为界，之前的人口净迁出规模较小，此后规模明显扩大，2011~2020 年累计净迁出人口 651.57 万人，年均净迁出 65.16 万人。吉林省在 2010 年之前人口迁移基本维持均衡状态，无论是净迁入还是净迁出规模都很小，2010 年后开始出现持续的、明显的人口净迁出，2011~2020 年累计净迁出 365.32 万人，年均净迁出 36.53 万人。辽宁省在 2012 年之前基本保持人口净迁入状态，特别是 2006~2010 年的 5 年间，年均净迁入 26.74 万人，此后除 2017 年和 2020 年外，都出现了人口净迁出，只是规模与黑龙江、吉林两省相比较小，8 年间累计净迁出 66.24 万人，年均净迁出 8.28 万人。

## （三）东北三省流动人口的特征分析

本报告依托 2017 年中国流动人口动态监测调查数据，结合年龄、性别、受教育程度等分布情况分析东北三省流动人口的特征。具体选取户籍所在地为东北三省的跨省流动人口，且筛除在东北三省内部流动的人口，从而得到东北三省流出人口的样本。

从年龄分布的情况来看，东北三省流出人口的平均年龄为 33.5 岁，最集中的年龄段为 25~39 岁，占流出人口总数的 37.4%，可见青壮年劳动力是东北三省流出人口的主体。其中，30~34 岁年龄组流出人口占流出人口总数的比重为 14.4%，是占比最高的年龄组，35~39 岁、25~29 岁年龄组占比分别为 11.7% 和 11.3%。在 40~59 岁的中高年龄组中，流出人口数的比重随年龄增加而递减，60 岁及以上老年人口占比为 7.9%。20 岁以下的青少年及儿童占流出人口总数的 22.4%，分年龄组来看，占比随年龄增加而递减，说明东北三省年龄越小的儿童越容易随父母流动，成为随迁子女，而年龄越大越容易成为留守儿童（见图 1）。

从性别分布情况来看，东北三省不同性别流出人口总体上较为均衡，男性占比为 50.7%，女性占比为 49.3%。分年龄来看，20 岁以下年龄段流出人口中男性占比均高于女性，说明东北三省男性青少年及儿童更容易随父母流动。在青壮年劳动力中，20~34 岁年龄段流出人口中女性占比为 51.6%，

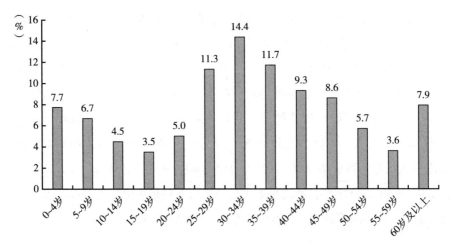

**图1 东北三省流出人口的年龄分布**

资料来源：由2017年中国流动人口动态监测调查相关数据计算得出。

高于男性的48.4%；而35～49岁年龄段流出人口则相反，男性占比为52.3%，高于女性的47.7%。说明东北三省的女性劳动力更倾向于在年轻时就向外流动，而男性向外流动整体上略晚于女性。

从受教育程度的情况来看，6岁及以上东北三省流出人口中，受教育程度为初中的人最多，占流出人口总数的34.4%，高中/中专占19.9%，大学专科占11.1%，大学本科占12.5%，研究生占1.8%。总体来看，东北三省流出人口的受教育程度较高，拥有大专及以上受教育程度者占25.4%，这一比重远高于同期东北三省总体人口的15.3%和全国总体人口的13.9%。说明东北三省接受过高等教育的人才流失状况较为严重。

## 二 东北三省持续人口净迁出的成因

近年来，东北三省人口流动问题越来越引发社会和学界的广泛关注，东北三省人口流失成因也成为热议的话题，其中不乏一些唱衰东北的论调。东北三省持续的人口流失是一个复杂的问题，除气候等客观条件的制约外，其背后还有人文、历史、经济、政策等多方面的影响因素。

## （一）东北板块区位优势减弱

新中国成立之初，东北三省为国家建设事业做出了极大贡献，被誉为"共和国长子"。"一五"时期，新中国工业领域 156 个重大项目中 24 个落在辽宁省、11 个落在吉林省、22 个落在黑龙江省，在东北三省的布局总数超过了全国的三分之一。东北三省借此机会率先建立起重化工业体系，成为全国领先的经济板块。改革开放以来，经济体制改革不断深化，东南沿海地区成为开放发展的前沿阵地，东北三省的区位优势大大弱化，后来随着西部大开发、中部崛起等区域战略以及"一带一路"倡议的陆续提出，东北板块在一定程度上被"边缘化"了。在这一过程中，东北流出人才为全国经济大局做出了重要贡献，促进了全国统一大市场的形成，保障了东南沿海发达地区在全球经济中的竞争力。进入 21 世纪，东南沿海地区在市场经济条件下的区位优势越发明显，相较之下东北三省"板块下挫"，反映在人口层面即出现了持续的人口净迁出。此外，东北三省人口流失现象背后还有不容忽视的政治生态问题。市场经济下的区位优势表现为活跃的要素流动、开放的经济环境和充满活力的体制机制，东北三省受计划经济体制的影响较深，至今仍未彻底摆脱政府主导型发展模式，抑制了区位优势的延续与转化。

## （二）区域经济发展动能不足

东北三省的产业结构布局主要集中于装备制造、汽车、能源、石化等重化工业领域，改革开放以来，东北老工业基地出现衰落，过度依赖投资拉动，产业转型升级滞后，区域经济发展动能不足。历年《中国统计年鉴》显示，2000 年，东北三省地区生产总值占国内生产总值的 9.3%，此后这一比重呈下降趋势。2022 年，东北三省地区生产总值占国内生产总值的比重降至 4.8%。从所有制结构来讲，东北三省民营经济发展缓慢，根据全国工商联发布的 2021 年中国民营企业 500 强榜单，东北三省入围企业合计只有 8 家，而浙江一省就有 96 家。区域经济中对人口迁移影响最直接的因素就是就业机会和工资水平。根据历年《中国统计年鉴》数据，2000~2020 年，

辽宁、吉林、黑龙江三省的第二、三产业从业人口的总体增长率分别为41.72%、46.93%、13.20%，远低于全国平均水平的61.21%。同时，工资水平相对较低，2020年，辽宁、吉林、黑龙江三省城镇单位就业人员平均工资分别为7.9万元、7.8万元、7.5万元，都远低于全国平均水平的9.7万元。因此东北三省和中西部许多地区一样，人口倾向于向就业机会较好和工资水平较高的沿海地区迁移。

### （三）缺乏行之有效的人才政策

为应对人口流失、人才流失困境，近年来东北三省纷纷出台各类人才政策，如黑龙江省2022年的《新时代龙江人才振兴60条》，吉林省2018年的《关于激发人才活力支持人才创新创业的若干政策措施（1.0版）》、2021年的《关于激发人才活力支持人才创新创业的若干政策措施（2.0版）》和2022年的《关于激发人才活力支持人才创新创业的若干政策措施（3.0版）》，辽宁省2022年的《辽宁省"十四五"人才发展规划》等。这些政策对东北三省改善人才环境、激发人才活力、遏制人才流失起到了一定的积极作用。但是东北三省现行的人才政策仍存在很大的局限性，对人才的吸引力不足，无法缓解人才持续外流的窘境。一是东北三省的人才政策往往过度集中在高端人才层面，对于大专生、本科生甚至研究生缺乏相应的扶持对策，毕业生自然更倾向于流向大城市或东南沿海等高收入地区就业。二是东北三省的财政收入和税收收入不足，影响了各项人才政策的扶持力度与落地效果，相比国内其他地区人才引进政策的各项福利待遇，东北三省的人才政策无法对人才形成吸引力。

## 三　东北三省人口流动的影响

长期来看，东北三省的人口流动形势与区域发展态势具有高度的一致性，历史上大量外来人口迁入促进了东北三省的发展，人口增长速度和经济增长速度都一度处于全国领先水平。但近年来持续的人口净迁出导致东北三省人口结构失衡、经济形势不振、财政及社会保障体系负担不断加重，为东北全面振兴、全方位振兴带来不利的人口条件。

## （一）人口流动加剧人口结构失衡

东北三省长期处于极低的生育水平，且老龄化程度较高，近年来东北三省净迁出人口主要集中于 25~39 岁年龄段，这部分人口属于最活跃的育龄人群，他们的流失必然会加快东北三省的少子老龄化进程，导致人口结构失衡。从生育情况来看，《中国统计年鉴（2022）》显示，2021 年辽宁省人口出生率仅为 4.7‰，吉林省为 4.7‰，黑龙江省为 3.6‰，远低于全国平均的 7.5‰，分别排在全国倒数第 4 位、第 3 位、第 1 位。从老龄化情况来看，辽宁省的老龄化程度最高，吉林、黑龙江两省略低一些，但整体来看东北三省的老龄化程度都在不断加深，老年人口规模迅速扩大。2021 年，辽宁省 65 岁及以上老年人口比重为 18.8%，吉林省为 16.7%，黑龙江省为 16.8%，均高于全国平均的 14.2%，进入"深度老龄化"阶段。

## （二）人口流动影响区域经济发展

东北三省长期人口负增长极大地拉低了地区生产总值的增长率，抑制潜在经济产出。从第六次、第七次全国人口普查数据来看，东北三省 15~64 岁劳动年龄人口在 10 年间减少了 1514.4 万人，降幅达 17.5%，远大于总人口的降幅。特别是东北三省净迁出人口以青壮年劳动力为主，导致劳动力供给不足，扩大了制造业和服务业的结构性用工缺口。以 2022 年为例，东北三省地区生产总值分别为辽宁省 2.90 万亿元、吉林省 1.31 万亿元、黑龙江省 1.59 万亿元，三省地区生产总值总和仅占国内生产总值的 4.8%。与上一年相比，辽宁、黑龙江两省地区生产总值增速均不足 3%，经济增长乏力，吉林省更是出现 1.9% 的负增长。虽然东北三省的重工业曾吸引了大量人才，但由于单一的产业结构模式，只依赖部分地区的经济支撑很难带动东北三省的经济增长。经济效益的下降直接导致了薪资福利的降低，致使大量人口外流，引起人口与地区生产总值之间的恶性循环，使得东北三省经济发展

困难重重。此外，近年来东北三省净迁出人口的受教育程度远高于地区和全国平均水平，高层次人才外流严重，导致区域创新动能不足。东北三省高校毕业生本省就业率总体偏低，以吉林大学为例，2022届毕业生本省就业率为26.1%，在东北三省就业的比例为32.1%。而复旦大学、中山大学等名校的毕业生本省就业率能达到70%以上。

### （三）人口流动造成财政及社会保障体系负担加重

劳动年龄人口萎缩与人口老龄化的作用相叠加，使东北三省的老年人口抚养比迅速提高，对地方财政和社会保障体系造成巨大冲击。总体来看，2011~2021年东北三省的老年人口抚养比均出现倍增，辽宁省的老年人口抚养比从13.8%增长至26.7%，吉林省从11.1%增长至23.2%，黑龙江省从10%增长至22.8%。东北三省属于"未富先老"地区的典型，2021年三省养老金缺口合计超过1300亿元，社会养老服务需求不断增长，医疗保障体系供需矛盾突出。此外，东北三省作为老工业基地，国有企业所占比重较高，随着产业结构转型升级和市场竞争的加剧，各类失业职工人数增加，导致在职人员与退休、失业人员比例严重失衡，而大部分职工退休后会依靠养老保险、国家福利来维持生活，这给社会保障体系带来巨大的压力，使得地方财政负担加重，不利于社会安定与经济发展。

## 四 东北三省应对人口流动现状的对策建议

人口与经济发展具有长期协同关系。东北三省欲实现全面振兴、全方位振兴，长期内保持合理的人口结构是必不可少的，这要求东北三省提高留住人口、吸引人才的能力。针对东北三省人口流动的现状、成因及影响，本报告给出如下对策建议。

### （一）完善人口政策，立足人口长期均衡发展

东北三省完善人口政策要从"一小一老"两方面共同发力。一方面，

设计一揽子少子化对策，全面调整配套生育政策，解决"生育焦虑"问题。作为曾经"计划生育"政策执行最严格的地区，东北三省持续的人口负增长，不只是人口流动的结果，低生育率的影响也越来越大。男女平等、优生优育的生育观念在东北三省已深入人心，养育子女的高昂投入与东北三省普遍的低收入水平形成巨大的矛盾，影响生育政策调整的效果。建议设计配套措施全面降低生育、养育、教育成本。完善生育补贴制度，规范妇产医疗服务及母婴护理行业；提高托育服务的可及性、便利性和安全性，构建普惠性托育服务体系；加大优质公共教育资源供给力度，促进基础教育均衡发展；营造有利于生育的职场环境，提高年轻人家庭生育意愿以及养育子女的能力。另一方面，扩大养老服务供给，协同推进养老事业与养老产业发展。目前东北三省老龄化程度高，且在未来一段时间内仍将提升，构建完善的养老服务体系具有必要性和紧迫性。建议增加养老服务设施，适当降低小型养老机构准入门槛，更多地吸引社会资本；加快建立养老服务人才体系和培训体系，大力推广产教融合，实现养老产业人才专业化；完善社区养老，在街道层面建设具备全日托养、日间照料、上门服务、区域协调指导等综合功能的社区居家养老服务中心；完善养老产业链，推动养老产业与相关产业融合发展。

### （二）围绕产业根基，打造新时代现代化产业体系

东北三省的人口流失与历史产业结构相关，从产业结构调整的角度，需要通过打造现代化产业体系，培育行业、兴办企业，进而留住人口、吸引外来劳动力。一是妥善处理好传统产业与新兴产业的关系，在推动传统产业转型升级的同时，大力发展以数字经济为引领的新兴产业，加快发展新一代信息技术，通过布局新产业、新业态和新模式，吸引更多青壮年劳动力就业创业。二是处理好重工业与轻工业的关系，在巩固重化工业支撑地位的同时，更加有力地发挥轻工业的"蓄水池"作用。三是处理好大企业与小微企业的关系，在做好大企业、大工程、大项目的同时，更好地发挥小微企业的就业吸纳效应。此外，东北三省应结合自身的资源环境、经济与人口的初始条

件，在生态文明与绿色发展的框架中寻求新经济成长的契机，如生态绿色农业和旅游绿色产业、冰雪白色产业，特别是面向现代的智慧产业和科技产业。

### （三）优化人才政策，增强人才吸引力

东北三省要想更好地融入全国统一大市场、融入双循环新发展格局，必须增强对人才的吸引力。东北三省完善人才政策需要兼顾对高端人才的引进和对普通人才的留引。一方面要缩小东北三省各类高层次人才与南方经济发达地区高层次人才的工资待遇差距，建议国家相关部门研究出台相关政策，为东北老工业基地设立高技能人才特殊津贴，为留住人才、吸引人才提供支持；同时对取得高级职称或较高技术等级资格证书并坚持在东北三省工作多年的高层次人才给予特殊的待遇政策。另一方面要借鉴中西部地区留才引才经验，将"人才"的范围由极少数精英扩展到更为广泛的人力资源，在现有人才政策的基础上，进一步出台细化针对高中生、中专生、研究生的扶持政策，分层次给予相应的优惠，吸引更多毕业生在东北就业、创业；在户籍管理方面，不仅要提高吸引人口的魅力，还要降低人口迁入的门槛，全面取消落户限制，为外来人口提供更多住房补贴、落户指导、子女教育、创业服务等方面的支持；把"就业优先"政策作为重要导向，通过增加就业机会拉动劳动人口在东北三省落户生根，吸引更多外来人口。

### （四）完善空间布局，发挥中心城市的集聚效应

提升东北三省对人口的吸引和吸纳能力，需要完善经济与人口的空间布局，依托中心城市发展都市圈，进而联通发展轴带，充分发挥集聚效应。集中力量加强东北三省四座副省级城市的建设，打造哈尔滨、长春、沈阳、大连四大都市圈，在各城市群内培育更多"节点城市"，增强东北三省经济聚合力和吸引力。抓紧完善都市圈功能，加强区域内政策、交通、产业等方面的协同，打造区域经济引擎。强化中心城市与周边城市协作机制，发挥都市圈辐射功能，逐步带动中小城市和小城镇有序发展。加强都市圈之间的协调

联动，进一步优化人口空间分布格局。以四座副省级城市为"黄金中轴线"，形成连接"东北四大都市圈"的重要通道。同时，继续深挖哈大齐牡发展轴和长吉图发展轴两个横向轴带的潜力，配合对黑龙江东部城市群的培育，联通延边、白山、通化等城市，直至辽宁东南部城市群，打通东部沿边发展轴。最终形成两横两纵的"井"字形轴带空间，推动沿线的城镇、产业和人口的优化配置和集聚。

## 参考文献

冯乐安：《东北人口的流动转变（1995—2005）——基于不同学历人口的比较》，《开发研究》2021 年第 1 期。

龚征旗、张丹盈：《东北三省人口流失现状与对策研究》，《商业经济》2020 年第 9 期。

韩欣铭、张永生、詹雪莹、谷励：《东北地区人口流失及优化路径的探析》，《现代商业》2021 年第 30 期。

胡焕庸：《东北地区人口发展的回顾与前瞻》，《人口学刊》1982 年第 6 期。

陆丰刚：《人口流失影响了东北地区经济增长吗？——基于东北地区户籍人口流失测算数据》，《人口与发展》2021 年第 5 期。

王吉喆：《东北人口困局之破解与东北振兴》，《前进论坛》2022 年第 3 期。

于强、王大为：《着眼于中长期发展 解决好东北三省人口流失问题》，《中国经贸导刊》2022 年第 3 期。

翟振武、段成荣等：《跨世纪的中国人口迁移与流动》，中国人口出版社，2006。

# 创 新 篇
Innovation Articles

## B.16
# 东北三省文化数字化发展研究

王力力*

**摘　要：** 数字经济发展速度之快、辐射范围之广、影响程度之深前所未有，改变了包括生产、分配、交换和消费在内的生产关系，对文化及相关产业具有重大意义。本报告阐述了文化数字化转型的意义，立足于东北三省文化数字化发展现状，分析东北三省文化数字化发展存在的问题，并且提出发展的对策建议。

**关键词：** 文化数字化　数字化转型　东北三省

数字技术加速创新并日益融入经济社会发展的各领域、全过程，引发了社会和经济的整体性变革。特别是文化及相关产业的发展始终伴随着科学技术的飞速进步，数字技术已经成为驱动文化及相关产业发展的内核，直接改

---

＊ 王力力，黑龙江省社会科学院经济所副研究员，主要研究方向为发展经济学。

变了文化产品的生产和宣发，创新文化产业的产品、内部结构以及外部环境，成为推动文化创新发展的重要手段。

# 一 东北三省文化数字化发展现状

近年来，数字文化产业愈加受到国家的重视，已经成为各地区实现经济快速发展的重要战略性新兴产业。2020年11月，文化和旅游部出台了《关于推动数字文化产业高质量发展的意见》，明确了数字文化产业发展的目标、思路和主要任务，对推动数字文化产业高质量发展做出全面部署。2022年5月，中共中央办公厅、国务院办公厅印发了《关于推进实施国家文化数字化战略的意见》，提出了八项重点任务，为各地区文化数字化发展指明了方向。东北三省在文化数字化发展方面都相继进行了有益的探索。

## （一）辽宁省文化数字化发展现状

### 1. 开发"辽宁文化云"平台

辽宁省开发的"辽宁文化云"平台，充分整合全省公共文化资源，设立了"赏精品、看直播、约活动、学艺术、享阅读、逛展览、乐旅游"等多个板块。比如，"赏精品"板块中包括舞台艺术、美术、文博、考古、文化遗产、文学作品等多个栏目，单单舞台艺术一个栏目就包括歌剧《苍原》《雪原》、芭蕾舞剧《花木兰》、儿童剧《水晶之心》等将近30部经典舞台艺术作品的完整演出视频。而"乐旅游"板块中的"云游辽宁"系列微视频展示了辽宁省众多5A级和4A级旅游景区风貌。云平台的建设满足了用户在了解、参与、互动等方面的深度需求，使文化交流与传播打破时间与空间的限制，影响更广、效率更高。

### 2. 开展线上直播活动

在重要节假日，辽宁省还充分运用新媒体，积极进行线上文化活动直播。2022年元旦期间，辽宁省文化馆推出150课时的全民艺术普及系列公益课程，实现了线上全民艺术信息共享。大型民族舞蹈精品《舞与伦比》

《一宫三陵》文化专题片、非遗专场精品展播、"我们的中国梦"文化进万家惠民演出等也在线上播出。清明节假期期间,辽宁省文化和旅游厅及时组织指导各级各类公共文化机构整合文化资源,利用官方网站、辽宁文化云、微信公众号、抖音等平台,在全省各地共推出阅读推广、艺术普及、云课堂、展览展播等丰富多彩的线上文化活动500余场次。

3. 数字技术与城市书屋深度融合

为充分发挥和利用产业数字化的场景资源优势和数字产业化的数据资源优势,加快推进新一代数字技术与城市书屋深度融合。辽宁省图书馆打造的敏学天地"男孩屋女孩屋"项目,应用数字化、新媒体以及多种科学教育手段,将生理教育、安全教育、优秀传统文化、英雄和榜样等内容融入少年儿童成长过程,不仅话题和内容新颖丰富,设计理念更显超前,空间学习氛围愈加浓厚。

## (二)吉林省文化数字化发展现状

### 1. 开发"吉林文旅云"平台

吉林省"吉林文旅云"把全省各公共文化服务机构诸多功能整合到一个平台,能够满足各级文化服务机构发布讲座、展览、培训、表演等多种多样文化活动信息的需求。平台集合了全省最优质的文艺会演、培训讲座、公益宣传、文化纪实等在线视频,汇聚了全省最精彩的公共文化活动,整合了全省最前沿的文化资讯动态,公众足不出户就能在线查看公共场馆信息、浏览各种文化活动、观看海量文化类视频、知晓最新文化信息。吉林省还积极与马蜂窝、携程等OTA平台开展营销合作,宣传吉林冰雪旅游、避暑旅游、自驾旅游、边境旅游、红色旅游等特色产品,使信息能够精准抵达客户市场。

### 2. 实现传统出版业的数字化升级

近年来,吉林出版集团一直致力于实现传统出版业的数字化转型,取得了显著的成绩。国家新闻出版署公布的2020年数字出版精品遴选推荐结果显示,447家单位共申报604个项目,涵盖主题出版、大众出版、专业与学术出版、教育出版、少儿阅读类等五大类，包括融媒体出版物、数字教材、云课堂、数据库产品、AR/VR产品等，共有46个项目入选。吉林出版集团外语教育图书出版事业部"《绘本中国》融媒体国际出版项目"入选2020年度数字出版精品遴选推荐计划，同时吉林出版集团是吉林省唯一连续两年入选此项国家级重点奖项的单位，切实发挥了文化产业数字化精品示范作用。

### 3. 丰富文娱活动的数字体验

吉林省将文旅产业同大数据、云计算、物联网等数字技术相结合，推动文娱产品升级换代。比如高山滑雪、长白山天池、雪地赛车等VR体验让体验者身临其境。吉林省还在流量扶持、专题培训、"云"直播等方面实施了一系列的支持举措。还开展了吉林杠杠滴、走进吉林非遗、吉林滑雪聚好玩等丰富多彩的活动，上百万网友纷纷宣传分享吉林的热情。

## （三）黑龙江省文化数字化发展现状

### 1. 开发智慧文旅平台

黑龙江省以信息网络为基础，提供数字转型、智能升级、融合创新等文旅服务，不断丰富完善文旅高质量发展建设。黑龙江省通过智慧文旅平台，对各景区交通、游客游览、疫情防控情况做到实施监管、精准预警、及时应对。开发的"趣龙江"App，可以提供分时预约、VR游龙江、营销宣传、旅游攻略等服务。黑龙江省智慧文旅平台开发了线上分享、电子票务、线上展演、线上娱乐等数字文旅新业态，文旅产业呈现出智能化、数字化的发展特点，而其对消费扩容提质的推动作用也越发显著。

### 2. 加快传统文化的数字化转化

黑龙江省将数字经济之力同优秀传统文化相结合。2020年，黑龙江省民族博物馆首次采用线上、线下联动的方式举办"孔子与孔氏家族"展览活动。2021年，哈尔滨文庙在线上举办祭奠孔子大典，在疫情防控之下延续传统文化，在省级卫视上以直播的形式展现。黑龙江省民族博物馆借助数字化技术，实现馆藏文物资源数字化，举办VR游、云展映、线上知识答题

等活动，累计推出近 200 期数字文化内容，获得近百万次网络点击。在龙江四大精神方面，2020 年《新闻法治在线》节目讲解北大荒博物馆，重现历史事迹中蕴含的北大荒精神。2021 年，东北烈士纪念馆对文化资源进行整合，推出《寻访抗联密营》《大山里的兵工厂》两部红色专题片，制作《〈我宣誓·永不忘却的誓言〉专题片云展映》，以 206.2 万次的阅读量位列中华文物全媒体传播精品（新媒体）推介名单，成为十大推介项目之一。杨靖宇烈士陵园暨东北抗日联军纪念馆建立数字园馆，将抗联资料以数字化形式进行展映。2022 年，在防洪胜利纪念塔广场成功举办了黑龙江冰雪非遗展。

3. 网络文学发展方兴未艾

黑龙江省牡丹江市地处东北边疆却在时代前沿的网络文学创作潮流中迅速崛起，在作家群体数量、版税收入、粉丝量、阅读点击量、文学 IP 开发、衍生产业等领域都取得了显著成绩，初步形成了独树一帜的"牡丹江现象"。牡丹江以网络文学优质 IP 为源头，打造游戏、动漫、影视等多产业融合发展的产业链条，成为在东北地区处于领先地位的网络文学产业基地。牡丹江以华创文化创意产业园为载体，建成有声书产业集群，引进贰飞语音工场、逸然传媒等国内语音制播产业领军企业，每年为喜马拉雅、懒人听书等有声读物平台提供作品近 10 万小时；建成视频直播产业集群、电竞产业园，为首期电竞专业毕业学员提供 300 个工位；与北京快手科技有限公司合作开发政务直播矩阵；与当当集团合作开发了线上"牡丹江文学馆"；与黑竞互娱合作建设电竞孵化基地；北京汉雅博时建设的国家广告产业园、保利集团建设的保利新文创小镇等项目已经签约落地。初步形成了产业上下游配套、关联产业互补的跨界融合、协调发展的新文创产业生态圈。

## 二 东北三省文化数字化发展存在的问题

东北三省文化数字化发展虽然进行了有益的探索，取得了一定的成绩，但是相比发达地区仍然较为落后，在发展过程中还存在着一些问题。

## （一）产品内容粗，数字化应用水平较低

东北三省文化数字化转型主要集中在旅游领域，其他行业的数字化发展相对缓慢，数字化应用不多。传统优势行业动漫、出版等虽然早有数字化布局，但在实现数字化的过程中，也存在着优质内容不多、文化内涵不足的情况。传统优秀文化与数字技术的结合不够紧密，缺乏独具东北三省特色魅力的优质 IP。

## （二）转化成本高，制约传统企业转型

数字化技术投入总量大、更新换代快，需要足够的资金支持才能够稳步有序推进文化的数字化转型。除公共文化领域有国家资金支持外，经营文化产业的企业本身具有轻资产、无形化、知识化的特点，缺乏金融机构认可的抵押担保品。对于产业主体多为中小型企业的东北三省来说，面临着数字化转型成本高、融资难的困境。

## （三）发展平台少，难以形成聚合效应

数字化时代的文化发展，需要借助平台来产生互动与聚合效应。对于东北三省来说，由于资金、技术等因素的制约，文化创意领域的数字化技术研发平台、创新服务平台、知识产权开发运营平台等数字化基础设施还较少，导致文化资源不能实现有效的数字化。

## （四）高端人才不足，产业发展后劲不强

文化的数字化发展由于涉及多个行业和领域，对从业人员的综合素质和复合技能都提出了更高的要求。就目前的发展情况来看，东北三省文化数字化方面的人才供给无论是数量还是质量都不能满足需求。究其原因，一是近年来东北三省人才流失严重，且很高比例都是高知识高技能人才。对哈尔滨工业大学等知名高校的调查显示，多数毕业生都选择前往北京、上海、广州、深圳等发达城市就业，留在本地就业的意愿很低。二是现有从业人员队

伍建设不足。文化数字化是文化相关学科教育的重大转向。当前，文化相关学科教育及人才培养方案与社会实际需求严重脱轨，人才培养跟不上产业发展速度，而且目前文化数字化领域也存在知识技能储备不足、经营管理人才不足的情况。

## 三 推进东北三省文化数字化发展的对策建议

东北三省要认真落实《关于推进实施国家文化数字化战略的意见》，规划好文化数字化的发展方向，最终实现文化产业的高质量发展。

### （一）加强数字技术应用，提高文化生产消费水平

东北三省要加快数字核心技术研发与应用，加强科技创新成果在文化领域的应用，增强数字文化装备产业实力，加快数字产业平台建设。推进互联网、大数据、云计算与实体文化经济深度融合，提高文化产业生产力，创新文化产品表现形式，加强文化产品宣传推广，开发出符合人民群众消费喜好的文化产品。

1. 提高文化产业生产力

科学技术是第一生产力。对于文化产业来说，数字技术的应用能够使其大大提高生产力。东北三省文化产业要结合本地实际加快推进数字化转型。例如，在信息采集环节，可以利用5G通信技术与设备低成本、高效率的网络流量来获取庞大数据支持；在产品设计环节，可以利用云计算、人工智能等数字技术来提高设计效率；在实物产品制造环节，可以利用大数据技术选择更优的制造方式和改进方向。

2. 创新文化产品表现形式

应当利用先进的数字技术丰富文化产品的表现形式，让生产出来的文化产品更加符合当代社会多样化的消费需求。特别要加强对东北三省优秀传统文化资源的挖掘和利用，利用人工智能、VR、AR技术等现代科技手段，使其表现形式向现代化作品看齐，打造具有东北特色文化元素的核心IP，开

发出动画动漫、网络游戏、视频表演、数字艺术等新兴产业形态，让数字文化产业链不断延展和变革。

### 3. 加强文化产品宣传推广

数字技术的诞生突破了时间和距离的限制，更拉近了生产者和消费者之间的距离。要格外重视产品宣发及用户体验，宣传推广的视野不应局限于本地，而是要放大到国家和国际。宣传方式也不应局限于一种，而应采取多媒体的形式。比如，可以利用大数据技术，根据客户的偏好精准推送相应文化产品。还可以通过自媒体来宣传东北少数民族文化。比如，可以参考李子柒的成功案例，打造东北少数民族的网红形象，通过直播、短视频等形式展现东北少数民族的生产生活方式，真实还原民族风貌，以此来吸引用户观看，推介东北特色地域文化产品。

## （二）深化数字化转型，优化文化产业结构

东北三省的文化产业目前仍处于比较初级的发展阶段，整体产业结构层次低，行业内部融合不足，三省之间缺乏合作共赢机制，呈现出各自为营的发展态势。东北三省的文化产品在全国市场中相较于云南、贵州等省占比不高，很难融入主流市场。为此，应当优化升级文化产业结构、提高文化产业竞争力、加快文化产业与其他产业的融合发展，实现东北三省文化产业高质量发展。

### 1. 优化升级文化产业结构

运用 5G 互联网、云计算、大数据、人工智能等新技术，推动文化产业转型和结构优化；依托黑龙江动漫产业（平房）发展基地、黑龙江华创文化创意产业园集聚优势，促进网络游戏、网红经济、短视频、数字出版等新业态发展。加快数字文化产业链建设，打好"建链、强链、延链、补链"组合拳。此外，文化企业可以通过网络建立客户服务中心，提供配套的售前售后支持服务，实现服务化转型，提高文化产品的附加值。

### 2. 提高文化产业竞争力

一个优秀的文化品牌具有更高的竞争力。与文化品牌关联的商标、专

利、标识物等品牌资产，可以通过多渠道提高文化产品和服务的附加值，创造更大的利润空间。东北三省必须拓宽思路，把创建具有东北特色的文化品牌作为文化产业发展战略重点来抓。充分利用数字经济时代的新媒体宣传方式和手段，通过优质文化产品及服务将品牌文化价值内涵传递给消费者，一旦获得消费者的认可，就等于"拴"住了消费者。

**3. 加快文化产业与其他产业的融合发展**

东北三省应当积极以数字技术手段加快文化产业与其他产业在更广范围、更深层次、更高水平上全面融合。产业融合会进一步促进文化产业的创新发展，不断衍生出新的文化产业业态。比如，将文化创意融入传统农业，发展创意农业、景观农业、农业节庆等；将文化创意融入工业，发展工业设计、软件开发、智能装备等；将文化创意融入时尚产业，发展平面设计、建筑设计、广告会展等；借助现代媒体平台销售东北特色产品，等等。将经典传统产品与现代文化创意元素相结合，提升产品与服务的附加值，更好地满足人们的精神文化需求。

### （三）夯实数字基础设施建设，改善文化产业发展外部环境

**1. 夯实数字基础设施建设**

数字基础设施建设是数字经济的基石，东北三省要为文化数字化发展提供硬性的条件支持，加快传统文化基础设施转型升级，加快普及和完善物联网、人工智能中心、5G服务基站、云计算平台、区块链网络等数字设施。打造国家文化大数据体系省域中心和区域中心。为文化数字化发展提供良好环境。

**2. 政策倾斜助力数字化转型**

东北三省要着力积蓄文化产业发展力量源泉，支持区域内有实力的文化企业数字化转型、智能化提升。围绕骨干企业打造数字文化产业集群与平台，完善相配套的产业链、供应链、生态链。针对部分中小型文化企业数字化转型意愿不强、能力不足、水平不高的问题，制订推进文化企业数字化转型的工作方案，为中小型文化企业提供数字化转型培训、评估诊断、专家咨

询、资源对接、信贷支持等服务，破解中小型文化企业数字化转型难题，激发文化企业数字化转型积极性。

### 3. 加强创新人才培育

对于文化数字化领域的人才培养，第一，要更新教育理念，将回应社会需求和社会问题作为教育的出发点，顺应文化数字化发展趋势，培养学生问题意识、前沿意识、跨界学习等多方面能力，强化人才培养与社会实际需要的相互链接。第二，在培养模式上，应稳步推进产业和教育的融合，大力推行"校企联合"的项目制教育方式。让行业企业参与到学校人才培养过程当中，加快产学研用联盟建设。让学生从"所学"对接相应"所用"转化为在"所用"中提炼"所学"之需，并更好地反馈于"所用"。第三，要优化人才培育环境。深化人才体制机制改革，加大对文化数字化领域领军人物和中青年人才的培养扶持力度。打破人才流动壁垒，创新激励政策。

### 参考文献

李樊：《数字转型 智能升级 融合创新》，《吉林日报》2021 年 3 月 24 日。

王力力：《依托数字经济发展民族文化产业策略研究》，《黑龙江民族丛刊》2022 年第 4 期。

周文、施炫伶：《中国式现代化与数字经济发展》，《财经问题研究》2023 年第 6 期。

# B.17
# 东北三省数字经济发展路径研究

杨 晨*

**摘 要:** 数字经济已成为引领东北经济高质量发展的新动能、新引擎和主阵地。近年来,东北三省密集出台了数字经济发展的相关政策,政策环境得到持续优化。从发展阶段看,东北三省数字经济发展处于"跟跑"阶段,辽宁在总体规模、重点领域方面取得了新突破。从发展结构来看,数字经济在东北三省内部呈现以哈长沈大为主轴的发展格局,四大中心城市成为区域数字经济新高地。从发展成效来看,东北三省在数字基础设施建设、数字技术与传统产业融合、市场主体培育和壮大、数字产业化等方面取得了积极的进展。但同时存在数字经济与实体经济融合程度不够、数字关键核心技术创新能力不足、人才支撑不强和金融、财政支持不到位等瓶颈制约。对此,本报告提出了相关对策建议。

**关键词:** 数字经济 数字基础设施 东北三省

数字经济是新一轮科技革命和产业革命的先机,数字经济依托新一代信息技术,与产业结合改变传统生产方式,最终实现经济社会形态向数字化、智能化、网络化发展。在"十四五"开局之年,中国在面临来自国际复杂局势、疫情多处散发、经济恢复发展的压力下,数字经济实现了平稳较快发展。中国信息通信研究院发布的《中国数字经济发展报告(2022年)》显示,

---

\* 杨晨,吉林省社会科学院朝鲜·韩国研究所助理研究员,博士研究生,主要研究方向为世界经济、产业经济。

2021 年，中国数字经济规模达到 45.5 万亿元，位居世界第二，规模较上年增长 16.2%，GDP 占比达到 39.8%。据中国信息通信研究院测算，2022 年中国数字经济规模提升至 50 万亿元左右，同比增长 10% 左右。数字经济在国民经济中的"稳定器""加速器"作用更加显著。当前数字经济为新时代中国高质量发展注入新动能，也给东北振兴、实现新发展带来新机遇。

# 一　东北三省数字经济发展现状

东北三省作为中国重要的工业基地和粮食生产基地，在国家的各项政策支持下，高度重视数字经济发展，辽宁、吉林、黑龙江大力推动"数字辽宁""数字吉林""数字龙江"建设，根据各省产业优势，深入挖掘数字经济内涵，制定适合本省的发展目标与重点任务，实施加快促进东北数字经济高质量发展的各项举措，推动东北产业结构转型，实现东北振兴。

## （一）数字经济发展处于"跟跑"阶段

从中国数字经济发展进程来看，以广东、上海、浙江等数字经济强省市为代表的东部地区在 21 世纪初抢先发展数字经济，实现产业的转型升级和新旧动能转换，数字经济发展十分活跃，处于"领跑"阶段，中部地区处于"并跑"阶段，东北地区和西部地区处于"跟跑"阶段。中国数字经济发展仍存在区域不平衡现象。国家工业信息安全发展研究中心发布的《全国数字经济发展指数（2021）》报告显示，截至 2021 年 12 月，东部地区数字经济发展指数为 167.0，中部、西部地区分别为 115.3 和 102.5，东北地区数字经济发展指数为 103.0（见图 1）。数字经济发展指数的前十位省市中，东部地区省市占据八席，广东、北京、江苏、浙江、上海排在前五位，指数分别是 201.9、200.5、199.5、189.9、185.0（见图 2）。

东北三省数字经济发展分化现象明显，辽宁省的数字经济发展水平最高，领先于吉林省和黑龙江省，这得益于一定的软件等数字产业基础和政策环境支撑。《中国数字经济发展报告（2022 年）》显示，2021 年辽宁省数字经济规模

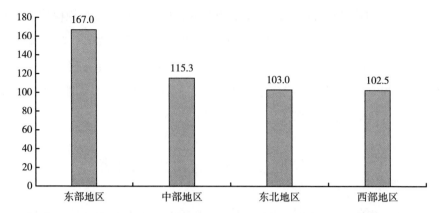

**图1 2021年东部、中部、西部和东北地区数字经济发展指数情况**

资料来源：《全国数字经济发展指数（2021）》。

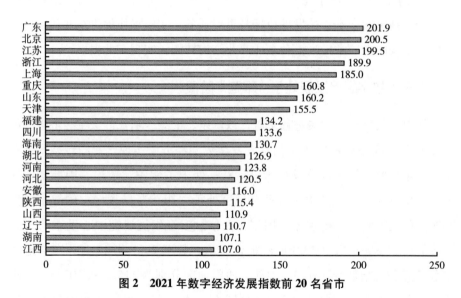

**图2 2021年数字经济发展指数前20名省市**

资料来源：《全国数字经济发展指数（2021）》。

突破1万亿元，是唯一跻身全国16个数字经济规模超过1万亿元的省区市的东北三省省份。在数字经济发展指数方面，辽宁省跻身前20位，与中部、西部的安徽、陕西、山西、湖南和江西之间的差值较小，可以看出各地间的数字经济竞争十分激烈，纷纷开启"加速跑"模式。东北三省亟待找到发力点，探索符合自身优势的数字经济发展路径，争取实现数字经济发展后来居上。

在产业数字化方面，东北三省的产业结构以重工业和农业为主，产业结构偏向单一。这可能导致东北三省产业在数字化转型方面发展比较缓慢。在数字产业化方面，东北三省数字经济产业实力不强，软件和信息技术服务业发展明显落后于先进省份，缺乏明显的竞争优势，仍存在较大差距。此外，东北三省的国有企业比重大，存在发展不平衡问题和结构性矛盾，这也导致东北三省数字经济发展速度缓慢，发展水平相对落后。

### （二）城市数字经济发展以哈长沈大为主轴

从空间分布来看，东北三省数字经济发展形成以哈尔滨、长春、沈阳、大连四个中心城市为核心，向周围其他城市辐射的格局，整体呈现"东高西低、南高北低"的区域分布特点。[①] 其中，大连、沈阳、长春、哈尔滨的发展集中度相对较高，大庆和吉林发展水平也比较高，其余城市数字经济发展水平较这四个城市有较大差距，吉林省东西部地区和黑龙江北部地区数字经济发展相对落后。大连、沈阳、长春、哈尔滨的数字经济规模的总和基本维持占东北三省整体的50%。[②] 新华三集团·数字中国研究院发布的《城市数字化发展指数（2022）》显示，2021年，大连、沈阳、长春、哈尔滨城市数字化发展指数分别为65.0、69.2、62.8和62.7，在全国242个城市中分别排第54位、第38位、第62位和第63位，该报告将大连和沈阳划分为数字经济新一线城市，说明这两个城市在数字经济领域有进入一线城市行列的潜质；长春和哈尔滨被列为数字经济二线城市，说明这两个城市数字经济发展开始取得不错效果并逐步进入快速发展阶段。东北三省上榜的城市还有：大庆、齐齐哈尔、吉林、牡丹江、鞍山等。

哈尔滨、长春、沈阳、大连四个中心城市在发展数字经济方面发挥着引领示范和辐射带动作用。辽宁、吉林、黑龙江三省积极打造中心城市成为区

---

[①] 田俊峰等：《中国东北地区数字经济发展空间分异及成因》，《地域研究与开发》2019年第6期，第16~21页。

[②] 同上。

域数字经济新高地，布局四大中心城市共建东北现代化数字样板，推动重点产业集聚。辽宁省积极推动沈阳创建国家新一代人工智能创新发展试验区，推动大连成为以软件业、先进电子信息制造业为主导的数字经济核心产业区；吉林省正积极争创国家级吉林（长春）车联网先导区；黑龙江积极推动哈尔滨大数据交易中心成为东北三省信息网络重要地面骨干节点。

### （三）数字基础设施建设持续升级

数字基础设施建设是东北三省发展数字经济的坚实基础。在这一领域，辽宁省信息基础设施建设处于领先地位，黑龙江作为中国大数据中心建设的一类地区，信息通信基础设施建设快速发展。吉林省在5G技术应用和平台建设方面成果显著。

经过多年的发展与投入，辽宁省的信息基础设施指数排在全国前10位。根据辽宁省通信管理局统计数据，截至2021年末，辽宁已建成开通5万个5G基站，5G网络实现市县区全覆盖，乡镇覆盖率超过99%，并加速向农村部署推进。光纤接入用户占宽带用户总数的93.6%，超过全国平均水平2.2个百分点；辽宁北斗建设了84个覆盖辽宁全域的北斗地基增强网系统，在数据与算力方面积极布局，建成145个重点实验室和技术创新中心，其中大连理工大学超算中心算力可达350万亿次。

黑龙江省加速推进基础设施建设，深入实施"宽带龙江"战略。黑龙江省通信管理局统计数据显示，截至2022年5月，黑龙江省已基本建成"全光网省"，全省5G基站数量已达4.09万个，移动网络IPv6流量占比达40%，固定光纤宽带和4G网络覆盖全省100%行政村，光纤宽带用户占比达92.5%。在数据资源方面，黑龙江已初步建立数据资源体系，建成涵盖教育、科技、工业、卫生等多领域的数据资源库。已经投入运营的大数据中心30个，数据中心标准基架7.7万架。① 目前，哈尔滨国家级数据交易中

---

① 《解读数字经济｜到2025年建设5G基站11.4万个 全面建成"全光网省"》，黑龙江省通信管理局，2022年5月5日，https://hljca.miit.gov.cn/xwdt/gzdt/art/2022/art_259734cc0a8e40b489d6ae9dd1afb70a.html。

心已投入使用，它将成为立足东北三省、辐射全国的大数据交易市场。

吉林省不断完善数字基础设施体系，注重 5G 技术在汽车、现代物流等重点产业中的数字应用，拥有不少示范性和引领性很强的数字化成果，如为 10 多个国家提供遥感服务的"吉林一号"卫星、以红旗数字工厂为代表的 5G 典型应用场景等。在全国率先建设"吉牛云"大数据平台，全面开启肉牛繁育、健康、普惠金融、线上交易等数字化服务，赋能吉林省肉牛产业数字化转型升级，助力乡村振兴。吉林省统筹建设的"吉林祥云"大数据平台聚合效应明显。

## （四）数字技术与传统产业融合优势突出

东北三省拥有传统的装备制造业、石化工业和粮食生产加工业，在打造数字现代农业、数字制造业等应用场景方面拥有良好基础。辽宁产业数字化转型水平相对较高，优势产业是装备制造（数控机床、船舶与海工装备）、工业机器人；吉林优势产业是汽车、轨道交通装备、石化和新材料、医疗健康，在工业互联网建设方面相对较强；黑龙江在数字农业领域发展迅速，在农业、石油化工、食品工业等领域中拥有优势。

辽宁省利用人工智能、物联网等新一代信息技术赋能制造业升级，RFID 产品识别、高精度高可靠性传感器等技术广泛应用，工业机器人占据国内市场份额的 20% 以上。"两化融合"基础不断夯实，规模以上工业企业数字化研发工具普及率高达 75%，关键工序数控化率达 51.8%，超过全国平均水平，拥有 48 项国家工业化和信息化领域试点示范工程项目；累计上云企业超过 5 万家，在云计算和 AI 协同领域具有一定优势，腾讯研究院发布的《数字化转型指数报告（2021）》显示，2020 年辽宁省用云量增速居全国第 3 位，赋智量增速居全国第 4 位。

吉林省加快推进汽车、石化、医药、装备制造等重点产业的数字化、智能化转型，增强高端智能制造的引领效应。在政府智能网联"321"工程政策支持下，以中国一汽为代表的汽车产业积极打造数字车间、智能工厂等模式，全面提升产业链数字化水平。2018 年，吉林省与华为全面深化数字合作，充分运用华为在 5G、大数据和 AI 等方面的技术优势，探索"云云"协同应用，有效支撑长光卫星的信息化能力需求，共同为航天产业赋能，拓展航天信息产业的发展空间。医药产业通过在线追溯云平台，逐步实现对原料、生产、服务全流程质量智能化控制，质量安全可追溯。《中国工业互联网产业经济发展白皮书（2020）》显示，吉林省工业互联网发展应用指数在全国排第13位，在东北三省城市中排第1位。目前，中国一汽集团智能网联汽车工业互联网、能源清洁利用工业互联网已实现运营，溯源食品工业互联网正加快建设，工业App突破2000个，工业互联网平台服务企业超万家。

黑龙江近年来加快了农业现代化、智能化步伐。2020年，黑龙江省政府与阿里巴巴企业在农业数字化领域开展深度合作，把黑龙江建设成为"数字粮仓"，目前已在大米和鲜食玉米地标品牌主产区建设了20个"数字粮仓"，已建成230个"互联网+"农业高标准示范样板基地，农业综合机械化率高达96.8%，位列全国首位。北大荒集团已经建设了20个数字农（牧）场，建成了6个规模化国产农机装备无人化农场，农业生产基本实现全程数字化、智能化、无人化，北大荒近5000万亩耕地成为数字农业发展的示范应用场景。[①]制造业数字化转型仍有较大提升空间。截至2021年底，黑龙江已累计认定省级数字化（智能）车间175个、智能工厂1个，国家级两化融合达标企业41户。

### （五）数字经济市场主体支撑逐渐增强

企业是创新的主体，企业的数字化转型是释放经济潜力的关键。近年来，东北三省积极培育市场主体，制定一系列激励政策，壮大一批数字经济领军企业和重量级企业，如入围"中国半导体设备五强企业"的沈阳芯源微，东北三省唯一的"独角兽"企业长光卫星公司，工业软件企业启明信息等。在培育创新主体方面，东北三省的高新技术企业、"专精特新"中小企业和科技"小巨人"企业新增数量均有所突破，这些企业涵盖装备、电

---

[①]《黑龙江省"非凡十年"主题系列新闻发布会》，黑龙江省人民政府网，2022年8月15日，https://www.hlj.gov.cn/hlj/c108472/hdjl_zxft_detail.shtml?id=9cf9233fb9c34533958124cc885c060c。

子、汽车、医疗等优势产业。2021年，辽宁省高新技术企业新增数量超过
1000家，总数达到8000家；黑龙江省高新技术企业新增806家，同比增长
41.7%；吉林省新增省级"专精特新"中小企业197家，新增35家国家级
专精特新"小巨人"企业。①

从壮大数字经济主体企业来看，东北三省只有吉林拥有一家独角兽企业
长光卫星公司，辽宁拥有3家潜在独角兽企业。独角兽企业基本拥有核心技
术或创造性商业模式，特别是与数字经济有关的独角兽企业可以带动区域经
济发展，吸引产业链创新主体集聚。2021年，中国独角兽企业分布在39座
城市，北京、上海、深圳、杭州四个城市集聚了216家独角兽企业，占比超
过70%，列入第一梯队；广州、南京等13个城市拥有63家独角兽企业，列
入第二梯队；包括长春、郑州在内的22个城市拥有22家独角兽企业，且分
别仅有一家独角兽企业，列入第三梯队（见表1）。

**表1 2021年中国301家独角兽企业城市分布情况**

单位：家，个

| | 城市企业数量分布 | 城市数量 | 企业数量 |
|---|---|---|---|
| 第一梯队 | 北京（91）、上海（71）、深圳（32）、杭州（22） | 4 | 216 |
| 第二梯队 | 广州（10）、南京（10）、香港（7）苏州（5）、成都（5）、青岛（5）、天津（4）、常州（4）、宁波（3）、长沙（3）、重庆（3）、嘉兴（2）、武汉（2） | 13 | 63 |
| 第三梯队 | 长春、郑州、合肥、石家庄等22个城市 | 22 | 22 |

资料来源：《2021全球独角兽榜》。

---

① 韩俊：《政府工作报告——2022年1月24日在吉林省第十三届人民代表大会第五次会议上》，
吉林省人民政府网，2022年2月7日，http://www.jl.gov.cn/zw/jcxxgk/gzbg/szfgzbg/202202/
t20220207_8391758.html。

2021 年，东北三省软件业务收入 2627 亿元，同比增长 12.1%。① 辽宁省软件业发展态势良好，年均增速高达 21.13%。② 软件业离岸外包收入连续 9 年居于全国首位。截至 2021 年，辽宁省从事软件及信息技术服务的本地企业近 1700 家，从业人员已达 24 万名。③ 2021 年 10 月，辽宁省工信厅在 2021 全球工业互联网大会数字化转型对接交流大会上发布了 11 项数字化转型重大成果。此外，辽宁省工业机器人产业处于全国领先水平，力争到 2025 年实现收入 200 亿元，本地配套率达 45%。④ 2021 年，辽宁省跨境电商进出口额达 50 亿元，同比增长 5 倍。⑤

吉林省以跨境电商产业为发展重点，数字经济发展迅猛。截至 2021 年底，吉林省已累计培育建成国家级、省级电商示范基地、示范企业及数字企业 159 家。其中，长春市净月区成为国家级电商示范基地，长春市高新区和朝阳区成为省级电商示范基地。同时，吉林省深化 32 个国家级电商进农村综合示范县建设项目，建成县、乡电子商务公共服务中心 268 个、服务站 5316 个，实现县、乡、村三级电子商务公共服务全覆盖。⑥ 吉林省还拥有长春、珲春、吉林三个跨境电子商务综合试验区。吉林市、延吉市是国家跨境电商零售进口试点。目前，吉林省已经形成了一批软件和信息产业园区，包

① 《2021 年软件和信息技术服务业统计公报》，工业和信息化部网站，2022 年 1 月 21 日，https：//www.miit.gov.cn/gxsj/tjfx/rjy/art/2022/art_ 7953d1abafe14f00 a1b24e693ef73baa.html。

② 孙大卫：《辽宁省连续 9 年居全国软件外包收入首位》，人民网，2021 年 6 月 25 日，http：//ln.people.com.cn/n2/2021/0625/c378317-34793559.html。

③ 同上。

④ 《转发辽宁省工业和信息化厅关于印发辽宁省"十四五"先进装备制造业发展规划的通知》，锦州市工业和信息化局网站，2021 年 12 月 29 日，http：//gxj.jz.gov.cn/info/1099/3016.htm。

⑤ 《对省政协十二届五次会议〈发展跨境电商 助力辽宁乡村振兴〉（第 0095 号提案）的答复》，辽宁省商务厅网站，2022 年 6 月 20 日，https：//swt.ln.gov.cn/swt/zfxxgk/fdzdgknr/jyta/szxta/szxsejwchy2022n/20221202143109080223/index.shtml。

⑥ 《第二届中国新电商大会｜新电商如何推动吉林高质量发展？〈中国新电商发展报告 2022〉带你详解！》，"网信吉林"微信公众号，2022 年 7 月 29 日，https：//mp.weixin.qq.com/s?＿＿biz＝MzI4MzE0OTIzNg＝＝&mid＝2247650175&idx＝2&sn＝735d1bc67992c7ff910651d35ac39ece&chksm＝eb83dda4dcf454b2972129cea1ae69c38293f3528e2d869cdde9f24b6535eb7db21753312856&scene＝27。

括长春中日高新国际服务外包产业园、中国科学院长春光电子产业园区、启明软件园等，这些产业园区为数字吉林建设提供了产业支撑。

大数据产业已成为黑龙江经济发展新的增长极。根据《黑龙江省大数据产业发展规划（2021—2025 年）》预计，到 2025 年黑龙江省大数据产业测算规模达 140 亿元。黑龙江省已经陆续建成哈尔滨新区大数据产业园、大庆高新区大数据产业园、"中国云谷"等大数据产业集群，哈尔滨国家级数据交易中心创新创业基地作为大数据双创平台吸引并孵化培育了许多大数据服务配套企业，正在成为黑龙江省大数据产业集聚地。

### （六）东北三省数字经济支持政策相继出台

近年来，东北三省纷纷加大数字经济布局力度，陆续出台数字经济相关规划、行动计划、实施意见等，涵盖数字经济、制造业与互联网融合、5G 通信基础设施建设、大数据产业等领域。辽宁省发展数字经济起步较早，出台了农村电商、"互联网+"等领域的政策文件，积累了不少经验。主要文件有《辽宁省 5G 产业发展方案（2019—2020 年）》《辽宁省数字经济发展规划纲要》《数字辽宁发展规划（1.0 版）》《辽宁省"十四五"数字政府发展规划》等。2020 年发布的《辽宁省数字经济发展规划纲要》提出，计划在"十四五"期间，辽宁省数字经济规模年均增长 10%，2025 年数字经济规模在 GDP 中的占比将达到 45%。

自 2012 年启动新型智慧城市建设开始，吉林省为推动"数字吉林"建设做出一系列谋划与布局。2019 年发布《"数字吉林"建设规划》，标志着吉林省全面开启"数字吉林"建设，该规划提出到 2025 年，"数字吉林"体系基本建成。此后，吉林省陆续颁布新基建、数字政府建设、制造业数字化等领域相关政策，促进数字经济全方位发展。主要文件有《吉林省新基建"761"工程实施方案》《吉林省"十四五"信息通信行业发展规划》《吉林省制造业数字化发展"十四五"规划》等。

黑龙江关于数字经济发展的顶层设计起步相对较晚，但对发展数字经济十分重视，把数字经济作为全省发展的"一号工程"。从 2017 年开始，黑

龙江陆续颁布制造业与互联网融合、人工智能产业等领域的政策文件。2019
年，黑龙江出台《"数字龙江"发展规划（2019—2025年）》，全面开启数
字经济建设。2022年，《黑龙江省"十四五"数字经济发展规划》提出，
到2025年，黑龙江省数字经济核心产业增加值在GDP中的占比将达到
10%。主要文件有《黑龙江省加快推进5G通信基础设施建设实施方案》
《黑龙江省大数据产业发展规划（2021—2025年）》《黑龙江省"十四五"
数字经济发展规划》等。

## 二 东北三省数字经济发展存在的问题

### （一）数字经济与实体经济融合程度不够

东北三省在经济社会数字化转型方面相对滞后，一是大量的数据资源还
未能有效开发利用，数据作为关键创新要素对数字经济的驱动作用需要进一
步增强。制造业的数字化、智能化水平不高。《中国两化融合发展数据地图
（2019）》显示，辽宁、吉林和黑龙江的信息化与工业化融合发展指数分别为
52.5、46.7和46.0，均低于全国平均水平。二是中小企业不愿融合。虽然不少
企业已经开始探索数字化转型的路径，但由于东北三省仍存在较强的传统重工
业发展惯性依赖，一些企业数字化转型的开放意识不够、认识不足、能力有限、
动力不足，企业上云数量少，中小企业生产环节的数字化、网络化、智能化程
度较低。多领域数字化应用场景潜力优势尚未充分挖掘。新业态、新商业模式
发展不足，体量偏小，新一代信息技术催生出的新产品、新应用和新模式在工
业领域中的应用空间需要进一步拓展，对经济增长的支撑不够。

### （二）数字关键核心技术创新能力不足

与广东、浙江等发达省份相比，东北三省对数字科技基础研究的投入有
限，研发能力不强、自主原始创新能力不够，操作系统、高端芯片、智能传
感、工业软件、3D打印装备等软硬件的关键核心技术面临"卡脖子"问

题，亟待加强关键核心技术的攻关，提升智能装备、智能传感器和工业软件的国产化率，降低关键技术领域的对外依存度，牢牢掌握数字经济的发展自主权。此外，自主产业链、供应链数字化水平还需要提升，安全性和稳定性也有待提升。东北三省集中的优势创新资源不足，产学研协同能力较弱，高校科研院所成果丰富但转化不足。

### （三）数字化专业、高端创新人才支撑不强

人才是驱动数字经济发展的关键要素。目前，整个东北三省都面临着人才、政策等要素支撑不够，人力资源状况不佳，专业型和复合型人才缺口大，高学历、技术型人才难以留住等问题。近年来，广东、浙江等数字经济强省凭借自身优势条件、待遇丰厚的人才政策吸引了大量数字专业人才、高端人才。广东省软件和信息技术服务业较发达，尤其是聚集了华为、腾讯等高科技企业，且面临加快建设粤港澳大湾区的发展机遇，使得高校毕业生纷纷涌入广东省就业，为广东省带来了丰富的发展数字经济的人才储备。虽然东北三省也针对人才不足问题出台了不少激励政策，但是东北三省经济活力和开放程度与数字经济发达省份有较大差距，与之相比，东北三省对人才的吸引力较弱，高校毕业生留存率低，这些问题不仅影响企业的数字科技创新、竞争力，还制约着东北三省数字经济的深入发展和产业转型升级。

### （四）金融、财政支持力度仍需进一步加大

政府在金融、财政方面的支持力度不足，资金支持有限，减税减费、融资扶持等政策支持力度、推进力度亟待进一步加大。政府资金投入不足，省级专项资金支持引导作用仍未充分发挥，尤其是科技专项资金应在同等条件下，优先支持数字经济、数字基础设施和数字化转型等重点领域、重大项目和应用示范工程，一些政策措施的责任界定不够明确，缺少分工落实说明。数字经济相关企业能够吸引的社会资本也比较有限。此外，财政、税收和金融政策着力点不同，对处于不同行业、不同数字化转型阶段和数字化转型重点不同的企业而言可能存在巨大差异，需要系统科学统筹规划。

## 三 东北三省数字经济发展路径

### （一）深化数字技术与传统产业融合，促进产业转型升级

首先，东北三省要充分利用自身在粮食生产、先进装备制造等领域中的传统优势，加快"智慧农业"、智能制造、智能旅游等产业深度融合发展。以农业为例，在"智慧农业"领域应重点推进农业物联网推广与应用，加快建设涉农类数据库和大数据平台，完善农业农村综合信息服务体系，打造农业物联网应用示范区。其次，以数字化重塑制造新优势，推动重点产业数字化改造，如推动辽宁数控机床产业链数字化转型升级，推动吉林汽车零部件工业互联网平台建设等，不断提升制造业"两化融合"水平，实现从"东北制造"向"东北智造"转型升级。最后，激发市场主体活力，通过各级各类专项资金、贷款补贴、产业引导基金投资等方式来引导和扶持企业进行数字化转型，通过政府购买服务等方式鼓励和引导中小企业"上云"，提升数字化水平。

### （二）吸引创新要素集聚，加强数字经济区域合作

东北三省应向广东、浙江、江苏等对口经济省份借鉴和学习已有的数字经济发展经验，这些省份也正是数字经济处于"领跑"阶段的区域。东北三省应抓住区域经济合作的契机，通过招商引资、共建信息产业园等多种形式与渠道深化数字经济合作。首先，打造数字经济相关产业园区，如通过政企共建软件和电子产业园、大数据产业园、科技创新基地、双创示范基地等平台载体，吸引华为、腾讯、中兴和阿里巴巴等数字经济优势企业来东北投资，深化与科技创新型企业的战略合作。其次，构建合作共赢的数字经济生态，打造高层次的交流合作平台，如继续举办全球工业互联网大会、世界5G大会、中国新电商大会等高端会议论坛等。依托这些高端平台，充分利用好平台的赋能赋智作用，为东北三省吸引更多的创新要素。加强与共建"一带一路"国家在新型基础设施建设、电子商务等领域的合作交流，促进东北三省更好地融入双循环格局。

### （三）构建多层次人才支撑体系，强化人才智力支持

数字人才是数字经济发展的关键，为数字经济的发展提供智力支持。东北三省可共同建立跨省数字人才培育库，鼓励各类资本加快与人才的耦合，支持用人单位以企业技术创新中心、重点实验室、博士后科研工作站等平台为依托，以重点创新项目为载体，引用高端人才。首先，积极引进高层次人才，实施东北人才回乡创新创业政策，开展各类人才峰会、智库论坛、项目洽谈会等活动，为吸引复合型和高端人才创造各种平台。大力支持引进的数字化发展领域项目团队和领军人才，研究制定数字化领域高端人才鼓励政策，优化人才评审标准政策及配套服务。其次，加强数字经济领域学科建设。推进基础学科建设，做好数字人才的相关储备工作，东北三省拥有大连理工大学、哈尔滨工业大学、吉林大学等重点院校，这些院校开设的信息科学工程、计算机科学工程、自动化控制等专业培养了大量研发人才。吉林大学已经建立了人工智能学院，在培养数字人才领域率先发力。鼓励东北三省的重点院校之间以及与国内外知名院校之间加强数字化领域的交流与合作。最后，加强数字经济创新人才培养，壮大数字专业技能人才队伍。鼓励高校和职业院校、科研院所与企业合作，培养数字化应用型人才，举办技能大赛、数字创新创业大赛等活动。

### （四）夯实新型数字基础设施建设，释放数据要素活力

数字基础设施是国家级战略基础设施的首要发展方向，是经济社会发展的信息"大动脉"，在数字经济与实体经济的融合发展中发挥基础支撑和辐射带动作用。首先，应继续扎实推进共建共享共治的新基建建设，加大对软件和硬件基础设施建设的投入力度，推动实现4G信号连续深度覆盖、5G网络建设大规模部署。充分发挥5G、数据中心、人工智能、工业互联网等新型基础设施建设的头雁效应，构建综合性信息化服务平台，积极探索更多以园区为接入单位、以企业为服务对象的国际互联网数据专用

通道，适时优化网络承载空间与能力。其次，进一步提高基础平台支撑能力，把数据归集好、分析好、运用好、管理好。要持续提升对所汇聚海量数据的跨界使用、动态分析及快速响应能力，加快推进数据运营平台建成运营和应用深化，推动跨区域、跨部门、跨领域数据的深度融合，扩展各领域各行业数字化应用场景。

### （五）政府加强财税政策引导，为企业数字化转型提供保障

在推动东北三省企业数字化转型的过程中，政府的政策保障与支持力度十分关键。政府要加强创新引导，加大培育力度，以科技金融为依托，为东北三省数字经济领域培育更多的雏鹰、瞪羚、独角兽和科创板上市企业。政府主管部门应统筹已有各类数字化专项政策，进一步加大对装备制造业、汽车等传统企业数字化转型的支持力度。通过各类专项资金、贷款贴息补助、产业引导基金等资金使用方式，引导和扶持企业数字化转型。政府应持续推动行业平台系统的搭建，鼓励企业打造数字技术及数字化应用、数字化公共服务平台，利用政府购买服务、产品价格补贴等手段加以辅助，鼓励和支持中小企业"上云""用云"，以平台依托提升企业数字化水平。针对创新型、科技型中小企业，政府应当实施财税优惠政策，通过装备或者材料保险补偿政策促进研发成果有效转化。

**参考文献**

《辽宁省人民政府办公厅关于印发数字辽宁发展规划（2.0 版）的通知》，辽宁省人民政府网，2021 年 10 月 25 日，https：//www.ln.gov.cn/web/zwgkx/zfxxgk1/fdzdgknr/ghxx/zxgh/2023020616482372731/index.shtml。

《关于印发吉林省制造业数字化发展"十四五"规划的通知》，吉林省工业和信息化厅网站，2021 年 9 月 17 日，http：//gxt.jl.gov.cn/xxgk/zcwj/sgxtwj/202109/t20210917_8220541.html。

《黑龙江省人民政府关于印发推动"数字龙江"建设加快数字经济高质量发展若干

政策措施的通知》，黑龙江省人民政府网，2021 年 10 月 20 日，https：//www. hlj. gov. cn/hlj/c108372/202110/c00_ 30494769. shtml。

王文彬、李武呈：《数字技术助力东北振兴的实现路径探析》，《沈阳工业大学学报》（社会科学版）2022 年第 2 期。

# B.18
# 东北地区平台经济发展研究

高原 张帆*

**摘　要：** 近十年来，随着消费互联网的迅猛发展，以云计算、大数据和人工智能为代表的新型数字技术迅速兴起。在数字技术中，数据库、数据仓库、大数据平台和云数据平台等基础软件构成了企业数字化转型的重要基础设施，即数据基础设施。平台是数字经济的重要基础，平台经济是数字经济的重要内容。为顺应新一轮科技革命和产业革命大势，抓住数字经济发展的时代机遇，东北三省正加快平台经济发展步伐，以实现传统产业升级、科技创新力培育与社会民生服务改善，使平台经济成为推动东北地区高质量发展的突破口和着力点。

**关键词：** 平台经济　高质量发展　东北三省

## 一　发展平台经济的重要意义

随着新一代互联网信息技术的发展，平台、平台经济及外部性对整个经济形态及其下的产业体系、产业结构和相关产业的不断发展有重要作用。平台经济是数字经济时代背景下新的经济模式，属于新产业体系的组成部分，是一种新的交易组织模式，它改变了传统交易供需界面的模式，改变了生产与分销的组织形态，对供给与消费的连接有新的影响。平台经济作为生产力

---
\* 高原，黑龙江省社会科学院马克思主义研究所助理研究员，主要研究方向为现代化与文化产业；张帆，黑龙江省社会科学院马克思主义研究所研究实习员，主要研究方向为区域经济。

新的组织方式，对优化资源配置、推动产业升级、畅通经济大循环具有重要意义，其地位和作用在经济社会发展中日益突显。

交易市场平台化发展的趋势已经逐渐显现。当前东北商品交易平台发展相对滞后，在新一轮深化改革、推进供给侧结构性改革与产业体系发展变化的大背景下，为促进交易平台向未来模式进一步发展，把握新产业体系的发展趋势，制定一系列政策，准确定位当前东北商品交易平台发展水平，进而带动整个区域未来新体系、新业态、新模式成型，是东北地区面临的重大挑战。一方面，平台规模较小，交易品种较少，覆盖范围较窄；另一方面，信息互动和技术水平有待提高，平台运营效率较低，缺乏创新能力。

当前我国经济恢复的基础尚不牢固，需要各方积极参与，形成合力，切实解决当前存在的问题，推动整个东北地区商品交易向着更加健康、稳定、可持续的方向发展。尽管外部环境动荡不安，给我国经济带来的影响加深，但东北三省平台经济新体系、新业态、新模式整体发展呈上升态势。

支撑平台经济发展的资源要素条件仍然稳固。我国信息基础设施全球领先的优势地位没有变，支撑平台经济发展的网络基础更加坚实。5G 基站数量达 225 万个，建成全球规模最大的 5G 独立组网网络，千兆光网具备覆盖超过 5 亿户家庭的能力。建成全球最大的移动物联网络，我国移动物联网连接数达 17 亿户，在连接规模和"物超人"比例上远远超过美国、日本、韩国、德国等主要发达国家。我国是数字经济大国，拥有海量数据资源和丰富应用场景优势，2022 年，国家印发《中共中央　国务院关于构建数据基础制度更好发挥数据要素作用的意见》，促进数据合规高效流通使用，激发数据要素潜能，将进一步增强平台经济发展的新动能。黑龙江省建成 5G 基站9000 个，5G 建设规模进一步扩大，应用场景进一步丰富，实现乡镇以上区域连续覆盖、行政村有效覆盖，5G 人口覆盖率提升了 16 个百分点，移动网络行政村覆盖率提升了 6 个百分点，5G 流量占比提升近 20 个百分点，乡镇覆盖率达 100%。吉林省建设 5G 基站 5000 个，乡镇覆盖率达 60%。辽宁省建成开通 5G 基站突破 5 万个，达到 50145 个，5G 网络已实现 14 个市、沈抚创新改革示范区、县级行政区主城区覆盖，乡镇覆盖率达 99%（见表 1）。

**表1 黑龙江、吉林、辽宁数字信息基础设施情况**

单位：个，%

| | 黑龙江 | 吉林 | 辽宁 |
|---|---|---|---|
| 5G基站 | 9000 | 5000 | 50145 |
| 乡镇覆盖率 | 100 | 60 | 99 |

平台企业加速向产业互联网转型。目前，消费者互联网的增速已经放缓，并且趋于饱和，随着智能制造、智能物流等领域的快速发展，越来越多的企业开始意识到产业互联网的重要性，并开始积极推进产业互联网的应用和创新。产业互联网发展潜力正在逐步显露。互联网平台企业都在不断调整自己的投资与运营策略，意在产业互联网领域大展拳脚。根据工业和信息化部发布的"跨行业跨领域工业互联网平台名单"，2022年，腾讯、阿里巴巴、百度、京东等主要平台企业打造的工业互联网平台都入选了名单。这些平台通过整合产业链资源，构建一站式产业互联网服务平台，为企业提供数字化转型解决方案，实现生产流程和供应链的优化，提升企业的效率和竞争力。随着人工智能、区块链等技术的不断发展和应用，产业互联网的发展前景将更加广阔。埃森哲预测，到2030年，产业互联网能够为全球带来14.2万亿美元的经济增长，这为中国拥有的工业体系完备和信息技术创新活跃的产业优势，以及市场需求广阔、应用场景丰富的市场优势提供了巨大的发展机遇。同时，平台企业也将在产业互联网的发展中迎来一个更加广阔的新空间和新赛道。

## 二 东北地区平台经济发展的现状分析

东北地区数字经济已渗透经济社会生活的方方面面，形成了统筹兼顾、多点发力的良好格局。

### （一）实体商品交易平台逐渐萎缩，互联网交易平台蓬勃发展

实体平台是买卖交易发生的实体场所，这样的场所是长期存在的，甚至与人类的历史同步。人类文明早期，就有了固定的商品交换场所，而为我们

所熟知的"贸易市场"就属于实体商品交易平台。

国家统计局的统计资料显示，10 年前我国成交额亿元以上商品交易市场经历了一个高速发展时期，但从 2012 年开始，虽然摊位数和成交额仍有小幅上升，但上升幅度大为减小，市场个数也逐年下降。例如，2008~2021 年，我国亿元以上农产品批发市场数量呈现出先上升后下降的趋势，于 2012 年达到历年峰值，市场数量为 1044 个，截至 2021 年底，全国亿元以上农产品批发市场数量为 781 个，较 2020 年减少 10 个。另据联商网零售研究中心不完全统计："2022 年超过 7400 家线下门店关闭，分业态来看，包括服饰 3800 多家，餐饮 1800 多家，超市 680 多家，美妆 600 多家，百货至少 59 家，影院 130 多家等。"①

在实体商品交易平台萎缩和互联网商品交易平台蓬勃发展的情况下，互联网平台交易成为增量消费的重要来源。近年来，我国互联网平台零售额占社会消费品零售总额的比重不断上升。2023 年，国务院新闻办公室举行新闻发布会介绍："社会消费品零售总额达到 44 万亿元，与 2021 年基本持平。其中，新型消费发展态势较好，实物商品网上零售额增长 6.2%，占社零总额比重进一步提升，达到 27.2%。实体零售保持增长，限额以上零售业实体店商品零售额增长 1%，消费场景不断拓展，消费体验不断提升。"② 中国电子商务研究中心的数据显示："截至 2022 年，中国网民规模达 10.67 亿，使用手机上网的比例达 99.6%。中国网络零售交易额 10 年内增长 10 倍。"2022 年，我国网络零售市场总体稳步发展。国家统计局数据显示，2022 年全国网上零售额 13.79 万亿元，同比增长 4%。其中，实物商品网上零售额 11.96 万亿元，同比增长 6.2%，占社会消费品零售总额的比重为 27.2%。中国电子商务行业蓬勃发展二十多年来，已经成为国民经济的重要组成部分，电商购物也成为购物消

---

① 刘嘉玲：《上半年近 4700 家线下门店关闭，但不一定是坏事》，首席营销官网站，2022 年 8 月 31 日，https：//www.cmovip.com/detail/24228.html。

② 《中国发布｜2022 年我国社会消费品零售总额 44 万亿元 外贸规模创历史新高》，"中国网"百家号，2023 年 2 月 2 日，https：//baijiahao.baidu.com/s? id＝1756709489510145250&wfr＝spider&for＝pc.2023.2.2。

费的主流模式。从增速来看，虽然线下零售额在社会消费品零售总额中占比较高，社会消费品零售总额增长趋势与线下零售额增长趋势保持一致，但互联网平台零售额增速远高于线下零售额增速，受此影响，社会消费品零售总额增速略高于实体零售额。网上交易成为商品零售增量的重要来源。

根据官方数据，2020 年黑龙江省电子商务发展保持稳步态势，全年全省实现网络零售额 526.30 亿元，同比增长 12.7%。其中，农村网络零售额达到 177.00 亿元，同比增长 15.3%，增速明显加快。吉林省实现网络零售额 437.11 亿元，同比增长 7.1%。辽宁省实现网络零售额 1271.10 亿元，同比增长 18.1%（见表 2）。

2022 年，黑龙江省全省社会消费品零售总额实现 5210 亿元，全省网络零售额同比增长 4.5%。吉林省和辽宁省的网络零售市场在 2022 年均取得了积极的发展成果。吉林省的网络零售额达到 807.47 亿元，同比增长 2.5%，较全国平均增速高出 0.89 个百分点。尽管增速相对较低，但总体来看，市场规模保持了较为稳定的增长态势，为消费市场的发展提供了支撑。辽宁省的网络零售额突破了 2000 亿元大关，达到 2145.80 亿元，同比增长 15.2%。其中，实物商品网上零售额达到 1818.10 亿元，增长 14.2%。

表 2　黑龙江、吉林、辽宁三省网络零售额

单位：亿元

| 年份 | 黑龙江 | 吉林 | 辽宁 |
| --- | --- | --- | --- |
| 2020 | 526.30 | 437.11 | 1271.10 |
| 2022 | — | 807.47 | 2145.80 |

（二）电商和实体销售商面临转型，线上线下融合成为平台发展新方向

虽然部分地区依然在发展实体商品交易市场，但电子商务商品交易市场

正在逐步成为主流，越来越多的商家和买家选择利用电子商务交易平台进行交易。这既是互联网对传统实体商品交易平台冲击的结果，客观上也是商品交易平台在互联网背景下的一次新的变革。2016 年，《关于推进商品交易市场转型升级的指导意见》指出，信息化应用、定制化服务、平台化发展成为商品交易市场转型升级的重点方向，要重点抓好平台转型升级，建设一批平台化示范市场。《流通蓝皮书：中国商业发展报告（2016~2017）》预测，未来 5 年，中国的商品交易市场将有三分之一传统市场被淘汰，消费者对品质和购物体验的要求越来越高，另有三分之一将转型为批零兼有的体验式购物中心，未来的商品交易市场将注重线上和线下的融合，还有三分之一将成功实现线上与线下对接，为消费者提供更加全面和多元的购物方式。义乌小商品城是线上线下对接的典型。创建于 1982 年的义乌小商品城闻名国内外，为应对互联网带来的冲击，不少商户选择线上线下相结合的方式开展经营活动。

通过与电子商务的融合，商户们拓宽了销售渠道。义乌小商品城的大多数经营户都已同时在"义乌购"、阿里巴巴国际站、阿里巴巴速卖通等平台上开设了网上店铺，这三者都是带来新客源的途径。其中，义乌小商品城的官方 B2B 电商平台"义乌购"就是义乌小商品城应对互联网冲击的直接产物。该平台上各个商铺与线下 7.5 万个实体商铺一一对应，采购商可以在"义乌购"找到感兴趣的商品，并完成咨询、下单等步骤，形成了线上线下相融合的新模式。据统计，自 2006 年以来，外贸领域最为活跃的外贸电商领域共计发生融资事件 286 起，融资金额达 317.57 亿元。2017 年 10 月，"义乌购"已实现义乌小商品城 7.5 万个商铺全覆盖，5.3 万名商家入驻，在线总商品数量达 300 万件，日均浏览量（PV）达 350 万次，日均访问用户达 30 万人次。自 2021 年 1 月以来，外贸电商领域共计发生 14 起融资事件，涉及金额 29 亿元，特别是跨境电商的兴起，积极推动了外贸电商的发展。从这个方面讲，当前义乌小商品城的线上线下融合迎来了蓬勃的发展期，但线下实体交易仍然是义乌小商品城交易的主流，线上交易目前主要起到的是撮合交易和拓展市场等辅助方面的作用，并不是小商品城交易的主要渠道，

线上交易还有很大的发展空间。

从供应商的角度来看，线上线下融合已成为新的趋势，O2O电商发展迅速。一方面，线上电商平台加速向线下进军，以互联网改造传统行业；另一方面，线下零售商业态O2O进入深水区改善，电子商务线上线下新业态强势增长，以服务业O2O为代表的O2O发展迅速。

对于传统实体零售商来说，O2O模式能够将线上交流互动、迎客聚客和线下真实体验相结合，将品牌信誉、物流配送优势结合起来，发展线上线下体验消费、信息消费以及合作消费。苏宁易购作为实体销售转型为电商的代表，平台化成为其发展的重要动力。随着消费者需求的变化，电商也在转型升级。对于起家于互联网的电商来说，在"淘货"时代，C2C是在线零售的主流商业模式，消费者的主要关注点是价格。而市场目前已逐渐进入以品质电商为主的"选货"时代，消费者更注重产品的品质、体验和服务等方面，电商企业也需要不断提升服务质量和消费者购物体验，以满足消费者的需求。对于电商企业来说，线下体验店是提供更好服务和提升购物体验的一种方式。相对于传统线下零售业，线上电商在购物体验方面有着天然的劣势，而线下体验店则可以弥补线上电商的不足，提供更好的购物服务，强化品牌形象，提升消费者忠诚度，进一步拓展市场份额。

### （三）平台经济带动效应明显，物流业服务业得到快速发展

平台经济的发展带动了物流业的大发展。平台交易离不开其他行业的支持，物流行业是其中的突出代表。物流服务在电商平台交易诞生时就已经与电商平台相伴存在。通过电商平台，物流企业拓展了业务范围，服务地域明显扩大，触角延伸到全国乃至世界，物流运输总额明显增多，快递企业营收增加。例如，跨境电商的发展带动了跨境物流的发展，邮路、海外直发、转运和保税仓等物流模式发展完善。另外，农村快递物流体系的建立也是近年来物流体系发展的一大亮点，逐步铺向农村的快递物流网络，正在让农村居民享受与城市居民一样的商业服务，也让农村的农产品找到更好的去处。

除此之外，新型的物流种类也正在加快形成，一些专业化的物流系统正在产生。例如，生鲜产品电子商务的发展催生了"冷链物流"。网经社"电数宝"（DATA. 100EC. CN）电商大数据库显示，2022 年生鲜电商交易规模为 5601. 4 亿元，同比增长 20. 25％。运输与供应链是除了产品供应质量之外影响生鲜产品电子商务的关键因素。一般的物流虽然具有完备的运输体系，但是并不能完全满足生鲜产品特殊的物流需求，及时性、保鲜性等需求并不是普通的商品运输物流能够满足的。因而在生鲜领域，物流多呈现将商家的商品分布于多个仓库进行储存的"商家商品的分布式仓储"以及减少配送的中间环节的趋势，冷链物流模式得到初步建立。

平台经济还促进了相关服务业快速发展。为了满足电商平台上买卖双方交易的需要，电商平台开发出一系列对应的服务产品，促进了网上支付、交易信用记录等互联网上与电商平台相关的服务快速发展，提升了生活的便利性。

在支付领域，支付宝的出现解决了买卖双方之间的信任问题，创造了在商品买卖有时空差异与个人信用体系不完善的条件下由第三方担保交易的模式，这是互联网金融领域的一个创举。随着人们对网络购物便捷性要求的提高，除了支付宝在支付便捷性上有所改善，一些主推便捷支付的网上支付方式也陆续推出。例如，京东支付就以便捷为优势，用户只需一张有预留手机号的银行卡及一条验证短信即可完成支付，免去了开通网银、注册第三方账户和输入密码等中间流程，网络支付的便捷性大大提高。这些新型支付方式不仅促进了网上交易发展，还有向生活中方方面面渗透的趋势，如现在多数线下门店都可以使用支付宝、微信支付等支付方式，极大地方便了人们的生活。

在信用领域，腾讯征信、芝麻信用等与电商平台有密切联系的个人征信机构的产生，顺应了我国关于个人信用体系建设的需求，并且这些征信机构在很大程度上是基于电商平台对于个人信用的需要以及电商平台交易中产生的大数据成立的。这些信用数据可以被应用到电商平台中，例如，芝麻信用中的芝麻分达到一定的数值后，可以享受在阿里的网站上订酒店免押金入

住、在淘宝和天猫平台上拥有类似于信用卡的透支额度等特权。这些信用数据今后也可以应用到线下，从而对完善我国信用评级体系提供帮助。

此外，平台经济发展带动了就业，就业带动效应明显。中国电子商务研究中心监测数据显示，截至 2017 年 6 月，我国电子商务服务企业直接从业人员超过 310 万人，由电子商务间接带动的就业人数已超过 2300 万人。不仅包括电子商务平台本身吸纳的直接就业人员，还包括支付、物流、营销、金融、网络模特、产业园区等相关领域吸纳的间接就业人员。

根据阿里研究院 2016 年 3 月的一份报告的数据，阿里仅零售商业生态（不包括 B2B、外贸等）带来的直接就业机会和物流就业机会就已超过 1500 万个，其中淘宝、天猫平台上网店提供的就业机会有 1100 多万个，电商物流领域提供的就业机会有 200 多万个，其中包括与菜鸟网络协同的 170 万个快递员岗位，此外，还包括服务商、淘女郎等有阿里电商特色的新就业机会。在城市，通过电商平台创业的浪潮早已存在。在农村，以"淘宝村"为代表的农村电商体系蓬勃发展。"淘宝村"是指大量网商集聚于某个村落，以淘宝为主要交易平台，以淘宝电商生态系统为依托，形成规模效益的网络商业群聚现象。据阿里研究院统计，2017 年全国"淘宝村"数量超过 2100 个，卖家平均年龄 33.7 岁，其中 30 岁及以下年轻人占比为 51.8%。

## 三 东北地区平台经济发展的困境分析

### （一）电子商务发展水平较低，平台经济基础薄弱

《中国电子商务报告（2022）》显示，广东、浙江、上海、北京、江苏、福建等 6 个省市的电子商务综合指数较高，在全国电商发展水平方面占有显著的领先地位，位居全国电子商务发展水平的第一层级；广西、黑龙江、吉林和西藏 4 个省区的电商发展仍有较大潜力，处于全国电子商务发展水平的第三层级；其他省区市的电子商务发展较为平稳，处于全国电子商务发展水平的第二层级，呈现了中国电子商务发展的主流趋势。

其中，以辽宁、内蒙古两个省区的电子商务发展最为显著，尽管该区域电子商务发展潜力巨大，但其电子商务规模、支撑环境等均不能与全国平均水平相媲美，电子商务的渗透率仍需提升。黑龙江省和吉林省尽管与全国平均水平相比有所滞后，但相对来说仍有很大的发展潜力。

造成这种情况的原因有以下几个方面。一是因为在这几个省区，电子商务发展比较慢，而且规模也比较小，因此，在电子商务交易额和网络零售额等方面，东北地区都比较低。二是电子商务的发展环境有待进一步优化，目前，我国东北地区电子商务的基础设施还比较薄弱，物流、人才和技术等都尚显不足，这也是影响我国电子商务发展的一个重要原因。三是电子商务在我国的运用程度较低，造成了其与我国传统经济的结合程度较低，其功能和优势并未得到很好的利用。四是东北地区经济发展指标较全国平均水平偏低，这反映了我国各省区市经济发展的区位优势不平衡，制约了我国经济发展水平的进一步提升。

## （二）第三方物流发展滞后，制约平台经济发展

交易平台快速发展的背后需要物流仓储体系等基础设施的支撑，这是影响电商交易平台发展的重要因素之一。我国东部地区交易平台发达而中西部和东北地区相对落后的主要原因之一在于物流等基础设施的差异，发达的物流体系降低了货物运输成本、节约了交易费用，而过高的物流成本则抵消了电商交易平台带来的成本节约，制约其发展。

当前，我国的物流枢纽主要集中在具有较高灵活性和效率的东部地区。而西部和东北地区由于运输条件差、运输距离长，受到了诸如不包邮和额外收费等网络歧视。随着网络技术的发展，人们受到的时间和空间的影响减弱，越来越多的人倾向于购买东部地区的商品。买方通过向卖方传递对其服务的不满意，对其信用程度造成一定的影响，从而限制卖方的可持续发展。通过比较全国各省、区、市的物流时效发现，东部地区继续保持领先地位，上海、浙江和江苏位列全国前三。原因之一是靠近产业集群，之二是规模效应，三地物流业务量合计占全国总量的13%，其快递网点密度、快递服务

及时性和满意度远高于其他地区。相比而言，吉林、黑龙江、内蒙古的发展环境则有待改善。

### （三）地方扶持政策不足，平台经济起步晚发展缓

由于各地自然禀赋和产业结构不同，电商平台对当地经济发展的影响各异，而地方性平台经济政策的推动可以弥补"先天不足"，但也存在着拉大区域差距的可能。本报告从地方电子商务扶持政策方面来探讨地方性平台经济政策的差异性。

东部沿海城市自2010年以来，针对电子商务的扶持政策出台非常密集。各地政府工作报告屡次明确指出，要通过电子商务拉动经济，促进电子商务的良性发展。各地政府对电子商务的扶持，措施方法各有不同，因而为平台经济发展扫除障碍的程度也有所不同。

地方电子商务扶持政策包括改革登记注册制度、助推电子商务支撑体系的建设、催生网上品牌企业、优化电商发展环境以及各类补贴政策等，但推动平台企业发展和配套设施建设的地区主要是东部沿海城市，如深圳、杭州、上海，也包括一些中西部省会城市，如成都、郑州等。总体来看，东部地区的电子商务扶持政策更为繁多，出台的及时性更高，对于当地的电子商务企业也更有针对性，而东北地区电子商务的扶持政策较为薄弱。

### （四）市场发育程度较低，平台经济融合度不够

平台经济的市场发育程度体现在多个方面，比如与当地传统经济的融合程度、平台企业与平台服务商的协作程度等，这些都会影响当地平台经济的发展水平。

一方面，北京、上海、浙江、广东、海南等省市的平台经济正从供需两个层面展现出巨大的影响，并已与地方特色工业相结合。例如，北京的中坚电商在稳步成长，其影响和带动作用越来越大，同时，平台经济与传统经济的结合程度不断提高，范围也在扩大。在东部沿海地区，平台经济在帮助传

统制造业转型、开拓国内市场方面发挥了重要作用，一大批外贸工厂因此起死回生，重新焕发活力。广东乐从镇和江苏沙集镇是具有代表性的地区。作为中国家具商贸之都，在平台经济兴起之时，当地企业面对海外疲软的市场，选择转向国内网络零售市场，线上零售交易额连续几年保持数十亿元，形成了网上家具"北沙集、南乐从"的格局。

在交易额增加、市场竞争加剧的情况下，网上零售带动了批发、制造、设计等环节的发展与创新，促进了电商与供应链的融合。网络商家的业务走向多元化，从微观角度促进了电商发展的多元化。在白沟，随着网上零售业的大规模发展，出现了专为网上商店提供商品的"网供"企业；在义乌，大批中小型网络店铺采购频率高，形成了"混批"的电商平台；在普宁，一些网络商家积极开展跨境电子商务，寻找新的商机。

另一方面，近年来，在东部沿海城市，如杭州、广州、上海、北京、深圳等地，电子商务的应用和电子商务的业务活动互相促进，形成"双引擎"，从而驱动电子商务的持续创新发展。企业和消费者对电子商务的大规模、高频率应用，推动了电商交易、支付、快递、营销等电商服务的迅速发展。不完全的数据显示，杭州电商平台占国内网络零售总额的85%、跨境贸易总额的70%、B2B业务的60%，综合电商平台及专门的电商网站占国内总规模的1/3。杭州电商平台占全球总规模的1/3。考虑到电商的发展会对快递服务起到很大的推动作用，因此，快递包裹的数据可以在一定程度上反映出电商的使用状况，也可以在一定程度上反映出电商的服务状况。根据中国邮政的统计，广州的快件寄送总量为19亿件，上海的快件寄送总量为17亿件，北京的快件寄送总量为14亿件。上述数字可以很好地说明，电商的服务能够让商家和消费者更加有效地运用电子商务。随着网络商家的成长，其对电商服务的需求也越来越大，越来越多样化，推动着网络营销的升级：从小到大，从单一到多样化，从分散到集聚，并逐渐走向系统化。随着网络商户数量的增加、经营规模的扩大，其对电商服务的要求也逐渐细化，例如培训、摄影、设计、IT、电商园区等。再者，随着网络商户的企业化发展，其对法律、会计、金融、知识产权等电商服务有了更多的需求。

## 四 东北地区平台经济发展的趋势与实现路径

东北地区要以"提高发展质量和效益"为中心，以"供给侧结构性改革"为主线，按照"创新、协调、绿色、开放、共享"的发展理念，加快形成引领经济发展新常态的体制机制。平台经济既可以发挥现有商品交易市场的优势，也可以弥补其发展中出现的不足，培育壮大一批具有国际、国内影响力的行业领军企业，促进现代服务业大发展，助推经济转型升级，在新的阶段为东北振兴注入新的发展动力。

### （一）积极制定促进平台经济新发展的政策措施

平台经济提供了新的发展空间维度，需要把握新的发展趋势，将商品交易市场转型升级的目标与平台经济的发展密切结合，打造网络时代新的商品交易市场。围绕"以提高发展质量和效益为中心，以供给侧结构性改革为主线"的要求，积极培育和引进平台企业，集聚和培育平台运作及创新的人才，营造有利于平台经济发展的商务环境，使平台经济成为经济转型的重要抓手、商业模式创新的重要载体。

要明确平台发展重点，分工深化、技术进步和消费升级等要素的变化将影响平台发展。经济活动智能化、分工链条整合化、信息需求全面化、交易便利安全化、资源集约节约化将成为引领性新趋势，这些新趋势会使未来平台经济产生横向拓展、纵向延伸、跨界融合、并购整合的新发展。要鼓励商品交易市场掌握消费新变化与趋势，加强与产业融合发展，优化产业重组。为此，应重点采取以下几项措施。

一是促进平台服务功能集成和高效发展。整合现有的平台资源，建立综合性平台运营模式，明确平台及相关方的责任，推动综合性平台健康高效发展。要鼓励专业平台进行垂直深度的发展，从一个专业的产品提供商，转变为一个专业的服务提供商，促进平台的集成化发展，增强其服务功能，从而更好地满足多样化、个性化的消费升级需要。

二是聚焦重点服务业和新兴领域的平台化建设。重点发展第三方支付、大宗商品交易、跨境贸易、多媒体、文化、医疗等领域的新模式和新业态，对具有竞争力的制造业、金融服务、现代物流等行业进行有效的整合，并大力推动平台经济的商业模式创新，在各种业态的结合中寻找新的模式，从而推动平台经济的创新。

三是积极推动新经济平台发展。重点发展移动互联网平台（网络视听、网络电视、网络社区、网络文学、网络游戏）、电子商务平台（电子商务交易平台、电子商务营销服务平台、电子商务物流管理平台、电子商务延伸的第三方支付平台）、专业服务与孵化平台（研发服务、技术服务、信息咨询服务、检验检测服务、创业投资服务、金融服务、企业孵化、产权交易等公共服务平台）等，形成平台经济的先发优势和竞争力。

四是共同推动新经济平台建设。在服务一个城市的经济转型升级以及提高一个城市的综合服务功能方面，平台经济是一个很好的切入点。要坚持以市场为主导的原则，对发展思路进行创新，用生产性服务业的平台经济来推动生活性服务业的平台经济发展，从而使平台经济与楼宇经济、总部经济之间形成良性互动的关系。

### （二）培育行业龙头企业，打造区域产业集群

一是建设规模较大的平台经济示范公司。一方面，要对已有一定规模的龙头企业给予有力的扶持，为其提供一系列金融服务，让其能够更好地发展，并对高成长性企业进行全面的培育。另一方面，可以引入并培养一批在全国范围内有很强影响力，乃至在世界范围内都有很强影响力的龙头型平台企业（平台经济总部），以现有的平台优势和上下游产业链关系为基础，充分发挥它们的经济带动效应，进行有目标的招商引资，将一批世界一流的平台经济总部聚集起来，从而可以有效地拓展出一大片平台经济发展空间，让区域平台的国际竞争力得到更大程度的提高。

二是利用功能性平台加快集聚特色平台企业。应利用产业园区发展的功能优势，因地制宜，鼓励引导与当地产业相关联的金融、物流、贸易、供应

链管理、人才资源服务、法律专业服务等领域的平台企业集聚入驻，使这些平台不断凸显经济效益和市场功能。要创造空间和营造有利于平台企业发展的环境，积极培育一大批中小型专业化平台企业，打造服务产业集群。

三是着力提升现有平台发展能级和水平。提高平台企业整合辐射能力，形成大规模的产业集群。发挥大宗商品指数作用，平台企业信息中心既是信息汇聚中心，又是商品交易中心，关键还在于它是商品价格形成中心。同时，加强大品牌平台建设。要实现规模向品牌集中、人才向品牌集中、市场向品牌集中、物流向品牌集中、绩效向品牌集中。

### （三）创新平台发展模式，实施多元发展战略

信息化整合、金融化扩张为平台经济提供了快速增长的路径。要支持平台企业进行商业模式创新，积极依托移动互联网、大数据、云计算等新一代信息技术促进平台企业创新商业模式，聚焦平台功能深化，提升平台国际化水平。

一是鼓励平台企业进行运营模式创新。鼓励有条件的互联网平台企业利用自身优势，多业态、多功能、多业务融合发展，促进产品研发、生产、营销、配送、售后服务、支付、融资等多个价值链环节整合集成，打造全流程综合性网络服务平台。引导互联网平台企业探索服务产品定制和反向定制等新模式，发展定制化生产和线下产业链。鼓励互联网平台企业之间联动结合，衍生新的运营模式，促进平台经济涉足商业模式创新。

二是构建东北三省大流通的发展平台。在东北三省内选择若干重要节点，实现线上线下一体化、内贸外贸一体化、流通生产一体化。重点解决物流市场供求信息不对称的问题，着力在东北三省范围内发展第四方物流，破解物流市场供求信息不对称的顽疾，最大限度地降低物流空载率，从而提升物流行业与企业的国际竞争力，为内贸事业与经济的发展奠定坚实的基础。商务部目前推行的城市共同配送，也是平台经济应用的一种模式，它从市内统一配送发展到城际统一配送，这种统一配送不仅保证了品质、提高了效率，关键是提高了绩效、降低了成本。

三是深化大宗商品交易平台功能。提高大宗商品现货市场、期货市场的国际化参与程度，引入国内外交易商、进出口商、物流企业、仓储企业等参与主体。开展期货保税交割试点，尝试开发新的交易品种，如以境外人民币为计价手段的国际化大宗商品交易合约，进一步参与国际竞争。积极拓展大宗商品企业境外期货交易的渠道，鼓励银行、期货公司等金融机构与区内跨国大宗商品企业合作，加大离岸金融产品的创新力度。实现合约标准、交割环节等与国际标准充分对接，完善仓单质押真实性的市场监管，形成大宗商品交易风险防范机制。

### （四）优化平台发展布局，促进区域均衡发展

新型的外向型经济发展模式将突破简单的企业与企业对接，而走向更高层面的平台对接，整合虚拟企业的商业模式将成为平台经济的基本运行规则，突破省际、走向板块将成为必然趋势。目前，东北三省平台经济发展呈现不均衡现象，实施差别化的发展政策、合理布局平台经济发展的重点区域至关重要。

一是发挥东北三省电商平台优势。依托现有的发展基础，立足于未来发展需求，按照"关联性强、集中度大、集约性高"的建设思路，合理安排区域空间布局，打造若干平台经济集聚区，实现平台企业和相关配套企业的集聚，提高平台企业之间、平台相关产业链企业之间布局的科学性，增强平台经济的影响力和带动力，形成若干以平台企业为核心的平台生态系统。

二是制定各省平台经济发展战略。鼓励东北三省利用现有的大型平台，提供区域化、特色化、个性化服务，大力发展垂直型电商（如特色农家旅游、农土特产品、中药材产业等），从专业类目做起，以差异化取胜，在现有电商市场内部打造完整产业链，统筹线上线下两个市场的战略布局和战术配合，为企业创造更好的商业模式和市场模式

三是构建东北三省联合平台型交易市场。以大宗商品贸易、个人消费服务、农产品流通等市场转型为突破口，统筹兼顾平台企业的集聚特性和系统生态特点，结合重点区域和重点领域专业平台建设，发挥政策的引导激励作

用，打造一批具有较强研发设计、融资担保、人才培训、物流仓储、孵化培育等公共服务功能的平台型交易中心和市场，大力引进龙头旗舰企业和基地型项目，优化布局结构，推动上下游产业配套、融合发展。

### （五）推进监管制度创新，营造健康发展环境

一是创新监管手段和治理方法。平台服务的影响力持续增强，也给政策部门带来很大的压力：供需双方人数的不断上升可能导致行业垄断。但平台的性质意味着现有的监管制度通常并不适用，需要实行新兴的监管手段和方法。可以借鉴英国政府采用的"沙盒监管"模式，鼓励新模式、新业态的发展，同时也对其设定一定的发展"界限"。形成政府、平台、企业、消费者共同参与的新型治理方式。

二是实施"点线面"结合的工作机制。在"面"上，主要针对平台创业、平台企业、类平台等，建立完善"分类—遴选—评价—辅导—扶持"的工作机制；在"线"上，主要回答"互联网+制造"究竟如何推进、"互联网+服务"究竟如何推进等问题，成熟一批、推进一批；在"点"上，回答对市场化的平台企业如何培育发展、对公共服务平台如何培育发展等问题。

三是健全税收、补贴等配套扶持政策。制定和完善促进基于信息技术的商业模式创新的相关扶持政策和措施，将政策扶持与统筹协调重点行业、重点区域和重大项目建设结合起来。重点发挥财税政策在市场体系建设中的引导作用，着力研究和完善金融、物流、法务、信息、会展等服务业企业营业税差额征收工作等。

四是运用大数据完善商业信用体系，降低平台用户的交易风险与交易成本。信用经济是市场经济的高级形式，也是平台经济运行的重要支撑条件之一。随着互联网技术尤其是数据抓取技术的发展，新技术的应用有助于构建具有中国特色的信用评价体系和信用制度，为平台经济模式的推广营造良好的社会氛围与提供软环境条件。

五是改善平台经济发展的硬件环境。良好的信息基础设施条件和较高的

信息技术应用程度是现代平台经济的重要支撑。要加快推动智慧城市建设，加快完善信息基础设施，加强信息技术在经济、社会、城市管理等领域的应用，提高城市的智能程度，为平台经济的深化升级提供硬件的全面支撑。针对政府采购，强化平台技术应用，全面推进政府的电子政务系统建设；针对电子商务产业，制定各种优惠政策，推进物联网产业的发展；针对移动计算技术导致的生活变迁，制定政策推动云计算产业的深入发展，为平台经济发展提供持久的驱动力。

## 参考文献

《2022 年黑龙江省国民经济和社会发展统计公报》，黑龙江省统计局网站，http：//tjj. hlj. gov. cn/tjj/c106779/202303/c00_ 31558382. shtml。

《吉林省 2022 年国民经济和社会发展统计公报》，吉林省统计局网站，2023 年 4 月 1 日，http：//tjj. jl. gov. cn/tjsj/tjgb/ndgb/202304/t20230401_ 8687326. html？eqid=b7e6531 9000a648e00000003642f7993。

《二○二二年辽宁省国民经济和社会发展统计公报》，辽宁省人民政府网，2023 年 3 月 16 日，https：//www. ln. gov. cn/web/zwgkx/tjgb2/ln/2023032912043850007/index. shtml。

《数据中心白皮书（2022 年）》，https：//www. xdyanbao. com/doc/8uv7pmpz9d？bd_ vid=11948770332653816006。

# B.19
# 东北三省科技创新能力提升问题研究

盛楠　高洪才　姜瑞春*

**摘　要：** 东北三省在国家的战略地位十分重要，作为科教资源底蕴丰厚的地区，在当前加快建设科技强国、实现高水平科技自立自强的背景下，适应新形势，进一步巩固创新优势、提升创新能力，是东北三省实现振兴新突破的重要任务。本报告在分析辽宁、吉林、黑龙江三省科技创新数据的基础上，对东北三省创新能力提升的比较优势和面临的挑战进行了研判，并基于此从完善东北三省科技创新体系、巩固提升科研优势等方面提出提升创新能力的对策建议。

**关键词：** 创新能力　创新发展　东北三省

## 一　东北三省科技创新现状

### （一）科技创新水平

#### 1. 科技创新综合水平

目前，中国科学技术发展战略研究院发布的《中国区域科技创新评价报告》是较为通用和权威的区域创新能力评价报告，从 2021 年发布的报告来看，东北三省科技创新综合水平在全国处于中游位置，近几年在全国排名

---

\* 盛楠，辽宁省重要技术创新与研发基地建设工程中心副研究员，主要研究方向为科技战略；高洪才，辽宁省重要技术创新与研发基地建设工程中心研究员，主要研究方向为科技统计；姜瑞春，辽宁社会科学院研究员，主要研究方向为产业经济。

均有所下降。2019年，辽宁省在全国排名第14位，较2015年下降3位；吉林省排名第17位，与2015年持平；黑龙江省在全国排名第21位，较2015年下降7位。从创新环境、科技活动投入、科技活动产出、高新技术产业化、科技促进经济社会发展5个二级指标来看，东北三省科技活动产出排名均明显高于综合水平（见表1）。

**表1　2019年东北三省科技创新综合水平全国位次情况**

| 省份 | 综合水平排名 | 创新环境排名 | 科技活动投入排名 | 科技活动产出排名 | 高新技术产业化排名 | 科技促进经济社会发展排名 |
|------|------|------|------|------|------|------|
| 辽宁 | 14 | 12 | 15 | 7 | 13 | 17 |
| 吉林 | 17 | 16 | 20 | 12 | 17 | 15 |
| 黑龙江 | 21 | 10 | 24 | 14 | 29 | 25 |

资料来源：《中国区域科技创新评价报告2021》。

### 2. 基础研究竞争力

中国科学院武汉文献情报中心、科技大数据湖北省重点实验室多年来连续发布《中国基础研究竞争力报告》，该报告通过利用各地区高端人才、争取国家自然科学基金、实验室平台建设、论文、专利、奖励等数据构建基础研究竞争力指数，对各省份基础研究竞争力分五个梯队进行排名。2021年，第一梯队是北京、上海、江苏、广东等省市；第二梯队是浙江、湖北、山东、陕西、四川等省份；第三梯队是安徽、湖南、辽宁、天津、福建、河南等省市，基础研究竞争力一般；黑龙江和吉林两省处于第四梯队。

### 3. 城市创新发展能力

科技部的中国科学技术信息研究所对全国72个创新型城市进行了综合评价并形成了《国家创新型城市创新能力评价报告2021》，从该报告来看，东北三省城市中，大连市排名第17位、沈阳市排名第20位、长春市排名第26位、哈尔滨市排名第35位、吉林市排名第72位，总体来看排名相对靠后。此外，首都科技发展战略研究院对中国288个地级及以上城市的科技创新水平进行了评估，东北三省城市均未进入前20名，从入选前20名城市的

省级区域来看，除北京、上海、天津3个直辖市外，江苏省的城市最多，有4个，广东省有3个，浙江省有2个，湖北省、陕西省、四川省、安徽省、福建省、山东省、河南省和湖南省均有1个。

### （二）科技创新基础条件

#### 1.高等学校情况

高等学校是科技创新的重要力量，集聚了大量的科技人才，东北三省高校数量占全国的9.42%，其中辽宁省排在全国第10位，从业人员、R&D人员全时当量、R&D经费内部支出、有效发明专利等指标与学校数量排名基本一致。值得一提的是，黑龙江省有80所高等学校，仅在全国排名第19位；但R&D经费内部支出排名相对较高，排名第15位；有效发明专利跻身全国前十，排名第9位（见表2）。由此可见，东北三省科研底蕴丰厚，尽管科研资源流失的现象严重，但仍然具有一批科研水平高、创新能力强、产出能力高的科研机构。

表2　2020年全国及东北三省高等学校主要科技指标

| 地区 | 学校数量（所） | 排名 | 从业人员（人） | 排名 | R&D人员全时当量（人年） | 排名 | R&D经费内部支出（万元） | 排名 | 有效发明专利（件） | 排名 |
|---|---|---|---|---|---|---|---|---|---|---|
| 全国 | 2738 | | 2724230 | | 614763 | | 18824841 | | 492903 | |
| 辽宁 | 114 | 10 | 93815 | 15 | 25234 | 10 | 697832 | 11 | 17735 | 11 |
| 吉林 | 64 | 22 | 59623 | 21 | 22560 | 13 | 290039 | 19 | 7850 | 19 |
| 黑龙江 | 80 | 19 | 62273 | 19 | 21290 | 14 | 559542 | 15 | 19278 | 9 |
| 东北三省占全国比重（%） | 9.42 | | 7.92 | | 11.24 | | 8.22 | | 9.10 | |

资料来源：国家统计局网站。

#### 2.高水平创新平台情况

根据《中国火炬统计年鉴2021》可知，东北三省现有国家研究中心1

个，国家重点实验室 22 个，企业国家重点实验室 9 个，国家工程技术研究中心 24 个，国家临床医学研究中心 1 个，国家应用数学中心 1 个，国家野外科学观测研究站 15 个（见表 3）。但是，当前国家重点实验室体系重组工作正在开展，按照新标准、新要求，重组后东北三省国家重点实验室数量尚未可知，预计以参与建设形式纳入国家重点实验室体系的平台将会增多。此外，我国新布局建设的国家技术创新中心，目前在东北三省尚未布局，这也与东北三省科技领军企业数量相对较少有一定关系。

表 3　2020 年东北三省创新平台情况

单位：个

| 省份 | 国家研究中心 | 国家重点实验室 | 企业国家重点实验室 | 国家技术创新中心 | 国家工程技术研究中心 | 国家临床医学研究中心 | 国家应用数学中心 | 国家野外科学观测研究站 |
|------|------|------|------|------|------|------|------|------|
| 辽宁 | 1 | 8 | 6 | 0 | 12 | 1 | 0 | 6 |
| 吉林 | 0 | 10 | 1 | 0 | 5 | 0 | 1 | 4 |
| 黑龙江 | 0 | 4 | 2 | 0 | 7 | 0 | 0 | 5 |
| 合计 | 1 | 22 | 9 | 0 | 24 | 1 | 1 | 15 |

资料来源：《中国火炬统计年鉴 2021》。

此外，根据各省份公开的数据，目前东北三省中仅有黑龙江省依托哈尔滨工业大学建设的空间环境地面模拟装置纳入国家建设序列，辽宁、吉林两省尚未获国家布局，仅从省级层面各自储备推进。

3. 科技创新投入情况

东北三省近几年 GDP 增长压力不断加大，2020 年东北三省 GDP 为 5.1 万亿元，仅较 2016 年增加 569.39 亿元，东北三省 GDP 占全国的比重也呈逐年下降态势，由 2016 年的 6.77% 连续下滑到 2020 年的 5.03%。尽管东北三省的 R&D 经费投入强度呈逐年增大态势，但与 GDP 增速较慢有关（见表 4）。此趋势与东北三省的科技创新投入相关性较强，尽管东北三省 R&D 经费支出总量持续增加，但增速相对趋缓，占全国比重总体在下降，由 2016 年的 4.24% 下降到 2020 年的 3.61%（见表 5）。

表4　2016~2020年全国及东北三省R&D经费占GDP比重情况

单位：%

| 地区 | 2016年 | | 2017年 | | 2018年 | | 2019年 | | 2020年 | |
|---|---|---|---|---|---|---|---|---|---|---|
| | 比重 | 排名 | 比重 | 排名 | 比重 | 排名 | 比重 | 排名 | 比重 | 排名 |
| 全国 | 2.10 | | 2.12 | | 2.14 | | 2.24 | | 2.40 | |
| 辽宁 | 1.83 | 9 | 1.98 | 9 | 1.96 | 9 | 2.05 | 11 | 2.19 | 11 |
| 吉林 | 1.34 | 17 | 1.17 | 22 | 1.02 | 23 | 1.27 | 20 | 1.30 | 20 |
| 黑龙江 | 1.28 | 18 | 1.19 | 21 | 1.05 | 22 | 1.08 | 23 | 1.26 | 21 |

资料来源：根据国家统计局网站数据计算生成。

表5　2016~2020年全国及东北三省R&D经费情况

单位：万元，%

| 地区 | 2016年 | | 2017年 | | 2018年 | | 2019年 | | 2020年 | |
|---|---|---|---|---|---|---|---|---|---|---|
| | 经费 | 排名 | 经费 | 排名 | 经费 | 排名 | 经费 | 排名 | 经费 | 排名 |
| 全国 | 156767484 | | 176061295 | | 196779294 | | 221435774 | | 243931123 | |
| 辽宁 | 3727165 | 16 | 4298825 | 16 | 4600800 | 16 | 5084604 | 15 | 5490052 | 15 |
| 吉林 | 1396668 | 21 | 1280073 | 24 | 1150255 | 25 | 1483828 | 22 | 1595099 | 25 |
| 黑龙江 | 1525048 | 19 | 1465898 | 21 | 1349873 | 22 | 1465528 | 24 | 1731605 | 22 |
| 东北三省总量 | 6648881 | | 7044796 | | 7100928 | | 8033960 | | 8816756 | |
| 东北三省占全国比重 | 4.24 | | 4.00 | | 3.61 | | 3.63 | | 3.61 | |

资料来源：国家统计局网站。

从基础研究经费投入情况来看，东北三省投入强度相对较高，特别是吉林省由2016年的第11位提高到2020年的第3位，黑龙江省一直保持在前十位，辽宁省在第15位左右（见表6）。从基础研究经费投入结构来看，尽管东北三省在全国排名相对靠前，但主要基础研究经费投入来自国家部委，省级及以下投入比重相对较低，且近几年东北三省R&D经费投入增速较低，由此呈现出基础研究经费投入占比在全国排名相对靠前的现状。

表6　2016~2020年全国及东北三省基础研究经费投入占R&D经费总投入比重

单位：%

| 地区 | 2016年 | | 2017年 | | 2018年 | | 2019年 | | 2020年 | |
|---|---|---|---|---|---|---|---|---|---|---|
| | 比重 | 排名 | 比重 | 排名 | 比重 | 排名 | 比重 | 排名 | 比重 | 排名 |
| 全国 | 5.25 | | 5.54 | | 5.54 | | 6.03 | | 6.01 | |
| 辽宁 | 6.37 | 15 | 7.11 | 15 | 6.03 | 15 | 6.31 | 14 | 6.42 | 15 |
| 吉林 | 9.29 | 11 | 13.12 | 7 | 14.10 | 6 | 13.63 | 6 | 16.85 | 3 |
| 黑龙江 | 10.34 | 7 | 15.58 | 3 | 18.07 | 3 | 17.51 | 3 | 13.30 | 7 |

资料来源：历年《中国科技统计年鉴》。

### 4. 科技创新人员情况

2016~2020年，东北三省R&D人员全时当量总量在波动中略有增长，其中，仅有辽宁省呈逐年增长态势，吉林、黑龙江两省先逐年下降，2018年以后转为总体上升，但仍低于2016年水平。2016~2020年，吉林省下降了近8%，黑龙江省下降了近20%，辽宁省尽管呈增长态势，增长了27%，但仍然低于全国35%的增速（见表7）。

表7　2016~2020年全国及东北三省R&D人员全时当量情况

单位：人年，%

| 地区 | 2016年 | | 2017年 | | 2018年 | | 2019年 | | 2020年 | |
|---|---|---|---|---|---|---|---|---|---|---|
| | 人员 | 排名 | 人员 | 排名 | 人员 | 排名 | 人员 | 排名 | 人员 | 排名 |
| 全国 | 3878087 | | 4033597 | | 4381444 | | 4800768 | | 5234508 | |
| 辽宁 | 87839 | 16 | 88858 | 16 | 95317 | 16 | 99880 | 16 | 111931 | 16 |
| 吉林 | 48252 | 20 | 45530 | 22 | 36376 | 23 | 42323 | 23 | 44472 | 22 |
| 黑龙江 | 54942 | 18 | 47406 | 20 | 37155 | 22 | 44394 | 22 | 44205 | 23 |
| 东北三省总量 | 191033 | | 181794 | | 168848 | | 186597 | | 200608 | |
| 东北三省占全国比重 | 4.93 | | 4.51 | | 3.85 | | 3.89 | | 3.83 | |

资料来源：历年《中国科技统计年鉴》。

### （三）企业创新情况

**1. 规模以上工业企业科技创新情况**

市场主体是一个地区发展的重要力量，同时企业是创新主体，是区域创新发展的主力军。2016~2020年，东北三省规模以上工业企业总量减少了3344家，2020年仅有14630家，占全国比重由4.75%下降到3.66%（见表8）。

**表8　2016~2020年全国及东北三省规模以上工业企业数量情况**

单位：家，%

| 地区 | 2016年 | 2017年 | 2018年 | 2019年 | 2020年 |
|---|---|---|---|---|---|
| 全国 | 378599 | 372729 | 378440 | 377815 | 399375 |
| 辽宁 | 8025 | 6626 | 6621 | 7610 | 7755 |
| 吉林 | 6003 | 5971 | 5963 | 3042 | 3043 |
| 黑龙江 | 3946 | 3731 | 3740 | 3531 | 3832 |
| 东北三省总量 | 17974 | 16328 | 16324 | 14183 | 14630 |
| 东北三省占全国比重 | 4.75 | 4.38 | 4.31 | 3.75 | 3.66 |

资料来源：国家统计局网站。

2016~2020年，东北三省规模以上工业企业中有研发机构的企业占比和有研发活动的企业占比始终低于全国水平，且差距呈不断增大趋势。其中，辽宁省规模以上工业企业中有研发机构和研发活动的企业占比一直相对较高，吉林、黑龙江两省基本低于三省平均水平。2016年，东北三省有研发机构的企业占4.1%，低于全国12.2个百分点，有研发活动的企业占9.7%，低于全国13.3个百分点；2020年，有研发机构的企业占比低于全国18.3个百分点，较2016年增加6.1个百分点，有研发活动的企业占比低于全国20.5个百分点，较2016年增加7.2个百分点（见表9）。

表 9  2016～2020 年全国及东北三省规模以上工业企业创新活动情况

单位：%

| 地区 | 2016 年 | | 2017 年 | | 2018 年 | | 2019 年 | | 2020 年 | |
|---|---|---|---|---|---|---|---|---|---|---|
| | 有研发机构的企业占比 | 有研发活动的企业占比 | 有研发机构的企业占比 | 有研发活动的企业占比 | 有研发机构的企业占比 | 有研发活动的企业占比 | 有研发机构的企业占比 | 有研发活动的企业占比 | 有研发机构的企业占比 | 有研发活动的企业占比 |
| 全国 | 16.3 | 23.0 | 19.0 | 27.4 | 19.2 | 27.7 | 22.6 | 34.2 | 23.6 | 36.7 |
| 辽宁 | 5.1 | 13.4 | 6.8 | 21.4 | 7.2 | 22.5 | 6.4 | 21.4 | 6.6 | 24.2 |
| 吉林 | 2.7 | 6.0 | 2.4 | 6.5 | 2.4 | 5.4 | 4.5 | 10.6 | 4.9 | 11.6 |
| 黑龙江 | 4.5 | 9.7 | 3.4 | 11.0 | 2.7 | 8.8 | 3.8 | 9.3 | 4.5 | 12.7 |
| 东北三省平均 | 4.1 | 9.7 | 4.2 | 12.97 | 4.1 | 12.23 | 4.9 | 13.77 | 5.3 | 16.2 |

资料来源：国家统计局网站。

2016～2020 年，东北三省规模以上工业企业 R&D 经费占主营业务收入比重在波动中略有上升，东北三省平均由 0.76% 提升到 0.82%，但是与全国平均水平的差距逐年拉大，2016 年仅与全国相差 0.18 个百分点，但到 2020 年与全国相差 0.59 个百分点，在全国排名下降较大，辽宁省由第 6 名下降到第 17 名，黑龙江省由第 15 名下降到第 22 名，仅吉林省由第 28 名上升到第 27 名（见表 10）。这在一定程度上反映了东北三省规模以上工业企业对科技创新的重视程度和投入力度不足。

表 10  2016～2020 年全国及东北三省规模以上工业企业
R&D 经费占主营业务收入比重情况

单位：%

| 地区 | 2016 年 | | 2017 年 | | 2018 年 | | 2019 年 | | 2020 年 | |
|---|---|---|---|---|---|---|---|---|---|---|
| | R&D经费占主营业务收入比重 | 排名 | R&D经费占主营业务收入比重 | 排名 | R&D经费占主营业务收入比重 | 排名 | R&D经费占主营业务收入比重 | 排名 | R&D经费占主营业务收入比重 | 排名 |
| 全国 | 0.94 | | 1.06 | | 1.23 | | 1.31 | | 1.41 | |
| 辽宁 | 1.10 | 6 | 1.17 | 9 | 1.08 | 13 | 0.98 | 15 | 1.09 | 17 |

续表

| 地区 | 2016 年 | | 2017 年 | | 2018 年 | | 2019 年 | | 2020 年 | |
|---|---|---|---|---|---|---|---|---|---|---|
| | R&D经费占主营业务收入比重 | 排名 | R&D经费占主营业务收入比重 | 排名 | R&D经费占主营业务收入比重 | 排名 | R&D经费占主营业务收入比重 | 排名 | R&D经费占主营业务收入比重 | 排名 |
| 吉林 | 0.39 | 28 | 0.37 | 30 | 0.40 | 29 | 0.49 | 27 | 0.59 | 27 |
| 黑龙江 | 0.78 | 15 | 0.95 | 14 | 0.65 | 24 | 0.71 | 22 | 0.78 | 22 |
| 东北三省平均 | 0.76 | | 0.83 | | 0.71 | | 0.73 | | 0.82 | |

资料来源：根据国家统计局网站数据计算生成。

**2. 高新技术企业情况**

2016~2020 年，东北三省高新技术企业数量及主营业务收入均呈迅速增长态势。2020 年，东北三省高新技术企业数量突破一万家，达到 11295 家，占全国的比重达到 4.18%，年均增长速度达到 39.59%，占全国的比重提高 1.21 个百分点。其中，辽宁省高新技术企业数量较多，占东北三省总量的 50% 以上；吉林省增速较快，2020 年的 2491 家与 2016 年的 385 家相比，增长 5 倍有余。分析数量增长的原因，一方面与东北三省高新技术企业培育力度加大有关；另一方面也与全国高新技术企业整体数量增加有关，2020 年，全国高新技术企业达到 269896 家，与 2016 年相比，增加了 1 倍以上。

从主营业务收入来看，2020 年，东北三省高新技术企业主营业务收入达到 17658.4 亿元，与 2016 年相比，增长 95.0%，占全国的比重却不升反降，由 3.47% 降低到 3.39%，这也反映出东北三省高新技术企业尽管数量增加较多，但营收能力相对较弱。不过，从总体趋势来看，东北三省主营业务收入占全国的比重先显著下降，2017 年以后呈逐年上升趋势（见表 11），也显示出东北三省高新技术企业营收能力在稳步提升。

表 11　2016～2020 年全国及东北三省高新技术企业情况

| 地区 | 2016 年 | | 2017 年 | | 2018 年 | | 2019 年 | | 2020 年 | |
|------|---------|---|---------|---|---------|---|---------|---|---------|---|
| | 数量（家） | 主营业务收入（亿元） | 数量（家） | 主营业务收入（亿元） | 数量（家） | 主营业务收入（亿元） | 数量（家） | 主营业务收入（亿元） | 数量（家） | 主营业务收入（亿元） |
| 全国 | 100012 | 261093.9 | 130632 | 318374.1 | 172262 | 389203.7 | 218544 | 450957.7 | 269896 | 520845.0 |
| 辽宁 | 1829 | 4693.6 | 2561 | 5618.8 | 3658 | 7927.7 | 5147 | 9926.4 | 6906 | 10584.7 |
| 吉林 | 385 | 2425.1 | 517 | 2179.5 | 893 | 2497.0 | 1691 | 2782.2 | 2491 | 4033.2 |
| 黑龙江 | 761 | 1937.1 | 927 | 2091.3 | 1141 | 2213.1 | 1230 | 2466.9 | 1898 | 3040.5 |
| 东北三省总量 | 2975 | 9055.8 | 4005 | 9889.6 | 5692 | 12637.8 | 8068 | 15175.5 | 11295 | 17658.4 |
| 东北三省占全国比重（%） | 2.97 | 3.47 | 3.07 | 3.11 | 3.30 | 3.25 | 3.69 | 3.37 | 4.18 | 3.39 |

资料来源：国家统计局网站。

## （四）创新活跃度情况

### 1. 创新型产业集群发展

根据《中国火炬统计年鉴 2021》，2020 年，东北三省共有创新型产业集群（入统集群）10 个，占全国的 9.26%，企业总数 3169 个，占全国的 12.21%，集群人员总数 40.23 万人，占全国的 9.34%，但东北三省营业收入仅占全国的 5.32%，出口总额占全国的 4.07%，净利润更是只占到全国的 3.25%（见表 12）。可以看出，东北三省创新型产业集群的发展还需进一步壮大，创新发展水平还需进一步提高，这与企业创新发展及高新技术企业发展相关数据表现一致。

表 12　2020 年全国及东北三省创新型产业集群发展情况

| 地区 | 入统集群（个） | 企业总数（个） | 营业收入（亿元） | 出口总额（亿元） | 净利润（亿元） | 集群人员总数（人） |
|------|--------------|--------------|----------------|----------------|--------------|------------------|
| 全国 | 108 | 25953 | 62618.3 | 8620.8 | 5711.8 | 4308204 |

续表

| 地区 | 入统集群（个） | 企业总数（个） | 营业收入（亿元） | 出口总额（亿元） | 净利润（亿元） | 集群人员总数（人） |
|---|---|---|---|---|---|---|
| 辽宁 | 5 | 2733 | 1978.2 | 315.2 | 111.9 | 298299 |
| 吉林 | 2 | 331 | 656.9 | 10.1 | 57.1 | 44405 |
| 黑龙江 | 3 | 105 | 696.3 | 25.9 | 16.7 | 59613 |
| 东北三省总量 | 10 | 3169 | 3331.4 | 351.2 | 185.7 | 402317 |
| 东北三省占全国比重（%） | 9.26 | 12.21 | 5.32 | 4.07 | 3.25 | 9.34 |

资料来源：《中国火炬统计年鉴2021》。

### 2. 专利申请数情况

2016~2020年，东北三省专利申请数呈逐年增长趋势。吉林、辽宁两省增速较快，吉林省2020年专利申请数较2016年增长143.9%，辽宁省2020年较2016年增长83.2%，黑龙江省2020年较2016年增长44.5%，低于全国73.9%的增速。由于吉林、辽宁的快速增长，2020年东北三省专利申请数占全国的比重较2016年有所上升，但仍较低，仅为2.43%（见表13）。

表13 2016~2020年全国及东北三省规模以上工业企业专利申请数

单位：件，%

| 地区 | 2016年 | 2017年 | 2018年 | 2019年 | 2020年 |
|---|---|---|---|---|---|
| 全国 | 715397 | 817037 | 957298 | 1059808 | 1243927 |
| 辽宁 | 9709 | 11206 | 12485 | 13783 | 17790 |
| 吉林 | 2655 | 2894 | 3333 | 6256 | 6476 |
| 黑龙江 | 4127 | 3786 | 2764 | 4449 | 5963 |
| 东北三省总量 | 16491 | 17886 | 18582 | 24488 | 30229 |
| 东北三省占全国比重 | 2.31 | 2.19 | 1.94 | 2.31 | 2.43 |

资料来源：国家统计局网站。

### 3. 技术市场交易情况

从技术市场交易情况来看，2016~2020 年东北三省技术市场成交额呈逐年上升态势，吉林省增速接近 300%，辽宁省和黑龙江省也基本实现了倍增，但是，尽管东北三省总量由 565.45 亿元上升到 1360.16 亿元，增幅达到 140.5%，与全国 149.7% 的增幅基本持平，但占全国的比重由 5.17% 下降到 4.98%（见表 14）。技术市场成交额大幅上涨，与全国整体技术市场交易活跃、东北三省基数较低增长较为容易有一定关系，整体上涨压力仍然较大。

表 14  2016~2020 年全国及东北三省技术市场成交额情况

单位：亿元，%

| 地区 | 2016 年 | 2017 年 | 2018 年 | 2019 年 | 2020 年 |
|---|---|---|---|---|---|
| 全国 | 10930.90 | 12920.63 | 17137.24 | 21749.23 | 27293.76 |
| 辽宁 | 323.22 | 385.83 | 474.49 | 557.59 | 632.81 |
| 吉林 | 116.42 | 219.92 | 341.95 | 474.13 | 462.15 |
| 黑龙江 | 125.81 | 146.71 | 165.92 | 232.88 | 265.20 |
| 东北三省总量 | 565.45 | 752.46 | 982.36 | 1264.60 | 1360.16 |
| 东北三省占全国比重 | 5.17 | 5.82 | 5.73 | 5.81 | 4.98 |

资料来源：国家统计局网站。

# 二 比较优势及面临的挑战

## （一）比较优势

### 1. 创新体系相对健全

得益于国家的布局，东北三省科技基础较好，高等院校、科研院所、行业领军企业等创新主体类别完备、数量相对较多、实力较为突出、创新产出能力强。特别是，系列歼击机、航母、核潜艇武器等主战装备，神舟飞船、蛟龙号、C919 国产大飞机等重大创新成果都有东北三省科研力量的参与，

在重大科研攻关任务实践中形成的科研组织体系、人才培养体系以及多年来形成的体系化攻关能力和科技创新底蕴，是东北三省科技创新的强劲内力。

### 2. 在部分领域优势突出

辽宁省在新材料、精细化工、智能装备制造、半导体芯片装备制造等领域具备领先优势。黑龙江省"十三五"期间获得国家科学技术奖64项，哈尔滨工业大学刘永坦院士获国家最高科学技术奖，在空天科技等方面具有领先优势。吉林省在智能制造、核心光电子器件和高端芯片、战略性先进材料、新能源高效利用等方面具备领先优势。东北三省具备引领相关领域学科发展的绝对优势，具备以点带面、引领带动、整体发展的基础。

### 3. 产业基础厚实

东北三省是新中国成立后建成的第一个重工业基地，得益于此，东北三省工业门类齐全、工业体系完备、产业基础厚实、配套链条相对完善，具有一批行业领军龙头企业，对于加快发展实体经济，稳定产业链供应链安全具有重要意义。此外，在大力发展数字经济的背景下，东北三省拥有大量的数据资源、丰富的5G应用场景，具备大力发展数字经济的巨大潜力。

### 4. 具有不可替代的战略作用

东北三省维护国家国防安全、粮食安全、生态安全、能源安全、产业安全的战略地位十分重要，关乎国家发展大局。从地理位置来看，东北三省处于东北亚核心区，有数千公里的边境线和大陆海岸线，战略位置特殊。同时，东北三省历来是国家重要的商品粮生产基地和农产品加工基地，自然生态优越，是北方生态安全的重要屏障。东北三省的重要战略地位，对东北三省加快取得振兴新突破提出了要求，特别是当前科技创新被摆在现代化建设全局中的核心位置，这也为科技创新发展提供了机遇。

## （二）面临的挑战

### 1. 推动科技创新的思维还需加快转变

当前技术已经成为一种重要的现代生产要素，技术要素配置的市场化导向越发突出，国家提出要建立关键核心技术攻关新型举国体制，其重要特点之一是更加突出关键核心技术攻关的经济价值，科技创新已经由走向经济主战场转变为走进经济主战场，不仅要依靠科技创新解决产业发展的问题，更需要用市场化的思维开展科技创新工作，用市场经济的手段来配置科技创新资源。但当前东北三省用市场化思维推动创新的能力还不足，促进科技创新的企业主体、资本与技术市场发展也不健全。

### 2. 新型科技基础设施建设有待加强

当前科技发展对精密仪器和大科学装置的依赖程度越来越高，许多原创性、引领性的成果必须依靠重大科技基础设施产生，重大科技基础设施已经成为一种战略性科技资源。但目前东北三省仅黑龙江布局建设了空间环境地面模拟装置国家重大科技基础设施，辽宁的基于高亮度极紫外自由电子激光的前沿科技研究设施纳入了国家建设储备清单，并由省级层面推动建设，吉林省提出"十四五"期间依托吉林大学建成综合极端条件实验装置。重大科技基础设施建设投入巨大，与南方发达省份由省级甚至市级层面先行投入建设甚至全部投入建设相比，当前东北三省现有财力甚至很难实现单纯靠省级层面推动重大科技基础设施建设，这也导致了东北三省当前乃至未来一段时间，在重大科技基础设施建设方面存在短板。

### 3. 科研机构出现空心化倾向

近几年，国内各省份对以人才为核心的优质创新资源的争夺十分激烈，通过从大力实施人才计划，加大引才资金支持力度，到大力设立高水平平台、研发机构，吸引大院大所在本地设立科研院、产业技术研究院、联合研发机构等方式大力集聚高水平的创新资源，东北三省的高校院所也不乏在先进省份设立分支机构的现象，许多高校的科研人员甚至科研管理人员到省外就业。此外，一些龙头企业也在省外设立了研发机构，一些大型集团企业在省外设立了集中的研发总部，一些科研人员通过企业内部流转的形式流向省外，东北三省企业本身的科研人员、科研机构等核心资源逐渐外流。

### 4. 产业创新能力还需加强

尽管东北三省科教资源丰富，创新产出能力较强，但从产业发展来看，

技术创新能力强、创新活跃的企业群体规模较小，作为产业技术创新主体的企业技术创新能力不强，创新型产业集群发展还不够壮大，一些人才和成果外流在一定程度上是由于东北三省产业或企业缺乏承载创新成果的基础和能力。在创新型产业集群培育集聚方面，经济园区、产业园区、高新技术开发区的作用发挥还不足，政策引导不到位，产业集聚效果不明显，产业创新特质不突出。

## 三　关于提升创新能力的对策建议

东北三省肩负维护国家"五大安全"的战略任务，依靠科技创新实现经济高质量发展既是东北三省贯彻落实国家总体部署的举措，也是东北自身发展的需求，提升科技创新能力，促进经济高质量发展，是"十四五"期间东北三省取得振兴发展新突破的必由之路。

### （一）加强国家统筹布局，完善东北三省科技创新体系

当前，科技创新对重大科学装置、精密科学仪器的依赖程度呈现越来越高的新趋势，对原有创新体系建设提出了更高的要求，国家在布局重大创新平台和重大科研基础设施时要充分考虑东北三省的科研优势以及产业需求，充分利用政府这只"有形的手"来配置创新资源，给予东北适当的倾斜，助力东北三省依托良好的科研基础，扭转当前东北三省创新资源外流这一难以靠自身能力解决的瓶颈问题，加快提升创新能力。特别是重大科技基础设施布局方面，东北三省近几年经济增长压力大，重大科技基础设施建设往往投入巨大，省级层面难以承担，需要国家布局支持以稳固科研基础。加强技术论证，加快推进基于高亮度极紫外自由电子激光的前沿科技研究设施、空间环境地面模拟装置、综合极端条件实验装置、大口径空间光学载荷综合环模试验平台等已经有一定基础的重大科技基础设施建设，形成重大科技基础设施群和区域重大科技基础设施网络，推动设施升级和联合建设。

## （二）聚焦优势重点突破，巩固提升科研优势

围绕装备制造、光电信息、航空航天等传统优势领域，积极承担国家重大项目，巩固提升科研优势。挖掘开放应用场景，加强工业"互联网+"、智能制造等应用场景的开发，推进装备制造业数字化改造和升级，优化生产工艺、生产流程，深度挖掘凝练技术创新需求，围绕黑土地保护与利用、生态安全等，加强技术攻关，围绕战略定位、地理区位、环境等区域发展需求，形成具有区域特色的科研方向。发挥好现有各类创新园区、载体、平台的作用，推动重点领域取得新突破，依托沈阳市人工智能试验区，加强与大连、长春、哈尔滨在人工智能、光电信息、第三代半导体、物联网等领域的协作，加快改造升级老字号，推动新技术、新业态融合发展。加强沈大国家自主创新示范区与哈大齐国家自主创新示范区、长春国家自主创新示范区的联动，充分发挥在重大创新政策先行先试、创新型产业集群发展方面的示范带动效应，推动各类创新要素汇聚融合。

## （三）发挥企业创新主体作用，提升产业创新发展活力

坚持企业的创新主体地位，把提升企业技术创新能力和创新水平作为提升创新效能、提升创新活力的突破口。加快培育科技创新领军企业，发挥领军企业的作用，打造创新企业"舰队"，引领带动产业创新水平的跃升，支持龙头创新型企业建设创新联合体、重大创新平台，围绕产业共性问题牵头开展重大科技项目攻关，给予领军企业在产业政策、创新政策等各类政策方面的倾斜和支持。积极引进大型企业在东北三省设立分公司或分部，引进创新人才与资源，为区域企业创新能力提升注入外来"活水"。发挥好东北三省大型央企、国企数量较多的优势，把握国家当前提升国有企业创新能力的契机，加快提升本地区国有企业的创新能力，引领带动配套企业、上下游企业开展创新活动。注重科技企业成长土壤培育和优化，发挥好各类创新园区的作用，营造促进企业创新、促进科技企业成长的良好氛围。

### （四）强化市场化思维，壮大创新发展力量

转变工作思路，用市场化的思维、市场化的手段、市场化的方式推动科技创新，促进技术转移转化。完善科技金融服务体系，利用金融资本的力量助力科技创新，发挥政府基金的引导作用，聚焦本地区重点发展的产业，加大投入力度，同时，完善科技金融环境，以技术优势引导区域外资金来东北三省投资，转变以往"投资不过山海关"的刻板印象。加强技术市场建设，主动融入全国技术要素市场，引导技术要素顺畅、有序流动，搭建技术信息交易和对接平台，促进重点科研单位与产业龙头企业建立"B2B"的合作模式，同时，加快发展科技服务业，壮大促进技术要素市场"商品"售出的专业人员队伍，促进科研人员与企业的"C2C"合作。

### （五）完善协同发展机制，构建东北三省科技创新共同体

借鉴长三角等地区先进经验，推动建立健全三省一区协同联动机制，加强三省一区创新规划、创新政策对接，协调推进落实。争取科技部支持，建立区域联合创新专项，通过中央和地方共同投入资金，加大对联合攻关任务的资助力度。共同推进开放创新，加强与北京、上海、江苏、湖北、广东等省市在技术转移、成果转化、产业转型升级等方面的合作，推动企业、高等学校、科研院所开展跨区域联合攻关，融入国家区域发展战略。加强国际科技合作基地建设，完善"项目-人才-基地"的国际科技合作模式。融入国际创新网络，积极培育建设"一带一路"联合实验室或研发中心。加强三省一区高校、科研机构、企业联合，聚焦国家重大需求，在基础研究、应用基础研究、核心技术攻关领域，主动发起和联合承担国家重大科技项目。围绕三省一区高质量发展和民生改善重大需求，在种质资源创新利用、现代农机装备转型、黑土地保护、生态环境保护修复等重点领域，联合突破一批核心技术。加强三省一区科技计划协调联动，促进科技报告和科技成果等科技管理信息共享。

## 参考文献

中国科技发展战略研究小组、中国科学院大学中国创新创业管理研究中心：《中国区域创新能力评价报告 2021》，科学技术文献出版社，2021。

钟永恒、王辉、刘佳等：《中国基础研究竞争力报告 2021》，科学出版社，2022。

中国科学技术信息研究所：《国家创新型城市创新能力评价报告 2021》，科学技术文献出版社，2021。

国家统计局社会科技和文化产业统计司、科学技术部战略规划司编《中国科技统计年鉴 2021》，中国统计出版社，2021。

# B.20
# 东北三省高技术产业发展对策研究

耿殿贺*

**摘　要：** 高技术产业是东北三省进行产业转型升级和产业结构调整的关键所在。目前，东北三省高技术产业发展面临着产业总体规模小、投入强度有待提升、科技与产业结合有待提升等问题，制约着高技术产业快速健康发展。本报告建议积极推进产业结构优化升级，引导企业加大研发投入力度，提升财政金融支持力度，提高人才保障能力，构建高技术产业协同发展体系，从而有效破解东北三省高技术产业发展缓慢的困境，为实现东北地区全面振兴、全方位振兴提供强有力的支撑。

**关键词：** 高技术产业　产业结构　东北三省

　　高技术产业具有知识和技术密集、科技人员比重大、资源消耗少、产品附加值高、产业渗透力强等特点，对区域经济竞争力和经济增长的贡献度高，日益成为一个区域经济实力的标尺和产业竞争力的体现。东北三省是国家老工业基地，传统重工业一直是东北三省的支柱产业，新中国成立后很长一段时间内都在国家经济发展中扮演了重要角色。随着经济转型升级，传统重工业资源消耗大、发展速度趋缓等，与高技术产业相比，它们对东北三省整个产业结构和经济增长的促进作用也越来越小。当前，东北三省高技术产业与南方发达区域相比，差距越来越大。高技术产业成为东北三省老工业基

---

　　* 耿殿贺，辽宁社会科学院产业经济研究所助理研究员，主要研究方向为产业经济。

地振兴的一个关键要素，也是推动产业结构优化升级和构建现代产业体系的主要方向。东北振兴并非一蹴而就，高技术产业同样需要不断培育发展壮大。因此，有必要系统分析东北三省高技术产业发展存在的问题，从而有针对性地提出高技术产业发展的对策建议，对东北三省具有重要意义。

# 一　东北三省高技术产业发展现状①

## （一）产业总体发展趋于平稳

从总体上看，东北三省高技术产业发展在国内处于中游水平，发展速度一直比较缓慢。2020年，东北三省高技术产业共有企业数1017家，实现营业收入2797亿元，实现利润总额415亿元。东北三省高技术产业投资增长速度较快，辽宁省、吉林省和黑龙江省的增速分别为33.7%、12.2%和13.7%，分别排在全国第8位、第20位和第17位。其中，辽宁省在中国内地的投资增速下降较多，但在国外和港澳台地区的投资增长较快；吉林省和黑龙江省在中国内地的投资增长速度较快，但在国外和港澳台地区的投资都呈现负增长态势。

从产业结构上看，东北三省高技术产业各具特色。2020年，在东北三省中，吉林省医药制造业规模体量最大，共计有252家医药制造企业，实现营业收入513亿元，实现利润总额为135亿元，这三个指标都排在东北三省首位。辽宁省虽然医药制造企业数量和利润总额不如吉林省，但营业收入为493亿元，与吉林省相差不大。黑龙江省医药制造企业数量、营业收入和利润总额等指标都排在东北三省最后。辽宁省的电子及通信设备制造业、计算机及办公设备制造业、医疗仪器设备及仪器仪表制造业的企业数分别为167家、17家和144家，实现营业收入分别为702亿元、35亿元和188亿元，实现利润总额分别为144亿元、1亿元和22亿元，三项指标都居东北三者首位；黑龙江省和吉林省这三个产业的规模偏小，在国内处于中下游水平。

---

① 本报告数据均来自《中国高技术产业统计年鉴2021》。

### （二）重点产业领域发展迅猛

辽宁省响应国家号召，发布相关政策，积极设立生物医药产业集群。辽宁省相继形成了沈阳、大连、本溪、锦州等四大生物医药产业集群，生物医药产业形成较好发展态势。辽宁省生物科技基础研发实力较强，生物研发机构 111 家，科研院所 15 个，医药储备人才丰富，更是拥有以沈阳三生制药、东北制药集团、辽宁大成为代表的生物医药类企业，拥有较强的市场竞争优势。吉林省作为我国生物医药发源地之一，是国家第一个基因工程产品干扰素中试生产基地，第一个基因工程疫苗中试生产基地，第一个具有自主知识产权生物制品的省份，在生物医药尤其是疫苗和基因治疗药物领域具有先发优势。面对区域融合、技术融合和业态融合的三大契机，吉林省正在打造成为国内生物医药产业的重要一级。黑龙江省生物医药科研实力在不断增强，资源禀赋独特的优势逐步显现，拥有国家级新药 1145 个、专利品种 57 个、国内独家品种 51 个、中药保护品种 39 个。东北三省是国家重要的老工业基地之一，产品门类齐全，拥有产业数字化的场景资源优势和数字产业化的数据资源优势。近年来，东北三省将数字经济作为拉动高技术产业发展的引擎，持续壮大数字经济发展，推动全要素数字化转型。辽宁省软件业、离岸外包收入持续居全国首位，新型基础设施指数居全国前十位，11 个工业互联网标识解析二级节点上线运行。黑龙江省数字产业化格局初步形成。哈尔滨成为国家级互联网骨干直联点，建成运营大数据中心 30 个，可用标准机架规模达 4 万架，全省首个工业互联网标识解析二级节点正式上线。

### （三）产业发展环境得到进一步优化

东北三省对高技术产业发展日益重视，产业发展环境不断优化。黑龙江省委、省政府相继出台了《关于大力促进高新技术成果产业化的意见》《关于促进科技企业孵化器和众创空间发展的指导意见》《黑龙江省促进科技成果转化条例》等政策文件和地方法规，在科技创新支撑供给侧改革上下功夫，培育更多可产业化的高新技术成果。通过推动高技术成果产业化、优化科技创新创业环境和千户科技型企业三年行动计划等，不断优化高技术产业发展环境。吉林省通过创新能力项目建设，搭建公共技术和工程化平台，为高技术产业化和延伸产业链提供技术储备，培育新的经济增长点。辽宁省重点打造产业创新平台，成立了产业共性技术创新平台、产业专业技术创新平台和产业技术创新综合服务平台，为高技术产业发展提供了产学研合作的载体。近几年，辽宁省先后出台《辽宁省高新技术企业"三年倍增计划"实施方案》《辽宁省民营科技企业梯度培育工程实施方案》《科技助力民营企业创新发展若干政策措施》等新政策，极大地促进了高技术产业发展壮大，进一步提升了产业创新能力。产业之间的配套和协作是高技术产业发展的重要支撑。东北三省经过几十年传统重工业在生产制造环节的经验积累、上下游产业链之间的配合以及产业工人不断培育，已经形成区域产业联动发展模式，具备较强的产业配套能力。

### （四）高技术产业发展创新支撑要素的基础雄厚

东北三省创新资源丰富，共有高等院校 260 所，包括本科院校 139 所、专科院校 121 所，其中有部属高校 10 所、民办高校 69 所、公办高校 181 所。东北三省有哈尔滨工业大学、吉林大学、东北大学、大连理工大学共 4 所"985"高校，有辽宁大学、大连海事大学、东北师范大学、延边大学、哈尔滨工程大学、东北农业大学、东北林业大学等 11 所"211"高校。东北三省拥有中国科学院大连化学物理研究所、沈阳金属研究所、沈阳自动化研究所、沈阳应用生态研究所、长春光学精密机械与物理研究所、长春应用化学研究所、东北地理与农业生态研究所等一批实力雄厚的科研院所，对东北地区高技术产业发展起到了重要支撑作用。一大批高校和科研院所的创新成果就地产业化，形成了一些具有独特优势的高技术产业。

## 二 东北三省高技术产业发展存在的问题

### （一）产业总体规模小，龙头领军企业数量较少

从产业规模来看，2020年东北三省高技术产业的企业数为1017家，营业收入为2797亿元，利润总额为415亿元，占全国的比重分别为2.5%、1.6%和3.3%，产业总体规模偏小。从企业规模来看，大中型企业数量少，行业发展缺乏龙头领军企业。2020年，辽宁、吉林和黑龙江高技术产业中大中型企业数分别为106家、59家和35家，分别排在全国第18位、第21位和第24位；三省大中型企业的营业收入分别为1585亿元、409亿元和155亿元，分别排在全国第17位、第23位和第28位；三省大中型企业的利润总额分别为218亿元、121亿元和21亿元，分别排在全国第14位、第20位和第27位。

导致东北三省高技术产业规模偏小的原因：一方面，东北地区是传统的老工业基地，新中国成立以来产业结构偏重，以石化、冶金、建材等原材料为主的传统产业占比较高，产业结构调整比南方一些过去产业基础较弱的地区难度更大一些；另一方面，东北三省在国家几次产业结构升级中错过了医药、计算机、仪器仪表等高技术产业的机会，导致高技术产业基础逐渐落后，这些高技术产业在珠三角、长江经济带慢慢形成了集聚效应，后发追赶的难度不断加大。东北三省在20世纪90年代大力发展以家电、通信为代表的轻工业，一段时间内重工业比重开始下降，趋于平衡，有代表性的一些产品在当时都处于国内先进水平。但由于计划经济思维的影响，市场观念落后，在产业竞争洗牌过程中，企业战略缺失、管理粗放、研发滞后等因素导致后劲不足，并悉数被淘汰，再度回归到轻重"二八"比例。

### （二）研发投入总体规模不大，投入强度有待提升

2020年，辽宁、吉林和黑龙江三省有R&D活动的高技术企业数分别为

263 家、115 家和 99 家，分别排在全国第 18 位、第 22 位和第 24 位，基本上处于全国中下游水平。其中，有 R&D 活动的企业数占高技术企业总数的比例分别为 51.7%、35.8% 和 52.6%，可以看出吉林高技术企业中有 R&D 活动的企业数占全部高技术企业总数的比重较低，处于全国倒数第 3 位，辽宁和黑龙江这一比例在全国也属于较低的水平。辽宁、吉林和黑龙江三省的 R&D 人员数分别为 18174 人、4107 人和 4526 人，分别排在全国第 17 位、第 24 位和第 23 位，基本上处于全国中下游水平。辽宁、吉林和黑龙江三省的 R&D 经费内部支出分别为 50.6 亿元、12.4 亿元和 10.4 亿元，分别排在全国第 18 位、第 22 位和第 23 位，都处于全国中下游水平。

从衡量高技术产业研发投入的指标 R&D 人数和 R&D 经费内部支出来看，两项指标都处于全国中下游水平，说明东北三省整体高技术产业的研发投入不足。主要原因：一方面高技术企业主体数量少，导致企业研发投入的基本盘较小；另一方面东北三省有一部分高技术企业处于附加值较低的环节，导致研发投入不足。

### （三）研发产出总体水平不高，科技与产业结合有待提升

2020 年，辽宁、吉林和黑龙江三省的新产品开发项目数分别为 2561 项、1175 项和 1176 项，分别排在全国第 18 位、第 22 位和第 21 位；三省的新产品销售收入分别为 386.2 亿元、155.5 亿元和 169.9 亿元，分别排在全国第 19 位、第 24 位和第 22 位。从总体上看，新产品开发项目数和新产品销售收入均处于全国中下游水平。2020 年，辽宁、吉林和黑龙江高技术产业的专利申请数分别为 2937 件、795 件和 826 件，分别排在全国第 18 位、第 23 位和第 22 位；三省的有效发明专利数分别为 6432 件、1489 件和 1629 件，分别排在全国第 16 位、第 21 位和第 20 位。从总体上看，东北三省在专利方面的产出成果在全国处于中下游水平，有效发明专利数在全国的表现略好于专利申请数。2020 年，辽宁、吉林和黑龙江三省高技术产业的引进技术经费支出分别为 686 万元、74 万元和 88 万元；三省技术改造经费支出分别为 9 亿元、0.7 亿元和 9.1 亿元，分别排在全国第 14 位、第 23 位和第 13 位。从东北三省技术获取和

技术改造的结构上看，辽宁和黑龙江经费支出所占比例较高，远远高于吉林。东北三省科技资源比较丰富，但许多科技成果流向南方转化，这里面既有科技成果转化的客观规律和企业自身选择问题，也有东北三省对科技创新成果关注不够的问题。当前各地产业结构正处于产业成本性集聚向创新性集聚转变的过程，创新要素随着产业链不断升级而逐渐转移。

## 三　东北三省高技术产业发展面临的形势

### （一）错综复杂的国内外环境对高技术产业提出了更高的要求

在新冠疫情的大背景下，中国的产业环境面临着前所未有的挑战和机遇。在国际上，欧美国家给中国高技术产业发展带来了较大压力，一些高技术产业面临着产业链断供风险。同时，随着原材料价格不断提升，生产终端产品的高技术加工制造企业进出口成本大幅度增加。在这种情况下，传统产业面临着前所未有的压力和挑战，但以技术创新为主的高技术产业增长较快，成为疫情防控时期经济发展的亮点所在。以信息传输、软件和信息技术服务业为代表的新经济、新动能依然保持了快速增长态势，为经济高质量发展持续提供源源不断的动能。高技术产业快速增长是近年来国家高度重视实体经济发展的必然结果。从投资来看，高技术制造业和高技术服务业投资增长迅猛，伴随产业转型正经历高端化、数字化、智能化的升级路径，全国各省份都在不断加大高技术产业的投资力度。全国各地通过进一步落实高新技术企业政策，引导市场在推动产业转型与消费升级等相关高新技术领域加大布局，更好地为畅通国内经济大循环提供更多支撑。当前，高技术产业呈现创新能级跃升、重点领域发展壮大、新增长点涌现、竞争实力增强等诸多特点，表明我国经济结构及产业格局在进一步优化和重构。

### （二）研发投入成为高技术产业发展的核心要素

高技术产业是技术密集型产业，其产业链上下游之间的创新活动，以及创新产出与研发投入之间具有极强的相关性。高技术产业研发投入不仅包括研发资金投入，还包括研发人力资本投入。尽管近几年受复杂的国际环境和疫情影响，高技术产业发展面临着重重压力，但利用外资方面还是延续了2021年持续高速增长态势。2022年前五个月，高技术产业实际利用外资同比增长42.7%，比去年同期提高了8.1个百分点。越来越多的高科技外资企业将研发中心设在中国。东北三省应通过加强本地研发，进一步开拓中国市场，不断提升高技术制造和服务水平。近年来，我国研发经费支出占国内生产总值的比重不断提升，但与主要发达国家相比还有一定差距，研发投入强度还有上升空间。同时，高技术行业中的产学研合作力度不断加大，也是提升研发投入的重要路径。美国硅谷是世界上著名的高技术产业区，硅谷拥有一批世界顶尖的大学，包括斯坦福大学、加利福尼亚大学伯克利分校和圣塔克拉拉大学等。在硅谷，科研院所与区域内的世界著名企业结合，人才与资本高效流动，形成马太效应，在全球范围内尚未有一个地区可以在高技术产业领域与其比肩。研发投入需要的不仅是资金，人才培养同样重要。

## （三）高技术产业发展的政策环境日趋完善

目前，国内对高技术产业发展的政策可大致分为财税政策和意见规划两类，财税政策主要涉及对具体高技术产业的财政补贴、所得税和进口税优惠，意见规划方面则注重对产业和集群区域提出指导性意见和发展规划。政府政策较少涉及高技术产业链发展的各环节，如核心产品研发过程中人才培养和国内留用具体补贴金额、研发投入的税收优惠力度，生产环节中国内中间品财税相关扶持详细举措，流通环节中具体的出口税收优惠。2019年，我国正式推出科创板，实施注册制试点，支持高新技术产业和战略性新兴产业创新发展，为我国高新技术企业直接融资提供了一条便利的路径。截至2021年6月，高新技术企业科创板IPO申请数达到了564家，极大地降低了我国高新技术企业融资成本。

#### （四）老工业基地振兴迫切需要高技术产业快速发展

作为曾经的新中国工业摇篮，东北地区为国家现代化建设做出了重要贡献。改革开放以来，东北地区面临着传统资源型产业比较优势逐渐丧失、新兴产业发展缓慢等一系列问题，党中央和国务院做出实施东北老工业基地振兴战略的重大决策，并采取了一系列措施。伴随中国经济进入新常态，东北地区振兴步伐逐渐趋缓，经济增长缺乏新动能，部分行业和企业生产经营困难，主要原因在于三省对新经济、新产业、新业态、新模式的培育不足，未来很长一段时间，结构性矛盾和粗放型的增长方式仍是产业结构调整的核心，表现在轻重工业比例失衡、原料型和初级加工型产品多、终端产品少等方面。在这种情况下，大力推进高技术产业发展是破解产业结构调整难题的重要路径之一，一方面要注重从传统原材料、汽车、冶金等行业中培育高技术产业和高技术产品；另一方面要加大高技术企业的孵化和培育力度，尤其是促进一些有潜力的科技型中小企业健康快速发展。

## 四　东北三省高技术产业发展的对策建议

#### （一）积极推进产业结构优化升级

引导现有传统产业和产品向高技术产业和智能化转型升级，按照重点产业、重点区域分别设立示范工厂和企业，并利用"首台套"和技改专项等优惠政策奖励先进企业。推进产品高端化战略，深入贯彻供给侧改革，鼓励企业缩减落后产能，减少低端产品产量，结合自身实际情况集中资源发展高端产品，提高产品附加值，增强企业的市场竞争力。营造市场氛围，用"以旧换新"模式鼓励消费者和企业客户购买先进产品与生产线，提升市场活力，为企业注入发展动力。大力发展工业设计，鼓励开展个性化定制、按需设计、众包众创、分布式协同设计。支持利用互联网开展技术资源合作、在线科技服务、创新众筹等活动，促进智能设计、众创研发、协同制造、资金众筹、网络化实时服务等产业组织模式创新。加快东北三省各高新技术产业园区建设，为高技术产业提供发展的空间载体。优化园区信息基础设施，增强信息网络综合承载能力和信息通信集聚辐射能力；建立园区在线综合服务平台，实现在线基础信息、电子商务、招商入驻、智慧物流、广播电视、智能会展与会议、行业云、培训与外包等重点领域全方位服务；创新园区管理信息系统，推进广覆盖、易使用的园区管理信息化应用；健全园区业务支撑体系，实现应用门户集成、应用服务、业务流程、信息资源、外部接口、安全保护等六大功能模块集成。

## （二）引导企业加大研发投入力度

针对东北三省国企历史包袱重、企业赢利能力较低的现状，应促进完善传统企业的市场功能，通过债券股充实资本金、冲销老企业体制和政策性呆坏账、加快折旧、技改贴息、留利投资所得税先征后返、提高研发经费摊入成本比例等多种方法，提高老企业自我发展能力。通过多种优惠政策，鼓励高技术企业加速技术进步和新产品开发，鼓励企业将利润更多地用于研究和开发。优化组织省内科技资源，推动产、学、研、金、介等要素快速聚集，集中资源攻坚重大科技项目，让科技人才进企业、科技资源进企业、科技成果进市场。为高技术产业培育和发展构建完善的产业创新体系，成立新兴产业的共性技术创新平台和专业技术创新平台，吸引高校、科研院所、科技中介、风险投资机构进入产业创新体系，共同参与新兴产业的研发活动。加快完善产业创新体系的顶层设计，坚持产业创新平台市场化运作。加快金融和科技中介等创新要素进入产业创新体系，充分发挥其对创新活动的支撑作用。加强技术工程化平台、产业化示范基地和中间试验基地建设。建立健全技术创新评价体系，重点要完善国有企业考核体系和分配激励机制，进一步强化对技术创新能力的考核。鼓励企业参与重大科研项目立项，加大高校基础研究、企业应用研究之间的分工与合作，提高创新资源利用效率。

## （三）提升财政金融支持力度

着力发展针对高技术产业的科技金融、产业基金等新型财政支持方式。随着我国逐渐融入国际贸易体系，传统的资金补贴方式越来越频繁地受到国际贸易规则的限制。为发挥政府的财政引导作用，必须创新支持方式，利用市场化管理的基金帮助企业度过资金困难期，为企业开展技术研发活动提供保障。政府应当完善产业政策体系，与创投机构、保险机构、证券机构合作，成立产业发展基金和科技投资基金，并联合会计师事务所、律师事务所、人力资源服务机构等科技金融中介机构，为企业发展提供一揽子综合化、专业化的金融服务。搭建投融资平台是促进民间投资健康发展的有力举措，不仅能够极大地释放民间资本的活力，还有利于形成实业发展与民间资本的良性循环，实现传统产业转型升级与民间资本发展壮大的双赢。除政府设立专门的风险基金，引导和促进更多的民间资本进入风险资本市场之外，还可以通过民间资本建立民间的金融机构，为民间资本创业或业务开拓过程中所需要的风险融资和风险规避提供金融支持。

## （四）提高人才保障能力

实施高技术产业各类高层次人才培养选拔计划、高技能人才评选表彰培养计划，并给予相应优惠政策。推动企业经营管理人才的职业化和市场化进程，建立企业经营管理人才资质认证和市场准入制度。培养尊重人才的企业文化，充分发挥其才能，并根据贡献给予优厚待遇。深化分配制度改革，构建以年薪制、股权期权制多种形式为内容的多元化分配体系，允许企业以智力支出作为技术开发费投入，允许企业把引才、育才投入列入经营成本，按实际缴纳个人所得税中地方留成部分以工作津贴的方式给予等量补助。建立完善的约束激励机制，对高级管理人才、高级科研人才、高级技能人才采取持股、期权、技术入股、提高薪酬等灵活政策，提高"三高"人才收入，遏制人才外流趋势。推动建立一批由企业、科研院所和高校共同参与的产业联盟，培养孕育本土企业家。加大高层次管理人才的引进力度，对新引进工业产业国内外著名企业的高层次人才，由用人单位所在地政府给予住房和生活补助。

## （五）构建高技术产业协同发展体系

要建立战略咨询机制。针对关系到区域、产业发展的重大规划与项目，政府应当积极组织高校、科研院所、产业协会及院士团队开展战略咨询工作，发挥多学科、跨行业的优势，把握好未来的发展方向，借助学者在技术、信息等方面的经验，为企业与区域发展规划路径、明确方向。要打通科研机构与产业发展之间的信息壁垒。政府应鼓励企业与高校、科研机构的研究人员建立业务联系，清除学术研究与产业实际之间的信息障碍。企业和政府将产业发展过程中遇到的关键技术问题反馈给研究人员，帮助他们了解技术实践当中的新进展、新情况；研究人员将最新科研进展应用在企业生产当中，从而提高技术的可操作性与可推广性。这种信息交流过程将有助于产业与研究部门共同发展、共同进步。要完善企业家培训机制。地方主管部门应当结合企业发展的实际需要，定期组织举办企业家培训班，采取专家现场讲座、网络授课和去外地交流学习等多种方式，提高企业家的管理能力与决策能力，增加企业对于现代管理制度、产业发展趋势、国际化发展路径、先进工程技术等方面的了解与认识，培育现代企业家精神。

**参考文献**

国家统计局社会科技和文化产业统计司编《中国高技术产业统计年鉴 2021》，中国统计出版社，2021。

殷亚东：《我国高技术产业技术创新效率研究》，《中国商论》2022 年第 6 期。

方毅、林秀梅、徐光瑞：《东北三省高技术产业竞争力提升策略研究》，《软科学》2010 年第 3 期。

杨芷、李亚杰：《辽宁高技术产业技术创新财政政策研究》《地方财政研究》2021年第7期。

侯畅、韩光鹤：《基于组合赋权的黑龙江省高技术产业技术创新能力评价研究》，《黑龙江八一农垦大学学报》2021年第4期。

# 专 题 篇
## Special Articles

# B.21
# 蒙东地区经济转型与区域协同发展研究

于光军　辛倬语*

**摘　要：** 内蒙古自治区第十一次党代会提出重点建设赤峰、通辽"双子星座"的战略布局，致力于协同发展破解蒙东地区新型城镇化面临的人口和经济密度低、经济对自然资源依赖度高等困境，这一战略将重塑蒙东地区在社会主义现代化建设进程中的格局。推进蒙东地区协同发展的关键路径在于，通过加快推进城镇建设、优化城镇布局，更好地为新经济汇集要素提供新平台，进而为人口集聚提供新通道，形成协同发展与经济转型相互促进的机制。蒙东地区应抓住提升城市创新能力和提高对内对外开放质量这两个关键点，持续聚焦满足经济转型对各类现代要素的需求，创建以服务企业为中心的高质量公共服务体系，构建深度融入东北地区城市群及京津冀城市群的机制，提高对外开放的广度和深度，

---

* 于光军，经济学研究员，内蒙古自治区社会科学院马克思主义研究所所长，主要研究方向为政治经济与区域经济；辛倬语，经济学副研究员，内蒙古自治区社会科学院马克思主义研究所政治经济学研究室主任，主要研究方向为产业经济与区域经济。

形成新型城镇化与经济绿色低碳转型相互促进的新格局。

**关键词:** 新型城镇化 要素汇集 协同发展

2021 年 11 月 27 日,在中国共产党内蒙古自治区第十一次代表大会通过的《坚定不移走以生态优先绿色发展为导向的高质量发展新路子 在全面建设社会主义现代化国家新征程上书写内蒙古发展新篇章》中,内蒙古提出建设赤峰、通辽"双子星座"这一重大战略决策。在随后颁布的《内蒙古自治区新型城镇化规划(2021—2035 年)》中,内蒙古进一步明确了将赤峰-通辽现代化区域中心城市建设成为带动内蒙古东部五盟市①(以下简称"蒙东地区")经济社会发展核心平台的各项举措。赤峰、通辽"双子星座"区域中心建设,是蒙东地区在新发展阶段的重大战略调整,将重塑蒙东地区的发展格局,特别是将为蒙东地区经济绿色低碳转型提供重要支撑。与此同时,强化蒙东地区经济绿色低碳转型也将促进蒙东地区新型城镇化格局的形成。

## 一 蒙东地区经济转型与区域协同的基础与路径

### (一)蒙东地区经济社会运行情况

2010 年以来,蒙东地区常住人口总体上是趋于减少的。第七次全国人口普查数据显示,蒙东地区 2020 年常住人口较 2019 年减少 7.85%,减少速度高于内蒙古全区 5.19 个百分点。蒙东地区五盟市常住人口变动存在较大差异,赤峰与通辽两市常住人口增长速度处于-8.5%~-7.0%的区间,而呼伦贝尔市与兴安盟两盟市常住人口增长速度均为-12%,仅有锡林郭勒盟常

---

① 内蒙古东部五盟市包括呼伦贝尔市、兴安盟、通辽市、赤峰市、锡林郭勒盟 5 个盟市,共辖 51 个旗县市区,总面积 66.49 万平方公里,占内蒙古自治区总土地面积的 56.2%。蒙东地区与辽宁、吉林、黑龙江共同组成东北四省区,是国务院《东北地区振兴规划》的规划范围。

住人口保持增长态势（见表1）。可见，在我国2010年以来的快速城镇化进程中，蒙东地区常住人口减少情况较为严重，到2020年常住人口累计减少接近百万人口的规模。2020年，蒙东地区常住人口占内蒙古全区的比重已由2010年的51.29%降至48.55%。

**表1　蒙东地区第七次全国人口普查常住人口变化情况**

单位：万人，%

| 年份 | 赤峰市 | 通辽市 | 呼伦贝尔市 | 兴安盟 | 锡林郭勒盟 | 蒙东地区 | 全区 | 蒙东地区占内蒙古全区比重 |
|------|--------|--------|-----------|--------|-----------|----------|------|--------------------------|
| 2010 | 434.12 | 313.92 | 254.93 | 161.32 | 102.80 | 1267.09 | 2470.63 | 51.29 |
| 2020 | 403.60 | 287.32 | 224.29 | 141.69 | 110.71 | 1167.60 | 2404.92 | 48.55 |
| 增速 | -7.03 | -8.47 | -12.02 | -12.17 | 7.69 | -7.85 | -2.66 | — |

资料来源：根据内蒙古及各盟市第七次全国人口普查公报数据整理。

"十四五"开局之年，蒙东地区经济运行趋势总体上相对稳定。截至2021年末，蒙东地区常住人口为1160.71万人，占内蒙古全区的比重为48.36%，常住人口减少趋势有所缓解；人口密度为17.46人/千米$^2$，仅达到全国水平的11.9%；经济密度为95.62万元/千米$^2$，仅达到内蒙古全区水平的55.14%（见表2）。其中，呼伦贝尔市与锡林郭勒盟土地面积较大，占蒙东地区和全区的比重分别为68.5%和38.5%，两盟市人口密度均不足10人/千米$^2$，经济密度均不足55万元/千米$^2$。2021年，蒙东地区常住人口城镇化率为58.97%，低于内蒙古全区水平9.24个百分点。2021年，蒙东地区生产总值合计为6357.87亿元，占内蒙古全区的比重为30.99%。其中，第一产业增加值为1393.15亿元，占内蒙古全区的比重为62.61%；第二产业增加值为2225.73亿元，占内蒙古全区的比重为23.74%；第三产业增加值为2739亿元，占内蒙古全区的比重为30.72%。从蒙东地区内部结构看，内蒙古重点打造的赤峰、通辽"双子星座"的经济总量与常住人口占蒙东地区的比重分别达到53.27%和59.21%。

表 2　2021 年蒙东地区主要经济指标情况

| 主要经济指标 | 赤峰市 | 通辽市 | 呼伦贝尔市 | 兴安盟 | 锡林郭勒盟 | 蒙东地区 | 全区 | 蒙东地区占内蒙古全区比重（%） |
|---|---|---|---|---|---|---|---|---|
| 土地面积（万平方千米） | 9.0021 | 5.9535 | 25.3 | 5.9806 | 20.2580 | 66.4942 | 118.3 | 56.20 |
| 经济密度（万元/千米²） | 219.40 | 237.08 | 53.55 | 100.62 | 50.09 | 95.62 | 173.41 | 55.14 |
| 人口密度（人/千米²） | 44.65 | 47.92 | 8.75 | 23.50 | 5.51 | 17.46 | 20.29 | 86.05 |
| 常住人口（万人） | 401.9 | 285.31 | 221.39 | 140.54 | 111.57 | 1160.71 | 2400 | 48.36 |
| 城镇人口（万人） | 215.8 | 144.45 | 165.51 | 75.58 | 83.16 | 684.5 | 1637 | 41.81 |
| 乡村人口（万人） | 186.1 | 140.86 | 55.88 | 64.96 | 28.41 | 476.21 | 763 | 62.41 |
| 常住人口城镇化率（%） | 53.7 | 50.63 | 74.76 | 53.8 | 74.5 | 58.97 | 68.21 | — |
| 生产总值（亿元） | 1975.1 | 1411.44 | 1354.80 | 601.79 | 1014.74 | 6357.87 | 20514.2 | 30.99 |
| 第一产业增加值（亿元） | 376 | 333.34 | 327.10 | 209.33 | 147.38 | 1393.15 | 2225.2 | 62.61 |
| 第二产业增加值（亿元） | 670.1 | 449.91 | 450.20 | 157.62 | 497.90 | 2225.73 | 9374.2 | 23.74 |
| 第三产业增加值（亿元） | 929 | 628.18 | 577.50 | 234.85 | 369.47 | 2739 | 8914.8 | 30.72 |
| 全体居民人均可支配收入（元） | 25748 | 26657 | 33740 | 23298 | 36173 | — | 34108 | — |
| 城镇居民人均可支配收入（元） | 37468 | 37475 | 38447 | 34227 | 44413 | — | 44377 | — |
| 农村牧区居民人均可支配收入（元） | 15279 | 18405 | 19558 | 14127 | 20769 | — | 18337 | — |

资料来源：根据 2021 年内蒙古及各盟市国民经济和社会发展统计公报整理。

从上述统计数据看，蒙东地区的经济发展总体呈现出以下突出特点：第一，蒙东地区占内蒙古全区近半数的常住人口，但创造的经济总量还不足内蒙古全区的1/3，经济发展水平总体上滞后于内蒙古全区水平；第二，蒙东地区第一产业经济规模占内蒙古全区的比重较高，对于保障国家粮食安全意义重大，而第二、第三产业发展则处于相对弱势；第三，蒙东地区城镇化水平地区差距较大，呼伦贝尔市和锡林郭勒盟常住人口城镇化率均已接近75%的较高水平，而赤峰市、通辽市和兴安盟常住人口城镇化率均处于50.63%~53.8%的低值区间，远低于内蒙古全区水平（68.21%）；第四，蒙东地区锡林郭勒盟全体居民和城镇居民收入水平均高于全区水平，以畜牧业为主的呼伦贝尔市与锡林郭勒盟农村牧区居民人均可支配收入显著高于全区水平。

## （二）蒙东地区转型发展基础

实现经济绿色低碳转型，需要依靠掌握先进技术的劳动力、携带高新技术的资本、掌握现代管理技术的企业家等现代要素在城市的汇集，离不开城市功能建设为新动能发展提供有力支撑。而蒙东地区持续多年的经济快速增长主要源于对能源资源的开发与利用，在以往倚能倚重、低质低效的传统发展方式下，并未实现城镇化建设与经济绿色低碳转型的协同发展。目前，蒙东地区衡量城市经济发展水平的各项指标还处于相对劣势，促进经济发展的客观物质条件和现实基础还很薄弱，短板突出表现在以下三个方面。

第一，城市竞争力不足，难以对经济低碳绿色转型形成有效支撑。2021年11月2日，由中国社会科学院财经战略研究院发布的《中国城市竞争力报告No.19——超大、特大城市：健康基准与理想标杆》数据显示，蒙东地区五盟市均位列第250名开外，与内蒙古西部地区城市相比也存在较大差距。由于人口增量不足，优质人才及与之相伴随的知识、资金和技术都难以逆向流入，蒙东地区的新增项目难以获得本地劳动力和技术人才的支撑。就创新投入结构而言，蒙东地区创新投入的行业领域和区域布局长期以来非常

单一。规模以上工业企业研发经费投入大量集中于与能源资源加工相关的制造业,全区研发经费总额超过八成集中在呼包鄂地区,对赤峰和通辽两市的研发投入严重不足。这不仅与蒙东地区的企业普遍处于产业链中下游有关,同时也与项目落地后本地现代要素对产业链发育支撑能力不足有直接关系。

第二,城市群发育滞后,无法为经济低碳绿色发展提供广阔平台。蒙东地区城市规模普遍偏小且城市与城市之间距离较远,人口及经济要素分布稀疏,城市之间经济联系相对较少,城市群、都市圈发育程度都非常低,东北三省及京津冀地区对蒙东地区具有较强的虹吸效应。赤峰、通辽"双子星座"常住人口占蒙东地区近六成,但创造的GDP仅占蒙东地区的53.27%,两个城市作为区域中心城市的引领作用尚未充分发挥。

第三,民生福祉水平偏低,影响经济低碳绿色发展的要素汇集水平。民生福祉基础包括可支配收入和基本公共服务均等化两个层面,既是构建现代化经济体系的目的,也是提高汇集现代要素竞争力的基础条件。蒙东地区城乡收入比虽呈逐年走低趋势,但农村居民可支配收入水平整体偏低且增长缓慢。从社会保障、教育文化、交通运输、基础设施、医疗卫生等指标情况看,蒙东地区基本公共服务均等化水平目前也仍居内蒙古全区靠后梯队,基本公共服务体系建设总体相对滞后。

在经济低碳绿色转型过程中,新兴产业、高端产业、高附加值产业、资本科技密集型产业的培育与发展都离不开城市这一重要载体。没有城市对人才、资本、技术的集中集聚以及依托城市获得国内国外市场的支撑,上述短板无法从根本上补齐,经济绿色低碳转型发展政策措施也将难以达到预期目标,进而影响蒙东地区现代化建设总体进程。

## 二 蒙东地区协同发展与经济转型的交互关系

蒙东地区城镇发展轨迹与自然资源开发密不可分,从初期草地资源、森林资源、耕地资源的利用,到矿产资源开发、初级产品深加工,以及配套的电力、交通、通信、贸易和生活服务产业的不断完善,自然资源开发利用和为自然资源开发利用服务的基础设施、生活设施建设，构成了蒙东地区城镇发展的历史。时至今日，对自然环境资源的开发利用依然是蒙东地区经济活动的主体。当前，我国经济发展已经全面走出能源重化工时代，国家对新发展阶段内蒙古的发展提出了加强生态文明建设的要求。在能源消耗"双控"指标不断缩减的基础上，作为能源大区，为实现国家碳达峰、碳中和目标，内蒙古提出以低碳绿色发展为社会主义现代化建设的基本方向。内蒙古经济低碳绿色转型需要创新能力建设提供动力，而汇集创新资源则需要新型城镇化提供基础平台。

## （一）蒙东地区新型城镇化路径与布局调整

在《内蒙古自治区国民经济和社会发展第十四个五年规划和 2035 年远景目标纲要》中，内蒙古全面调整了发展路径。在依托国土空间布局、产业目标和布局调整的基础上，内蒙古提出了《内蒙古自治区新型城镇化规划（2021—2035 年）》，提出内蒙古将推进大中小城市和小城镇协调发展，构建多中心带动、多层级联动、多节点互动的新型城镇化格局。其中，"多中心带动"即由"呼包鄂乌城市群"单一中心格局，调整为内蒙古西部呼和浩特首府经济圈、"呼包鄂乌城市群"与蒙东地区"赤峰通辽城市群"分别带动内蒙古全区和东西部的新型城镇化；提高赤峰、通辽区域性中心城市承载力和辐射力，建设赤峰、通辽现代化区域性中心城市，加强城市间联系协作，实现大中小城市和小城镇协调发展，形成疏密有致、分工协作、功能完善的城镇化空间格局。在此格局下，蒙东地区新型城镇化路径将围绕赤峰市和通辽市的建设，以及赤峰与通辽之间的协同关系展开。赤峰市、通辽市将通过在产业分工、文化交流、招商引资、对外开放等方面的联动协同，成为蒙东地区高质量发展增长极、承接产业转移示范区。

当前，蒙东地区经济社会运行的鲜明特点在于内部各盟市发展水平参差不齐。在国家强化生态环境保护的政策背景下，蒙东地区资源禀赋的多样性特征就集中表现为经济运行中的巨大差异（见表3）。

表3　2022年上半年蒙东地区经济运行情况

单位：亿元，%

| | 赤峰市 | 通辽市 | 呼伦贝尔市 | 兴安盟 | 锡林郭勒盟 |
|---|---|---|---|---|---|
| 地区生产总值 | 914.8 | 626.5 | 580.21 | 244.7 | 479.25 |
| 同比增速 | 1.4 | 3.0 | 5.1 | 2.9 | 2.7 |
| 第一产业增加值 | 85.6 | 49.0 | 37.05 | 35.3 | 11.82 |
| 同比增速 | 7.5 | 4.1 | 7.0 | 3.0 | -10.8 |
| 第二产业增加值 | 335 | 251.8 | 231.26 | 85.5 | 275.51 |
| 同比增速 | -0.9 | 3.2 | 9.6 | 3.2 | 4.5 |
| 第三产业增加值 | 494.2 | 325.7 | 311.90 | 123.9 | 191.92 |
| 同比增速 | 1.5 | 2.6 | 2.7 | 2.8 | 2.1 |
| 社会消费品零售总额 | 289.3 | 155.7 | 148.07 | 76.7 | 91.14 |
| 同比增速 | 1.1 | 2.1 | 1.0 | 2.3 | 0.2 |

资料来源：根据2022年上半年蒙东地区五盟市统计局网站发布的数据整理。

　　构建蒙东地区新发展格局，关键在于突破蒙东地区人口密度低、经济密度低的制约，形成人口、生产要素集聚的城镇体系，加快推动赤峰、通辽"双子星座"的建设进程。两市2021年主要经济指标情况见表4。为此，蒙东地区新型城镇化规划明确强调了"融合发展"的新思路，即融入周边重要经济区、存在要素融合错位发展条件的城市协同发展。赤峰市积极融入辽宁沿海经济带，完善基础设施，改善人居环境，建设宜居宜业城市和历史文化名城；通辽市深度融入东北振兴，增强中心城区科尔沁区的人口和经济承载能力。在城市发展的基本动力方面，赤峰、通辽"双子星座"突出强调产城融合，按照"产城融合、产城一体"模式，强化服务供给，集聚产业、吸纳人口，针对建成区建设空间不足的掣肘，提出与周边旗县城镇一体化发展的空间拓展路径，如赤峰市中心城区与喀喇沁旗锦山镇协同发展，打造全国产城融合示范区。围绕赤峰、通辽"双子星座"中心城市平台，蒙东地区新型城镇化借助国家重点开发开放试验区、国家县城新型城镇化建设、边境城镇强边固防建设契机，推动公共资源倾斜性配置和对口支援，着力加强沿边城市基础设施建设,推进产城融合一体化发展,以产聚人、以城聚产。推动进出口加工、跨境旅游、边民互贸、特色农牧业发展,完善城市金融、贸易、服务、文化、娱乐等功能。在城市建设上,蒙东地区提出"精明调整"策略,以城市品质提升为目标,优化城市生态环境,建立健全公共服务体系,提高公共服务供给能力、质量和水平,通过加强城市文化保护与传承,彰显城市个性与品位。

表4　2021年赤峰、通辽"双子星座"主要经济指标

| | 赤峰市 | | 通辽市 | |
|---|---|---|---|---|
| | 总量 | 增速(%) | 总量 | 增速(%) |
| 生产总值(亿元) | 1975.1 | 5.7 | 1411.44 | 4.0 |
| 第一产业增加值(亿元) | 376 | 4.0 | 333.34 | 4.3 |
| 第二产业增加值(亿元) | 670.1 | 2.4 | 449.91 | 0.1 |
| 第三产业增加值(亿元) | 929 | 8.4 | 628.18 | 6.3 |
| 三次产业比例 | 19.0∶34.0∶47.0 | | 23.6∶31.9∶44.5 | |
| 人均生产总值(元) | 49069 | 6.2 | 49346 | 4.9 |
| 常住人口(万人) | 401.9 | — | 285.31 | — |
| 城镇人口(万人) | 215.8 | — | 144.45 | — |
| 乡村人口(万人) | 186.1 | — | 140.86 | — |
| 常住人口城镇化率(%) | 53.7 | — | 50.63 | — |
| 全体居民人均可支配收入(元) | 25748 | 8.8 | 26657 | 8.8 |
| 城镇居民人均可支配收入(元) | 37468 | 7.8 | 37475 | 7.7 |
| 农村牧区居民人均可支配收入(元) | 15279 | 11.2 | 18405 | 10.4 |

资料来源:根据2021年赤峰市和通辽市国民经济和社会发展统计公报整理。

从上述新型城镇化布局调整和发展路径分析,围绕产业建设构建城镇体系依然是蒙东地区推进新型城镇化所能采取的基本举措。在我国经济全面进入新发展格局的总体态势下,蒙东地区的新型城镇化与经济扩张、产业重构之间的紧密关联依然存在。

### （二）蒙东地区经济转型的路径

摒弃过度依赖资源开发、资源消耗推动产业发展的模式，意味着蒙东地区经济发展动力要向科技创新驱动转变，将更多地依靠市场主体实现转型。科技创新是依托于人的智力活动，现代产业同样要依靠高技术劳动力获得生产效益。因此，企业和各类投资主体对地方提供的生产生活服务水平、营商环境、政策环境稳定性、政府执政能力等高度重视，而这类因素都与城市品质高度相关。

在蒙东地区新型城镇化布局中，赤峰市重点发展绿色农畜产品生产加工、特色文化旅游、新能源和生物制药等产业，以及现代化中医药（蒙医药）生产基地、航空关联制造业、氟化工产业基地，建设区域性物流中心；通辽市建设风电装备制造基地、铝产业基地、以玉米淀粉为原料的国家级原料药基地。同时，对蒙东地区整体发展提出加快形成绿色低碳生产生活方式，提高资源能源利用效率，提高绿色健康安全水平，改善城镇生态环境，使绿色生产生活方式成为主流，形成自然约束有效、资源承载协调的城镇发展新模式，全面建成低碳城市。

从未来国内市场运行趋势分析，尽管经济转型已经开始脱离能源重化工时代，但对传统大宗原材料的需求将会不断持续。不同的是，大宗原材料生产领域必须实现低碳、低能耗、绿色生产转型。对蒙东地区经济发展而言，还需要不断丰富经济结构，如借助历史文化资源厚重、自然环境风光资源富集等地域优势，推进文旅产业、文化产业发展。而无论是基础原材料产业改造升级，还是新兴行业发展，都需要资本、技术等要素的持续投入，需要创新资源、智力资源质量不断提升。从全国新一轮新型城镇化动态分析，全面提升城市品质，提高城市先进生产服务供给质量，提高高端生活服务供给质量，才能形成要素化创新资源汇集平台，从而促进经济低碳绿色转型。

## 三 蒙东地区协同发展与经济转型相互促进的对策

当前，我国城市群和区域一体化发展进程加快，经济重心仍在进一步南移。在市场经济条件下，蒙东地区各城市在原有基础上汇集现代要素的能力非常有限。为更好地融入新发展格局，蒙东地区在推动新型城镇化建设的进程中尤其需要有针对性地补齐社会经济发展短板。在以新型城镇化建设促进经济绿色低碳转型的过程中，蒙东地区应将建设的关键点放在积极拓展支撑经济绿色低碳转型工作上，通过增强区域中心城市吸引现代要素的能力，加快区内外要素和创新资源的集中、集聚，为转方式、调结构、提质量培育新动力、搭建新平台，增强城市经济的引领作用。在一段时间里，应抓住提升城市创新能力和提高对外开放质量这两个关键点，持续聚焦满足各城市工业经济布局对各类现代要素的需求。

## （一）加快提升城市汇集要素和创新资源的能力

蒙东地区需要在新型城镇化建设中提升城市创新能力，通过全面提高对外开放质量汇集国内要素，努力构建起新型城镇化建设促进工业经济高质量发展的新格局。要在新型城镇化建设中，注重打造中心城市创新"动力源"，增强中心城市现代要素集聚对蒙东地区创新体系建设的辐射带动作用。新阶段要素和创新资源的主要载体是以高端劳动力为重心的现代劳动力体系，即从劳动技能分工角度，围绕创新性劳动和智力劳动需求形成的互为服务对象、互为市场的多层次劳动力系统。基于蒙东地区低碳绿色转型需要，基于蒙东地区交通通信等基础条件，赤峰、通辽"双子星座"和现代产业基地所在城镇的现代化功能，首先要在生产生活服务体系上提高发展质量，即着手建设区域消费中心，以培育消费中心带动服务质量的全面提升。优化百货商场、购物中心、便利店等商业网点布局，引导行业适度集中，建设高品质消费商圈。适应平台型消费、共享经济等快速发展需要，推动实体商业转型升级，提供全方位数字生产生活新服务，着力发展新型消费。选择部分重点行业和重点产品，推动制定国内领先、国际一流的企业标准和行业标准，创建一批具有影响力的消费品牌。

蒙东地区城镇体系建设要瞄准提高蒙东地区各盟市在东北地区的竞争力，加快补齐基础设施、市政工程、公共安全、生态环保、公共卫生、物资储备、

防灾减灾、民生保障等领域的短板。推进新型基础设施重大工程建设，支持有利于快速拉平与东北主要城市之间基础设施差距和有利于城乡区域协调发展的重大项目建设，推进重大科研设施、重大生态系统保护修复、公共卫生应急保障、送电输气等一批强基础、增功能、利长远的重大项目建设。

### （二）加快构建全面开放的社会经济运行格局

积极服务和融入新发展格局，内蒙古需要在现代化经济体系建设上取得更大进展，在不断深化对内对外交流合作方面取得突破。蒙东地区提升城市创新能力的根本途径在于，从内生式发展转向获取更多外部支持的外生式发展。基于蒙东地区区情与国家构建新发展格局提供的重大机遇，发挥"桥头堡"及国家能源安全基地综合优势，全面提高对外开放质量，这是获得外生式发展资源的现实途径。综合分析，蒙东地区基于自身产业基础、围绕口岸建设拓展与周边国家贸易合作的策略，不能仅仅依托区内市场主体对接国际市场，需要进一步提高蒙东地区汇集国内要素的能力，建设连通国际国内市场的发展平台。

构建承接全面开放的新型城镇化格局，不断深化、拓展对内对外交流合作。抓住"双循环"新发展格局重大历史机遇，大力提升蒙东地区中心城市与周边国家和城市的经济联系强度。加强满洲里与哈大齐经济区、通辽与长吉图经济带、赤峰与中国（辽宁）自由贸易试验区和毗邻经济技术园区的合作共建。推动重点产业所在城市瞄准毗邻省区重要经济区，创新在基础设施互联互通、园区共建、产业协作、文旅融合等方面的开发投入、合作机制与利益共享，形成联动周边地区市场的协同发展格局。督促蒙东地区各盟市政府通过论坛、展会与招商结合、线上线下结合的方式，助力企业、高校与科研机构、社会组织加强在国内国际范围内的产学研对接，加强与外部人才、技术和资金等要素的联系，探索建立常态化交流合作机制，持续注入前沿知识、先进理念等要素，为增强各城市重点产业发展活力、扭转发展局面提供智力保障。

强化蒙东地区城市与辽吉黑城市联动互动发展，建立赤峰、通辽"双子星座"与辽吉黑重点城市以及蒙东地区各城镇协调发展机制，抓住国家建立全国统一大市场的机遇，消除城市、城镇、城乡之间的行政阻碍，健全市场一体化发展机制，促进要素流动，推动区域市场一体化建设，完善城镇间交易平台。加快"双子星座"人力资源市场、技术市场、金融服务市场与辽吉黑联通进程，推动形成统一开放的要素市场。创新土地、投资、金融政策，激励蒙东地区创新招商引资政策，与东北各城市采取联合出资、项目合作、资源互补、技术支持等多种方式共建跨区域产业园区、企业联盟，启动跨行政区基础设施、公共服务和生态环境项目共建，形成跨区域合作交流、互动互助的工作格局。

## 参考文献

赤峰市统计局：《赤峰市 2021 年国民经济和社会发展统计公报》，2022 年 3 月 31 日，http：//www.chifeng.gov.cn/zwgk/xxgkzl/fdzdgknr/tjsj_103/tjgb/202203/t20220331_1760743.html。

呼伦贝尔市统计局：《呼伦贝尔市 2021 年国民经济和社会发展统计公报》，2022 年 3 月 23 日，http：//www.hlbe.gov.cn/News/show/854224.html。

刘少华、夏悦瑶：《新型城镇化背景下低碳经济的发展之路》，《湖南师范大学社会科学学报》2012 年第 3 期。

内蒙古自治区人民政府：《内蒙古自治区人民政府办公厅关于印发自治区新型城镇化规划（2021—2035 年）的通知》，2021 年 11 月 29 日，https：//www.nmg.gov.cn/zwgk/zfxxgk/zfxxgkml/202111/t20211129_1963706.html。

宋祺佼、吕斌：《城市低碳发展与新型城镇化耦合协调研究——以中国低碳试点城市为例》，《北京理工大学学报》（社会科学版）2017 年第 2 期。

通辽市统计局：《通辽市 2021 年国民经济和社会发展统计公报》，2022 年 3 月 15 日，http：//tjj.tongliao.gov.cn/tjj/tjgb/2022-03/15/content_7a79a1dc189746d2b6c0cdf610a3de58.shtml。

锡林郭勒盟统计局：《锡林郭勒盟 2021 年国民经济和社会发展统计公报》，2022 年 3 月 16 日，http：//tjj.xlgl.gov.cn/tjj/2022-03/16/article_17e2800cc72a4c2d914c90cbc4abd82b.html。

兴安盟统计局：《兴安盟 2021 年国民经济和社会发展统计公报》，2022 年 4 月 13 日，http：//tjj.xam.gov.cn/xamtj/sjfbyjd/tjgb92/5071576/index.html。

# B.22
# 东北地区城市群协同发展研究[*]

孙浩进　杨佳钰　申浩然[**]

**摘　要：** 党的二十大报告提出，构建优势互补、高质量发展的区域经济布局。随着城镇化进程的加快，城市群日益成为推动经济发展的主要载体，成为当今经济社会活动的主流发展趋势，其形成和发展对于区域发展来说具有重要的引领作用，为区域经济增长注入了新动能。目前，东北地区的城市群主要包括辽中南城市群和哈长城市群，实现两个城市群协同发展，对于提高东北地区经济竞争力来说意义重大。本报告在对辽中南城市群和哈长城市群发展现状进行分析的基础上，提出了影响东北地区城市群协同发展的制约因素，并对此提出针对性建议，为"十四五"时期东北地区城市群协同发展，实现东北地区全面振兴、全方位振兴提供决策参考。

**关键词：** 城市群　区域增长极　协同发展　东北地区

　　党的二十大报告提出，深入实施新型城镇化战略，优化重大生产力布局，构建优势互补、高质量发展的区域经济布局和国土空间体系。城市群是区域经济发展中的重要增长极。对于东北地区经济运行而言，城

---

　　[*] 本报告系国家社会科学基金项目"东北地区资源型城市规模收缩问题研究"（21BJL048）的阶段性成果。

　[**] 孙浩进，黑龙江省社会科学院经济研究所所长、研究员，主要研究方向为经济学；杨佳钰，黑龙江省社会科学院研究生学院硕士研究生，主要研究方向为经济学；申浩然，黑龙江省社会科学院研究生学院硕士研究生，主要研究方向为经济学。

市群实现协同发展，将有助于形成城市经济合力、带动腹地经济发展，塑造动能更强、辐射面更广的区域增长极，支撑东北振兴的区域基础和区域格局。

# 一 东北地区城市群发展现状

## （一）东北地区的辽中南城市群经济发展现状

辽中南城市群是我国重要的老工业基地，也是东北地区经济发展较快、人口较为集中的区域，它不仅明显地促进了辽宁省的经济增长，而且在引领东北振兴方面至关重要。随着东北老工业基地的全面振兴、全方位振兴，辽中南城市群的区位优势和经济实力日益突出，已经成为东北地区经济发展的重要支撑。如表1所示，2022年，以沈阳和大连为核心的辽中南城市群生产总值为27283.3亿元，占全省的94.16%；第一产业增加值为2226.6亿元，占全省的85.72%；第二产业增加值为11181.2亿元，占全省的95.11%；第三产业增加值为13874.5亿元，占全省的94.89%，从中可以看出，辽中南城市群具有雄厚的经济实力，在拉动辽宁省经济增长方面发挥了重要作用。2022年，辽宁省城镇居民人均可支配收入为44003元，而位于辽中南城市群的沈阳、大连城镇居民人均可支配收入分别达到了51702元和51904元，这远远超过了辽宁省的平均水平，说明这两个城市具有巨大的消费潜力。

在第一产业和第二产业方面，如表2所示，2021年辽中南城市群的粮食产量为1937.4万吨，占全省的76.3%；粮食播种面积达到272.0万公顷，占全省的76.7%。从中可以发现，无论是辽中南城市群的粮食产量还是辽中南城市群的粮食播种面积，都在辽宁省中占有较大比重。从规模以上工业增加值增速来看，辽中南城市群内的众多城市增速较快，领先全省平均水平。

表1 2022年东北地区辽中南城市群主要经济指标情况

| | 地区生产总值（亿元） | 第一产业增加值（亿元） | 第一产业增速（%） | 第二产业增加值（亿元） | 第二产业增速（%） | 第三产业增加值（亿元） | 第三产业增速（%） | 城镇居民人均可支配收入（元） |
|---|---|---|---|---|---|---|---|---|
| 辽宁省 | 28975.1 | 2597.6 | 2.8 | 11755.8 | -0.1 | 14621.7 | 3.4 | 44003 |
| 沈阳市 | 7695.8 | 335.2 | 2.1 | 2885.5 | 3.7 | 4475.1 | 3.5 | 51702 |
| 大连市 | 8430.9 | 563 | 3.2 | 3712.5 | 4.5 | 4155.4 | 3.7 | 51904 |
| 丹东市 | 890.7 | 184.8 | 2.9 | 232.6 | -5.6 | 473.3 | 2.5 | 35402 |
| 锦州市 | 1201.7 | 226.7 | 1.9 | 328 | 2 | 646.9 | 2.9 | 38403 |
| 营口市 | 1431.6 | 126.6 | 2.7 | 630.8 | -8.7 | 674.1 | 2.3 | 42977 |
| 盘锦市 | 1394.3 | 109.9 | -6.3 | 765 | -12.6 | 519.4 | 1.8 | 46485 |
| 葫芦岛市 | 870.6 | 155.1 | 2.7 | 325.7 | -2 | 389.1 | 1 | 35524 |
| 鞍山市 | 1863.2 | 121.7 | 2 | 746 | -3.6 | 995.5 | 2.9 | 41767 |
| 抚顺市 | 927.7 | 61.5 | 1.9 | 463.5 | 1.1 | 402.6 | 2 | 38489 |
| 本溪市 | 930.8 | 59.1 | 2.1 | 468.9 | -4.6 | 402.8 | 4.2 | 40107 |
| 辽阳市 | 891.8 | 99.9 | 4.9 | 403.4 | -5.8 | 388.5 | 4.4 | 37640 |
| 铁岭市 | 754.2 | 183.1 | 2.1 | 219.3 | -4.3 | 351.8 | 3.3 | 30559 |
| 辽中南城市群合计/均值 | 27283.3 | 2226.6 | 1.85 | 11181.2 | -3 | 13874.5 | 2.875 | 40913.25 |

资料来源：2022年辽宁省及各相关城市统计公报。

表 2　2021 年东北地区辽中南城市群主要产业指标情况

| | 粮食产量(万吨) | 粮食播种面积<br>(万公顷) | 规模以上工业增<br>加值增速(%) |
|---|---|---|---|
| 辽宁省 | 2538.7 | 354.4 | 4.6 |
| 沈阳市 | 418.6 | 54.2 | 9.7 |
| 大连市 | 132.9 | 26.9 | 15.0 |
| 丹东市 | 115.5 | 18.0 | 6.6 |
| 锦州市 | 261.5 | 36.4 | 4.1 |
| 营口市 | 75.0 | 9.3 | 1.4 |
| 盘锦市 | 115.5 | 12.1 | -5.6 |
| 葫芦岛市 | 74.6 | 15.2 | 13.1 |
| 鞍山市 | 136.6 | 21.4 | 3.0 |
| 抚顺市 | 83.6 | 11.0 | -2.3 |
| 本溪市 | 34.6 | 5.1 | 7.7 |
| 辽阳市 | 109.0 | 13.4 | -6.7 |
| 铁岭市 | 416.0 | 49.0 | 6.1 |
| 辽中南城市群<br>合计/均值 | 1937.4 | 272.0 | 4.3 |

资料来源：2021 年辽宁省及各相关城市统计公报。

在旅游业发展方面，根据辽宁省及各相关城市统计公报得出，2021 年，辽宁省旅游业务总收入为 3250 亿元，辽中南城市群内的一些城市旅游业发展情况如下：锦州市旅游业务总收入为 140.6 亿元，接待游客总量为 1983.5 万人次；营口市旅游业务总收入为 253.6 亿元，接待游客总量为 2868.8 万人次；盘锦市旅游业务总收入为 220.1 亿元，接待游客总量为 2989.7 万人次；葫芦岛市旅游业务总收入为 145 亿元，接待游客总量为 1800 万人次；抚顺市旅游业务总收入为 41.4 亿元，接待游客总量为 1111.1 万人次；铁岭市旅游业务总收入为 114 亿元，接待游客总量为 1533 万人次。这些城市的旅游业务总收入占据全省的 28.1%，促进了辽宁省旅游业蓬勃发展。

在对外贸易方面，如表 3 所示，2021 年辽中南城市群进出口贸易总值为 7646.8 亿元，占全省的 99.0%，其中，进口贸易值为 4387.4 亿元，出口贸易值为 3259.5 亿元，分别占全省的 99.5% 和 98.4%。这显示出辽中南城市群对外贸易实力强劲，在一定程度上推动了辽宁省经济的快速发展。

表3　2021年东北地区辽中南城市群对外贸易情况

单位：亿元

|  | 进出口贸易总值 | 进口贸易值 | 出口贸易值 |
|---|---|---|---|
| 辽宁省 | 7724.0 | 4411.4 | 3312.6 |
| 沈阳市 | 1416.0 | 931.1 | 484.9 |
| 大连市 | 4248.5 | 2316.8 | 1931.7 |
| 丹东市 | 126.0 | 21.1 | 104.9 |
| 锦州市 | 128.8 | 44.8 | 84.0 |
| 营口市 | 534.6 | 266.3 | 268.2 |
| 盘锦市 | 322.0 | 302.1 | 20.0 |
| 葫芦岛市 | 59.4 | 16.8 | 42.6 |
| 鞍山市 | 447.3 | 294.0 | 153.4 |
| 抚顺市 | 49.0 | 6.8 | 42.2 |
| 本溪市 | 234.1 | 144.8 | 89.3 |
| 辽阳市 | 30.1 | 9.2 | 20.9 |
| 铁岭市 | 51.0 | 33.6 | 17.4 |
| 辽中南城市群合计 | 7646.8 | 4387.4 | 3259.5 |

资料来源：2021年辽宁省及各相关城市统计公报。

## （二）东北地区的哈长城市群经济发展现状

哈长城市群地处我国东北边陲，在东北地区城镇化协调发展过程中占据重要地位。作为我国城市群建设的重要组成部分，哈长城市群不仅为东北地区经济发展增添了新的增长极，而且在促进区域经济协调发展方面做出了突出贡献。如表4所示，2022年，哈长城市群生产总值达到23017.3亿元，在两省总和中约占79.45%，有效拉动了黑龙江和吉林两省生产总值实现正增长。2022年，哈长城市群第一产业增加值为3511.3亿元，在两省总和中占比66.26%；第二产业增加值为7793.68亿元，占两省总和的84.01%；第三产业增加值为11712.31亿元，在两省总和中占比81.36%。2022年，在新冠疫情的持续影响下，哈长城市群内的众多城市仍保持着良好的经济增长态势，且经济增速超过了两省平均增速。2022年，哈长城市群城镇居民人均可支配收入也超过了黑龙江和吉林两省的城镇居民人均可支配收入，彰显了城市群强劲的经济实力。

**表 4 2022 年东北地区哈长经济群主要经济指标情况**

单位：亿元，%

| | 地区生产总值 | 第一产业增加值 | 第一产业增速 | 第二产业增加值 | 第二产业增速 | 第三产业增加值 | 第三产业增速 |
|---|---|---|---|---|---|---|---|
| 黑龙江省 | 15901 | 3609.9 | 2.4 | 4648.9 | 0.9 | 7642.2 | 3.8 |
| 吉林省 | 13070.24 | 1689.1 | 4 | 4628.3 | -5.1 | 6752.84 | -1.2 |
| 哈尔滨市 | 5490.1 | 672.1 | 2.6 | 1285 | 0.6 | 3533 | 3.2 |
| 大庆市 | 2988.6 | 258.8 | 2.5 | 1779.1 | -2.3 | 950.7 | 1.3 |
| 齐齐哈尔市 | 1318.0 | 412.5 | 2.2 | 313.9 | 4.9 | 591.6 | 5.3 |
| 绥化市 | 1238.1 | 588.5 | 2.7 | 158.6 | 5.4 | 491.0 | 3.8 |
| 牡丹江市 | 925.7 | 231.5 | 2.5 | 193.9 | -0.1 | 500.3 | 4.5 |
| 长春市 | 6744.56 | 551.32 | 2.1 | 2694.97 | -9.3 | 3498.27 | -1.8 |
| 吉林市 | 1517.9 | 212.0 | 3.1 | 552.9 | -3.3 | 753 | -2.4 |
| 松原市 | 872.75 | 254.54 | 5.5 | 205.48 | 4.4 | 412.72 | 1.3 |
| 四平市 | 581.71 | 197.38 | 6.9 | 118.38 | 2.6 | 265.95 | 2.1 |
| 辽源市 | 501.01 | 56.14 | 6.8 | 156.18 | 8.4 | 288.69 | 1 |
| 延边朝鲜族自治州 | 838.87 | 76.52 | 4.6 | 335.27 | 9 | 427.08 | 1 |
| 哈长城市群合计/均值 | 23017.3 | 3511.3 | 3.77 | 7793.68 | 1.85 | 11712.31 | 1.75 |

注：2016 年 2 月 23 日，国务院印发了《关于哈长城市群发展规划的批复》（国函〔2016〕43 号），原则同意《哈长城市群发展规划》，哈长城市群范围包括黑龙江省哈尔滨市、大庆市、齐齐哈尔市、绥化市、牡丹江市，吉林省长春市、吉林市、松原市、四平市、辽源市、延边朝鲜族自治州。
资料来源：2022 年黑龙江省、吉林省及各相关城市统计公报。

在第一产业和第二产业方面,东北地区作为我国重要的粮食产区,承担着稳定粮食供给和维护粮食安全的重任。如表5所示,2021年,哈长城市群的粮食产量共计7660.6万吨,约占两省粮食总产量的64.3%;粮食播种面积共计18131.3万亩,约占两省粮食总播种面积的59.6%。2021年,哈长城市群规模以上工业增加值增速为7.5%,超过两省增速。

表5　2021年东北地区哈长城市群主要产业指标情况

| | 粮食产量<br>(万吨) | 粮食播种面积<br>(万亩) | 规模以上工业增加值<br>增速(%) |
|---|---|---|---|
| 黑龙江省 | 7867.7 | 21825.4 | 7.3 |
| 吉林省 | 4039.2 | 8581.5 | 4.6 |
| 哈尔滨市 | 1269.5 | 2978.3 | 4.1 |
| 大庆市 | 460.0 | 1051.8 | 6.0 |
| 齐齐哈尔市 | 1236.5 | 3666.1 | 13.5 |
| 绥化市 | 1154.0 | 2720.1 | 8.1 |
| 牡丹江市 | 297.3 | 972.0 | 2.0 |
| 长春市 | 1236.5 | 2461.5 | 3.2 |
| 吉林市 | 450.3 | 985.5 | 5.3 |
| 松原市 | 750.2 | 1520.8 | 5.5 |
| 四平市 | 467.3 | 885.0 | 11.2 |
| 辽源市 | 160.0 | 340.1 | 13.7 |
| 延边朝鲜族自治州 | 179.0 | 550.1 | 13.5 |
| 哈长城市<br>群合计/均值 | 7660.6 | 18131.3 | 7.5 |

资料来源:2021年黑龙江省、吉林省及各相关城市统计公报。

在旅游业方面,如表6所示,2021年,哈长城市群国内旅游人数约为35145.93万人次,在两省国内旅游人数中占比94.03%;国内旅游收入约为4282.83亿元,在两省国内旅游收入中占比92.71%。以哈长城市群旅游业激活发展新动能,可以助力黑吉两省经济高质量发展。

表6 2021年东北地区哈长城市群旅游业主要指标情况

单位：万人次，亿元

| | 接待游客总量 | 旅游业务总收入 |
|---|---|---|
| 黑龙江省 | 16304 | 1345 |
| 吉林省 | 21074.5 | 3274.83 |
| 哈尔滨市 | 9185 | 943 |
| 大庆市 | 1850 | 78 |
| 齐齐哈尔市 | 1870 | 121.5 |
| 牡丹江市 | 2695.6 | 193.1 |
| 长春市 | 10389.72 | 1614.49 |
| 吉林市 | 3784.98 | 588.16 |
| 松原市 | 1852.45 | 287.86 |
| 四平市 | 1426.74 | 221.71 |
| 辽源市 | 623.81 | 96.93 |
| 延边朝鲜族自治州 | 1467.63 | 138.08 |
| 哈长城市群合计 | 35145.93 | 4282.83 |

注：受2021年新冠疫情影响，绥化市未公布相关数据。

资料来源：2021年黑龙江省、吉林省及各相关城市统计公报。

在对外贸易方面，如表7所示，2021年哈长城市群进出口贸易总值为3182.36亿元，占黑吉两省进出口贸易总值的90.96%；进口贸易值为2504亿元，在两省进口贸易总值中占比92.83%；出口贸易值为678.46亿元，在两省出口贸易总值中占比84.68%。由此可以看出，哈长城市群的进出口贸易总值在黑吉两省中都占有较大比重。

表7 2021年东北地区哈长城市群对外贸易情况

单位：亿元

| | 进出口贸易总值 | 进口贸易值 | 出口贸易值 |
|---|---|---|---|
| 黑龙江省 | 1995.0 | 1547.3 | 447.7 |
| 吉林省 | 1503.77 | 1150.23 | 353.54 |
| 哈尔滨市 | 344.6 | 173.3 | 171.3 |
| 大庆市 | 1041.4 | 990.8 | 50.6 |
| 齐齐哈尔市 | 66.6 | 25.7 | 40.9 |

| | 进出口贸易总值 | 进口贸易值 | 出口贸易值 |
|---|---|---|---|
| 绥化市 | 43.1 | 27.9 | 15.2 |
| 牡丹江市 | 241.0 | 155.3 | 85.7 |
| 长春市 | 1179.77 | 1013.84 | 165.93 |
| 吉林市 | 82.63 | 30.78 | 51.85 |
| 松原市 | 11.2 | 0.16 | 11.04 |
| 四平市 | 4.1 | 1.8 | 2.4 |
| 辽源市 | 15.8 | 3.3 | 12.5 |
| 延边朝鲜族自治州 | 152.16 | 81.12 | 71.04 |
| 哈长城市群合计 | 3182.36 | 2504 | 678.46 |

资料来源：2021年黑龙江省、吉林省及各相关城市统计公报。

## 二　东北地区城市群协同发展的制约因素

在区域经济一体化发展的背景下，目前，东北地区城市群发展尚存在一些问题，如城市群的空间引力效应较弱、城市群的空间关联效应较弱、城市群的空间溢出效应较弱、城市群的空间竞争效应较强等问题，制约了东北地区城市群协同发展、区域经济的高质量发展。以下就这四个方面进行深入分析。

### （一）城市群的空间引力效应较弱

东北地区城市群内部各城市构成的节点和城市间的相互联系形成了城市群网络，使得城市之间相互影响、相互作用，反映了中心城市对周边城市的辐射作用、周边城市对中心城市溢出的承接程度。在讨论两个城市之间经济联系时，通常借助引力模型，认为城市之间吸引力的大小与城市的规模成正比，与城市的距离成反比。经济总量也是影响城市吸引力的重要因素。受到经济规模不大、空间广袤等因素影响，与国内其他大型城市群相比，东北地区城市群的空间引力效应较弱，主要表现在三个方面。一是城市群内中心城市的规模经济效应较弱。在哈长城市群和辽中南城市群中,哈尔滨、长春、沈阳、大连作为中心城市,与国内其他城市群相比,经济规模不大、总量不高,因而产生的经济引力也相对较弱。2022年,哈尔滨、长春、沈阳、大连生产总值分别为5490.1亿元、6744.56亿元、7695.8亿元和8430.9亿元,而长三角地区的上海和珠三角地区的广州生产总值分别高达44652.8亿元和28839亿元。而其他的中小城市、节点城市、资源城市、边境城市等,与哈尔滨、长春、沈阳、大连相比,经济规模、产业形态还处于更低水平,特别是一些收缩型城市对区域的吸引力和辐射力会逐步降低,进一步阻碍城市群规模经济效应的形成。2022年,沈阳生产总值为7695.8亿元,而本溪和营口的生产总值分别为930.8亿元和1431.6亿元,都不足沈阳的20%,较低的经济总量制约了其作为次级城市经济扩散作用的发挥。二是城市之间的"经济引力"强度会随着距离的增大而逐渐减小。受距离因素的影响,在辽中南城市群中,由于大连与其他城市的距离较远,所以它们之间的空间引力效应不强;黑龙江、乌苏里江沿边的小城市,与城市群的中心区域距离远,如黑河市、绥芬河市分别距哈尔滨约571公里、485公里,是绥化、大庆等地的4~5倍,彼此之间的空间引力效应最弱。三是城市群内行政区划"隔板"制约"经济引力"。哈长城市群跨越黑龙江和吉林两个省份,分属于哈尔滨和长春两个不同的经济圈。由于行政隶属关系不同,跨区域资源配置受到一定程度的限制,导致哈尔滨对四平、吉林以及长春对齐齐哈尔、大庆的辐射带动影响效果有限,城市群内的两个经济圈不能实现很好地融合,难以形成较强的空间引力效应。

## (二)城市群的空间关联效应较弱

东北地区城市群内部的城市经济定位、产业结构较为趋同,专业化程度不高,城市之间的比较优势不明晰,没有形成合理的分工协作关系,空间关联效应较弱。一方面,城市群内部各城市之间的产业协作度不高,城市之间的横向经济联系、纵向产业链联系还不够多。辽吉黑三省城市经济带的主导产业之间的关联效应不足,缺乏节点项目作为支撑,难以进行有效的协作互补，这些都会导致城市群内部各城市之间分工协作水平偏低、产业链合作偏少等问题。从城市空间来看，辽中南城市群的整体格局具有北密南疏的特点，沿海和内陆腹地都出现了轴断点，两个中心城市沈阳和大连与城市群内其他城市的产业协作水平还有待提高。而从哈长城市群来看，作为一个以哈尔滨和长春为核心集聚区的跨省城市群，由于各自在长期经济发展中的"惯性"，哈尔滨以装备、食品、医药等为主导产业，长春以汽车制造为主导产业，两个中心城市之间的产业关联不够紧密，在生产、经营领域缺少密切协作。另一方面，城市群内部各城市之间的产业结构趋同现象明显。作为东北老工业基地，辽中南城市群和哈长城市群都以发展装备制造和石化等传统工业为主，工业结构相似性较大。2021年，辽宁装备制造业增加值增长8.1%，吉林装备制造业增加值增长15.6%，黑龙江装备制造业增加值增长13.3%。① 由此可见，东北地区城市群内的城市缺乏比较优势，彼此之间分工的差异性不强，产业互补性较弱、同质性较强，导致城市群空间关联效应不强。

## （三）城市群的空间溢出效应较弱

城市之间经济活动和生产要素的相互流动，形成了中心城市的溢出效应，需要促进中心城市与周边城市进行有效互动。目前，东北地区城市群的空间溢出效应较弱，具体表现为中心城市辐射带动能力较弱，对周边城市的影响力有限，导致城市之间经济发展差距较大。沈阳、大连、哈尔滨和长春作为东北地区城市群的四大中心城市，虽然在经济发展水平、人口数量、基础设施、产业实力等方面都比其他中小城市高，且拥有相对较多的创新资源，曾经向周边地区输送了大量的工业产品等，但是当前这些中心城市的集聚力持续弱化，各种生产要素也存在流向京津冀、长三角等发达地区的现象。这既影响了要素资源向周边中小城市的正常流动，又不利于合理的城镇体系结构的形成，导致这些城市群内的中心城市与周边城市的空间溢出效应较弱。从横向对比来看，与我国长三角、粤港澳等国家级城市群内的中心城

---

① 数据来源：根据各省份统计局公开信息整理得到。

市相比，哈尔滨、长春、沈阳、大连等中心城市的空间溢出效应远不如上海、广州等地，无论是城市经济集聚力，还是城市经济辐射力，都存在较大差距。东北地区城市群的中心城市在拉动整体城市群经济增长方面都缺乏足够的驱动力。这就导致东北地区城市群内其他城市经济发展缺乏带动力。沿边地区是东北地区城市群经济发展的薄弱环节，由于缺乏中心城市在要素、资源上的溢出效应，大多数沿边城市的经济增速低于全国平均水平，发展相对缓慢，不利于东北地区经济的协调发展。

### （四）城市群的空间竞争效应较强

东北地区城市群内各城市之间尤其是中小城市之间同质化竞争激烈，在争夺要素资源、项目、市场等方面存在相互博弈。这既体现在产品和服务上的竞争，也体现在产业链和供应链上的竞争；既有装备制造、食品等传统制造业的竞争，也有数字经济、生物经济等新兴产业的竞争。从全域来看，东北地区城市群中中心城市之间以及中心城市同周边城市之间都存在一定竞争关系，空间竞争效应较强，如在创新要素和资源的竞争上，中心城市拥有众多高等院校和科研院所，科技创新的集聚能力强，其竞争实力要高于其他城市，在一定程度上影响到中小城市的创新发展。例如，黑龙江普通高等院校有 78 所，其中哈尔滨就有 50 所，约占总量的 64.1%[1]，集中了主要的创新资源。在辽中南城市群中，城市综合竞争力具有差异，大连和沈阳是竞争力较强的两个城市，国内生产总值等各项经济指标都遥遥领先于城市群内其他城市，其中大连依托港口优势发展速度较快，而沈阳则利用重工业发达和产业基础深厚等比较优势，发挥了经济集聚作用，这两个中心城市都产生了对其他城市的"虹吸"效应。在哈长城市群中，哈尔滨和长春作为两大中心城市，在争取国家政策红利等方面存在一定的竞争关系，缺少更为有效的分工与协作。从城市群来看，辽中南城市群与哈长城市群在区域竞争格局中也处于不同地位，辽中南城市群具备沿海等良好区位优势，矿产、石油等资源

---

① 数据来源：根据教育系统公开信息整理得到。

条件好，整体上的要素集聚力、产业竞争力要高于哈长城市群，产业链的现代化水平相对更高；哈长城市群虽然在矿产、石油等方面的条件也比较好，但是其与第二产业和第三产业的融合性较差，工业产品加工处于产业链低端，精深加工的高附加值产品较少，市场竞争力还不够强。

## 三 东北地区城市群协同发展的路径选择

### （一）加强核心首位城市的协作

辽中南城市群和哈长城市群有着各自独特的区位优势和显著的产业比较优势，而沈阳、大连、哈尔滨和长春等中心城市作为区域内的主要增长极，承担着向周边城市输送资金、技术、人才等要素资源的任务，加强城市群内核心首位城市的协作，使产业和人口向城市群集中，增强优势区域的综合承载力，不仅有利于强化核心首位城市的辐射带动力，加深城市之间的联系程度，而且能够提高核心首位城市的资源优化配置能力，促进东北地区城市群协调发展，增强东北地区整体经济竞争力。一方面，要明确中心城市定位，健全区域协调发展机制，促进资源要素高效集聚，进一步提高区域内资源利用率，达到资源效益最大化。要加快推动哈长城市群建设，在设施联动、要素流动、市场共建、产业合作等方面实现突破。深入开展强省会建设行动，增强哈尔滨城市承载功能，使其龙头辐射带动作用充分发挥出来；强化沈阳、大连核心城市引领，构建高质量发展区域新格局。另一方面，要发挥核心首位城市的溢出效应，建设现代化都市圈，增强中心城市向周边城市的辐射带动力。要加快长春现代化都市圈建设，推进长吉一体化、长平一体化协同发展，推动东北区域经济一体化发展。核心首位城市作为重要的经济增长极，无论在城市规模还是在要素集聚程度等方面都高于城市群内其他城市，且具有丰富的要素积累和较高的产业结构水平。加强核心首位城市的协作，有利于优化城市群内部空间结构，实现优化协同发展，能够形成城市集群优势，提升城市群功能，推动城市群高质量发展。

## （二）推动城市群产业链的衔接

在中心城市的辐射带动作用下，聚焦中心城市产业与周边城市产业之间的联动，深入挖掘各自优势产业，能够正确把握主导产业与其他产业的关系，明确产业规划，实现区域的进一步发展。首先，提升城市群之间产业分工协作水平，促使产业分工以产业链为主，推动城市间产业链有效衔接，实现产业集群发展。辽中南城市群要着力提升头部企业本地配套率，实施一批延链、补链、强链重点项目。建立省级牵头抓总、市县具体推动，抓基地、抓产业集群和产业链的工作机制。其次，以优势产业和资源为基础，通过建设节点项目，推动具有辐射带动作用的项目形成，不断延长产业链，使产业链越来越完善，逐步发展成为具有较大市场竞争优势的产业集群。吉林省要通过增强产业链供应链韧性，加快构建多点支撑、多业并举、多元发展的产业发展新格局。在石化和新材料产业中，重点做优基础化工产业链，做强精细化产业链，做大新材料产业链。此外，淘汰落后产能，减少污染严重和效益低下等产业企业的数量，不断培育壮大新兴产业。黑龙江省要加快发展新能源和环保产业，推进重点企业发展新能源全产业链。通过技术创新，促进产业转型升级，做大做强产业集群，实现城市群内产业多元化发展。最后，加强城市群产业链上下游企业之间的交流与沟通，并在产业链上下游之间实行紧密的合作与互动，加大市场协同力度，提高城市群内产业自主创新能力，使产业链与创新链之间的融合不断深化，推进产业链条向高附加值延伸，逐渐提高产业链配套水平。辽宁省支持产业链上大中小企业打造共性技术平台，融通创新发展。加强东北地区城市群产业链的衔接，能够有效促进城市群间要素流动，形成明确的产业分工体系，提高产业之间的关联程度，进一步推动城市之间协同发展。

## （三）形成区域统一市场的联通

在市场经济一体化快速发展的背景下，市场分割逐渐弱化，生产要素和劳动产品在地区间的自由流动日益加快，资源配置效率不断提高，区域之间

的联系越来越紧密，城市群之间交流与合作的途径也越来越广泛。要想实现东北地区城市群统一市场的联通，实现东北全面振兴，就需要深化改革，围绕优化营商环境，深化"放管服"改革，培育壮大市场主体，通过体制机制创新不断激发市场主体活力，加快建设统一市场体系。一是正确处理好有效市场和有为政府之间的关系，充分发挥市场在资源配置中的决定性作用，弱化行政区划边界，消除隐形壁垒，打破城市群之间各种形式的地方保护主义，破除影响城市群协同发展的障碍，形成统一开放的市场格局。二是完善市场准入制度，放宽市场准入限制，在市场运行规则和市场监管等方面加强统一，平等对待城市群内各城市商品，营造有利于城市群公平竞争的政策环境，使政策制定更倾向于市场一体化发展。三是转变政府职能，建立健全有利于城市群统一市场联通的法律保障体系，形成良好的区域发展环境，切实把维护市场秩序的工作落实到各个具体环节。哈长城市群和辽中南城市群都加快建设数字政府，实现更多政务服务事项"省内通办""跨省通办"。由于东北地区城市群在地缘、资源禀赋和经济发展条件等方面具有较大的相似性，具备协同发展的地域优势和产业条件，通过推动城市群市场一体化建设，清理不利于城市群之间公平竞争的各种规定，突破商品和要素流动的各种行政区域限制，实现区域内市场主体待遇公平和各类资源优化配置。

### （四）避免城市体系中无序竞争

无序竞争会导致资源过度浪费、城市重复建设等一系列后果。因此，城市群的发展应避免城市之间无序的恶性竞争，避免产业简单的低水平重复。在市场经济条件下，进一步突出中心城市的重要地位，充分发挥其引领作用，有助于缓解城市群之间在市场过度竞争、产业结构相似等方面的问题。一方面，合理的分工协作有助于防止城市之间的无序竞争，提高城市经济竞争力。因此，要重视城市之间的分工协作，把产业集聚作为主要形态，特别关注新兴产业的集聚，提高和扩大其集聚的质量和规模，形成合理的产业分工体系，做到准确定位城市功能，明确产业结构布局，根据城市的产业基础和比较优势，赋予各城市不同的功能作用，通过城市分工促进东北地区城市群内产业异质化发展和城市群整体协调发展。黑龙江省通过培育发展农机装备、冰雪装备、森林装备等特色产业，在哈尔滨、齐齐哈尔、佳木斯建设高端智能农机产业园区，推动新产业形成新增长点。吉林省依托"大校、大所、大企"，着力提升基础研究水平。辽宁省深入实施科技企业培育计划，培育壮大创新主体。另一方面，要着重关注基础设施建设，对城市群内基础设施进行合理布局和配套衔接，推动基础设施共建共享，避免重复投资，减少无序竞争，使资源利用效率达到最大化。形成东北地区城市群内中心城市与其他城市的合理分工，通过协同合作的方式形成互补，避免重复建设和无序竞争，实现城市群协同发展。

## 参考文献

孙浩进、张斐然：《东北老工业基地承接产业空间转移研究——基于区位引力的实证》，《哈尔滨商业大学学报》（社会科学版）2022 年第 5 期。

孙平军、王柯文：《中国东北三省城市收缩的识别及其类型划分》，《地理学报》2021 年第 6 期。

杨震宁、侯一凡：《协同创新网络资源供给、企业创新需求、供需关系与创新绩效——基于中国科技园数据的实证分析》，《珞珈管理评论》2022 年第 6 期。

张可云：《东北老工业基地振兴的难点与重构新思路》，《中国发展观察》2016 年第 2 期。

张琴：《东北三省制造业产业转移及优化结构的路径研究》，硕士学位论文，吉林大学，2017。

# **B**.23
# 东北三省加速县域城镇化对策研究

李冬艳*

**摘　要：** 以县域为基本单元推进以县城为重要载体的城镇化已经被列入国家"十四五"规划纲要。国务院发文再次明确推进以县城为重要载体的城镇化建设。东北三省城镇化平均水平高于全国平均水平，县城已经成为东北三省县域城镇化的主导力量，东北三省县域城镇化各具特色。县域城镇化在取得成就的同时也面临县域经济发展滞后、县城与大中城市距离较远、县城户籍缺乏吸引力、县域公共资源配置城乡不均衡等问题。东北三省将通过明确县域城镇化发展方向、夯实县域城镇化建设基础、提高县域城镇化承载能力、三次产业融合等对策推进城镇化进程，提高县域城镇化质量。

**关键词：** 县域城镇化　赋能县城　东北三省

习近平总书记在河南兰考县考察时提出"把强县和富民统一起来，把改革和发展结合起来，把城镇和乡村贯通起来，不断取得事业发展新成绩"①，明确指出了县在经济社会发展过程中的重要作用。县城是城尾乡头，一头连接城市，一头服务乡村，是城镇化的主要基地，是实现城乡融合发展的重要切入点，更是乡村振兴的主阵地。国家"十四五"规划纲要明确提出，要以县域为基本单元推进以县城为重要载体的城镇化。中共中央办公厅、国

---

\* 李冬艳，吉林省社会科学院农村发展研究所研究员，主要研究方向为区域经济与农村发展。

① 《河南省全力践行县域治理"三起来"》，中国网，2022年3月23日，http：//stzg.china.com.cn/2022-03/23/content_ 41914313. htm。

务院办公厅印发的《关于推进以县城为重要载体的城镇化建设的意见》进一步明确了以县城为重要载体的城镇化建设的发展目标和具体任务，更加凸显了以县城为载体的城镇化在我国城镇化战略中的重要作用。目前东北三省县城经济社会发展相对滞后，人口资源向县城流动的吸引力较弱，存在一系列不稳定性和不确定性风险，因此在持续推进城镇化过程中，东北三省应将着力点放置于加速县域城镇化，大力提升县城经济社会综合承载能力，分担城市人口、资源和环境的承载压力，推进区域协调发展和促进共同富裕。

# 一 东北三省县域城镇化现状

本报告所研究的县域包括县、县级市等县级行政单位。县域城镇化伴随县域工业化和第三产业的发展而发展，尤其是伴随乡镇企业、农产品加工业的发展以及农业人口、农村资本等从农村向所在县域的小城镇和县城转移、聚集的过程。

## （一）东北三省县域城镇化水平不断提高

### 1. 东北三省城镇化水平高于全国平均水平

2020 年，东北三省县及县级市共 147 个（县级市 57 个，县 90 个），其中辽宁省 41 个，吉林省 39 个，黑龙江省 67 个。2021 年东北三省城镇化平均水平为 67.29%，高于全国平均水平（64.72%）2.57 个百分点。东北三省以辽宁省城镇化率最高，2021 年辽宁省城镇化率达到 72.81%，黑龙江省城镇化率为 65.7%，吉林省城镇化率为 63.36%。[①] 2020 年，东北三省县域行政区面积占各省行政区面积的比重均在 75%（见图 1）。

### 2. 东北三省县级市城镇化水平不断提高

2020 年，东北三省县级市有 57 个，其中辽宁省 16 个，吉林省 20 个，黑龙江省 21 个。东北三省县级市城镇化率[②]为 30.31%，比全国县级市城镇

---

① 数据来源：《中国县域统计年鉴 2021（县市卷）》。
② 县级市城镇化率＝城区人口/市区人口×100%。

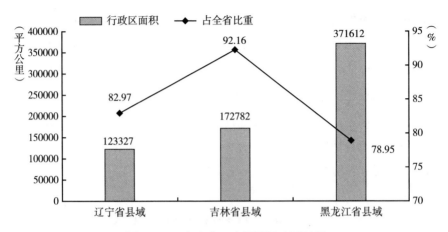

**图1 2020年东北三省县域行政区面积**

资料来源:《中国县域统计年鉴2021(县市卷)》。

化率21.52%高8.79个百分点(据表1计算)。县级市城镇化水平较高,其中,辽宁省县级市城镇化率为33.44%,高于全国平均水平11.92个百分点,在东北三省中最高;吉林省县级市城镇化率为30.57%,高于全国平均水平9.05个百分点;黑龙江省县级市城镇化率为26.30%,在东北三省中最低,但仍高出全国平均水平4.78个百分点。

**表1 2020年东北三省县级市基本情况**

单位:平方公里,万人

|  | 市区面积 | 市区人口 | 市区暂住人口 | 城区面积 | 城区人口 | 城区暂住人口 | 建成区面积 |
|---|---|---|---|---|---|---|---|
| 全国 | 7350542 | 65556 | 3048 | 76044.14 | 14110.50 | 1754.61 | 20672.03 |
| 吉林省 | 87520.06 | 978.51 | 53.58 | 1730.13 | 299.09 | 49.77 | 461.91 |
| 辽宁省 | 44740.32 | 996.77 | 41.87 | 3162.58 | 333.32 | 26.76 | 483.47 |
| 黑龙江省 | 157795.48 | 838.37 | 17.93 | 768.38 | 220.47 | 13.5 | 367.48 |
| 三省合计 | 290055.86 | 2813.65 | 113.38 | 5661.09 | 852.88 | 90.03 | 1312.86 |

资料来源:《中国城市建设统计年鉴2020》,经过作者计算而得。

### 3. 县域经济在东北三省经济发展中占据重要地位

东北三省县域GDP在全省GDP中举足轻重,2020年第一产业产值的75%

在县域，第二产业产值的20%在县域。2020年，辽宁省县域生产总值为6798.75亿元，占全省的27.07%；吉林省县域生产总值为4640.00亿元，占全省的37.69%；黑龙江省县域生产总值为6151.69亿元，占全省的44.61%（见图2）。

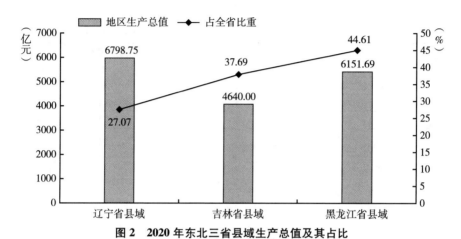

**图2　2020年东北三省县域生产总值及其占比**

资料来源：《中国县域统计年鉴2021（县市卷）》。

## （二）东北三省县城已成为城镇化主导力量

以县城作为重要的城镇化实施载体，是由国家行政体系决定的。县城具有城镇化的有利条件，县域处于国家行政体系中间环节，是我国经济社会政策执行落地的最主要单元。县域的主要功能在县城，以县城为城镇化的基本实施单位，对于统筹城镇化与乡村振兴、实现二者之间的有效衔接具有十分重要的意义。

### 1.县城人口城镇化水平普遍较高

县城在新型城镇化战略中的作用越来越重要。县城已成为适应人口流动新态势、推进就近城镇化的重要载体。东北三省农民工呈现回流趋势，以县城为重要载体的就近城镇化趋势开始显现。2020年，东北三省县城人口城镇化率为23.20%，已经成为县域城镇化的重要支撑。其中，辽宁省县城人口城镇化率为20.18%，吉林省县城人口城镇化率为22.64%，黑龙江省县城人口城镇化率为25.78%（据表2计算）。国家统计局数据显示，农民工

回流趋势加快推动部分县城人口较快增长，县城已成为就近城镇化的重要载体。

表 2　2019~2020 年东北三省县城基本情况

单位：平方公里，万人

| 省份 | 年份 | 县面积 | 县人口 | 县暂住人口 | 县城面积 | 县城人口 | 县城暂住人口 | 建成区面积 |
|---|---|---|---|---|---|---|---|---|
| 辽宁 | 2020 | 74824 | 1020 | 29 | 1439.73 | 205.84 | 11.28 | 379.88 |
| | 2019 | 74817 | 1055 | 25 | 1444.48 | 221.91 | 10.42 | 371.09 |
| 吉林 | 2020 | 85748 | 740 | 20 | 699.80 | 167.50 | 11.76 | 233.44 |
| | 2019 | 85748 | 745 | 18 | 695.19 | 173.46 | 11.69 | 231.49 |
| 黑龙江 | 2020 | 217773 | 1357 | 37 | 1260.68 | 349.87 | 22.98 | 599.85 |
| | 2019 | 231704 | 1424 | 37 | 1405.30 | 369.47 | 22.56 | 626.76 |

资料来源：2019 年、2020 年《中国城乡建设统计年鉴》。

**2. 县域的第二产业集聚于县城**

县城已成为构建新发展格局、形成强大国内市场的关键节点。东北三省县域第二产业不发达，一般乡镇没有工业等第二产业，第二产业基本上集聚在县城。东北三省县城第二产业产值为 3736.90 亿元，占东北三省第二产业产值的 21.95%。

**3. 县城建成区面积逐渐扩大**

东北三省县域除经济比较发达的瓦房店、海城、庄河等个别县市外，县域一般财政收入在县域主要集中在县城的各种园区、开发区。县城建成区面积伴随县城城镇化水平的提高而逐渐扩大。2020 年东北三省县城建成区面积占县城面积的 35.68%。县城建成区主要用于民居、公共管理与公共服务设施、商业服务业设施、工业设施、物流仓储、道路交通设施、公用设施、绿地与广场等。

**4. 县域医疗卫生机构床位基本上在县城医院**

县城是为县域城乡居民提供高品质公共服务、保障民生福祉的重要空间。县城既是县域政治经济文化中心，也是县域公共服务中心和人口集聚中心。东北三省县域医疗卫生机构有效床位基本集中在县城医院。乡镇卫生院和村级卫生所的医疗卫生机构实际就诊量很小。2020 年，东北三省县域医疗卫生机构床位数为 26.10 万张，占东北三省医疗卫生机构床位总数的 36.34%①，地位及其重要。

### （三）东北三省新型城镇化过程各具特色

#### 1.辽宁省通过县域城镇化实现城乡一体化发展

辽宁省以新型城镇化建设为抓手，通过新型城镇化辐射带动农业现代化，努力实现农村剩余劳动力转移就业，吸引社会资本投入县域产业，促进农业现代化结构调整和生产力提高，转变农村生活方式，推动农业现代化进程。同时，农业现代化又对新型城镇化产生助推作用，能提供高素质的劳动力，加快城镇化进程，为新型城镇化提供农副产品和原料后勤保障，为新型城镇化构建产业格局提供契机。

#### 2.吉林省推动人口就地城镇化，提高县域城镇化质量

吉林省统筹强化制度设计，注重城镇常住人口市民化和农村人口就地城镇化，推进城乡发展互促共荣。遵循城镇化发展客观规律，把握国家新型城镇化政策导向，抢抓构建哈长城市群的机遇，深入实施长吉图开发开放先导区战略，以人的城镇化为核心，以提高城镇化质量为重点，以体制机制创新为动力，实施"强化中部、构筑支点、区域联动"的空间策略，以推进人口向中部地区集聚、优化东部地区人口布局、支持西部地区人口迁移为导向，构建"一群三组团、两轴一环"城镇化格局。

#### 3.黑龙江省以人口城镇化驱动县域城镇化

黑龙江省人口城镇化的提升是其城镇化水平提升的主要驱动力。从空间区域角度看，北部山区均处在黑龙江省与俄罗斯交界的边境区域，人口流动较大，县域间集聚效应明显，内部差异逐渐缩小。南部经济带凭借其独特的区域优势与经济优势，充分发挥其中心城市的集聚效应，人口城镇化平均值较高；而东部平原区因产业结构滞后等原因，同期的经济发展城镇化和社会发展城镇化水平整体变化幅度不大。

---

① 数据来源：根据《中国县域统计年鉴 2021（县市卷）》数据计算得出。

### （四）东北三省县域城镇化带动乡村振兴

新型城镇化带来乡村经济发展所需的各种要素，如产业项目、专业技能人才和社会资本。县域城镇化提供大量不同于传统乡村产业的工作岗位，导致人口结构发生改变，影响农村人口的认知边界、思维模式，重构乡村生活，促进农村人口就地市民化。县域城镇化在助力乡村产业转型升级和城乡一体化发展的同时，助力现代农业发展水平不断提升、推动农产品加工业成为乡村产业融合发展的重要引擎、助力农民持续增收、推动城乡公共服务设施建设，进而带动乡村振兴。

**1. 县域城镇化提高乡村富裕度**

县域城镇化使得农民转移就业空间增大，工资性收入不断增加，带动了乡村持续富裕。2020 年，东北地区农民人均可支配收入达到 1.66 万元，与2010 年相比年均增长 11.2%。① 受多重因素影响，农民增收继续保持较高速增长的态势略显乏力。从农民收入增速看，农民增收已进入"减速带"，在工资性收入同步降挡减力的情况下，其所占比重与同期相比基本持平，确保了农民可支配收入持续增加。

**2. 县域城镇化提升农村生活便捷度**

随着县域城镇化水平和质量的不断提高，城乡公共服务基础设施随之不断完善，农村生活更加便捷。县域城镇化过程使农民在就近县城就业更加便捷。2020 年，黑龙江省城镇新增就业 37.5 万人，吉林省城镇新增就业 31.0万人，辽宁省城镇新增就业 45.2 万人（见表3）。村村通公路的建设使农村交通更加便捷。在教育方面，虽然农村撤校，但村上或者乡镇学校配备校车，农村适龄学生乘坐校车便可去乡镇读小学、初中，享受到更多的教育资源，读高中时可以选择距离最近的县城。在医疗方面，"小病不出村"，在村卫生所就医，需要借助基本医疗设备检查确诊的病可去乡镇卫生院，大病基本在县城医院即可就诊。

---

① 数据来源：根据《中国统计年鉴（2021）》《中国统计年鉴（2011）》数据计算得出。

表3　2020年东北地区城乡民生服务状况

| 省份 | 城乡居民收入增速(%) | | 城乡居民低保标准增速(%) | | 精准扶贫情况 | | | 城镇新增就业(万人) |
|------|------|------|------|------|------|------|------|------|
| | 城镇居民 | 农村居民 | 城镇居民 | 农村居民 | 贫困村数(个) | 人数(万人) | 贫困发生率(%) | |
| 黑龙江 | 0.5 | 8.0 | 5.4 | 9.4 | 1778 | 1.2 | 0.07 | 37.5 |
| 吉林 | 3.4 | 7.6 | 3.8 | 8.0 | 1489 | 1.7 | 0.07 | 31.0 |
| 辽宁 | 1.5 | 8.3 | 6.2 | 9.6 | 1791 | 1.4 | 0.06 | 45.2 |

资料来源：根据2020年、2021年东北各省政府工作报告数据计算而得。

### 3. 县域城镇化推动乡村产业发展

在县域城镇化进程中，通过招商引资发展龙头企业，有利于促进农业产业化龙头企业技术创新和经营规模扩大，提高龙头企业的经济效益，增加城镇的财政收入，实现"以工补农、以工建农"的现代农业发展形式，农产品加工业成为乡村产业发展新引擎。2020年，黑龙江省规模以上农产品加工企业为1612家，比上年增加127家，其中省级以上农业产业化龙头企业620家；实现营业收入2961.3亿元，同比增长2.9%；实现利润199.6亿元，同比增长39.5%。吉林省农产品加工业稳步发展，2020年省级以上龙头企业达到651家，比上年增加75家，平均每个市县有12家，其中国家级54家，实现重点产粮大县全覆盖；全省市（州）级农业产业化龙头企业超过1500家，平均每个乡镇有2.5家，实现重点产业强镇全覆盖。辽宁省2020年规模以上农产品加工企业达到1613家，规模以上农产品加工业营业收入达到2963.6亿元；2020年省级以上农业产业化重点龙头企业达到642家，其中国家级龙头企业64家；实施投资1000万元以上的农产品加工项目431个、亿元以上项目120个，有农产品加工集聚区21家。①

---

① 黑龙江省数据来源于黑龙江省农业产业化办公室，吉林省数据来源于《吉林省"十四五"推进农业农村现代化规划》，辽宁省数据来源于辽宁省统计局。

## 二 东北三省县域城镇化存在的问题

东北三省县域城镇化不断发展的同时也面临诸多问题，一些问题甚至严重影响县域城镇化的健康发展，县域城镇化发展过程存在不稳定性和不确定性，需要在今后的发展过程中解决好。

### （一）县域经济发展滞后，县域城镇化动力不足

一是东北三省县域经济发展缺强少大。东北三省经济增长极集中于大中城市，特别是集中于大城市。县域经济不发达，县域经济竞争力不强。2020年度全国综合实力百强县（市）中东北三省很少，只有辽宁省的瓦房店、海城、庄河入围。《中国县域高质量发展报告2022》显示，培育发展类城市群中哈长、辽中南城市群没有千亿级别的县域；全国县域高质量发展百强县（市）中，辽宁、吉林各有一个，即瓦房店市和梅河口市。二是经济不发达，市场经济主体规模较小。经济尤其是第二产业不发达，企业多属传统产业，高新技术产业较少，导致市场规模小、企业容量小，对县域城镇化支撑不足，县域城镇化发展缺乏动力。

### （二）县城与大中城市距离较远，受其带动、辐射影响作用较小

一是部分县城与中心城市距离过远，严重影响大城市对其经济发展及产业分工的带动力、影响力和辐射力。二是县城之间距离相对较远，单位国土面积上县城个数少。2020年，东北三省每万平方公里县城个数为3.48个，比全国平均每万平方公里县城个数2.96个多0.52个，但与大湾区、长三角、京津冀相比，少了25%~50%。[①] 东北三省县域之间产业分工合作能力差、水平低、效果不明显，在一定程度上影响了县域城镇化发展。单位面积县城个数少，县城之间距离远，也导致县域公路养护费用增加，经费供给缺

---

① 数据来源：根据《中国县域统计年鉴2021（县市卷）》数据计算得出。

位，道路通车不稳定。目前，东北三省仍有个别县城没有通高速公路或铁路，或者两者都没有。农村公路建设远远没有达到公路等级标准，村村通公路管理、养护缺失，导致村村通公路破损率逐年增加。

## （三）县城户籍缺乏吸引力，一些县城人口流失较为严重

县域基础设施和公共服务存在短板，东北三省县城人口城镇化率均不到25%，人口规模偏小影响了县城发展，人口城镇化水平较难提高。东北三省一些远离大中城市的县，由于经济发展滞后，在新一轮县城"聚中有散"的城镇化过程中面临着衰退的挑战。这些县城往往产业衰退、资源枯竭、交通不便，导致就业困难，收入水平呈下降趋势。其结果是，大学生毕业返乡不足10%；子女在大中城市的退休人员，退休后基本就离开县城；一些在企事业单位有职称的科研人员，在县域外工资待遇的诱导下，一有条件就离开县城；在县城打工的农民工，也受就业、工资、待遇的影响，在条件允许的情况下，会毅然决然选择大中城市去打工；等等。这些因素导致县城人口大量流失。与此同时，目前农业人口的红利远远超过城镇人口。农业人口即农村集体经济组织成员，享有农村承包地、农村宅基地，农村合作医疗的报销比例比城镇人口高，报销路径也比城镇方便，导致农业人口不愿意在城镇落户。

## （四）县域公共资源配置城乡不均衡，全面城镇化任重道远

一是教育、医疗卫生、养老等资源主要集中在县城，农村尤其是偏远地区几乎没有配置这些公共资源。二是城乡发展政策的"碎片化"问题在各省都比较普遍。由于各省城乡之间发展规划、基础设施建设、产业发展以及基础教育、医疗卫生、文化体育、居民就业等基本公共服务政策的有机衔接不到位，缺乏相互融合与良性互动，城乡发展政策的"碎片化"问题普遍存在。三是城乡公共信息资源分配不均，带来城乡发展的不均衡，严重影响城镇化进程。目前，东北三省城乡公共信息资源分配不均所带来的问题已较为突出。由于城乡二元体制下以城市为首要服务目标的各种政策从源头上导致了城市和农村地区公共信息资源分布的不均衡，城乡经济结构失衡导致城乡进行公共信息资源建设的

投入失衡,农村落后于城市。城乡公共信息资源的分配不均不仅仅是某一个信息资源配置的环节存在漏洞,更是一个系统性、综合性且亟待解决的问题

# 三　东北三省加速县域城镇化的对策建议

东北三省肩负粮食安全、生态安全、国防安全的重任。加速县域城镇化,有利于强化县域功能,推进脱贫攻坚成果与乡村振兴有效衔接,提高现代农业发展水平,保障粮食安全;有利于国家基本生态环境保护,保障生态安全;有利于边境地区乡村"空心化"问题的解决,加强边境地区安全。东北三省加速县域城镇化,需要构建符合东北三省实际的政策支持体系,强化各级政府部门决策支持职能,构建县域城镇化发展方式,因地制宜、普惠共享、科技赋能、三产融合、有序引导,不断优化县域经济结构。

## (一)差异发展,因地制宜确定县域城镇化发展方向

东北三省县域所处的地理位置、地形地貌特征、资源禀赋、经济发展水平各不相同,县域城镇化的发展方向也不尽相同。通过顶层设计,因地制宜地确定县域城镇化发展方向,选择产业化发展方式进行县域城镇化建设。

1. 完善顶层设计,保证县域城镇化工作有序推进

县域城镇化已经快步前行,巩固前一阶段建设成果,总结经验、查找问题,进一步做好顶层设计。顶层设计具有较强的可操作性、便于贯彻执行、具体落到实处的特性。完善政策措施,是下一步推进以县城为重要载体的县域城镇化进程的关键所在。一是出台具有可操作性的细则。各省要站在全局高度,进行顶层设计,确立科学的方略和思路。二是建立健全经费保障机制。各省财政部门应该将此项政策落实经费纳入预算,出台会计账目支出科目。三是建立健全考核和奖惩制度。各省要按照意见要求制定好实施办法和考核制度,并且定期督察建设进程。

2. 规划先行,明确县域城镇化发展方向

统筹做好城镇和乡村规划,各省要明确县域城镇化发展目标、重点任务

和重大项目。县域城镇化的焦点、节点是县级城市、城镇和集镇。要做好县级市、县级城镇和村庄空间布局规划，科学编制"多规合一"的实用性村庄规划。县域城镇化要实现规划引领，切忌"不谋而动"。坚持"一县一策"，立足资源禀赋、环境承载能力、区位条件、产业基础、功能定位，统筹县城生产、生活、生态需要，合理确定发展路径，科学编制和完善建设方案。与此同时，推进以县城为重要载体的城镇化建设。尊重县城发展规律，因地制宜补短板、强弱项，促进县城产业配套设施提质增效、市政公用设施提档升级、公共服务设施提标扩面、环境基础设施提级扩能，增强县城综合承载能力，提升县城发展质量。

3. 分类推进，差异化发展

东北三省有县城 147 个，数量和类型较多，自然禀赋和发展路径也各不相同。在县城建设中，要分类指导、差异化对待，切忌"一刀切"。根据不同特色和资源禀赋，发展卫星县城、专业功能县城、边境固边县城、生态功能县城等。

（二）普惠共享、政策支持，夯实县域城镇化建设基础

严格执行好国家以及各省县域城镇化及新型城镇化各项政策，做到普惠共享，用政策红利支持夯实县域城镇化运行的公共服务、基础设施建设。与此同时，严格落实耕地和永久基本农田、生态保护红线、城镇开发边界。

1. 建设完善的县域基本公共服务体系

完善县域基本公共服务体系建设是县域城镇化的当务之急，基本公共服务均等化是推进县域城镇化建设、实现城乡统筹协调发展的基础。在医疗、养老、社会管理制度方面，逐步打破传统的城乡分治的管理体制，形成全县域规划、管理、共治的思路，把政府的职能从城镇延伸至乡村，使得社会管理做到全覆盖，实现真正统一的规划、建设和管理。

2. 加快县域基础设施建设

东北三省经济不发达，导致县域基础设施存在许多短板。这些短板制约着经济发展，影响着人民生活福祉。一是加强东北三省交通运输网络连接建

设，逐步消灭"断头路"，实现三省交通运输畅通无阻。二是加快光纤入户、4G宽带进村进程，全面提高县城和乡村的信息化水平。落实到具体的基建项目层面，具体包括以下方面：产业类基建、市政设施、公共服务类基建、环境质量基建、县乡衔接设施等。

**3.建立城乡融合的基本公共服务多元化供给机制**

积极探索城乡基本公共服务的多元化供给机制，拓展县域城镇化建设过程中基本公共服务供给的资金筹集渠道。一是加大政府对县域城镇化的财政投入力度，明确划分各级政府的责任，将财权更多地交给地方政府，让县级政府在有明确的资金保障和财政职责的条件下，根据地方发展特点，更有效地推进基本公共服务均等化。二是充分发挥市场机制作用，不断拓宽县域城镇化资金筹集渠道。政策鼓励金融资本参与县域城镇化，同时健全农村金融体系，广泛吸引社会资本参与乡村振兴，引导资金向乡村倾斜，优化供给模式。三是引导社会组织力所能及地提供一定的公共服务，助力城乡融合发展。鼓励社会组织在完善城乡公共基础设施建设、健全配套基础设施等方面做贡献。四是创新公共服务供给模式。推动城镇公共服务向农村延伸以及城乡一体化发展，弥补小城镇公共服务的薄弱环节，提升城镇服务水平。

**4.完善吸纳人口政策**

一是各省应该全面调研本省人口流失状况，顺应城镇化发展客观规律，区别对待不同县城人口流失情况，制定适合本省实际的稳人口、留人才的政策。二是各县市应该根据本县县域城镇化的发展现状、存在的问题，制定有针对性的吸纳人口政策。三是对于一些县城明确要衰落的情况，要顺其自然，不要再过度进行基础设施建设及公共设施配套。

## （三）产业带动、科技赋能，提高县域城镇化承载能力

产业是城镇化建设的根基，直接关系到县域经济的高质量发展。东北三省除少部分县域外，大部分县域产业发展不充分。县域产业发展的目标是解决居民就业、居民增收及社会稳定等问题。通过发展县域产业，提高县域城镇化对经济、就业、民生的承载能力，并为乡村振兴提供产业支撑。

1. 实施项目引领战略，在实现县域经济全面发展的同时推进乡村振兴

发挥好项目对产业发展的重要支撑作用，以重大项目为抓手，加强各种"经济开发区、高新技术产业园区"载体建设，以县域经济为龙头，充分发挥农产品原料基地的作用，强化农业产业化项目对县域经济的支撑作用，延伸县域经济产业链条，带动乡村产业及乡村经济走上内生发展之路。

2. 做大做强优势产业，在强化县域竞争力的同时提升农村产业发展水平

充分发挥县域经济引领带动作用，打造优势支柱产业，不断培育规模以上农产品与食品加工企业，逐步实现农村三次产业融合发展。全力助推民营经济，落实清费减负各项政策措施，积极推进双创项目。突出全域旅游，做大"民俗、生态、冰雪"旅游品牌，依托农村特色，打造民俗游、地区生态宜居游、区域冰雪游等旅游目的地，加快国家全域旅游示范区创建步伐。

3. 以县城为依托，培育县域特色优势产业

科学布局县城工业园区，提升园区质量。强化县城集聚功能，努力争取国家批准符合条件的县改市、县（市）改区。完善县城功能，加强县城市政基础设施和公共服务设施建设，增强对农村转移人口的吸纳能力。

4. 拓展大镇功能，促进特色乡镇发展

开展大镇功能设置试点，以下放事权、扩大财权、改革人事权及强化用地指标保障等为重点，赋予镇区人口 10 万人以上的大镇部分县级管理权限，允许其按照相同人口规模城市市政设施标准进行建设发展。鼓励、支持县（市）将产业结构相近的乡镇合并，扶持大型城镇，形成新的经济发展中心，以新理念、新机制、新载体促进特色乡镇发展，加快推进县域城镇化。

## （四）振兴乡村、三产融合，助力城镇化协调发展

在经济发展布局大框架下，将乡村产业布局融入县域城镇化经济布局中，结合县域产业，确定乡村振兴产业，切实优化产业布局，进一步完善顶层设计，因地制宜、分类施策，把县域重点项目向中心城镇、特色小镇倾斜。

1. 夯实脱贫攻坚成果与乡村振兴有效衔接的基础，发展县域经济

发展县域经济有助于解决好相对贫困问题。提高脱贫攻坚的反贫困产业可持续发展能力，是实现脱贫致富的根本保障。将脱贫攻坚成果纳入县域国民经济发展规划，保障新发展阶段发展方向的正确性，有利于建立贫困预警系统，建立反贫困长效机制，化解农村可能新出现的致贫返贫风险。发展县域经济有利于设立反贫困基金（包括产业、医疗、教育、灾害等基金），从根本上解决返贫问题，实现乡村全面振兴，推进共同富裕。

2. 增强乡村振兴发展动力，大力推进县域经济发展

推进县域产业集群发展。依托县域工业基础和资源特色，科学规划县域新型工业化产业，推动传统制造业向高新化、智能化、绿色化方向优化升级。围绕促进三次产业融合发展，建设一批特色乡村工业园、工业集聚区，吸引资金、技术、人才、信息、设施、装备等向园区聚集，培育一批百亿级产业集群。按照错位和差异化的原则正确选择和建设主导产业，促进县域各级工业企业间联动机制的形成和企业联盟的建立。培育建设区域发展示范县，打造以强带弱、区域联动发展的示范区。

3. 推动城乡同步发展，实现城乡居民共同富裕

以推进乡村经济实力逐步壮大为基础，发展县域城镇化，进而发展县域经济，形成区域生态环境整体规划和系统有效的生态治理制度，促进乡村的生态宜居。营造县域所具备的乡村的治理资源和条件，促进乡村有效治理。解决好农民就近就地城镇化问题，拓宽农民增收渠道，缩小城乡居民收入差距，实现共同富裕。

**参考文献**

郭冠男、陈润：《新型城镇化需推动县城特色发展》，《经济日报》2022年7月6日。

孔祥智、何欣玮：《乡村振兴背景下县域新型城镇化的战略指向与路径选择》，《新疆师范大学学报》（哲学社会科学版）2022年第6期。

马爱平：《县域城镇化与乡村振兴：中国区域发展新的发力点?》，新浪财经网，2022年5月13日，https：//finance.sina.com.cn/jjxw/2022-05-13/doc-imcwiwst7263066.shtml？cref＝cj。

欧阳慧：《把准方向推进以县城为重要载体城镇化建设》，《瞭望》2022年第21期。

《人民财评：发挥县域为载体的城镇化发展优势》，人民网，2022年5月12日，http：//opinion.people.com.cn/n1/2022/0512/c1003-32420291.html。

谈慧娟、罗家为：《推进以县城为重要载体的城镇化建设》，光明网，2022年6月8日，https：//www.gmw.cn/xueshu/2022-06/08/content_ 35796835.htm。

王凯霞：《县域城镇化促进城乡公共服务融合发展的路径研究》，《经济问题》2022年第4期。

中共中央办公厅、国务院办公厅：《关于推进以县城为重要载体的城镇化建设的意见》，2022年5月6日。

朱云：《县域城镇化实践的差异化类型及其形塑机制》，《城市问题》2021年第12期。

左停：《经济大家谈丨以新型城镇化引领高质量乡村振兴——"全面推进乡村振兴"系列专家解读之二十四》，人民论坛网，2022年5月18日，http：//www.rmlt.com.cn/2022/0518/647320.shtml。

# B.24
# 东北三省增强中心城市带动力研究

刘　恋*

**摘　要：** 东北三省自改革开放以来受计划经济等固化思维的影响，经济发展缓慢，振兴东北老工业基地战略的提出在逐渐改变着东北地区经济、社会发展的观念。构建合理的城市发展模式，营造良好的营商环境，将是东北经济快速发展的利器。中心城市发展相关理论的合理引入及应用或可对东北三省城市发展提供新的契机，良好、合理的城市发展模式是城市快速发展的基础，也是必备条件。

**关键词：** 中心城市　双核心驱动　都市圈　东北三省

近几年，中心城市的发展问题逐渐成为学界研究的关注点，其对区域范围内的引领和抑制作用是讨论的焦点问题。中心城市是区域发展的增长极，它通过和区域的互动作用，实现各种要素与资源的最优配置，带动城市-区域共同体的发展。改革开放之初，围绕城市经济体制改革，着眼于发挥中心城市的功能和建设以城市为中心的经济区的需要，从学术界到管理层掀起过对中心城市的研究热潮，并相应进行过市带县体制的推广。中心城市的发展从宏观的角度展现了各省城市规模的分布及发展规律，广泛地应用于城市体系发展的研究中。

---

\* 刘恋，吉林省社会科学院副研究员，硕士研究生，主要研究方向为城市经济发展、产业结构优化等。

# 一　东北三省中心城市的发展模式及取得的成果

中国自改革开放以来经济快速发展，各地中心城市的引领作用开始凸显，大城市的经济实力和辐射能力增强，全国范围内形成多个城市发展集群，城市群的构建和快速发展为我国重大区域的融合发展战略提供了极大的助力。哈长城市群及东北三省各地都市圈的构建和发展都在一定程度上提升了首位城市的引领带动作用。表1为2021年度城市首位度排名，可见东北三省的省会长春、哈尔滨及沈阳的首位度排名都很高，其中根据城市GDP占比测算排名，2021年全国省会/首府经济首位度排名中长春位列第一。

表1　2021年度城市首位度排名

单位：亿元，%

| 序号 | 省会/首府 | 2021年GDP | 省区 | 省区GDP | 占比 |
|---|---|---|---|---|---|
| 1 | 长春 | 7103.12 | 吉林 | 13235.5 | 53.67 |
| 2 | 银川 | 2262.95 | 宁夏 | 4522.3 | 50.04 |
| 3 | 西宁 | 1548.79 | 青海 | 3346.6 | 46.28 |
| 4 | 成都 | 19916.98 | 四川 | 53850.8 | 36.99 |
| 5 | 哈尔滨 | 5351.7 | 黑龙江 | 14879.2 | 35.97 |
| 6 | 西安 | 10688.28 | 陕西 | 29801 | 35.87 |
| 7 | 拉萨 | 741.84 | 西藏 | 2080.2 | 35.66 |
| 8 | 武汉 | 17716.76 | 湖北 | 50012.9 | 35.42 |
| 9 | 海口 | 2057.06 | 海南 | 6475.2 | 31.77 |
| 10 | 兰州 | 3231.29 | 甘肃 | 10243.3 | 31.55 |
| 11 | 长沙 | 13270.7 | 湖南 | 46063.1 | 28.81 |
| 12 | 昆明 | 7222.5 | 云南 | 27146.8 | 26.61 |
| 13 | 合肥 | 11412.8 | 安徽 | 42959.2 | 26.57 |
| 14 | 沈阳 | 7249.7 | 辽宁 | 27584.1 | 26.28 |

续表

| 序号 | 省会/首府 | 2021 年 GDP | 省区 | 省区 GDP | 占比 |
|---|---|---|---|---|---|
| 15 | 杭州 | 18109 | 浙江 | 73516 | 24.63 |
| 16 | 贵阳 | 4711.04 | 贵州 | 19586.4 | 24.05 |
| 17 | 福州 | 11324.48 | 福建 | 48810.4 | 23.20 |
| 18 | 乌鲁木齐 | 3691.57 | 新疆 | 15983.7 | 23.10 |
| 19 | 广州 | 28231.97 | 广东 | 124369.7 | 22.70 |
| 20 | 太原 | 5121.61 | 山西 | 22590.2 | 22.68 |
| 21 | 南昌 | 6650.53 | 江西 | 29619.7 | 22.45 |
| 22 | 郑州 | 12691.02 | 河南 | 58887 | 21.55 |
| 23 | 南宁 | 5120.94 | 广西 | 24740.9 | 20.70 |
| 24 | 石家庄 | 6490.3 | 河北 | 40391.3 | 16.07 |
| 25 | 呼和浩特 | 3121.4 | 内蒙古 | 20514.2 | 15.22 |
| 26 | 南京 | 16355.32 | 江苏 | 116364.2 | 14.06 |
| 27 | 济南 | 11432.22 | 山东 | 83095.9 | 13.76 |

资料来源：根据各地国民经济和社会发展统计公报数据汇总与整理。

### （一）中心城市长春发展现状及分析

吉林省省会城市长春市是在 1954 年正式成为省会城市，因其在东北地区的天然地理优势，东南与吉林市接壤，西南与四平市毗邻，西北同松原市相接，处于吉林省的核心位置，从而无可替代地成为东北亚经济圈的中心城市，同时也是"一带一路"北线重要节点城市、中蒙俄经济走廊节点城市、长吉图开发开放先导区战略腹地城市。2019 年吉林省政府发布了"一主六双"产业空间布局规划，其中明确要建设"一主"即以长春市为主要发展城市，辐射带动吉林、四平、辽源、松原的"长春经济圈"。2021 年吉林省委省政府审议通过《中共吉林省委关于全面实施"一主六双"高质量发展战略的决定》，正式将"一主六双"产业空间布局规划提升到高质量发展战略层面，身担"一主"重任的长春市将充分发挥其首位城市的辐射带动作用，通过将区域内的特色产业有效整合、科学规划，从而带动其他地区的高质量发展。

吉林省省会长春市历经几十年的发展，城市面积、人口总数、经济发展等方面都取得了极大突破，截至 2021 年城市总面积达到 20593.53 平方公里，人口总数突破 900 万人，地区生产总值达到 7103.12 亿元，城市经济综合竞争力在全国排名第 59 位，在东北三省排名第 1，在吉林省内排名首位，首位城市优势尽显，未来发展潜力无限。

至 2021 年，长春市已经连续两年蝉联全国城市经济首位度排名榜首，且首位度也较上一年度有所提升，这在一定程度上肯定了长春作为强省会城市的地位，但同时也反映出吉林省省内城市之间经济发展差距较大，发展不够均衡。纵观城市首位城市排名，不难看出排名前几位的城市并非国内发展较为迅猛的一线城市，究其原因是城市所处发展位置不同，如沿海经济较为发达的省份，其省内城市发展均衡，整体实力均较为突出，因此省会城市的首位度就较低，而处于中西部的内陆城市整体经济发展较为迟缓，其省内无法做到全员优势发展，因此只能集中优势资源发展省会城市，因此省会城市首位度较高。

## （二）中心城市哈尔滨发展现状及分析

黑龙江省省会哈尔滨处于东北亚的核心区域，是历史上第一座欧亚大陆桥和空中走廊的重要枢纽，其地处东北平原，有着优良的土地资源优势，土壤类型较多，可种植多种食用型农作物，是我国重要的商品粮生产基地。随着其不断的建设和发展，哈尔滨市形成了以国有大中型企业为主体、重工业为重心的工业经济结构。改革开放后，面对新的经济形势和发展思路，哈尔滨经济发展逐渐呈现出缓慢的态势。截至 2021 年底，哈尔滨全年实现地区生产总值 5351.7 亿元，按可比价格计算，比上年增长 5.5%。其中，第一产业实现增加值 628.2 亿元，增长 6.6%；第二产业实现增加值 1239.2 亿元，增长 3.2%；第三产业实现增加值 3484.3 亿元，增长 6.1%。三次产业结构由上年的 12.0：22.5：65.5 调整为 11.7：

23.2∶65.1。户籍人口人均地区生产总值为 56580 元，增长 5.9%。民营
经济实现增加值 2276.4 亿元，增长 6.6%，占全市地区生产总值的比重为
42.5%。县域实现地区生产总值 1215.0 亿元，增长 7.0%，占全市地区生
产总值的比重为22.7%。①

2016 年哈尔滨市政府印发了《哈长城市群发展规划》，明确提出了创新
发展提高质量效益等六方面任务。哈尔滨作为哈长城市群两核之一、唯一的
特大型城市，要立足全局、科学谋划，突出强化核心带动作用，增强集聚和
辐射能力，促进区域协同发展，确保各项任务落到实处。尤其要强化哈尔滨
市的核心带动作用。优化城市重大基础设施和产业布局，依托现有交通干
线，建设五常、尚志、宾县、阿城、双城等卫星城，研究推动宾县撤县设
区，加快哈尔滨新区建设，打造哈尔滨都市圈。提升高端装备制造、绿色食
品等优势产业集群辐射带动作用，促进与哈长发展主轴和哈大齐牡发展带等
周边城市联动发展，将哈尔滨市建设成为对俄合作中心城市、东北亚国际商
贸中心城市、东北亚区域性中心城市和世界冰雪文化旅游名城。同时，哈尔
滨城市圈也在逐步规划与发展中，以哈尔滨主城区为核心，依托哈牡高速、
京哈高速、哈同高速、哈肇公路、哈大高速、吉黑高速等快速交通网络，构
建"一核两圈多点"的都市圈发展格局，构建优越交通圈、优势经济圈、
优美商旅圈。

在 2021 年的城市首位度排名中，哈尔滨居第 5 位，足见其在省域内经
济、文化及服务等行业的核心地位，同时也反映出黑龙江省内各城市间发展
的不平衡。这与吉林省面临着相同的问题，省内各城市无法做到全员优势发
展，因此采取优势拉动的模式来促进区域整体发展。可见，城市首位度要结
合其经济发展态势分析，综合、全面地考虑问题，才能提出科学、合理的城
市发展规划，促进城市、城市群更好发展。

## （三）中心城市沈阳发展现状及分析

辽宁省省会沈阳位于中国东北地区南部，辽宁省中部，南连辽东半

---

① 本报告数据如无特别说明均来源于各省区和城市的国民经济和社会发展统计公报。

岛，北依长白山麓，位处环渤海经济圈之内，是环渤海地区与东北地区的重要结合部。其常住人口以 907 万稳居首位，大连以 745 万位居第二。虽然沈阳的各类经济指标暂时不如大连，但常住人口还是有明显优势的。从这个趋势来看，沈阳依托自身省会的力量，将继续坐稳辽宁人口第一城。近几年，沈阳的城市辐射力、影响力都在逐步增强，沈阳都市圈也已经基本形成。

2022 年，辽宁省政府发布了《辽宁省推进"一圈一带两区"区域协调发展三年行动方案》（简称《行动方案》），该方案是推动辽宁加快实现全面振兴、全方位振兴新突破的一项重大战略举措，也是推进落实"一圈一带两区"区域协调发展战略的行动指南。《行动方案》指出，"十四五"时期，为加快形成优势互补、高质量发展区域经济布局，辽宁省委、省政府立足新发展阶段，完整、准确、全面贯彻新发展理念，积极服务和融入新发展格局，推进高质量发展，提出要加快构建以沈阳、大连"双核"为牵引的"一圈一带两区"区域协调发展格局，推动区域发展取得新突破。

### （四）中心城市大连发展现状及分析

辽宁省的城市发展与黑龙江省和吉林省稍有不同，它没有呈现出"一城独大"的发展态势，而是由"双核心、双驱动"来引领省域的发展。辽宁省的另一个中心城市大连，是副省级、计划单列城市，是我国北方沿海重要的中心城市和东北亚地区金融、航运、贸易中心，同时也是我国优秀的旅游城市。大连常住人口 745 万，2021 年实现 GDP 7825.9 亿元，经济总量和人均收入均居全省第一位，是东北地区第一综合经济实力强市。预计未来 5 年，辽宁将向万亿城市发起冲击。根据《行动方案》，大连是辽宁沿海经济带中心城市，也是辽宁重点建设的特大城市，未来大连将依托沿海优势，大力发展海洋产业，推动航运、海洋装备等产业发展，并建成全球海洋中心城市。

## 二　东北三省中心城市带动区域发展模式
## 存在的问题

### （一）"中心城市独大"现象明显，东北三省各区域之间经济发展差异较大

"中心城市独大"的局势使得东北三省第二层级的城市难以充分实现与中心城市之间的产业衔接，不利于整体的产业结构升级与科学化布局。如长春连续两年居全国城市首位度排名首位，其各项首位度指标均大幅领先于省内其他区域，首位城市长春"一城独大"态势明显。然而纵观全国首位度经济排行榜，首位度高的城市均非国内发达地区城市，且首位度越高，则所在地区非首位城市的发展水平越低。哈尔滨、长春作为东北的"强省会"城市，属于省域内区域经济发展的绝对核心城市，哈尔滨和长春发展的这种特性尤为突出，近几年经济首位度提升速度明显加快，与省内其他地区经济发展水平的差距拉大。

通过表 2 可以看出，长春市 GDP 在吉林省内的比重总体处于攀升态势，2020 年就已超过全省一半的经济体量，与省内第二城市吉林市的经济差在 2021 年已达 5553.14 亿元。吉林省地理位置不占优势，发展资源也难以支持省内城市"多点开花"，因此，打造"强省会"，大力发展中心城市，提升中心城市辐射带动能力，是目前吉林省发展最优选择。然而必须关注到省内优势资源过度向中心城市集中，容易造成社会资源分布不均，形成"虹吸效应"，从而制约其他区域经济发展，拉大区域内城市之间的发展差距，不利于区域协调发展。

表 2　2019~2021 年吉林省和长春市经济发展情况

单位：亿元，%

|  | 2019 年 | 2020 年 | 2021 年 |
|---|---|---|---|
| 吉林省 GDP | 11726.82 | 12311.32 | 13235.52 |
| 长春市 GDP | 5904.1 | 6638.03 | 7103.12 |
| 吉林市 GDP | 1416.6 | 1452.6 | 1549.98 |

续表

| | 2019 年 | 2020 年 | 2021 年 |
|---|---|---|---|
| 长春市 GDP 省内占比 | 50.35 | 53.92 | 53.67 |
| 长春市与吉林市 GDP 之差 | 4487.5 | 5185.43 | 5553.14 |

资料来源：根据 2019~2021 年《吉林省国民经济和社会发展统计公报》整理计算。

通过表 3 数据可以看出，2021 年大连市和沈阳市的 GDP 总和占全省的一半以上，且在逐年增长。辽宁省双核心的驱动格局已经形成，但其驱动和引领作用还没有得到凸显，双核心城市与省域内其他城市差距较大，需要不断调整驱动机制来更高效地推动全省发展。

表 3　2021 年辽宁省各市 GDP 及人口情况

| 序号 | 城市 | 2021 年 GDP（亿元） | 2020 年 GDP（亿元） | 名义增速（%） | 名义增量（亿元） | 实际增速（%） | 常住人口（万） | 人均 GDP（元） | 人均 GDP（美元） | 人均排名 |
|---|---|---|---|---|---|---|---|---|---|---|
| 1 | 大连市 | 7825.9 | 7030.4 | 11.3 | 795.5 | 8.2 | 745 | 105046 | 16286 | 1 |
| 2 | 沈阳市 | 7249.7 | 6571.6 | 10.3 | 678.1 | 7.0 | 907 | 79931 | 12392 | 3 |
| 3 | 鞍山市 | 1888.1 | 1738.8 | 8.6 | 149.3 | 4.5 | 332 | 56870 | 8817 | 6 |
| 4 | 营口市 | 1403.2 | 1325.5 | 5.9 | 77.7 | 2.0 | 233 | 60223 | 9337 | 5 |
| 5 | 盘锦市 | 1383.2 | 1303.6 | 6.1 | 79.6 | 0.5 | 139 | 99511 | 15428 | 2 |
| 6 | 锦州市 | 1148.3 | 1072.2 | 7.1 | 76.1 | 6.2 | 270 | 42530 | 6594 | 9 |
| 7 | 朝阳市 | 944.8 | 875.6 | 7.9 | 69.2 | 5.5 | 287 | 32920 | 5104 | 13 |
| 10 | 本溪市 | 894.2 | 810.4 | 10.3 | 83.8 | 5.8 | 132 | 67742 | 10503 | 4 |
| 9 | 抚顺市 | 870.1 | 827.8 | 5.1 | 42.3 | 1.0 | 186 | 46780 | 7253 | 8 |
| 8 | 辽阳市 | 859.7 | 837.7 | 2.6 | 22.0 | −1.0 | 160 | 53731 | 8330 | 7 |
| 11 | 丹东市 | 854.4 | 779.4 | 9.6 | 75.0 | 6.3 | 218 | 39193 | 6076 | 10 |
| 12 | 葫芦岛市 | 841.7 | 770.4 | 9.3 | 71.3 | 6.0 | 243 | 34638 | 5370 | 11 |
| 13 | 铁岭市 | 716.0 | 663.1 | 8.0 | 52.9 | 6.1 | 238 | 30084 | 4664 | 14 |
| 14 | 阜新市 | 544.7 | 504.6 | 7.9 | 40.1 | 6.4 | 165 | 33012 | 5118 | 12 |

注：常住人口为 2020 年末数据。辽宁省 GDP 为 27584.1 亿元，地市合计为 27424.0 亿元，溢出率 0%。

资料来源：各地统计局。

双核驱动较单核驱动模式具有一定的优势，可避免单核驱动力不足、辐射力不够等劣势，且单核引领模式无法在短期内实现驱动省域内高速、高质量发展的局面。

### （二）中心城市集聚效应明显，中心城市资源环境问题凸显

省域内城市发展规划的确立，城市区域发展的调整，意味着城市的人口规模、辖区面积和经济总量都将会有很大提升，同时也意味着中心城市的发展实力进一步得到加强，城市集聚效应也相应增大。当城市规模发展到一定程度时，人口向核心城市集中，城市人口密度增大，产业大量集聚，城市发展资源环境问题便会慢慢凸显。同时，气候舒适度与环境污染度等指数标准都表明了作为首位城市所承受的环境压力非常大。"城市病"是城市发展进程快速推进所引发的城市问题，如不及时加以重视治理，会使城市居民生活质量下降、城市经济发展成本提高，在一定程度成为城市可持续发展的最大阻力。

### （三）中心城市高技术创新型人才缺失问题突出

东北地区人才流失问题一直是制约东北地区经济发展的痼疾，据各省 2021 年国民经济和社会发展统计公报，截至 2021 年末，东北三省人口总计减少 100 万人，东北地区 36 座城市中有 34 座面临着人口流失问题。东北地区的人口流失问题究其原因主要是经济发展较东南沿海城市而言较为落后，而人才的流动又具有十分明显的趋向性，更趋向于向经济发展快、知名企业多的城市流转，因此逐渐形成经济水平较低造成人才流失、人才流失导致经济发展缓慢的恶性循环。人口体量是一个城市经济活动的基础，而人才则是创造城市经济的最重要资源。

中心城市在省域内拥有强劲的科研实力，教育资源雄厚，拥有排名全国前十的高等院校，以及国家"双一流""211 工程""985 工程"重点建设学校，但高校人才流失严重。如吉林大学就坐落在长春市内，吉林大学 2021 届毕业生共 17472 人，在达成签约的毕业生中，32.62% 的毕业生选择在东北地区就业，26.53% 的毕业生选择在华东地区就业，15.14% 的毕业生选择在华北地区就业，也就是说有 67.38% 的高校毕业生流出东北地区（见图 1）。

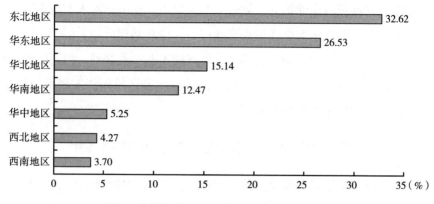

**图1　吉林大学2021届毕业生就业分布情况**

资料来源：《吉林大学2021届毕业生就业质量年度报告》。

高校人才的流失意味着高端人才竞争力的羸弱，未来城市发展将更加依赖高科技创新型人才，而各地针对人才的"争夺战"如火如荼地进行，东北地区在全国的人才"争夺战"中并不占据优势，甚至可以说是处于劣势，各首位城市要重点关注高科技创新型人才的缺失问题，积极做好预防人才流失的方案。

## 三　东北三省中心城市面临的发展机遇与挑战

**（一）紧抓国家关于全面振兴东北老工业基地机遇，加快中心城市产业结构升级转型，构建中心城市圈形成带动区域发展的产业动力**

东北三省经济发展面临的共同难题是体制结构老化、产业结构相对落后、部分资源型城市转型困难，这一系列问题成为制约东北经济发展的重要因素。党中央、国务院高度重视东北地区老工业基地的改革与发展，将振兴东北老工业基地上升为国家级战略方针，出台了《关于实施东北地区等老工业基地振兴战略的若干意见》等多份文件，将振兴东北老工业基地发展提升到战略层面，国家对东北地区经济发展的重视便是中心城市发展的最大机遇。习近平总书记多次实地考察东北地区，针对东北振兴做出了一系列重要指示。2022年8月16日至17日，习近平总书记在辽宁省考察调研时指

出，党中央高度重视东北振兴。党的十八大以来，党中央深入实施推进东北振兴战略，对新时代东北全面振兴充满信心，也充满期待。

东北三省是老工业基地，虽然有着良好的工业产业基础，但同时也存在着产业结构转型升级的迫切需求，特别是各省部分区域经济发展增速缓慢，多个资源枯竭型城市亟待转型发展。

### （二）经济下行压力渐大，东北经济发展动力整体不足

东北地区因内陆地理位置加之受寒冷气候等各类因素影响，一直饱受"投资不过山海关"的发展困扰，同时东北地区本身历史积淀问题过多、体制结构老化，虽然在国家针对东北老工业基地的振兴发展战略及一系列的政策扶持推动下，东北地区的经济发展已经有了质的飞跃，但与中国东南部发达地区相比仍存在较大差距。《中国城市竞争力报告 No. 19》数据显示，2021 年东北区域城市经济竞争力仍未能有大的突破，仍然处于全国城市竞争力中下游梯队。

东北地区整体经济发展速度处于缓慢爬升阶段，受国际大形势及疫情影响，2021 年东北地区部分城市经济发展不升反降，进而更加拖慢整个东北区域的经济发展，造成平缓的经济增速无法与城市快速发展的需求和产业结构升级转型所需的经济动力相适应。中心城市发展需要提升城市多维度发展的首位度，需要大量的资金投入，需要全国各类产业的优质企业加入引领。然而，鉴于东北经济发展迟缓，资本市场甚至一度有"投资不过山海关"的说法，这无疑使东北区域经济发展雪上加霜。国家在提出构建中心城市圈之初便充分考虑到东北经济发展难点，因此更加注重城市圈的顶层设计与科学规划，统筹中心城市圈的区域发展状况。

### （三）国际形势多变，世界大格局更迭变化带来经济发展不确定因素

2018 年美国宣布针对进口自中国的 500 亿美元商品加征 25% 的进口关税，自此中美贸易摩擦加剧；2020 年疫情突袭全球，造成多个国家经济生

产停滞，全球经济发展受阻；2022 年俄乌冲突爆发，引发全球能源供需紧张，不可否认当今世界正经历着百年未有之大变局，全球经济发展形势严峻，大国之间各种利益关系相互博弈，这些不确定因素势必会给未来东北三省的发展带来更多的变数。

# 四 东北三省中心城市带动区域高质量
# 发展的对策建议

## （一）完善各省域都市圈建设，提升中心城市引领能力，带动区域均衡发展

东北三省都市圈的建设已经取得了显著成效，哈尔滨都市圈形成了"一主三副三核、六轴三圈层"的空间组织结构，层层推进，取得了巨大的进步；长春市"六城联动"方案进一步加快了长春前进步伐，"一主六双"相关规划正有条不紊地推进中。但从宏观角度来讲，核心城市带动全区域高质量发展并不是一蹴而就的事业，其带动引领的成效并不能在短时间内显现，需要漫长且复杂的实施进程。目前，黑龙江省、吉林省省内各区域间经济发展不均衡的现象仍较为突出，首位城市"一城独大"且与其他地区经济发展差距较大，其"虹吸效应"要大于"溢出效应"。辽宁省虽然是双核心驱动发展，但沈阳、大连与周边其他城市的发展也存在较大的差距，建设和发展资源大都集中在此二城中。因此在稳步推进都市圈建设过程中要不断完善都市圈建设体制，加速深化首位城市与区域之间的产业协同集聚，增强政府机构在都市圈构建过程中的引导与监管能力，从而使都市圈带动机制更快地运行并显现成效。

### 1. 优化中心城市和都市圈产业结构，带动区域经济高质量发展

都市圈的建立旨在打破地区之间的行政区划，使首位城市中的各种经济要素可以有效向周边地区流动，从而带动区域发展。其中，需要充分发挥政府部门的宏观指引功能，建立都市圈特定权利机制，合理制定都市圈发展的

长短期规划，形成科学的产业空间布局，进一步深化都市圈区域内的产业协同集聚。针对都市圈的未来发展，政府机构应探索建立相应的领导组织机制，通过政府决策层面来制定完善都市圈产业全面协同发展的政策体系，形成有规范性的制度与法律保障。都市圈区域内的政府机构要敢于破除行政区划的束缚与限制，积极配合首位城市产业协同发展，优化升级产业结构。政府机构应积极出台各类优惠政策及切实可行的措施来引导、鼓励、规范都市圈产业合作发展模式。全力搭建都市圈产业协同发展在资金、高端技术、人才资源等多方面的关系网，为都市圈产业发展做好政府服务工作和监管工作，以实现都市圈产业协同发展的最佳状态。长春现代化都市圈的产业协同发展应进一步全面开放都市圈区域内市场，加强区域内各类要素的有效流转和产业跨区域转移，细化都市圈产业分工体系，合理分工，提升协同发展效率。要优化产业结构，加大创新型产业发展力度，避免出现产业结构单一化现象。

**2.打通中心城市及核心都市圈共建共享渠道**

都市圈的建立旨在缩小东北三省内城市之间存在的较大的经济差距，各首位城市都市圈区域内都存在发展不均衡的现象。由于各区域经济发展基础不同，在协同发展过程中容易出现利益分配不均的情况，因此，建立利益共享机制是均衡都市圈区域发展、有效保障都市圈区域内利益分配公平性的有效举措。都市圈建设发展的最终目的是实现都市圈区域内经济的共同发展，因此经济增长常被放在发展的首位，但一味追求经济增长率的发展思路并不适用于都市圈的发展，都市圈的发展应该更注重区域之间的合作发展，一旦出现区域间的利益格局失衡就可能会导致都市圈区域合作链的断裂，同时因利益而不断产生冲突和矛盾的区域的合作也很难形成高效的经济发展，因此在区域合作中所取得的收益也会千差万别。处于生产价值链高端位置的区域，可以获取较多的利益，而处于生产价值链低端位置的区域，则势必会获得较少的利益，由此产生都市圈区域内合作收益分配出现差异，进而出现分配不公的情况。这种情况的出现会拉大都市圈区域内经济发展水平的差异，如果利益分配有失公平，则会破坏都市圈内区域的良好合作关系。因此，构建都市圈的利益共享机制，并在制度上给予明确，可以有效避免出现利益失衡现象。

（1）要建立创新型区域合作理念。破除传统的行政壁垒，各地方政府要转换思想，打破原有的区域经济观，建立开放、互信、互惠、共赢的创新型区域合作理念，共同处理区域内公共事务。

（2）要建立较为完善的协商机制。都市圈区域内除了政府权力机构可根据相关事宜进行规划，也应建立完善科学的协商机制，使得都市圈区域内更多的企业或其他团体可以就都市圈发展共同出谋划策，通过平等协商来营造都市圈区域之间较为公正的合作环境，同时也能促进信息传递的通畅。

（3）要建立具体的利益共享机制。都市圈协同发展一体化要确保区域之间合作的持续性，因此要建立具体的利益共享机制。首先，建立税收协调机制。在合理布局长春现代化都市圈产业结构的基础上，全面理清税收优惠政策，并通过推进税收立法上的创新来加强对税收竞争行为的法制监督。其次，建立基础设施共享机制。通过规划和整合都市圈区域内的基础设施资源，优化区域内铁路、公路、城际轨道交通和机场等基础设施的资源配置和项目的空间布局，加强地区间的合作与分工，促进都市圈区域内的交通一体化，打造都市圈的综合交通运输体系。最后，充分发挥政府在都市圈区域利益再分配过程中的调控作用。运用税收减免等政府扶持政策，引导资本和产业转入地对转出地进行合理补偿，以充分调动各区域地方政府参与合作的积极性。针对都市圈内处于较为弱势的地区，上级政府采取财政补贴或税收优惠等倾斜性扶持政策，以期实现都市圈内区域利益分配的公平性。

## （二）加快副核心城市发展速度，形成双核心驱动发展格局，高效带动区域发展

东北三省的城市发展模式中辽宁省的"双核心驱动"模式是较为合理的，副核心城市配合核心城市一起拉动省域经济的发展，既能减轻首位城市的压力，又能从效能与实效上取得良好的效果。若受多方不利因素影响，副核心城市经济发展速度渐缓，发展动能不足，与核心城市发展差距渐大，政府部门应及时做出相应调整，对副核心城市在资源、产业、金融等多方面进行政策倾斜，加速副核心城市的经济发展，辅助首位城市带动区域高质量发展。

**1. 发挥政府职能，完善资源配置**

"双核心"引领是目前国内许多省份都在构建的城市发展模式，特别是在首位度较高的"强省会"地区。通过培育副核心城市，可以进一步完善都市圈网络体系，有效地提升都市圈的引领带动能力。同时，政府应重视对副核心城市发展的战略规划，要有意识地进行宏观调控，通过政府适度干预，对副核心城市技术、产业、金融等资源进行政策倾斜，将首位城市的优势资源合理分配到副核心城市，着力提升副核心城市发展品质，引导人才和资本等要素向副核心城市流转。政府部门要积极在副核心城市申请设立国家级创新示范区、各类贸易试验区以及国家级新区等，通过国家红利来壮大副核心城市的经济发展。

**2. 协调双核心联动，形成"双核"牵引**

推进省域内双核城市联动，加快产业转型升级。省会城市在规模上的绝对优势可能会抑制周边地区中小城市的经济发展，进而阻碍省域经济的转型升级。因此在制定区域发展战略时，应当充分考虑大中小城市之间的协调发展格局，权衡短期和长期的利益，应当给予一定的特殊政策，帮助其快速发展。例如，提高干部配置级别，认命省委成员或副省长担任副中心城市的主要领导；在产业园区布局、高校与科研机构布局等方面给予一定的倾向性政策；在金融管制和税收方面给予更多的优惠空间等。同时，应当进一步夯实提高副核心城市的人口承载能力，增强其人口要素吸引力。目前高首位度地区的省份仍在较大程度上依赖省会城市的带动。而非省会城市，包括某些副核心城市常年来是人口净流出地。因此出台适合副核心城市的人才政策也是颇有必要的，例如增加高端人才安家费、科研启动经费等。根据城市经济辐射范围进行具有前瞻性的规划布局。

**（三）提升中心城市的资源环境承载能力，统筹省域内综合发展**

东北三省中心城市的发展应统筹兼顾经济、生活、生态、安全等多元需要，转变超大特大城市开发建设方式，积极破解"大城市病"，推动超大特大城市"瘦身健体"。科学确定城市规模和开发强度，合理控制人口密度。

有序疏解中心城区一般性制造业、区域性物流基地、专业市场等功能和设施，以及过度集中的医疗和高等教育等公共服务资源。优化提升中心城区功能，增强全球资源配置、科技创新策源、高端产业引领功能，率先形成以现代服务业为主体、先进制造业为支撑的产业结构，提高综合能级与国际竞争力。高质量高标准推进国家级新区规划建设，充分发挥引领示范作用。完善郊区新城功能，引入优质资源、促进产城融合，强化与中心城区快速交通连接，实现组团式发展。城市群是人口大国城市化的主要空间载体。城市群让集聚到一起的城市既能获得集聚的优势，又能避免自身扩张带来的城市拥挤、环境污染等不利因素，同时也兼顾了区域协调发展。

同时，东北三省中心城市带动区域高质量发展也要提升资源要素流动效率，必须充分发挥各地区的比较优势，促进各类发展要素在区域内有效合理流动，形成高效集聚。要科学统筹按照首位城市经济发展实际情况不断调整完善区域政策体系，促进区域协调发展，增强创新发展动力，加快构建高质量发展的动力系统，促进人才、资本、创新、产业等要素更加自由地向中心城市聚集。同时，在其他地区要严守耕地红线、生态红线、领土主权红线，增强其他地区在保障粮食安全、生态安全、边疆安全等方面的功能。

# B.25
# 东北地区生态环境治理中协同执行
# 机制的完善对策

孙 璐[*]

**摘 要：** 生态环境治理中的执行机制，对于确保良好的治理效果至关重要。东北地区生态环境治理的协同执行机制近年来基本上已形成几种发展模式，取得良好的实践成效，具体如下：协同执行力量增强，综合行政执法能力提升；相关平台建设健全，协同执行基础夯实；多行政部门协同执行不断深化；行政部门与司法部门协同执行持续推进；新兴环境制度框架下专门的协同执行机制长足发展。但当前在信息共享、协同程序等方面仍存在一些不足。面对新时期新形势，完善协同执行机制的对策包括：统筹完善区域政策法规；探索建立常设性协同体制；提升协同平台信息共享水平；进一步完善协同执行程序；健全多重责任体系等。

**关键词：** 生态文明建设 环境保护 协同治理 执行机制

生态文明建设和生态环境保护在中国特色社会主义建设中的基础地位已经得到牢固确立，在治理实践中受到各级政府的日益重视，为了达到最佳的生态环境治理效果而纷纷综合采用包括行政执法与司法在内的多种手段进行协同执行。在东北地区，生态环境治理的协同执行机制在当前已取得初步成

---

[*] 孙璐，吉林省社会科学院法学研究所副研究员，法学硕士，主要研究方向为非传统国家安全、法治、权利、生态环境保护等公法学及行政学。

效，面临新形势新要求，为了助力实现"十四五"时期生态环境建设各项目标，针对仍存在的一些短板不足，应当进一步从不同方面加以完善。

# 一 东北地区生态环境治理中协同执行机制的发展现状

东北地区近年来在生态环境治理的协同执行方面，进行了积极务实的探索和努力，已完成基础建设，初步形成了几种行之有效的发展模式，取得了良好的实践效果。

## （一）协同执行力量增强，综合行政执法能力提升

按照生态环境部《关于加强生态环境保护综合行政执法队伍建设的实施意见》《"十四五"生态环境保护综合行政执法队伍建设规划》等规章，东北地区各省均在持续深化落实综合行政执法改革，当前已基本完成机构组建，正持续加强法治保障、运行机制、执行能力等方面的建设。首先，以发布省级的生态环境保护综合行政执法事项清单[①]等方式，明确执法事项及执法程序，规范并加强环境监管，有效监督帮扶企业规范生态环境行为。其次，进一步完善生态环境领域的"双随机、一公开"监管[②]，建立健全执法人员、检查对象、专家及专业机构等的数据库，根据企业前期守法和环境信用等情况实行差异化抽检，提高监管效能。最后，开展生态环境执法大练兵，注重以党建引领执法队伍素质提升，实现文明、廉洁、严格执法，聚焦深入打好污染防治攻坚战、推进中央环保督察整改、执法手段和方式创新等重点，突出部门联合、上下联动、区域交叉，组织秸秆全域禁烧巡

---

① 《关于印发〈黑龙江省生态环境监督执法正面清单管理办法〉的通知》，黑龙江省人民政府网，2021 年 11 月 2 日，https：//www.hlj.gov.cn/hlj/c115535/202111/c00_ 31402818.shtml。

② 《内蒙古深入推进生态环境"双随机、一公开"监管工作制度化、规范化、常态化》，内蒙古自治区生态环境厅网站，2022 年 1 月 10 日，https：//sthjt.nmg.gov.cn/sthjdt/ztzl/xxxcgcdd sjdjs/sthjtgz/202201/t20220118_ 199 6495.html。

查等专项执法活动，常态化开展专业培训、执法案卷评查、专案稽查比武竞赛等活动，不断提升队伍的现场及非现场检查、调查取证、适用法律、正当程序等方面的能力。例如，吉林省2021年聚焦《噪声污染防治法》、发电行业控排企业碳排放报告质量、核辐射、新化学物质等新兴、重要领域，加强查办、报送和发布环境违法典型案件，共依法查处违法案件1306起，其中行政处罚类1205起，实施五类案件103起①，严厉打击了生态环境违法行为。2022年，深化行政执法体制改革，调整核与辐射执法职能划转到省生态环境综合行政执法局统一行使；夯实制度基础，制定《吉林省生态环境监督执法正面清单管理办法》《吉林省生态环境系统"双随机、一公开"监管工作实施细则》《吉林省污染源自动监控异常数据处置工作指南》《吉林省生态环境行政处罚自由裁量权规定》等文件，对纳入正面清单企业开展非现场执法监管，做到"无事不扰""首违不罚"，科学设置具体裁量因素，贯彻落实不予处罚和从轻从重处罚规定；建立执法信息化管理体系，推进省生态环境智慧执法系统与"我要执法"App、"双随机、一公开"系统衔接和数据整合，着力提高在线自动监控管控效能。②

## （二）相关平台建设健全，协同执行基础夯实

首先，行政执法与司法联动信息平台。近年来，在司法部、最高人民检察院等积极推动下，我国各省区基本上建立了涵盖生态环境的行政执法与刑事司法衔接（即"两法衔接"）信息管理平台，东北地区各省份也都初步实现该领域"全省一张网"信息共享局面，如辽宁省以沈阳市为中心自2017年12月起即开通运行"两法衔接"信息共享平台，实现重点行政执法机关全覆盖，接入环保等30多家单位③，实现信息共享、网上交流、案件报

① 《全省生态环境保护执法工作会议召开》，吉林省生态环境厅网站，2022年3月2日，http://sthjt.jl.gov.cn/zzjg/tld/wxm_123150/202203/t20220302_2166705.html。
② 《吉林省生态环境厅关于2022年度法治政府建设有关情况的报告》，吉林省生态环境厅网站，2023年3月2日，http://sthjt.jl.gov.cn/ywdt/ssdt/stdt/202303/t20230302_2223586.html。
③ 《沈阳"两法衔接"信息共享平台启动》，辽宁长安网，2017年12月22日，http://www.lnfz.cn/news/10026.html。

备和移送、跟踪监督等。其次，环境治理与综合政务平台对接，使环境治理事务获得更为综合甚至更高层级的办理渠道，例如吉林省不断完善"12369"信访举报平台，并在生态环境厅与政数局协力配合下进行全国建设项目环评统一审批系统与本省行政审批全流程系统的对接，新系统于2021年底前顺利上线运行①，使环保成为全省第一个国家审批系统与省全流程系统融合对接的部门，取得良好实施效果，在环评审批事项的线上受理上极大便利了办事企业。最后，其他相关载体平台。主要是建设环境监测信息平台，如秸秆焚烧卫星遥感监测系统的服务平台、污染源在线监测平台等，以准确、完整地获取环境监测数据信息，为公正、妥当的综合行政执法以及司法活动提供基础。

### （三）多行政部门协同执行不断深化

首先，各省区内部具有生态环保相关职能的多个行政部门之间，主要是生态环境、自然资源、水利、林草、农牧等部门及相关行业管理部门之间，以及环境监测机构与生态环境执法机构之间，就一些具体的生态环境治理事项形成某种协同执行机制。例如，内蒙古自治区生态环境部门与自然资源、林业草原、农牧、水利及行业管理等部门厘清职责分工，建立信息共享、联席会商、联合执法、查办反馈等部门联动机制，明确行业管理等部门在日常监管中发现的有关环境问题，应移送给生态环境保护综合行政执法机构查处②；黑龙江省对于自然资源、农业农村、林业草原、水利等行政管理过程中发现的属于生态环境保护综合行政执法职责范围的行政案件（包括案件线索），建立并规范了同级移交程序以及情况通报、信息共享等机制③，实

① 《吉林省生态环境厅部署启用"全国建设项目环评统一申报和审批系统"》，吉林省生态环境厅网站，2021年12月17日，http：//sthjt. jl. gov. cn/ywdt/ssdt/stdt/202112/t20211217_ 2190304. html。
② 《内蒙古自治区生态环境厅关于印发优化生态环境保护执法方式提高执法效能实施方案的通知》，内蒙古自治区生态环境厅网站，2021年7月21日，https：//sthjt. nmg. gov. cn/sycs/202107/t20210721_ 1790752. html。
③ 《关于印发〈黑龙江省生态环境保护综合行政执法协作配合案件移交移送暂行规定〉的通知》，黑龙江省生态环境厅网站，2021年7月19日，http：//sthj. hlj. gov. cn/sthj/c112144/202107/c00_ 30829305. shtml。

现各部门间生态环境执法的无缝衔接。其次，东北地区区域性的生态环保多行政部门协同执行机制也正在建立完善的过程中，例如，2021年10月，黑龙江、吉林、辽宁、内蒙古四省区生态环境厅共同签订生态环境执法联动协议，决定本着"联合治污、团结治污"原则开展区域联合执法、联防共治①，建立东北区域性执法联动联席会议制度、问题通报机制、信息共享机制、案件交办机制、交界市地州机动联动机制等，对边界地区的环境污染问题、环境污染案件、跨省区河流生态环境问题、属地不清的边界散乱污企业、危险废物异地倾倒案件等定期开展联合执法行动，合力严厉打击各类生态环境违法行为。

### （四）行政部门与司法部门协同执行持续推进

在以生态环境为主的行政部门与公安机关、法院、检察院等司法部门之间，就生态环保违法案件处理建立一定的协同执行机制，是《环境保护行政执法与刑事司法衔接工作办法》《最高人民检察院关于推进行政执法与刑事司法衔接工作的规定》等国家层面规范性文件的要求，也是各省区近年来的实践方向。东北各省区的各级生态环境部门纷纷与公安机关、检察机关、审判机关建立会商交流、案情通报、信息共享、证据衔接、案件移送、重大案件联合挂牌督办等机制，规范相应的线索通报、提前介入、物品保管、人员控制、委托鉴定等程序，使行政与司法治理手段既能发挥各自优势又能通力合作，共同保证环境治理目标的实现。例如，辽宁省各级生态环境保护行政主管部门与司法部门建立联席会议制度，每3个月邀请公检法司等部门专家会商解决环境执法难点问题，协调联动执法检查，加强信息交流，此外，对于案情复杂或社会影响恶劣的环境违法案件及时会同公安机关、检察机关、法院、司法行政部门进行专案会商等。② 吉林省生态环境部门与公安部门在危险废物

---

① 《黑吉辽蒙四省区签订生态环境执法联动协议》，吉林省生态环境厅网站，2021年11月15日，http://sthjt.jl.gov.cn/ztzl/jlssthjbhzhzfj/ywjx/202111/t20211115_2174563.html。
② 《关于印发〈辽宁省环境保护行政执法与刑事司法衔接工作实施办法〉的通知》，辽宁省生态环境厅网站，2018年9月28日，https://sthj.ln.gov.cn/sthj/zfxxgk/fdzdgknr/lzyj/bbmgfxwj/4B950595D5754EE1AFA8DBEE66F3C547/index.shtml。

环境违法犯罪等领域形成联席会议等协同执行机制，综合执法局将危废产生经营单位、转移联单、行政处罚等信息及时推送生态环境犯罪侦查总队共享；对于群众举报、其他部门移交等案件线索依法核实、有案必查、及时移交；在重大环境污染案事件中及时开展联合调查，分别负责现场勘验、环境监测、认定意见，以及现场控制、人员信息核对等；涉嫌环境犯罪的，公安机关在环境部门支持下及时开展调查，适时开展联合督导检查等。①

### （五）新兴环境制度框架下专门的协同执行机制长足发展

首先，流域上下游联防联治。一些环境污染危害因为具有跨区域性质，所以应对其进行跨区域的联合治理，在国家有关政策法规的指导下，东北各省区近年来均在发展本省相邻地市之间甚至省际的流域上下游环境联治制度。例如，黑龙江省在省内形成了跨市、县行政区界流域突发水污染事件联防联控工作机制，经与吉林省、内蒙古自治区协商，以省级生态环境和水利部门为主体签署了《跨省流域上下游突发水污染事件联防联控机制协议》，形成省际联防联控机制。② 2022 年 6 月松辽流域汛期，在生态环境部松辽流域局、水利部松辽水利委员会推动下健全了跨省（区）流域上下游突发水污染事件联防联控机制，其中吉林省指导有关市州与邻省地级政府完善了流域上下游突发水污染事件联防联控机制。③ 其次，生态环境损害赔偿及环境公益诉讼制度。为充分体现环境资源生态功能价值，从国家层面到东北地区，日益推行生态环境损害赔偿制度，责令造成环境损害的单位或个人承担赔偿责任，应赔尽赔，相应地，也逐步拓展了环境公益诉讼制度，由相关主

---

① 《省生态环境厅、省公安厅召开联席会议　深入推进打击环境违法犯罪专项行动》，吉林省生态环境厅网站，2021 年 7 月 9 日，http：//sthjt. jl. gov. cn/ywdt/ssdt/dfdt/202107/t20210709_ 2190170. html。

② 《关于建立跨省及省内流域上下游突发水污染事件联防联控机制的请示》，黑龙江省生态环境厅网站，2020 年 11 月 26 日，http：//221. 212. 115. 3：8888/yjgltxjs/15372. jhtml。

③ 《松辽水利委员会与松辽流域生态环境监督管理局联合开展 2022 年度汛期跨省水污染联防联控会商》，水利部网站，2022 年 6 月 15 日，http：//www. mwr. gov. cn/xw/sjzs/202206/t20220615_ 1579228. html。

体提起诉讼追究侵权责任之外的生态环境损害责任（如停止侵害、修复环境），其顺利实施有赖于环境行政部门与司法部门之间的良好衔接。例如，2020年辽宁省生态环境厅会同省法院、省检察院等部门通过《辽宁省生态环境损害赔偿磋商办法（试行）》等4个配套文件，规范了生态环境损害赔偿制度中的磋商流程、损害鉴定评估的主要内容和适用范围、损害修复的组织实施等具体要求①，确保损害赔偿制度正常有效运转；黑龙江省2022年在明确改革后的生态环境损害赔偿制度运行规范时，特别强调了与公益诉讼的衔接、对赔偿协议的司法确认②等内容，充分发挥司法职能作用。最后，排污许可费改税制度，也要求多部门协同配合执行，即生态环境部门（负责固定污染源排污许可全覆盖、做好各类排污口排查整治）、环境监测机构（提供精准监测数据）、税务部门（征收排污许可税）以及遇严重违法案件情况下的司法部门等。例如，内蒙古在构建以排污许可制为核心的执法监管体系过程中，2022年6月正式建立了排污许可日常管理、环境监测、执法监管协调联动机制，针对排污许可核发、自动监测、证后执法监管等环节的衔接配合，建立了排污单位违法线索发现、问题移交、督促整改、及时反馈等"一条龙"管理机制③，实现部门联动监管，有效遏制了无证排污等违法行为。

## 二 东北地区生态环境治理中协同执行机制尚存的不足

在多手段协同执行机制的综合保障下，东北各省区均在生态环境保护方面积极开展了各种治理活动，取得了良好的治理成效。不过，在"十四五"

① 《辽宁省基本建立起生态环境损害赔偿制度体系》，中国政府网，2020年9月10日，https://www.gov.cn/xinwen/2020-09/10/content_5542221.htm。
② 《黑龙江省关于推进生态环境损害赔偿制度改革若干具体问题的实施意见》，黑龙江省人民政府网，2022年1月18日，https://hlj.gov.cn/hlj/c115541/202201/c00_31400171.shtml。
③ 《内蒙古自治区建立排污许可证执法监管协调联动工作机制形成有效监管合力》，内蒙古自治区生态环境厅网站，2022年6月21日，https://sthjt.nmg.gov.cn/wrfz2021/hjjc_8075/202206/t20220621_2074952.html。

开局的重要时期，面对国家及地方层面与此相关的各项新要求，东北地区生态环境治理的协同执行机制仍然显露出一些薄弱之处。

## （一）信息共享程度有待提高

东北各省区虽然已初步建立生态环境行政执法与司法联动的信息共享平台，不过在运作过程中仍然存在一些不尽如人意之处：除了需要进一步拓展和深化平台建设，并联入更多主体，在横向上纳入更多领域部门，在纵向上从省、市延伸涵盖区县甚至乡镇级别的相关单位；在平台信息录入上也有待规范化，仍存在滞后性、选择性、批量性、简略性甚至回避等问题，需要从录入的时限要求、内容种类、具体程序、补正方式等方面加以改进；负责收集、录入及运用信息的有关人员的相应能力也有待通过培训、考核、监督等方式进一步提高。总之，当前在平台运行实践中，尚未能完全打破信息壁垒，导致生态环保机构追踪涉犯罪案件的办理进程、公安部门跟进涉犯罪案件移送后的追诉情况、检察院及社会公众及时监督被移送和立案的环境案件都受到一定程度的阻碍，需要通过持续优化有关平台的信息共享来解决。

## （二）协同程序有待顺畅和精细

东北各省区尽管在生态环境治理上已基本形成行政执法与司法手段的协同执行机制，但是在实践运转中还是显露出一些薄弱环节：生态环保部门在环境管理过程中发现的环境违法行为，是以本身行政执法手段进行最常用的行政处罚（罚款），还是采取限产停产、查封扣押甚至移送拘留、追究刑事责任，这不仅事关其自身职责规定和内部相关标准，还涉及国家及地方层面刑事司法、诉讼等法律法规确定的其他标准，对于环保工作人员来说往往不够明确；对于最终决定移送公安机关的案件，在移送的具体程序上仍缺乏统一的可适用的规定，因此移送的流程有待畅通；对于移送追诉的案件，在相关证据的衔接、转化上又容易遇到困难，因为原来由环保部门搜集的涉嫌环境犯罪证据，在时效、取证方式、种类等方面经常与司法认定有效证据之间存在一定差异；此外，协同程序的其他很多运作细节有待进一步完善。

### （三）常态协作体制有待巩固

在东北地区各省市，具有生态环境治理相关职能的行政与司法两大类部门之间构建的协作实体，目前主要是各种不同范围和层级上的联席会议，将其作为生态环保协同治理过程中不同领域、部门之间就相关事项举行会商研判的载体。然而作为一种协作机构，许多环保联席会议在现实中尚不能很好地发挥预期的功能：在召集的时间频率上经常不够固定，未能形成或践行常态化制度；召集会议的牵头部门资格也不够明朗，在当前相关规范中未有明确规定。因此亟须将环保联席会议常态化，使之成为定期运行的协商机构和治理体制，充分发挥长效制度有利于长远发展的优势，避免临时机制的短期、碎片化效应。

### （四）司法手段作用有待强化

东北各省区目前在生态环境治理中虽然都注重发挥司法手段的震慑、保障、引导作用，但受我国政治实践中以行政为重的传统的影响，生态环保部门在污染防治等方面往往拥有较之司法部门更大的权威，尤其在生态环境保护综合行政执法改革和队伍组建之后表现得更加明显；兼之行政与司法两类部门之间在执行理念、预设职能、组织性质、运作程序、追求宗旨等方面存在一些固有的差异；各地方政府作为行政机构的统领，对于环境司法手段以及检察监督的重视也基本上不及环境行政执法。因此，环保领域仍在较大程度上存在过于倚重行政手段、以罚代刑等问题。以辽宁省公开的相关数据为例，2019 年 1~12 月全省生态环境行政处罚案件数为 1905 件、环境污染犯罪案件数为 70 件；2020 年 1~8 月全省环境行政处罚案件数为 1663 件、环境污染犯罪案件数为 65 件；2021 年 1~12 月全省环境行政处罚案件数为 3747 件、环境污染犯罪案件数为 142 件①；2022 年共通报环境违法典型案

---

① 数据来源：辽宁省生态环境厅网站，https：//sthj.ln.gov.cn/sthj/hjgl/zfgl--wfsjpg/xzcf/eae96924-2.shtml，最后访问日期：2023 年 9 月 19 日。

例 7 件，其中 3 件（沈阳市大东区某塑料制品厂涉嫌严重污染环境案、康平某非法处置废矿物油窝点"606"专案、盘山县怀密塑料回收站利用暗管排放有毒物质案①）落实了与公、检等部门的沟通联动机制，通过"两法衔接"平台将案件移送至公安机关，有力震慑了生态环境领域的违法行为。考虑到 2020 年最后四个月的相关数据阙如、未纳入统计的情况，基本上可以认定：在该省近几年的环境管理中，总体上行政处罚案件数逐年增加，而移交公安机关处理的环境犯罪案件数虽然也有所增加，不过抛开案件具体情形，仅从两类数字本身的比例来看，当前环境治理中司法手段的作用仍有待进一步加强。

## 三 东北地区生态环境治理中协同执行机制的完善对策

面对社会主义建设新时期国家及地方层面生态环境治理的新形势新要求，东北地区未来应从以下方面不断优化包括省际、市际协同等在内的生态环境协同执行机制。

### （一）统筹完善区域政策法规

首先，东北各省区应结合各自具体情况，对省级及以下关于生态环保行政执法与司法协同的法规、规章、决策等加以完善，为本省生态环境治理的最佳效果提供充足而合理的地方政策法规依据。例如，在《辽宁省环境保护行政执法与刑事司法衔接工作实施办法》基础上进一步补充辽宁省与司法联动有关的规范；对于《黑龙江省生态环境保护行政执法与刑事司法衔接工作办法实施细则》，根据最新形势发展做出及时修订；围绕《吉林省生态环境保护综合行政执法能力建设"十四五"规划》中针对部门协调及司

---

① 《2022 年辽宁生态环境厅通报环境违法典型案例（11 月）》，辽宁省生态环境厅网站，2022 年 11 月 29 日，https：//sthj. ln. gov. cn/sthj/hjgl/zfgl--wfsjpg/wfsjpg/202212261125175 3675/index. shtml。

法联动机制所提出的发展要求，在后续相关规范性文件中不断细化举措步骤。其次，各省区在决策、立法等过程中应有大局意识，不仅要充分遵循《国务院关于修改〈行政执法机关移送涉嫌犯罪案件的规定〉的决定》、原环境保护部等《环境保护行政执法与刑事司法衔接工作办法》、生态环境部《关于优化生态环境保护执法方式提高执法效能的指导意见》、最高人民检察院《关于推进行政执法与刑事司法衔接工作的规定》等规章文件的框架指导，而且要着眼于东北区域整体协同，统筹规划生态环境治理中的行政与司法联动，最终推动实现整个东北地区范围内的环保行政与司法协同；在起步阶段，可以先行探索在"哈长城市群""吉辽蒙六市一体化"等区域性跨省城市间合作机制框架下涵盖一定的生态环保协同执行事务。

## （二）探索建立常设性协同体制

首先，东北各省区应将省区内当前已初步形成、不定期召开的生态环保行政与司法协作的联席会议进一步拓展、固定并升华，明确其召开时间、方式、牵头部门、合作事项及实施等，使其成为生态环保行政与司法协作的常设机构，切实发挥联席会议制度的长效作用，助力多方合力达成最佳的环境治理效果。此类联席会议宜每 1~3 个月召开一次；由生态环境、公安、检察、法院等成员单位轮流牵头；在会议上通报的情况、研究的问题、决定的举措及其推动落实等，都有规章依据可以明确和保障。其次，待各省区的常态化环境行政执法与司法联席会议均发展得较为成熟之时，在当前东北区域性环境执法联动联席会议的基础上，成立东北区域性环境执法与司法联动联席会议，确定其召集期限、方式、主体等，推动形成区域生态环境多手段协同治理格局。

## （三）提升协同平台信息共享水平

首先，各省区应进一步延展、深化和整合已有的与生态环境协同治理相关的各类平台，包括国家重点监控企业自行监测信息公开平台、省环境行政处罚及信用评价平台、"双随机、一公开"平台、生态环境大数据综合管理平台等，对其进行最大统合、互联互通、统筹运管，其中注意连接环境行政执法与司法联动信息管理平台，使全省环保相关部门和工作人员、企业、社会组织、公众都能顺畅便捷地利用相关平台沟通信息、办理事务、履行职能或进行环保监督。其次，在各级政府的政务服务平台、一般性的行政执法综合管理监督平台中，纳入和建设生态环境"两法衔接"模块，并不断拓展和提升可以通办包括环保在内的各类政务服务的地域范围和行政层级，从市、省到整个东北地区甚至全国，从而在更高层面上助力步调统一的生态文明建设，提升广大人民群众的生态环境福祉。最后，规范化平台运管尤其是信息管理，明确环保协同治理相关信息录入的内容、方式、程序、标准等，加强数据归集、分析和利用，扩大信息通报、共享的范围并确保实施，使环保行政、司法两大类部门之间能够相互督促、密切配合、完美衔接，合力确保生态环境治理达到最佳效果。

### （四）进一步完善协同执行程序

首先，东北各省区应进一步明确生态环境行政执法案件向司法机关移送的客观标准和法定程序，做到精细、合理、科学、可操作，并畅通涉罪案件移送的渠道和流程，辅以对环境综合执法人员的法律培训，使环境行政执法的自由裁量权保持在适度范围内，对于应当移送的环境违法行为可以准确判断并及时实施，不以行政处罚代替刑事处罚，依法追究构成犯罪行为的主体的刑事责任。其次，应赋予公安机关及法院提前介入等必要权能，对于通过共享平台、案情通报等方式了解的严重环境违法案件，在正式移送之前，公安机关即可参与或指导证据采集，法院即可关注或主持达成赔偿协议；案件移送之后，司法机关按明确的规则进行证据转化和审查，确保行政证据在来源、形式、程序等方面符合关联性、客观性、合法性等司法要求，增强环境行政执法过程中取得证据的证明力。再次，重视检察监督，强化生态环境行政执法向司法移送案件的决定、司法机关的立案决定等信息向检察机关的通报和共享，明确检察机关对环境违法案件进行法律监督的条件、时间、方式、程序等，使其在指导取证调查、发现渎职线索等方面更好地发挥检察监

督职能。最后，从其他向度进一步理顺生态环境治理的行政与司法协同执行机制，包括构建反向移送模式，即司法机关对于查证应免予刑事处罚的案件，要及时移送给环境行政管理机关进行适当的行政处罚；明确刑事与行政处罚之间互相折抵的规则，例如就同一违法行为已经受到行政处罚（罚款）或行政拘留的，应合理折抵相应罚金或刑期。

### （五）健全多重责任体系

首先，应进一步明确与生态环境治理中多手段协同执行有关的各种责任，包括根据《行政处罚法》《刑法》《环境保护法》《环境保护税法》《民法典》等产生的法律责任，以及依据党内法规确立的生态文明建设和环境保护治理责任，以完整、严密而有效的责任体系，有力确保环境行政执法、司法等各种手段和举措都能切实发挥应有作用，避免地方政府行政及市场调控的失灵现象。其次，应合理调整不同种类和性质的责任之间的关系，明确其位序排列，解决可能的冲突，使各类有关主体的环境相关行为可以准确合理地得到追责，避免脱漏、重复等现象。例如，要明确《中央生态环境保护督察工作规定》等党内法规确定的生态环保管理权责一致、一岗双责、目标责任制、终身追责等责任，《刑法》第 338 条、第 339 条、第 408 条所设定各项环境犯罪对应的刑事责任，《民法典》第 1229~1235 条确立的环境侵权责任，《环境保护税法》第 26 条规定的生态环境损害责任等，以及各省的地方性规范涉及环境责任的特别规定，处理好这些责任之间的关系，以适宜的责任确保环境治理中协同执行机制发挥实效。

**参考文献**

董鹏程、杜宁：《环境行政执法与刑事司法衔接法律问题研究——以"两法衔接"的证据转化为视角》，《太原城市职业技术学院学报》2021 年第 1 期。

蒋云飞：《环境行政执法与刑事司法衔接机制：内涵、构成与完善》，《湖南行政学院学报》2020 年第 4 期。

蒋云飞：《生态环境保护行政执法与刑事司法衔接机制实证研究》，《中南林业科技大学学报》（社会科学版）2021 年第 2 期。

闫灵惠：《生态环境行政执法与刑事司法协调联动机制初探》，《环境与发展》2021 年第 1 期。

叶金育：《生态环境损害责任的法际协同——以〈环境保护税法〉第 26 条为中心》，《政法论丛》2022 年第 3 期。

尤婷：《生态环境保护党内法规与国家法律有机衔接的多维探析》，《湖南师范大学社会科学学报》2022 年第 3 期。

张燕雪丹、周珂：《环境司法与环境行政执法协调联动的基本模式及主要障碍》，《南京工业大学学报》（社会科学版）2019 年第 3 期。

朱军、杜群：《党内法规视域下生态环境保护法律责任与政治责任的功能协同》，《理论月刊》2021 年第 10 期。

# 皮 书

## 智库成果出版与传播平台

### ❧ 皮书定义 ❧

皮书是对中国与世界发展状况和热点问题进行年度监测，以专业的角度、专家的视野和实证研究方法，针对某一领域或区域现状与发展态势展开分析和预测，具备前沿性、原创性、实证性、连续性、时效性等特点的公开出版物，由一系列权威研究报告组成。

### ❧ 皮书作者 ❧

皮书系列报告作者以国内外一流研究机构、知名高校等重点智库的研究人员为主，多为相关领域一流专家学者，他们的观点代表了当下学界对中国与世界的现实和未来最高水平的解读与分析。截至 2022 年底，皮书研创机构逾千家，报告作者累计超过 10 万人。

### ❧ 皮书荣誉 ❧

皮书作为中国社会科学院基础理论研究与应用对策研究融合发展的代表性成果，不仅是哲学社会科学工作者服务中国特色社会主义现代化建设的重要成果，更是助力中国特色新型智库建设、构建中国特色哲学社会科学"三大体系"的重要平台。皮书系列先后被列入"十二五""十三五""十四五"时期国家重点出版物出版专项规划项目；2013~2023 年，重点皮书列入中国社会科学院国家哲学社会科学创新工程项目。

# 皮书网

（网址：www.pishu.cn）

发布皮书研创资讯，传播皮书精彩内容
引领皮书出版潮流，打造皮书服务平台

## 栏目设置

**◆ 关于皮书**

何谓皮书、皮书分类、皮书大事记、
皮书荣誉、皮书出版第一人、皮书编辑部

**◆ 最新资讯**

通知公告、新闻动态、媒体聚焦、
网站专题、视频直播、下载专区

**◆ 皮书研创**

皮书规范、皮书选题、皮书出版、
皮书研究、研创团队

**◆ 皮书评奖评价**

指标体系、皮书评价、皮书评奖

**◆ 皮书研究院理事会**

理事会章程、理事单位、个人理事、高级
研究员、理事会秘书处、入会指南

## 所获荣誉

◆ 2008年、2011年、2014年，皮书网均
在全国新闻出版业网站荣誉评选中获得
"最具商业价值网站"称号；

◆ 2012年，获得"出版业网站百强"称号。

## 网库合一

2014年，皮书网与皮书数据库端口合
一，实现资源共享，搭建智库成果融合创
新平台。

皮书网

"皮书说"
微信公众号

皮书微博

# 权威报告·连续出版·独家资源

# 皮书数据库
## ANNUAL REPORT(YEARBOOK)
## DATABASE

## 分析解读当下中国发展变迁的高端智库平台

### 所获荣誉

- 2020年，入选全国新闻出版深度融合发展创新案例
- 2019年，入选国家新闻出版署数字出版精品遴选推荐计划
- 2016年，入选"十三五"国家重点电子出版物出版规划骨干工程
- 2013年，荣获"中国出版政府奖·网络出版物奖"提名奖
- 连续多年荣获中国数字出版博览会"数字出版·优秀品牌"奖

皮书数据库 　　"社科数托邦"
　　　　　　　 微信公众号

### 成为用户

登录网址www.pishu.com.cn访问皮书数据库网站或下载皮书数据库APP，通过手机号码验证或邮箱验证即可成为皮书数据库用户。

### 用户福利

- 已注册用户购书后可免费获赠100元皮书数据库充值卡。刮开充值卡涂层获取充值密码，登录并进入"会员中心"—"在线充值"—"充值卡充值"，充值成功即可购买和查看数据库内容。
- 用户福利最终解释权归社会科学文献出版社所有。

社会科学文献出版社 皮书系列
SOCIAL SCIENCES ACADEMIC PRESS (CHINA)

卡号：529762383945
密码：

数据库服务热线：400-008-6695
数据库服务QQ：2475522410
数据库服务邮箱：database@ssap.cn
图书销售热线：010-59367070/7028
图书服务QQ：1265056568
图书服务邮箱：duzhe@ssap.cn

# 法律声明

"皮书系列"（含蓝皮书、绿皮书、黄皮书）之品牌由社会科学文献出版社最早使用并持续至今，现已被中国图书行业所熟知。"皮书系列"的相关商标已在国家商标管理部门商标局注册，包括但不限于LOGO（▨）、皮书、Pishu、经济蓝皮书、社会蓝皮书等。"皮书系列"图书的注册商标专用权及封面设计、版式设计的著作权均为社会科学文献出版社所有。未经社会科学文献出版社书面授权许可，任何使用与"皮书系列"图书注册商标、封面设计、版式设计相同或者近似的文字、图形或其组合的行为均系侵权行为。

经作者授权，本书的专有出版权及信息网络传播权等为社会科学文献出版社享有。未经社会科学文献出版社书面授权许可，任何就本书内容的复制、发行或以数字形式进行网络传播的行为均系侵权行为。

社会科学文献出版社将通过法律途径追究上述侵权行为的法律责任，维护自身合法权益。

欢迎社会各界人士对侵犯社会科学文献出版社上述权利的侵权行为进行举报。电话：010-59367121，电子邮箱：fawubu@ssap.cn。

社会科学文献出版社